Zu diesem Buch

Sie erwägen eine Psychotherapie; vielleicht sind Sie auch schon in therapeutischer Behandlung, die Sie eine Menge Zeit und Geld kostet. Früher oder später werden Sie sich fragen, ob die Therapie wirklich etwas bewirkt. Ihr Therapeut versichert Ihnen, daß Sie Fortschritte machen, daß der Vorgang Zeit braucht. Dennoch halten Ihre Symptome an, und neue Probleme tauchen auf – ist es an der Zeit, einen anderen Therapeuten zu suchen? Sollten Sie die Therapie ganz aufgeben? Oder bringt Sie die Behandlung, trotz Ihrer Zweifel, wirklich weiter?

In «Der beste Therapeut für mich» verschafft Ihnen Dr. Robert Langs einen Blick hinter die Kulissen der psychoanalytischen Therapie. Er stellt Ihnen oft erprobte Bewertungskriterien vor, an Hand deren Sie bestimmen können, ob Ihre Therapie Ihnen wirklich hilft oder Ihnen eventuell sogar schadet. Der therapeutische Vorgang wird entmystifiziert, und Dr. Langs zeigt Ihnen, wie Sie mit Hilfe Ihres eigenen unbewußten Weisheitssystems eine fundierte Entscheidung treffen können. Vor allen Dingen Träume, Erinnerungen und freie Assoziationen zu alltäglichen Ereignissen lassen bewertende Rückschlüsse zu auf

- die erste Kontaktaufnahme mit dem Therapeuten
- das therapeutische Umfeld
- die Handhabung therapeutischer Rahmenbedingungen durch den Therapeuten (zum Beispiel im Hinblick auf die Honorarvereinbarung, die Dauer der Sitzungen, Diskretion usw.)
- die Reaktionen des Therapeuten bis zur letzten Sitzung.

Das Buch von Dr. Langs hat den informierten Patienten zum Ziel. Die vorgestellte Therapeutenbewertung und ihre theoretische Fundierung stellen nicht nur eine wichtige und nützliche Hilfe für therapiesuchende Laien dar, sondern kann auch Psychotherapeuten eine Hilfe zur Reflexion der eigenen Tätigkeit sein.

Dr. Robert Langs ist Psychotherapeut und Psychoanalytiker. Er arbeitet als Supervisor an dem Nathan S. Kline Institut für Psychiatrische Forschung in Orangeburg, New York, und ist Professor der Klinischen Psychiatrie an der Mount Sinai Medizinischen Hochschule in New York City.

ROBERT LANGS

DER BESTE THERAPEUT FÜR MICH

Ein Ratgeber für die psychoanalytische Therapie

Aus dem Amerikanischen
von Barbara Cox-Tepp

rororo
ROWOHLT

Zur Erinnerung
an Harold Langs, M.D.

Deutsche Erstausgabe
Redaktion Thomas Lotze/Beate Laura Menzel
Veröffentlicht im Rowohlt Taschenbuch Verlag GmbH,
Reinbek bei Hamburg, Oktober 1991
«Der beste Therapeut für mich»

Die amerikanische Originalausgabe erschien 1989
unter dem Titel «Rating Your Psychotherapist»
bei Henry Holt & Co., New York
«Rating Your Psychotherapist»

Umschlaggestaltung Barbara Hanke
Satz Times und Helvetica (Linotronic 500)
Gesamtherstellung Clausen & Bosse, Leck
Printed in Germany
1680-ISBN 3 499 18859 7

INHALT

Danksagung

Ich bin in der glücklichen Lage, mit einem anerkannten, unterstützenden Team zusammenzuarbeiten. Obwohl ich zwar das letzte Wort zu verantworten habe, schulde ich besonderen Dank: Leonore Thomson für ihren Scharfblick und ihr stilsicheres Gespür bei der Überarbeitung des Manuskripts und Channa Taub für ihre Liebe zum klaren Ausdruck und ihre redaktionelle Beratung und Unterstützung. Allen meinen herzlichsten Dank!

TEIL I

Ein Einblick in die Psychotherapie – und die menschliche Psyche

1. Die Macht der Psychotherapie

Die Psychotherapie stellt mittlerweile eine allgemein anerkannte und ernst zu nehmende Form der Heilbehandlung dar. Dennoch sind sich nur wenige der Macht, der Intensität und der nachhaltigen Wirkung dieser Behandlungsmethode bewußt. Eine therapeutische Behandlung wird, unabhängig davon, ob sie erfolgreich verlaufen ist oder nicht, im nachhinein für gewöhnlich keiner kritischen Betrachtung unterzogen. Es gibt Patienten, die sich von einer Therapie nicht lösen können. Meistens fehlt es ihnen jedoch an den notwendigen Kenntnissen, um einzuschätzen, was tatsächlich während der Therapie geschehen ist, und um den endgültigen Wert ihrer Therapie beurteilen zu können. Andere Patienten wiederum schließen ihre Therapie mit einer recht gleichgültigen Einstellung ab. Sie sehen keinerlei Anlaß zur Kritik. Die Erfahrung sei auf jeden Fall interessant gewesen, obwohl sie nicht recht beurteilen könnten, ob ihnen die Therapie wirklich geholfen habe oder nicht. Allzuoft übersehen wir, daß eine Therapie sehr spezifische Auswirkungen hat – Auswirkungen, die von sehr viel längerer Dauer sind als unsere Erinnerung an die Therapie selbst.

In der Tat stellt eine Psychotherapie keinesfalls eine nur angenehme Erfahrung dar. Normalerweise sucht ein Patient einen Therapeuten auf, um sich Erleichterung bei einem emotionalen Problem zu verschaffen. Eine Therapie ist jedoch am wirkungsvollsten, wenn nicht nur eine oberflächliche Erleichterung das Ziel ist, sondern bis an die Wurzeln des Problems vorgedrungen wird. Dies bedeutet, daß schon mit dem Entschluß des Patienten, sich einer Therapie zu unterziehen, sein unmittelbarer Wunsch nach schneller Hilfe mit dem eigentlichen Heilungsprozeß im Widerspruch steht. Viele sind zufrieden, wenn sie das unmittelbare Ziel, eine Erleichterung von psychischen Problemen, erreicht haben. Wir betrachten die Therapie als erfolgreich, obwohl wir uns mit den unbewußten Wahrheiten, die den Kern unseres Problems ausmachen, eigentlich nicht auseinandergesetzt haben. In der Praxis bedeutet dies, daß wir unsere derzeitigen

Abwehrmechanismen, die uns nicht mehr ausreichend gegen die Wahrheit abschirmen, gegen ein neues Schutzsystem eingetauscht haben. Aber jede emotionale Abschirmung hat ihren Preis und wird oft teuer bezahlt. Therapiepatienten zahlen diesen Preis tagein, tagaus, ohne sich darüber im klaren zu sein, daß ihre vermeintliche Heilung eine ganze Reihe neuer Probleme hervorruft. Um uns vor bewußtem Schmerz zu schützen, nehmen wir offensichtliche Hinweise darauf, daß etwas nicht stimmt, einfach nicht wahr – sowohl während der Behandlung als auch hinterher.

Ein Großteil der Beeinflussung durch den Therapeuten ist unbeabsichtigt und bleibt unbemerkt – zumindest im Bewußtsein des Patienten. Natürlicherweise richten Patienten ihre Aufmerksamkeit auf das Symptom oder das Problem, aufgrund dessen sie eine Therapie aufsuchen; es gibt für sie keinen logischen Grund, einen Zusammenhang zwischen weiteren Lebenserfahrungen und der Behandlungsmethode des Therapeuten herzustellen. Beispielsweise führte ich ein Interview mit einer Frau, die aufgrund von Angstzuständen einen Therapeuten aufgesucht hatte*. Innerhalb weniger Monate hatten sich die Symptome merklich verringert, und sie beschrieb die Therapie als gelungen.

Im Laufe des Interviews wurde jedoch deutlich, daß einige beiläufige Äußerungen des Therapeuten bezüglich seiner bevorstehenden Scheidung einen beträchtlichen, wenn auch unbewußten Einfluß auf die Patientin ausübten. Sie führten bei ihr zu einer plötzlichen Unzufriedenheit mit der eigenen Ehe und zu einer gänzlich überstürzten Trennung von ihrem Mann. Weder die Patientin noch der Therapeut sahen eine Verbindung zwischen seinen Äußerungen und dem Wunsch der Patientin, sich scheiden zu lassen. Ganz im Gegenteil –

* Das Interview war Teil einer Studie über zwanzig ehemalige Patienten, die sich bei verschiedenen Therapeuten einer Behandlung unterzogen. Die Ergebnisse dieser Studie werden in meinem Buch «Verrücktheit und Heilung» (Madness and Cure, Newconcept Press 1985) dargelegt. Die klinischen Beispiele in «Der beste Therapeut für mich» basieren sowohl auf dieser Forschung als auch auf meinen therapeutischen Erfahrungen über mehrere Jahre, in denen ich als Supervisor und Ausbilder anderer Therapeuten tätig bin. Die Namen und persönlichen Daten der erwähnten Personen sind geändert worden, aber die Fallbeispiele sind in jeder anderen Hinsicht eine treue Wiedergabe der Realität.

die Patientin idealisierte ihren Therapeuten wie die meisten Menschen, deren Symptome sich nach einer Therapie verringert haben. Sie leugnete schlechthin die nachteilige Wirkung der Behandlung.

Es ist selbstverständlich richtig, daß sich für manche Patienten eine Psychotherapie in jeder Hinsicht als positiv erweisen kann. In solchen Fällen kommt zu einer Verringerung der Symptome hinzu, daß das Leben des Patienten eine tatsächlich positive Wende nimmt. Aber die dreißig Jahre, in denen ich als Supervisor für Hunderte von Psychotherapeuten tätig war, wie auch meine Erfahrung im klinischen Forschungsbereich haben mich zu der Erkenntnis gelangen lassen, daß häufiger ein scheinbar positives Ergebnis von unbemerkten negativen Auswirkungen begleitet wird.

Im Besprechungszimmer des Therapeuten ist der Patient im höchsten Maße unterschwelligen emotionalen Einflüssen ausgesetzt. Das Bewußtsein läßt solche latenten Einflüsse nicht an sich heran. Es beschäftigt sich viel eher mit dem Erreichen unmittelbarer Ziele und schirmt sich gegen starke Emotionen, die als potentielle Ablenkungen registriert werden, ab. Außerhalb des Bewußtseins – im sogenannten *Unbewußten* – hinterlassen Informationen und Deutungen, die die Gefühlswelt des Patienten berühren, markante Spuren. Dies tritt ein, auch wenn es vom Patienten oder vom Therapeuten unerkannt bleibt oder sogar vernachlässigt wird. Die Mystiker sagen uns, daß das Bewußtsein schläft und daß nur die Wahrheit uns wecken kann. Die Psychotherapie ist der Beweis für die Richtigkeit dieser Behauptung. Ein Patient in einer Therapie läßt sich gewissermaßen mit einem Patienten in der Narkose vergleichen. Beide vertrauen dem Therapeuten bzw. dem Chirurgen. Sie gehen davon aus, daß ein Eingriff ihren Zustand verbessern kann.

Diese Auffassung von Therapie ist gefährlich und veraltet. Die Therapie ist in ihrer derzeitigen Form weder eine Wissenschaft, noch ist sie präzisen Maßstäben unterworfen. Dennoch haben die Eingriffe eines Therapeuten Auswirkungen, die ebenso nachhaltig sind wie die eines Chirurgen.

Allein in den Vereinigten Staaten unterziehen sich jedes Jahr etwa fünfzehneinhalb Millionen Menschen irgendeiner Form von Therapie. In Anbetracht der Macht der Psychotherapie und ihres Einflusses – nicht nur auf emotionale Symptome, sondern auch auf die Lebensgestaltung der Patienten – ist es erstaunlich, wie sehr wir uns auf die

Behauptung eines Arztes, er sei ein guter Psychotherapeut, verlassen. Die Psychotherapie ist eine Dienstleistung, ein Geschäft, und trotzdem wird ihr heute noch ein geheimnisvoller Status verliehen, was jedweder Vernunft widerspricht. Der heutige Entwicklungsstand der Psychotherapie läßt sich von der wirtschaftlichen Seite der psychotherapeutischen Praxis, nämlich der gewinnorientierten Dienstleistungsindustrie, nicht mehr trennen. Als solche erfordert sie auch einen entsprechend aufgeklärten Kunden bzw. Patienten.

Wir neigen dazu, dem Therapeuten den unantastbaren Status eines Zauberers zu verleihen, so, als schließe der Laienstatus eines Patienten von vornherein eine Einschätzung und Bewertung des therapeutischen Behandlungsrituals aus. Diese Einstellung ähnelt dem kindhaften Glauben an die gute Fee, mit der bekannten Bedingung, man müsse nur fest genug an eine Sache glauben. In bezug auf die Psychotherapie gilt dies nur in einem sehr negativen und destruktiven Sinn. Eine Heilung, die ohne Aufklärung des Patienten erreicht wird, ist keine echte Heilung und setzt Naivität und Unwissenheit voraus.

Es gibt klare und gute Gründe, einen Psychotherapeuten kritisch zu betrachten, sei es vor Beginn einer Behandlung, während der Behandlung oder nach dem Abschluß einer Therapie. Und dies läßt sich auf eine Art und Weise durchführen, die fundiert, gerecht und für jeden Patienten oder potentiellen Patienten praktikabel ist. Es ist unbestritten, daß ein Therapeut eine Ausbildung und ein Fachwissen hat, das sich dem unmittelbaren Beurteilungsvermögen des Laien entzieht. Aber über eine Fachkompetenz muß jeder verfügen, der seine Dienste anbietet. Keiner, der beispielsweise beabsichtigt, eine Stereoanlage oder ein Auto zu kaufen, verläßt sich blindlings auf die Empfehlungen des ersten Verkäufers. Ganz im Gegenteil, jeder Käufer wird sich über verschiedene Marktangebote informieren und diese im Hinblick auf seine individuellen Wünsche miteinander vergleichen. Dieses Verfahren erfordert nicht das Fachwissen eines Elektronikers oder Automechanikers, obwohl der Rat eines gut informierten Bekannten gern entgegengenommen wird. In bezug auf die Psychotherapie soll dieses Buch als ein solcher Ratgeber dienen.

Allerdings stößt dieser Vergleich möglicherweise auf etwas Skepsis seitens des Lesers. Der Wunsch, die Fähigkeit eines Psychotherapeuten zu beurteilen, läßt sich aus seiner Sicht weder mit dem Kauf einer Stereoanlage oder eines Autos noch mit der Suche nach einem guten

Chirurgen gleichsetzen. Die Konstruktion einer Maschine oder auch die Anatomie des Menschen liegt fest und ist nachprüfbar. Was sich jedoch in der Psyche eines Menschen befindet, ist einzigartig für jeden. Jede Therapie ist einzigartig, so daß es keine allgemeingültigen Normen geben kann, um die Interaktion zwischen Patienten und Therapeuten zu beurteilen. Der Patient ist hierfür nicht qualifiziert, und ein Außenstehender kann niemals über eine individuelle Situation ausreichend informiert sein, um Ratschläge zu erteilen.

Ich bin mir durchaus im klaren darüber, daß jede therapeutische Erfahrung einzigartig ist. Zudem gibt es heute eine Vielzahl psychotherapeutischer Richtungen. Wie jedes Glaubenssystem hat die Psychotherapie Spaltungen und Reformationen erlebt. Es existieren heute etwa 325 therapeutische Glaubensrichtungen, deren Vertreter alle ihre eigenen therapeutischen Methoden vorziehen und die sich darüber hinaus durch zahlreiche verschiedene Lehrmeinungen voneinander unterscheiden. Therapien werden nicht nur mit Einzelpersonen durchgeführt, sondern auch mit Paaren, Familien und anderen Gruppen.

Verschiedene Therapeuten bevorzugen unterschiedliche Behandlungsmethoden. Der strenge Psychoanalytiker befürwortet die sogenannte psychodynamische, einsichtsorientierte Psychotherapie. Diese Methode strebt an, dem Patienten die unbewußten Gründe für seine emotionalen Probleme bewußt zu machen. Der Verhaltenstherapeut hält eine solche Auseinandersetzung mit Problemursachen für unnötig. Statt dessen werden die auffälligen Verhaltensmuster des Patienten in den Mittelpunkt gestellt, und es wird versucht, diese durch Bewußtmachung zu verändern. Der kognitive Therapeut beschäftigt sich in erster Linie mit eingeschliffenen Denkmustern, die zu negativem Verhalten führen. Der gruppendynamische Therapeut legt das Hauptgewicht auf dramatische Interaktion bis hin zu physischem Kontakt zwischen Patienten und Therapeuten. Und sogar vor dem Hintergrund gemeinsamer Voraussetzungen handeln Therapeuten im allgemeinen nach eigenen Prioritäten und Erfahrungen. Wie ist es nun möglich, eine Norm aufzustellen, anhand deren solche unterschiedlichen Praktiken bewertet werden können?

In diesem Zusammenhang möchte ich den Begriff *«Intervention des Therapeuten»* einführen. Damit bezeichne ich jedes Verhalten des Therapeuten sowohl innerhalb als auch außerhalb des therapeutischen Rahmens. Das System, um das es sich hier handelt, ermöglicht es, individuelle Interventionen seitens des Therapeuten einzuschätzen. Und ein solches System existiert in der Tat. Es erklärt beispielsweise, wie ein Therapeut einzuschätzen ist, der einen Patienten dazu zwingt, vor zehn anderen Mitgliedern seiner Therapiegruppe mit ihm zu ringen. Oder es läßt sich auf eine Therapeutin übertragen, die nach einer Rückenverletzung ihre Patienten weiterhin bei sich zu Hause in ihrem Schlafzimmer empfängt. Es gibt noch viele weitere Beispiele.

Möglicherweise tauchen in diesem Zusammenhang Zweifel auf. Es stellt sich die Frage, ob der allgemeine Wert einer Intervention nicht von dem Kontext, in dem sie stattfindet, abhängt? Oder wie ein Therapeut zu beurteilen ist, der neue Kunden aufgrund der Empfehlungen seiner Patienten annimmt? Es gibt zahlreiche Situationen, die nur schwer einzuschätzen sind. Ein Therapeut möchte sein Honorar erhöhen: Er leiht seinem Patienten ein von ihm veröffentlichtes Buch, oder er läßt seinen Patienten einfach weitererzählen, während er sich selbst kaum äußert. Wie kann ein Patient solche Verhaltensweisen überhaupt beurteilen?

Diese Einstellung ähnelt der einst allgemeingültigen Vorstellung über das Eheleben. Man ging lange Zeit davon aus, daß die häusliche Privatsphäre als Heiligtum zu gelten habe und daß die Verhaltensweisen auf diesem heiligen Boden durch die Komplexität und die Bedürfnisse der ehelichen Beziehung bestimmt seien – auch wenn sie beleidigend waren oder einem Außenstehenden zerstörerisch erschienen. Diese Einstellung gilt heutzutage als überholt.

Dennoch gibt es Bücher über die Psychotherapie, die vergleichbare Klischees aufrechterhalten. «Wählen Sie einen Therapeuten, der herzlich und einfühlsam ist, einen Menschen, mit dem Sie sprechen können, der für Sie da ist.» Dies impliziert, daß Therapie eine Art des Zuhörens und Ratgebens darstellt, die auch mit einem mitfühlenden Nachbarn bei einer Tasse Kaffee denkbar wäre. Aber eine Therapie durchführen zu können, setzt fachliche Kompetenz voraus. Die Art und Weise, in der sie durchgeführt wird, hat sehr reale und nachhaltige psychologische Auswirkungen. Kein vernünftiger Mensch würde einen Chirurgen lediglich aufgrund seiner Persönlichkeit wählen. Ebensowenig werden bei einer Operation Faktoren wie Erfahrung bzw. Können des Arztes oder räumliche Bedingungen ignoriert.

Es ist für den Laien immer schwierig, die Leistungen eines angeblichen Experten, unabhängig auf welchem Gebiet, einzuschätzen.

Erst nach der Operation, wenn also beim Patienten die Genesung eingetreten ist, kann dieser über die Gewißheit verfügen, richtig und gut behandelt worden zu sein. Wenn dies aber nicht der Fall ist, kann ein Patient kaum erfahren, ob er von einem anderen Chirurgen nicht hätte besser behandelt werden können oder ob nicht eigene Verhaltensweisen bzw. die eigene physische Kondition auf die Gesundheit beeinträchtigend wirken.

In Anbetracht all dieser Ungewißheiten ist es nur natürlich, sich zu fragen, ob die Psychotherapie nicht weitaus schwerer einzuschätzen ist. Wenn der Verlauf einer physischen Krankheit nicht allein von der medizinischen Fürsorge abhängt, sondern gewissermaßen auch von den mannigfaltigen Einflüssen äußerer Lebensumstände, trifft dies dann nicht um so mehr auf die Symptome einer seelischen Krankheit zu? Zudem geschieht es häufig, daß Therapiepatienten auf offensichtlich destruktive Interventionen seitens ihres Therapeuten sehr paradox reagieren. Ich führte ein Interview mit einem Patienten, dessen Therapeutin ihn angeschrien hatte, weil er ihren Rat, seine derzeitige Freundin zu verlassen, nicht befolgte. Dieser Patient empfand den Ausbruch seiner Therapeutin als durchaus gerechtfertigt, und im nachhinein befolgte er ihre Anweisungen. Von beiden blieben die späteren Probleme des Patienten an seinem Arbeitsplatz, wo es zu immer heftiger werdenden Auseinandersetzungen mit seinen Kollegen kam, gänzlich unbeachtet.

Merkwürdigerweise lassen sich die Fähigkeiten eines Psychotherapeuten leichter und genauer einschätzen als die medizinischen Sachkenntnisse eines Arztes. Der Patient, den ich gerade erwähnt habe, hätte weitere Komplikationen in seinem Leben vermeiden können, wäre er imstande gewesen, die Interventionen seiner Therapeutin richtig zu beurteilen.

Eine kritische Betrachtung der Psychotherapie erscheint uns so schwierig, weil jede Form des Beurteilens für uns ein rein bewußter Vorgang ist, der von unmittelbar bekannten Kriterien abhängt. Aber die menschliche Psyche verfügt über zwei Möglichkeiten, emotional geprägte Informationen zu bewerten. Eine Möglichkeit ist das uns vertraute Einschalten des Bewußtseins. Die andere Möglichkeit beruht auf dem Unbewußten. Es wird allgemein akzeptiert, daß unbewußtes Denken irrational und von emotionalen Bedürfnissen und Wünschen gefärbt ist. Bewußtes Denken andererseits gilt als rational, logisch und objektiv. In gewissem Sinne ist beinahe das Gegenteil dieser Behauptung wahr. Bewußtes Urteilen ist häufig oberflächlich, widersprüchlich und ausschließlich auf unmittelbare Ziele gerichtet. Dagegen erweist sich das unbewußte Urteilen sehr häufig als eindeutig, konsequent und im höchsten Maße zuverlässig.

In diesem Buch werden wir noch häufig auf die Unterschiede zwischen beiden Systemen der Psyche, dem System des Bewußtseins und dem System des tiefen Unbewußten, zu sprechen kommen. Zunächst aber denken Sie bitte, daß das Bewußtsein für den Zweck des Überlebens konzipiert ist. Seine Funktion besteht darin, den Organismus an seine Umgebung anzupassen und aus ihr das Nötige für die Befriedigung eigener Bedürfnisse herauszuziehen. Die besondere Geschicklichkeit dieses Systems besteht darin, das Komplexe und Unvertraute abzuschirmen zugunsten von Informationen, die unmittelbare Anpassungsstrategien abrufen. Dem System des Bewußtseins ist also die Funktion der Differenzierung zu eigen. Es dient der Unterscheidung zwischen verschiedenen Handlungsmöglichkeiten und hebt die Unterschiede zwischen den Objekten hervor. Sein Hauptziel besteht jedoch darin, Konflikte zu lösen, indem es seine koordinierten Kräfte auf ein Ziel richtet. Ambiguität, emotionale Komplexität und Informationen, die vertraute Annahmen in Frage stellen, werden, soweit es möglich ist, vermieden. Tatsache ist, daß diese defensive Haltung insgesamt eine wesentliche Voraussetzung für das reibungslose Funktionieren des Bewußtseins darstellt.

Das System des tiefen Unbewußten ist anders konstruiert. Es stellt ebenfalls einen Anpassungsmechanismus dar. Zu seinen Funktionen gehört jedoch die Überarbeitung solcher Informationen, die vom Bewußtsein abgeblockt worden sind. Dies ist die Aufgabe desjenigen Teils der unbewußten Psyche, den ich im folgenden *das Weisheitssystem des tiefen Unbewußten* nennen werde.

Die unbewußte Psyche enthält außerdem ein *Erinnerungssystem*, das sich im Laufe des Lebens ständig weiterentwickelt. Alle unsere unbewußten Wahrnehmungen, also auch beängstigende oder schmerzliche Erfahrungen, werden von diesem Erinnerungssystem registriert. Das gilt sowohl für innere Erfahrungen als auch für solche mit anderen Menschen, zum Beispiel mit Eltern, Geschwistern, Freunden, Lehrern usw. Emotional geprägte Wahrnehmungen werden weiterhin diesen Ängsten oder Verletzungen entsprechend durch das

System aufgenommen. Das Erinnerungssystem des tiefen Unbewußten – mit anderen Worten diese Sammlung beunruhigender *Introjektionen* – ist nicht ohne Wirkung auf das Bewußtsein, auch wenn wir es nicht bemerken. Das heißt, unsere gespeicherten Ängste und Verletzungen üben einen tiefen Einfluß auf unser bewußtes Denken und unser Verhalten aus, ohne daß wir uns dessen bewußt sind.

Beide Systeme führen dazu, daß die unbewußte Psyche zwangsläufig gespalten, mit sich selbst im Widerstreit liegt. Das Weisheitssystem zieht Verständnis und Selbstheilung der Unwissenheit und Selbstbeschädigung vor. Der andere Teil der unbewußten Psyche – das Erinnerungssystem – initiiert Verhaltensweisen, die dafür sorgen, daß die unbewußten Bedürfnisse und Ängste befriedigt werden. Das Bewußtsein will diese unbewußten Ängste und Bedürfnisse nicht wahrhaben und geht deshalb gewissermaßen ein «Abkommen» mit dem Erinnerungssystem ein. Das heißt, es zieht Verhaltensweisen vor, die unbewußte Wünsche oder Schuldgefühle teilweise befriedigen, ignoriert aber weiterhin, daß solche Gefühle überhaupt existieren.

Zusammenfassend kann man sagen, daß das tiefe Unbewußte *ständig* – wenn auch auf einer unbewußten (subliminalen) Ebene sehr genau – Informationen wahrnimmt, die das Bewußtsein leugnet oder ignoriert. Zudem sind diese Informationen von solcher Art, daß sie dem Bewußtsein durchaus zu fundierten Entscheidungen über emotional schwierige Situationen verhelfen könnten. Es ist eines der außergewöhnlichen Potentiale der Psychotherapie, daß sie uns unbewußt wahrgenommene Informationen zugänglich macht. Aber das Erlangen eines solchen Wissens erfordert ein gewisses Maß an Mühe und Arbeit. Das System des tiefen Unbewußten ist nicht imstande, seine Inhalte dem Bewußtsein direkt zu vermitteln. Dies würde das Bewußtsein überfordern, denn bestimmte Informationen wurden in das Unbewußte aufgenommen, weil das Bewußtsein nicht in der Lage war, den unmittelbaren Zugang zu einem solchen Wissen zu ertragen.

Unbewußtes Wissen wird immer direkt zum Ausdruck gebracht; das heißt, wenn der unbewußte Teil der Psyche kommuniziert, verbirgt er seine Botschaft hinter einer bewußten Information. Obwohl wir etwas bewußt sagen, verbirgt sich hinter unseren sprachlichen Bildern eine zusätzliche Bedeutung. Mit anderen Worten: Wenn ein Therapiepatient eine Geschichte oder einen Traum erzählt, sind zwei Bedeutungsebenen vorhanden. Eine Ebene ist die bewußte. Eine Geschichte nimmt unmittelbaren Bezug auf die Menschen und die Ereignisse, die geschildert werden. Eine Geschichte kann aber auch unbewußte Informationen enthalten – das heißt, die Einzelheiten und die Bilder können sich indirekt und unbewußt auf Erfahrungen der Therapiebehandlung selbst beziehen.

Wenn derartige, verschobene und verschleierte Geschichten richtig entschlüsselt werden, enthalten sie erstaunlich fundierte Urteile über die Art der Psychotherapie. Sie können uns zuverlässige Kriterien dafür geben, welche Aspekte der Arbeit eines Therapeuten bzw. einer Therapeutin berücksichtigt werden sollten sowie für die Beurteilung selbst. Im Laufe meiner Arbeit habe ich mich mit derartigen unbewußten Bewertungen Tausender Patienten beschäftigt und habe feststellen können, daß gewisse Interventionen eine konstante und scheinbar universelle, unbewußte Wirkung auf alle Patienten haben. Diese Wirkung ist unabhängig davon, wer sich in der Therapie befindet oder in welchem Kontext die Verhaltensweisen des Therapeuten stattfinden. Selbstverständlich reagiert jeder Patient gemäß seinem eigenen unbewußten Erinnerungssystem; dennoch hat sich erwiesen, daß die Reaktionen von Patienten auf ganz bestimmte Interventionen von solcher Uniformität sind, daß sie sich mit fast hundertprozentiger Sicherheit voraussagen lassen. Solche Reaktionen bilden die Grundlage für dieses Buch – sie spiegeln eine Reihe von zuverlässigen Maßstäben des Unterbewußtseins wider, die für eine gute Therapie und eine wahre Heilung notwendig sind.

Wir wollen uns nun einigen der zwingenderen Gründe dafür, daß man einen Psychotherapeuten einschätzen sollte, zuwenden:

1. Sie müssen einen Psychotherapeuten einschätzen, um sich zu zwingen, darüber *nachzudenken*, was Ihr Therapeut tatsächlich macht. Wie ich bereits erwähnt habe, nehmen manche Patienten die Bemerkungen und die Verhaltensweisen ihres Therapeuten sehr unkritisch hin. So, als würde die angebliche Autorität des Therapeuten dem Patienten abverlangen, seinen gesunden Menschenverstand vorübergehend auszuschalten. In extremen Fällen werden sich Patienten auf eine Art folie à deux, eine Art gemeinsamer Verrücktheit mit ihrem Therapeuten einlassen. Wie sonst kann man Situationen erklären, in denen sowohl der Patient als auch der Therapeut fest davon überzeugt sind, daß eine dritte Person gänzlich für die emotionalen Symptome

des Patienten verantwortlich ist? Oder Situationen, in denen der Patient eine sexuelle Beziehung mit dem Therapeuten eingeht, um sich «angenommen» zu fühlen? Es ist bereits ein Klischee, daß Patienten sich während einer Therapie selbst entdecken und daraufhin ein unglückliches Verhältnis oder eine Scheidung initiieren. Diese verschiedenen Möglichkeiten sind inzwischen so alltäglich geworden, daß sie schon als Handlungsvorlage für Filme und Romane dienen.

Während eines Interviews mit einer Patientin erfuhr ich, daß ihr Psychotherapeut sie vor ein entsetzliches Ultimatum gestellt hatte: Er meinte, sie solle entweder ihre außereheliche Schwangerschaft abbrechen oder ihre Therapie beenden. Die Patientin war verständlicherweise darüber empört und beendete die Behandlung. Kurz darauf erlitt sie eine Fehlgeburt und wurde depressiv. Mit dem Argument, der ehemalige Therapeut kenne zumindest ihre persönliche Geschichte und habe ein gewisses Verständnis für ihre Probleme, kehrte sie zu ihm zurück, um ausgerechnet bei ihm «Hilfe» zu finden!

Patienten machen sich nicht nur wenige Gedanken über die Bemerkungen ihrer Therapeuten. Noch weniger kümmert sie die Art, in der ein Therapeut den äußeren Rahmen der Behandlung gestaltet und damit umgeht. Unabhängig davon, ob wir es beachten oder nicht, stellen die Räumlichkeiten und die grundsätzlichen Vereinbarungen (Häufigkeit, Honorar usw.), die einer therapeutischen Beziehung zugrundeliegen, ebenso wie die Bedingungen, unter denen sich die Behandlung entfaltet, einen Teil der Therapie dar. Sie bestimmen die Atmosphäre, an die sich beide Parteien gewöhnen müssen. Egal, was wir glauben, ignorieren oder leugnen mögen, Anpassung findet sowohl bewußt als auch unbewußt ständig statt. Wenn sich die Praxis Ihres Therapeuten in seinem Haus befindet und Sie dort die Gegenwart seines Ehepartners spüren oder Zeuge von Streitigkeiten oder Interaktionen mit den Kindern werden, stellt diese Umgebung zwangsläufig einen Teil Ihrer therapeutischen Erfahrungen dar. Inkonsequent eingehaltene Honorarvereinbarungen, die Neigung des Therapeuten, die Hand des Patienten zu streicheln, wenn es ihm schlecht geht, oder ihn zum Abschied vor einem Urlaub zu umarmen – solche Verhaltensweisen werden selten als Interventionen betrachtet, aber sie haben erhebliche unbewußte Auswirkungen. Das Unbewußte betrachtet und beurteilt den Therapeuten anhand solcher Wahrnehmungen und Erfahrungen. Diese Beurteilungen werden dann indirekt ausgedrückt – in den darauffolgenden Geschichten und Träumen, die ein Patient erzählt.

Wenn Sie imstande sind, diese verschlüsselten Kommentare Ihres Unbewußten zu dechiffrieren, werden Sie allmählich erkennen, wie sehr die Verhaltensweisen Ihres Therapeuten sowohl den Verlauf Ihrer Therapie als auch Ihre Art, Ihr eigenes Leben zu gestalten, beeinflussen. Dieses Buch soll Ihnen zu einer fundierten Einschätzung Ihres Therapeuten verhelfen, aufgrund derer Sie die folgenden Fragen beantworten können: Wie wahrscheinlich ist es, daß diese Person ein kompetenter und hilfreicher Therapeut ist? Werde ich genau die Hilfe finden, die ich brauche, wenn ich gerade diese Behandlung eingehe oder fortsetze? Werde ich Hilfe finden, ohne daß mein emotionales Leben oder Gleichgewicht darunter leidet? Welche weiteren Auswirkungen mag das Verhalten des Therapeuten auslösen?

2. Es ist wichtig für Sie, einen Psychotherapeuten einschätzen zu können, um Ihren eigenen unbewußten Bedürfnissen als Patient, einen schlechten oder schädlichen Therapeuten aufzusuchen, entgegenzuwirken. Dieses wichtige Phänomen findet im großen und ganzen keine Beachtung. Ich habe am Anfang des Kapitels erwähnt, daß der Wunsch eines Patienten nach unmittelbarer Erleichterung durch die Bekämpfung der Symptome dem Ziel einer einsichtsorientierten Therapie, d. h. die Ursache des Problems aufzudecken und zu behandeln, widerspricht. Mit anderen Worten: Wir entwickeln Symptome, die uns ermöglichen, die zugrundeliegende emotionale Störung zu ignorieren. Unser vordergründig größter Wunsch besteht darin, uns von Symptomen zu befreien, ohne daß wir uns den Schwierigkeiten aussetzen, die eine Veränderung unseres gewohnten Verhaltens mit sich bringen würde. Deshalb ist bei jedem Patienten – dem Heilungswunsch zum Trotz – ein starkes Bedürfnis vorhanden, einen Psychotherapeuten zu wählen, der auf die eine oder andere Weise *keine* Hilfe leisten wird.

Oberflächlich sind Patienten davon überzeugt, daß sie die wirkungsvollste Therapie wählen. Nichtsdestoweniger ergibt sich durch eine sorgfältige Entschlüsselung der Botschaften aus dem tiefen Unbewußten ein anderes Bild. Es zeigt sich immer wieder, daß Therapiepatienten tiefe unbewußte Bedürfnisse haben, die sich zerstörerisch auf sie auswirken. Diese Zwänge entstammen den Ängsten des unbewußten Erinnerungssystems und haben, wie ich bereits erwähnt habe, einen starken, wenn auch unterschwelligen Einfluß auf unser Verhalten sowie auf die Wahl des Therapeuten. Dies führt dazu, daß Patienten einen Therapeuten aufsuchen, der ihnen nicht helfen wird oder dessen Verhalten sich als destruktiv erweist, weil er zwar die erwünschte Erleichterung von einem schlechten Gewissen oder von Schuldgefühlen bewirkt, den Kern des Problems aber völlig ignoriert. Mit anderen Worten ist der defensive Wunsch des Patienten, *unwissend* zu bleiben, oft stärker als der Wunsch nach Erkenntnis.

Unbewußt erhoffen sich Patienten oft Erleichterung von emotionalen Symptomen, indem sie von ihrem Therapeuten die Erlaubnis erhalten, sich gegen andere zu wenden oder sie auszunutzen, anstatt sich einer Konfrontation mit dem eigenen inneren Selbst auszusetzen, um auf diese Weise eine Veränderung zu bewirken. Mit anderen Worten: Die Patienten sind unbewußt motiviert, einen schlechten Therapeuten aufzusuchen, während sie gleichzeitig ihre Wahl durch defensive, bewußte Gründe rationalisieren. Wie bereits erwähnt, beruht dies auf der Tatsache, daß das Bewußtsein Entscheidungen unter dem Druck unbewußter Ängste trifft und beunruhigende, verborgene Inhalte abschirmen will. Die Ironie besteht darin, daß eine schlechte Therapie tatsächlich die Erleichterung von Symptomen verschaffen kann. Allerdings ist der Preis dafür zu hoch.

Den Therapeuten einzuschätzen ist nahezu die einzige Möglichkeit, dem unbewußten Bedürfnis nach einer «schlechten» Therapie entgegenzuwirken. Allein aus diesem Grund wird die Fähigkeit zur Beurteilung eines Psychotherapeuten zur Notwendigkeit.

3. Die Beurteilung eines Psychotherapeuten ist wichtig, um der Angst vor der Preisgabe von Geheimnissen, die für eine einsichtsorientierte Heilung notwendig ist, entgegenzuwirken. Beinahe jeder, der sich einer Psychotherapie unterzieht, hat eine Reihe als schuldhaft erlebter Geheimnisse, die sowohl bewußt als auch unbewußt sein können. Ich habe bereits erwähnt, daß manche Patienten unbewußt einen Therapeuten aufsuchen, dessen bestrafendes Verhalten eine Erleichterung ihrer Schuldgefühle bewirkt, ohne eine Offenbarung zu erfordern. Manche Patienten versuchen, mit solchen Geheimnissen umzugehen, indem sie einen Therapeuten wählen, der auf die eine oder andere Art Schuld mit ihnen teilt. Gewisse Interventionen, insbeson-

dere die Art, wie ein Therapeut den Rahmen der Therapie arrangiert, verweisen auf latente Schuldkomplexe des Therapeuten (siehe Kapitel 9 und 10). In solchen Fällen erlebt der Patient eine unbewußte Erleichterung von eigenen Schuldgefühlen allein aufgrund der Tatsache, daß er bei seinem Therapeuten ähnliche Probleme spürt. Diese Erleichterung führt aber nicht zu einer konstruktiven Veränderung bzw. zu einem konstruktiven Wachstum. Auf Dauer gesehen werden die emotionalen Probleme des Patienten so in irgendeiner Form erhalten bleiben.

Ich möchte Ihnen dafür ein Beispiel geben. Ich führte ein Interview mit einer Frau, die bewußte Schuldgefühle hatte. Grund dafür waren geheime homosexuelle Begegnungen mit Frauen, die sie in einer Bar für Lesbierinnen gelegentlich traf. Es stellte sich heraus, daß das unbewußte Geheimnis, das sie nicht wahrhaben wollte, mit einer latenten (unbewußten) homosexuellen Erregung zusammenhing, die durch den ausgiebigen körperlichen Kontakt mit der eigenen Mutter ausgelöst wurde. Obwohl diese Patientin bewußt den Wunsch äußerte, mit ihrem Bedürfnis nach häufig wechselnden lesbischen Begegnungen zurechtzukommen, hatte sie unbewußt eine Therapeutin aufgesucht, deren Interventionen starke homosexuelle Implikationen hatten und die zu direktem körperlichen Kontakt zu ihren Patienten neigte. Obwohl die Patientin während der Behandlung von ihren lesbischen Erfahrungen nichts erzählte, wurden die Ängste, die sie ursprünglich eine Therapie aufsuchen ließen, mit der Zeit immer geringer. Die Verringerung der Symptome beruhte auf der unbewußten Wahrnehmung homosexueller Neigungen seitens der Therapeutin, und die Patientin wurde bald danach in ein offenes homosexuelles Verhältnis verwickelt, das sehr destruktive Folgen hatte. Sie verließ die Therapie, um zu vermeiden, der Therapeutin davon erzählen zu müssen.

Hätte diese Frau ihre Psychotherapeutin gemäß der in diesem Buch entwickelten Kriterien einschätzen können, wäre sie zu der Erkenntnis gelangt, daß sie im Begriff war, sich auf eine höchst fragwürdige Behandlung einzulassen. Vielleicht wäre sie dann bei ihrer Einschätzung einen Schritt weiter gegangen und hätte einige ihrer unbewußten Bedürfnisse, die mit der Wahl ihrer Therapeutin zusammenhingen, erkannt. Für einen Therapeuten oder einen potentiellen Patienten bietet eine Beurteilung des Psychotherapeuten im allgemeinen nahezu die einzige Möglichkeit, sich seiner unbewußten Wünsche nach einem Therapeuten mit ähnlichen Problemen oder einem, der straft oder schadet, bewußt zu werden.

4. Die Einschätzung eines Psychotherapeuten ist wichtig, um eine blinde Idealisierung zu vermeiden. Diese Tendenz läßt sich bei fast allen Patienten beobachten. Die Idealisierung hat zwei Aspekte; einerseits besteht die Neigung, das Negative zu übersehen, zu leugnen oder zu vermeiden; andererseits wird das Positive zu sehr betont.

Erstaunlich wenige Patienten sind in der Lage, klare und fundierte Kritik an ihren Psychotherapeuten zu üben; und nur sehr selten machen sie ihren Therapeuten für einen Mißerfolg verantwortlich. Tatsache ist, daß ein schlechtes therapeutisches Resultat sowohl von Patienten als auch von Therapeuten entweder gänzlich ignoriert oder auf die Unbelehrbarkeit des Patienten in Hinblick auf die emotionale Störung zurückgeführt wird. Dem defensiven Bedürfnis, den Therapeuten in Schutz zu nehmen und zu idealisieren, kann man entgegenwirken, indem man ihn beurteilt und sich mit den gewonnenen Erkenntnissen auseinandersetzt.

Für den unkritischen Patienten gibt es beinahe keine Möglichkeit, einen Psychotherapeuten als jemanden zu erkennen, der in der Lage ist, konstruktive therapeutische Praktiken auszuüben und sowohl Erleichterung der Symptome als auch konstruktive Lebensveränderungen herbeizuführen. Auch hier ist eine fundierte Einschätzung fast die einzige Möglichkeit, einen solchen Therapeuten ausfindig zu machen. Hocheingeschätzte Therapeuten sind tatsächlich zu einer legitimen Hilfeleistung imstande – das heißt, sie fördern eine Linderung der Symptome, ohne zugleich in einem anderen Lebensbereich Chaos und Desillusionierung auszulösen.

5. Die Fähigkeit der Beurteilung wird Ihnen helfen, den besten derzeitig verfügbaren Therapeuten zu finden. Meistens steht ein Patient vor einer ziemlich großen Auswahl. Die Beurteilungskriterien in diesem Buch bieten eine verläßliche Methode, um zu vergleichen und eine fundierte Wahl treffen zu können. Dies ist von besonderem Wert, noch bevor Sie den ersten Termin bei einem Therapeuten vereinbaren. Vielleicht fragen Sie sich, wie man überhaupt einen Therapeuten einzuschätzen vermag, bevor man sich mit ihm in Verbindung

gesetzt hat. Aber ein wichtiger Teil der Beurteilung beruht auf der Art und Weise, wie Ihnen der Name des Arztes zugänglich wurde. Auch wenn Sie es vorziehen, sich von mehreren Therapeuten beraten zu lassen, bevor Sie sich für einen entscheiden (eine Praxis, die in sich schon einige Probleme birgt), können die Hinweise in diesem Buch wesentlich zu Ihrer endgültigen Entscheidung beitragen.

6. Die Fähigkeit, Ihren Psychotherapeuten einschätzen zu können, wird Ihnen helfen, Therapeuten, deren Arbeit eher destruktiv als hilfreich ist, zu vermeiden. Zu den offensichtlichen Warnzeichen gehören zum Beispiel sexueller oder aggressiver körperlicher Kontakt zwischen Patienten und Arzt oder auch ein gewalttätiger verbaler Angriff seitens des Therapeuten. Es gibt aber auch andere allgemein verbreitete Praktiken, die ebenso Anlaß zur Vorsicht geben sollten. Wenn zum Beispiel der Therapeut Ihnen von einem anderen Patienten oder von einem seiner Freunde oder Verwandten empfohlen wird (siehe Kapitel 5). Die Einschätzung Ihres Psychotherapeuten zwingt Sie dazu, problematische oder sogar gefahrvolle Situationen zu erkennen und sich dann mit Ihrer eigenen Neigung, solche Praktiken kritiklos hinzunehmen, auseinanderzusetzen. Die Beurteilungskriterien in diesem Buch versetzen Sie in die Lage, den Arzt zu finden, der die bestmögliche Heilungschance bietet, sowie denjenigen zu vermeiden, der eine letztlich zerstörerische Wirkung auf Sie ausübt.

An dieser Stelle fragen Sie sich vielleicht, warum die Psychotherapie eine so widersprüchliche Kunst ist, und warum gerade die Wissenschaft, von der man behauptet, sie erhelle das Unbewußte, Praktiken fördert, die weitreichende und destruktive unbewußte Auswirkungen haben können. Dies ist eine schwierige Frage. Als Antwort möchte ich auf die alte Maxime hinweisen, daß es falsches Gold nur gibt, weil auch echtes Gold existiert. Mit anderen Worten: Eine echte Begegnung mit dem System des Unbewußten ist eine wertvolle und bereichernde, wenn auch seltene Erfahrung. Wie ich bereits erwähnt habe, zieht eine große Mehrheit aller Patienten das Falsche vor, d. h. Symptomerleichterung ohne Einsicht. Das soll nicht wertend gemeint sein. Unbewußte Tatsachen sind beängstigend; diese Ängste haben ihre Ursache in dem Bewußtsein unserer eigenen Verletzbarkeit und Sterblichkeit bzw. in unserer Fähigkeit, Böses zu tun. Auch Therapeuten sind Menschen, und eine echte Begegnung mit den unbewußten Ängsten und Qualen, die der Psyche eines Patienten entstammen, wird den Therapeuten unvermeidlich mit seinen eigenen ungelösten Ängsten und emotionalen Problemen konfrontieren. Außerdem haben viele Therapeuten ein unbewußtes Bedürfnis, die Therapie anzubieten, die ihre Patienten unbewußt suchen. Gewiß wählen viele den Beruf des Therapeuten, weil sie sich wirklich für das Wohl der Menschen interessieren. Zugleich ist es schwierig, gegen die Neigung anzusteuern, mit dem Patienten eine intime Welt aufzubauen, in der wir Schuld miteinander teilen und gemeinsame Ängste ausschließen. Aufgrund solcher Bedürfnisse entstehen bei vielen Therapeuten falsche Vorstellungen und Illusionen darüber, was ihren Patienten zu helfen vermag.

Es gibt natürlich Praktiken, die schlechthin Abweichungen darstellen von den idealen Maßstäben, die in den verschiedenen psychotherapeutischen Ausbildungsgängen vermittelt werden. Oft handelt es sich dabei um Fehler, die hinter den geschlossenen Türen gewisser Therapeuten oder in bestimmten Streßsituationen stattfinden. Solche Abweichungen spiegeln auch die Vielfalt der sich widersprechenden Fakoren, die eine therapeutische Behandlung beeinflussen. So wie es Patienten gibt, die aufgrund unbewußter defensiver Bedürfnisse einen schlechten Therapeuten aufsuchen, gibt es Therapeuten, die ebenso defensiv auf Praktiken beharren, die eigenen krankhaften Bedürfnissen entgegenkommen. Ein solcher Therapeut ist zwangsläufig blind für die Folgen seines Verhaltens. Es fehlt der Psychotherapie generell eine objektive wissenschaftliche Grundlage. Zudem gibt es keine eindeutig praxisbezogenen Richtlinien, die als konstanter Bezugsrahmen für alle Therapeuten dienen könnten. Es gibt zum Beispiel eine Übereinstimmung darüber, wie ein Therapeut die Umgebung oder die Rahmenbedingungen der Therapie gestalten sollte, obwohl all diese Aspekte Auswirkungen haben, die einen Teil der Behandlung prägen. Auch wenn ein Therapeut davon ausgeht, daß in dem, mit dem ihm der Patient konfrontiert, vieles von latenter (unbewußter) Bedeutung steckt, neigt er eventuell dazu, das lediglich auf vergangene Ereignisse oder Beziehungen, die in der Therapie «nachgespielt» werden, zurückzuführen. Aber jeder Patient hat auch unbewußte Wahrnehmungen bezüglich des Therapeuten als Folge von dessen Eingriffen. Der Therapeut, der sich dessen bewußt ist, erkennt, daß der Patient durch das therapeutische Umfeld starken emotionalen

Einflüssen ausgesetzt ist, die auf unbewußter Ebene ständig überarbeitet werden. Dementsprechend kann der Therapeut, der auf die unbewußten Vorgänge eines jeden Patienten eingeht, eine optimale individuelle Behandlung finden, weil er eher den Bedürfnissen eines jeden gerecht werden kann. Die Vernachlässigung dieser unbewußten Quelle, die auf so exakte Art und Weise bei der therapeutischen Arbeit hilfreich sein kann, hat zu einigen Verwirrungen auf diesem Wissensgebiet geführt. Die einzige Möglichkeit für einen Patienten, mit dieser Situation zurechtzukommen, besteht darin, daß er lernt, seine eigenen unbewußten Mitteilungen zu entschlüsseln.

Ich bin mir im klaren darüber, daß dies meine Einstellung gegenüber der heutigen psychotherapeutischen Praxis sehr deutlich macht. Vielleicht sollte darauf hingewiesen werden, daß die Psychotherapie als Fachrichtung erst seit hundert Jahren existiert. Es begann in den achtziger Jahren des 19. Jahrhunderts mit Josef Breuer, Sigmund Freud und einer Reihe anderer Ärzte, die psychotherapeutische Methoden experimentell weiterentwickelten. In Anbetracht der Komplexität des Unterfangens, der Vielfalt emotionaler Funktionsstörungen und des bei allen Beteiligten weitreichenden Bedürfnisses nach Selbstschutz, ist es nur verständlich, daß wir so lange gebraucht haben, um die komplexe Struktur und die Irrtümer des psychotherapeutischen Unternehmens zu entwirren.

Dieses Buch hat ebendiese Entwirrung und damit eine neue Klarheit zum Ziel. Da die in diesem Buch beschriebenen Beurteilungskriterien sich auf das Unbewußte beziehen, mögen sie zum Teil auf Patienten wie auch auf Therapeuten etwas beunruhigend wirken. Dennoch soll dieses Buch nicht entmutigen, sondern künftige Perspektiven aufzeigen. Erst wenn Probleme als solche erkannt werden, können sie gelöst werden. Beispielsweise haben Sie als Patient die Möglichkeit, sich angesichts eines Eingriffs, der hier als gefahrvoll beschrieben wird, gemeinsam mit Ihrem Therapeuten auseinanderzusetzen; oder Sie haben die Möglichkeit, den Therapeuten, der für Sie richtig ist, zu finden. Außerdem können Sie unabhängig von Ihrer Beurteilung des Therapeuten auf ein positives Ergebnis der Behandlung hinarbeiten, weil sie die Interventionen nicht mehr kritiklos akzeptieren. Vielleicht löst manches in diesem Buch bei Ihnen das Gefühl aus, daß Sie Ihren Psychotherapeuten in Schutz nehmen möchten, so, als würde ich Sie hiermit auffordern, sich ihm gegenüber hinterhältig zu verhalten oder Ihre Therapie zu sabotieren. Aber durch genau diese defensive Haltung wird das Problem immer weiterbestehen. Bedenken Sie, daß es *Ihre* Therapie ist und daß Sie das Recht haben zu durchschauen, was dort stattfindet. Unwissenheit ist ein Abkommen zwischen dem unbewußten Erinnerungssystem und dem Bewußtsein; es stellt bereits ein Symptom dar, das auf konstruktive Weise überwunden werden muß.

In der Hoffnung, daß Sie die Wahrheit herausfinden möchten, wollen wir uns der Erarbeitung von Methoden zuwenden, mit deren Hilfe wir jeden derzeit praktizierenden Psychotherapeuten effektiv einzuschätzen vermögen.

2. Die Weisheit des tiefen Unbewußten

Viele Menschen sind vollkommen ahnungslos, wenn sie sich einen Therapeuten aussuchen. Sie fragen ihre Freunde nach deren Therapeuten. Sie wählen einen Namen aus dem Telefonbuch, oder sie erinnern sich an eine Person, die irgendwann einen Vortrag über Therapie gehalten hat, und rufen dort an. Sehr häufig ist ein Patient jahrelang bei einem oder mehreren Therapeuten in Behandlung, ohne zu wissen, ob ihm in irgendeiner Form geholfen wird.

Wie ich bereits erwähnt habe, besteht die Ironie darin, daß es durchaus Kriterien gibt, anhand deren ein Psychotherapeut und die von ihm praktizierte Behandlungsmethode beurteilt werden können. Sie mögen überrascht gewesen sein, als Sie im ersten Kapitel erfuhren, daß Ihre eigene unbewußte Psyche die Quelle dieser Informationen darstellt. Eigentlich wäre es sinnvoll, bevor Sie mit der Lektüre fortfahren, alles, was Sie bisher über «das Unbewußte» gelesen oder gehört haben, zu vergessen.

Die populäre Psychologie behauptet, es sei die Aufgabe der Therapie, unbewußte Konflikte zu lösen. Diese Betrachtungsweise führt zu der Schlußfolgerung, das Unterbewußtsein sei ein Problem, weil es sich auf unsere Gefühle und auf unser Verhalten negativ auswirkt. Im ersten Kapitel habe ich darauf hingewiesen, daß dies nur ein Teil der Wahrheit ist. Das Erinnerungssystem des tiefen Unbewußten kann tatsächlich einen negativen Einfluß auf unsere unbewußten Gefühle und unser bewußtes Verhalten haben. Tatsache bleibt aber, daß ein Teil der unbewußten Psyche – nämlich der Teil, den ich das Weisheitssystem des tiefen Unbewußten nenne – sich als äußerst zuverlässiger Ratgeber erweist, wenn Sie einen guten Psychotherapeuten suchen. Paradoxerweise ist die unbewußte Psyche einerseits Ursache des Leidens, bietet aber andererseits das bestmögliche Hilfsmittel, um dieses Leiden zu überwinden.

Das Bewußtsein und das Unbewußte arbeiten zusammen. Ich habe bereits erwähnt, daß das Bewußtsein im wesentlichen auf das Bedürfnis zu überleben ausgerichtet ist und dazu neigt, komplexe emotionale Inhalte abzuschotten. Allgemein ausgedrückt, kümmert sich das Bewußtsein um die praktische Seite des Lebens, das Unbewußte um den emotionalen Bereich. Diese Arbeitsteilung ermöglicht uns, schnell und pragmatisch zu handeln, wenn eine Situation dies von uns verlangt.

Manche Entscheidungen sind fast ausschließlich bewußte Entscheidungen. Sie hängen größtenteils von direkter Information und vom «gesunden Menschenverstand» ab. Wenn Sie sich beispielsweise Ihre Zeitung zum möglichst günstigen Preis ins Haus liefern lassen wollen, sind die Schritte, die Sie dafür unternehmen müssen, ausschließlich zielorientiert. Sie erkundigen sich nach möglichen Lieferanten und vergleichen deren Angebote miteinander. Das Bewußtsein kümmert sich um vernunftbezogene, nachprüfbare Einzelheiten. Es stellt sich ein Ziel vor, vergleicht verschiedene Handlungsmöglichkeiten und sorgt auf diese Weise für Ihre Sicherheit, Ihr Vergnügen und für Ihr Überleben.

Andere Entscheidungen mögen zwar praktische Abwägungen beinhalten, beruhen aber auch auf emotionalen Vorgängen. Die Wahl eines Ehepartners zum Beispiel stellt keine kühle oder rationale Entscheidung dar, auch wenn Ihre Vorgehensweise oberflächlich den Anschein der Logik haben mag. Tatsache ist, daß keine Entscheidung, die menschliche Beziehungen betrifft, eine rein bewußte Entscheidung ist. Die Wahl eines Psychotherapeuten ist ein gutes Beispiel dafür. Der Vorgang mag als pragmatische oder zufällige Entscheidung erscheinen. Sie erkundigen sich nach verschiedenen Möglichkeiten, lassen sich beraten und vereinbaren einen Termin. Währenddessen werden Ihre Vorgehensweise und Ihre Eindrücke jedoch ständig von tief unbewußten Faktoren beeinflußt – schon bevor die erste Begegnung mit dem Therapeuten überhaupt stattgefunden hat.

Es mag sein, daß die unbewußten Faktoren zu Ihrer bewußten Einstellung in Widerspruch stehen, *aber Ihr Unbewußtes weiß mehr über die emotionalen Implikationen einer Situation als Ihr Bewußtsein.* Während Ihr Bewußtsein sich mit klaren Tatsachen und Zahlen befaßt, beschäftigt sich Ihr Unbewußtes mit Ihren Wünschen, Bedürfnissen, subliminalen Wahrnehmungen, Phantasien und nonverbalen Erinnerungen – alles Erfahrungen, die das Bewußtsein ignorieren würde.

Meine Untersuchungen der menschlichen Psyche haben gezeigt,

daß das Bewußtsein von gröberer Beschaffenheit ist als das tiefe Unbewußte. Es ist für handfestes Denken und pragmatische Entscheidungen verantwortlich. Würde sich das Bewußtsein in die emotionalen Fragen einer Angelegenheit einschalten, würde es nicht mehr funktionieren können und von den Aufgaben des alltäglichen Lebens abgehalten werden. Aus diesem Grund mischt sich das Unbewußte nicht ein; es kümmert sich um emotionale Fragen auf unterschwellige Weise, ohne in die bewußte Sphäre einzudringen. Das hat auch noch einen anderen, vielleicht noch zwingenderen Grund. Unsere unbewußten (subliminalen) Wahrnehmungen bzw. die «Informationen», die das tiefe Unbewußte überarbeitet, sind in der Regel sehr beunruhigend. Das Bewußtsein leitet solche Wahrnehmungen an das Unbewußte weiter, eben *weil* sie emotional geprägt *sind*, und wir erfahren diese Wahrnehmungen je nach Stärke der Ängste und Verletzungen, die im tief unbewußten Erinnerungssystem gespeichert sind. Solche Eindrücke können nicht direkt in das Bewußtsein eindringen. Sie können bestenfalls verhüllt oder verschlüsselt auftreten, schlimmstenfalls erhalten sie überhaupt keinen Zugang zum Bewußtsein.

Einer der Hauptunterschiede zwischen den beiden Systemen der unbewußten Psyche besteht in der Art und Weise, wie sie jeweils mit emotional geladenen Informationen umgehen. Das *Erinnerungssystem des Unbewußten*, in dem die Ängste, die sich im Laufe des Lebens gesammelt haben, gespeichert sind, beurteilt jede neue, emotional geprägte Situation nach den schmerzlichen Erfahrungen, die es bereits kennengelernt hat. Es setzt gewohnte Abwehr- und Erleichterungsmechanismen in Gang und drängt auf unmittelbare Handlung. Das *Weisheitssystem des Unbewußten* dagegen überarbeitet wahrgenommene Informationen im Hinblick auf ihre Bedeutung. Es besteht auf Einsicht und Erhellung und zieht Besonnenheit einer übereilten Handlung vor.

Das Bewußtsein strebt nach einer unmittelbaren Handlung, die sich auf ein spezifisches Ziel richtet – ohne sich dabei mit schmerzlichen Erinnerungen oder mit komplexen Emotionen auseinandersetzen zu müssen. In einer emotional gefärbten Situation wird das Bewußtsein deshalb instinktiv die erprobten Abwehrmechanismen des unbewußten Erinnerungssystems einsetzen. Dies hat zur Folge, daß das Bewußtsein zwar vertrautes, aber möglicherweise unangemessenes oder destruktives Verhalten vorzieht, ohne daß es andere Möglichkeiten abgewogen hat oder gar den Preis eines solchen Verhaltens überhaupt erkennt. Man kann dieser geheimen Absprache zwischen dem Bewußtsein und dem unbewußten Erinnerungssystem nur entgegenwirken, indem man auf den Rat des Weisheitssystems des Unbewußten hört. Für dieses System liegt das Hauptgewicht nicht auf dem Ergebnis, sondern auf der darin enthaltenen emotionalen Wahrheit. Offenbar könnte auch das Bewußtsein von einem unmittelbaren Zugang zu dieser unbewußten Betrachtungsweise profitieren.

Leider ist dies nicht der Fall. Die vom Bewußtsein abgeschotteten Informationen haben noch keine bewußte Form, und es liegt dem Bewußtsein auch fern, dies zu ändern. Deshalb vermittelt das Weisheitssystem des Unbewußten seine Informationen auf indirekte Weise, indem es die Kommunikationsmöglichkeiten des Bewußtseins nutzt. Wenn das unbewußte Weisheitssystem eine Botschaft vermitteln möchte, dann wirkt es unterschwellig auf das Bewußtsein ein, eine Geschichte zu erzählen oder einen Traum abzurufen, in dem die Botschaft in einer verschlüsselten oder verborgenen Form vermittelt wird. Während die oberflächliche Geschichte eine offensichtliche und direkte Bedeutung hat, dient sie zusätzlich als Medium für eine zweite Geschichte, die sich in ihren Bildern ausdrückt. Diese zweite Geschichte ist nicht offensichtlich. Sie ist indirekt oder latent vorhanden und muß durch die Entschlüsselung der oberflächlichen Geschichte erst entdeckt werden. Dieses Buch soll Ihnen zeigen, wie Sie Ihre eigenen unbewußten Botschaften deuten und sie Ihrem Bewußtsein zugänglich machen können. Sie werden sehen, daß sich Ihr Unbewußtes als weise und scharfsinnige Hilfe erweisen wird, auf die Sie sich bei Entscheidungen verlassen können.

Wir beschäftigen uns hier natürlich mit der Frage, wie Sie Ihren Psychotherapeuten bzw. Ihre Psychotherapeutin beurteilen können – entweder bevor Sie eine Therapie beginnen oder während einer Behandlung. Von dreißig Jahren analytischer Praxis habe ich zwanzig damit verbracht, die unbewußten Botschaften meiner Patienten oder der Patienten jener Therapeuten, bei denen ich als Supervisor tätig war, zu entschlüsseln. Aufgrund dieser Arbeit konnte ich erstaunlich viel Material über das Funktionieren und die Betrachtungsweise des Unbewußten sammeln. Aufgrund der dringenden Wünsche der betreffenden Therapeuten konzentrierten sich vielfältige Botschaften auf die Wahl und die Beurteilung eines Therapeuten. Ich bin zu der

Erkenntnis gelangt, daß ein großer Unterschied zwischen einer bewußten und einer unbewußten Wahl besteht. Ich habe auch zu meinem Erstaunen gelernt, daß die unbewußte Wahl sich fast immer als die weisere erweist.

Wenden wir uns einigen Beispielen zu, die zwar nicht der psychotherapeutischen Praxis entstammen, aber die unbewußte Kommunikation verdeutlichen können.

Nehmen wir den Fall von Helen. Seit fast einem Jahr ist sie mit Mark zusammen, ohne dabei eine feste Beziehung eingegangen zu sein. Um Mark einen Denkanstoß zu geben, fragt sie ihn, ob er etwas dagegen habe, wenn sie sich gelegentlich mit anderen Männern treffe. Mark reagiert in einer für ihn typischen rationalen Art und Weise. Er erwidert, wenn Helen sich für jemand anderen interessiere, sei sie sowohl sich selbst als auch ihm gegenüber verpflichtet, ihre Neugier zu befriedigen. Er teilt ihr außerdem mit, daß es ihm zum Beispiel nichts ausgemacht hätte, wenn sie sich im letzten Monat, während er auf Geschäftsreise war, mit einem anderen Mann verabredet hätte, um mit ihm zu essen oder ins Kino zu gehen. Er glaube, die Beziehung sei stark genug, um ein gelegentliches Abendessen mit anderen Personen zu verkraften. Diese Antwort irritiert Helen; die Objektivität der Argumentation interpretiert sie als Gleichgültigkeit, die in ihr den Eindruck erweckt, daß sich Mark vielleicht mit anderen Frauen treffe. Beide wechseln jedoch das Thema und sprechen über Marks neue Arbeit. In diesem Zusammenhang sagt er, etwas, das ihn bei seiner letzten Arbeit «verrückt gemacht» habe, sei das Gefühl gewesen, nicht ernst genommen zu werden. Nach einer Geschäftsreise zum Beispiel habe er manchmal jemand anderen im Büro vorgefunden, oder ein Teil seiner Arbeit sei an andere weitergeleitet worden. Das habe er nicht ausstehen können. Helen weiß genug über unbewußte Erfahrung, um zu erkennen, daß Mark trotz des Themenwechsels mit dieser Äußerung auf ihre ursprüngliche Frage reagiert. Marks bewußtes Selbstbild, das ihn als tolerant und selbstsicher innerhalb seiner Beziehung zeigt, stimmt mit seinen unbewußten Ängsten, nicht geschätzt und deshalb ersetzt zu werden, nicht überein. Ohne daß es ihm bewußt ist, deutet er mit seiner Bemerkung an, daß Helen seinen Rat nicht befolgen soll. In der darauffolgenden Woche akzeptiert Mark die Einladung eines Ehepaars, das zwar weiß, daß er sich mit Helen trifft, die Einladung aber nur an ihn richtet, mit der Absicht, ihn einer alleinstehenden Freundin vorzustellen. Marks Reaktion darauf ist typisch für seine Art, mit seiner Bindungsangst sowie mit der Angst, austauschbar zu sein, zurechtzukommen. Mit anderen Worten, er schafft sich einen größeren Freiraum auf Kosten der dauerhaften Beziehung.

Die Geschichte mag belanglos erscheinen, führt aber zu der wichtigen Erkenntnis, daß der Versuch, das eigene Gleichgewicht sowie die eigene Stabilität aufrechtzuerhalten, auf mehreren Ebenen stattfindet. Wir haben hier ein Beispiel dafür, wie in einer emotional geladenen Situation die zwei Systeme des Unbewußten funktionieren. Helens Frage stellt eine Form emotionaler Erpressung dar, der man in der alltäglichen menschlichen Interaktion häufig begegnet. Ein anderer Mann hätte die Motive, die dahinterstecken, vielleicht bewußt erkennen und direkt auf sie reagieren können. Aber bei Mark stößt die Vorstellung, abgelehnt, gedemütigt und ersetzt zu werden, auf eine lange bestehende Angst, die sich in seinem unbewußten Erinnerungssystem durch Kindheitserinnerungen und Erfahrungen des Verlassenseins verankert hat. Deshalb schirmt er sowohl die in Helens Worten enthaltene Drohung als auch die darin versteckte Bitte nach einer ausgesprochenen Bindung ab und reagiert nur auf ihre oberflächliche Frage. Auf seine rationale Antwort folgt jedoch unmittelbar eine verschlüsselte Botschaft des Weisheitssystems seines Unbewußten, das die vom Bewußtsein abgeschirmten Wahrnehmungen durchaus registriert. Marks bewußte Äußerungen über seine ehemalige Arbeit sind das Medium für seine unbewußten Wahrnehmungen: Indirekt teilt er Helen mit, daß eine mangelnde Sicherheit in ihrer Beziehung ihn dazu zwinge, eine andere Freundin zu suchen. Eigentlich hatte Mark in seiner letzten Arbeit eine Art Übergangslösung gesehen, während er noch nach «etwas Richtigem» suchte. Unbewußt teilt er Helen mit, wie er ihr gegenüber gefühlsmäßig eingestellt ist; aber auch Helen gelingt es, diese Mitteilung zu ignorieren.

Sie sehen auch, daß Mark von seinem unbewußten Erinnerungssystem gezwungen wird, sich Erleichterung zu verschaffen. Letztendlich reagiert er auf Helens Bitte bzw. Drohung so, daß er *sie* in die Lage versetzt, sich austauschbar zu fühlen, und ihr zu verstehen gibt, daß er immer noch nach einer Partnerin sucht. Auch dieses Beispiel habe ich angeführt, weil es einen Tatbestand zeigt, der ständig beobachtet werden kann: Das Bewußtsein rationalisiert, um eine wahrgenommene Bedrohung seines Wohlbefindens nicht erkennen zu müssen. Diese Drohung wird dann unbewußt zum Ausdruck gebracht und bestimmt schließlich das Verhalten. All dies geschieht, ohne daß die mitwirkenden Faktoren oder der Preis der Rationalisierung bewußt werden.

Nun noch ein anderes Beispiel. Frau Acker empfindet eine vage Unzufriedenheit mit ihrer Ehe. Sie weiß, daß sie mit ihrem Mann etwas barsch umgeht, kennt den Grund aber nicht. Sie erklärt ihr Verhalten damit, daß sie «nicht ganz auf dem Damm» sei. Eines Nachts träumt sie, daß ein Mann, der ihrem Vater ähnlich sieht, ihre Tochter Lisa belästigt. Als sie über den Traum nachdenkt, erinnert sie sich sofort an eine Zeit aus ihrer frühen Jugend, in der sie entdeckte, daß ihr Vater ihre Mutter betrog. Diese Erinnerung löst eine starke Beunruhigung bei ihr aus. Sie kann sie jedoch in keinen vernünftigen Zusammenhang mit ihrem Traum bringen, denn die Geliebte ihres Vaters hatte keine Ähnlichkeit mit ihrer Tochter Lisa. Dann erinnert sie sich daran, daß Lisa auch der Name der Regieassistentin ihres Mannes ist. Er hatte in letzter Zeit diese Assistentin häufiger erwähnt. Frau Acker tut diesen leisen Verdacht als unsinnig ab. Sie sagt sich, daß der Traum lediglich unangenehm war und daß es sich nicht lohne, weiter über ihn nachzudenken.

Auf der bewußten Ebene spürt Frau Acker also Unzufriedenheit, aber ihre Einschätzung der Situation bleibt vage. Wäre sie imstande, ihren Traum zu entschlüsseln, könnte sie entdecken, daß ihr Unbewußtes die Situation sehr genau und leider sehr richtig einzuschätzen weiß. Ihr Mann hatte tatsächlich ein Verhältnis mit der Regieassistentin Lisa. Auf unbewußter bzw. subliminaler Ebene nimmt Frau Acker die Hinweise wahr, die zwar minimal und subtil, aber nichtsdestoweniger vorhanden sind. In der letzten Zeit hatte Herr Acker einen leicht abwesenden Eindruck gemacht. Obwohl er die Assistentin nur beiläufig erwähnte, hatte er relativ häufig ihre Meinungen zitiert. Zudem schien er sich weit mehr als gewöhnlich für die Verhältnisse anderer Mitarbeiter zu interessieren.

Für das Bewußtsein sind die genannten Äußerungen willkürlich und bedeutungslos. Aber für das Unbewußte stellen sie ein aufschlußreiches Geständnis dar. Um ihr geistiges Gleichgewicht – zumindest vorläufig – aufrechtzuerhalten, weigerte sich Frau Acker dennoch, das Problem direkt zu erkennen, der Tatsache zum Trotz, daß ihr Unbewußtes die Wahrheit bereits allzu gut verstanden hat. Der Preis, den sie für die bewußte Unwissenheit oder das Leugnen bezahlen muß, äußert sich in dem Gefühl der Rastlosigkeit und einer unbestimmten Unzufriedenheit. Als verletzbare menschliche Wesen sind wir alle bereit, den Preis für den vorübergehenden subjektiven Frieden zu zahlen, aber oft ist dieser Preis zu hoch.

Dementsprechend sind viele Therapiepatienten bereit, den Preis für eine defensive bewußte Betrachtungsweise ihres Therapeuten zu zahlen und überhören die gegenteiligen Urteile ihres bei weitem scharfsinnigeren und zuverlässigeren Unbewußten.

Wenden wir uns einem weiteren Beispiel für die Diskrepanz zwischen den zwei Systemen der Psyche zu – diesmal ein Beispiel aus der Psychotherapie. Aus Versehen stellt der Therapeut Herrn Dillon eine zu hohe Rechnung aus. Die bewußte Reaktion des Patienten ist rücksichtsvoll und entgegenkommend; der Therapeut sollte die Summe als Vorauszahlung für den darauffolgenden Monat betrachten. Dennoch beginnt der Patient daraufhin, die Geschichte eines Automechanikers zu erzählen, der ihm für gewisse Reparaturarbeiten zu viel berechnet hatte. Nach der Schilderung des Patienten war dieser Mann nicht nur geldgierig, sondern auch unfähig, da er nicht einmal den Fehler repariert hatte. Diese emotionale Beschreibung stellt natürlich eine schwach verhüllte Wahrnehmung in bezug auf den Fehler des Therapeuten dar. Auch in der verärgerten Reaktion des Patienten zeigt sich das extreme Gegenteil seines bewußten Verhaltens.

Das Problem liegt darin, daß die Weisheit des tiefen Unbewußten von der Unwissenheit der bewußten Psyche begleitet wird. Unser Wissen bleibt auf unbewußter Ebene, weil wir zu bewußtem Wissen nicht bereit sind. Dies führt zu Selbstbetrug an beiden Polen eines jeden Entscheidungsprozesses, an dem auch Emotionen beteiligt sind. Der eine Pol, das Bewußtsein, wird emotionale Probleme immer unterdrücken. Am anderen Pol versucht das unbewußte Erinnerungssystem, Erleichterung ohne Bewußtmachung herbeizuführen, während das Weisheitssystem des Unbewußten emotionale Wahrheit anstrebt, ohne Rücksicht auf die Folgen. Es besteht also nur eine Möglichkeit, emotionale Probleme erfolgreich zu lösen. Der Betroffene muß die Hilfe des Weisheitssystems des Unbewußten annehmen und dessen Wissen mit dem Wunsch des Bewußtseins nach zielorientierter Handlung vereinbaren. Bei der Wahl eines Therapeuten bedenken

Sie, daß für das Bewußtsein die Selbsterhaltung das Hauptanliegen darstellt. Das ist zwar ein gesundes Motiv, aber dadurch wird unserem bewußten Verhalten zwangsläufig die Funktion zugewiesen, den Status quo beizubehalten, auch dann, wenn wir davon überzeugt sind, daß wir uns ändern sollten. Aus diesem Grund neigt das Bewußtsein, auf das wir unmittelbar angewiesen sind, zu Entscheidungen, die eher zweckdienlich und defensiv als einsichtsorientiert sind. Tatsache ist, wie ich bereits erwähnt habe, daß Sie dann einen Therapeuten aussuchen, der Ihnen nichts anderes bietet als bessere Abwehrmechanismen zur Bekämpfung Ihrer emotionalen Symptome. Oder Sie entschuldigen einen schädlichen und destruktiven Therapeuten durch rationale Erklärungen, weil die Interaktion eine Art der Konfliktbewältigung unterstützt, mit der das unbewußte Erinnerungssystem vertraut ist. Vielleicht wählen Sie sogar eine Therapie, die Ihr Leiden intensiviert. Das Bewußtsein ist ein gutes und nützliches Instrument, aber es ist ein unzuverlässiger Ratgeber in Anbetracht emotional belasteter Situationen. Aus diesem Grund ist dieses Buch keine Sammlung praktischer Vorschläge, die an den gesunden Menschenverstand appellieren und dem Bewußtsein Schutz durch Rationalisierung gewährleisten. Die Grundlage dieses Buches beruht vielmehr auf der Tendenz des unbewußten Weisheitssystems, emotionale Umstände ausführlich und ohne Zeitdruck zu betrachten und die Erkenntnis den Abwehrmechanismen vorzuziehen. Nur so ist eine wirkliche Heilung möglich.

Das unbewußte Weisheitssystem sendet verschlüsselte Botschaften über die Kommunikationsmittel des Bewußtseins aus. Entschlüsselt können diese eine Menge darüber mitteilen, wie Sie auf Ihren Therapeuten emotional reagieren und welche Art der Therapie hier tatsächlich abläuft. Bedenken Sie aber, daß das Unbewußte auf eine ihm eigentümliche Weise emotionale Fragen behandelt. Wir sind einerseits an die Art des bewußten Denkens gewöhnt, und andererseits ist uns die eigene unbewußte Betrachtungsweise so wenig vertraut, daß viele Urteile, die letzterer entspringen, uns fremd und unerwartet, sogar beunruhigend erscheinen mögen. Mit der Zeit werden Sie jedoch lernen, wie das Unbewußte denkt und funktioniert, und erfahren, wie sehr Sie sich in emotional bestimmten Situationen auf seine Betrachtungsweise verlassen können. Die gesamte Beurteilungsmethode wird sich nicht nur als sinnvoll, sondern in Anbetracht ihrer praktischen Erfolge auch als richtig erweisen.

Im Hauptteil dieses Buches werden Ihnen Möglichkeiten vorgestellt, wie Sie Ihren derzeitigen oder künftigen Psychotherapeuten beurteilen können, gleichgültig, in welchem Bereich der Psychotherapie er auch arbeitet und welche Erfahrungen Sie gemacht haben. Aber bevor wir uns dieser etwas formalen Tätigkeit zuwenden, möchte ich noch etwas weiter ausholen. Zunächst halte ich nichts davon, emotionale Funktionsstörungen bis ins kleinste zu klassifizieren. Jede Form emotional begründeter Anpassungsprobleme – seien sie psychologischer, psychosomatischer, interpersonaler oder sonstiger Art – haben ihre Ursache in den Bemühungen des einzelnen, mit emotionalen Problemen, die für das Bewußtsein unerträglich sind, zurechtzukommen.

Ich bin der Ansicht, daß jeder erkennen sollte, daß alle emotional begründeten Probleme eine tiefe und breite subliminale Grundlage haben, die sowohl beängstigend als auch desorientierend ist. Dies gehört naturgemäß zur menschlichen Konstitution. Damit will ich nicht sagen, daß wir alle «verrückt» sind; ich will lediglich zum Ausdruck bringen, daß jede emotionale Störung etwas mit Ängsten, Widersprüchen und Schmerzen zu tun hat, die zum Menschsein dazugehören. Gleichzeitig hat der Mensch aber auch die Fähigkeit, diese Gefühle bewußt wahrzunehmen. Manche Menschen sind eher imstande, mit solchen Problemen zurechtzukommen als andere.

Es gibt viele Klassifikationssysteme bzw. viele Methoden, um die mit einer Therapie verbundenen Probleme zu definieren. Im wesentlichen sind all diese Probleme mißlungene Versuche, mit den emotionalen Fragen des Lebens fertig zu werden. Wenn solche Versuche in starkem Maße fehlschlagen, äußern sie sich als Symptome einer emotionalen Störung. In der Regel suchen wir nach Hilfe, wenn der Preis für die Abschottung des eigentlichen Problems so hoch wird, daß er unser alltägliches Funktionieren beeinträchtigt.

In dieser Hinsicht also sprechen wir nicht von einem unbewußten Konflikt, der sich störend auf das Bewußtsein auswirkt. Wir sprechen von einem unbewußten Versuch, mit einem Problem, das das Bewußtsein nicht wahrhaben will, fertig zu werden. Das Bewußtsein erfährt die unbewußte Bewältigungsstrategie als ein emotionales Symptom. Das eigentliche Problem findet man aber nicht im Bereich des Bewußtseins. Es beruht auf unbewußt wahrgenommenen Hinweisen (auf sogenannter subliminaler Wahrnehmung), die ohne bewußtes

Wissen überarbeitet werden. Aus diesem Grund kommen uns emotionale Symptome so verwirrend oder irrational vor; das Bewußtsein hat keinen Zugang zu dem emotionalen Hintergrund der Symptome, mit denen er zu kämpfen hat.

Wenn eine solche Bewältigungsstrategie mißlingt und sich störend auf Ihr Leben auswirkt, richtet sich das Bewußtsein meistens auf das unmittelbare Symptom und fordert Sie auf, etwas dagegen zu unternehmen. In vielen Fällen versucht man dann irgend etwas, das mit dem Problem zusammenzuhängen scheint, zu ändern, z. B. eine Beziehung, die Arbeitsstelle, das eigene Äußere. Wenn man sich dadurch keine Erleichterung verschafft – und dies ist häufig der Fall –, versucht man vielleicht, den Blick nach innen zu richten, um herauszufinden, was sich auf psychologischer Ebene abspielt. Aber der Weg, der zur Erleichterung führt, läßt sich nicht bewußt erkennen. Er befindet sich in dem unbewußten Teil der Psyche, also dort, wo er nicht sichtbar ist. Dem Bewußtsein bleibt der Kern des Problems verborgen.

Vielleicht entscheiden Sie sich, wenn Sie an diesem Punkt angelangt sind, dafür – entweder aus eigenen Überlegungen, oder weil andere Ihnen dazu raten –, mit einem Psychotherapeuten zu sprechen. Dies ist aus vielen Gründen eine emotional geprägte Entscheidung. Nicht zuletzt, weil das ein Eingeständnis des eigenen Versagens zu sein scheint. Auch wenn Sie sich bewußt einreden, daß Tausende, vielleicht Millionen von Menschen sich derzeitig in einer Therapie befinden oder sich einer solchen Behandlung bereits unterzogen haben, leiden Sie unter dem unangenehmen oder sogar beängstigenden Gefühl, daß Sie Ihre Selbstkontrolle verlieren. Sie glauben, daß Sie imstande sein sollten, mit dem Problem selbst zurechtzukommen.

Aber auch diese Ängste und Gedanken sind in der Art und Weise begründet, wie Sie Ihr eigenes Selbst und Ihren inneren Zustand unbewußt wahrnehmen. Auch diese Wahrnehmungen lassen sich ebensowenig bewußt machen wie ändern. Eine Wahrnehmung, ein Bild oder eine Phantasie, die im tiefen Unbewußten ruhen, weisen auf den Einfluß einer nur schwer veränderbaren Sache hin. Nur einsichtsorientierte Therapien können Ihnen dabei helfen. Wenn Sie nicht lernen, wie Sie das Unbewußte erreichen, es kennenlernen und mit Hilfe angemessener Mittel ändern können, bleiben Ihnen nur wenige Alternativen.

Ich weiß, daß emotionales Leiden auch auf andere Weise erleichtert werden kann: zum Beispiel durch eine Änderung der Lebensumstände, die Entwicklung neuer Abwehrmechanismen oder das Teilen Ihres Dilemmas mit anderen, die sich in einer ähnlichen Situation befinden. Aber all diese Methoden haben Grenzen und fordern ihren Preis. Ich habe bereits angedeutet, daß das Bewußtsein häufig lieber diesen Preis zahlt, um weiterhin das unbewußte Wissen umgehen zu können. Emotionale Wahrheit ist für das Bewußtsein zunächst unerträglich schmerzhaft und droht zudem, eine potentielle Desorientierung auszulösen. Aktiviertes emotionales Wissen – zum Beispiel das Gefühl, eine Person gleichzeitig zu lieben und verletzen zu wollen, das Gefühl, von derselben Person zugleich geliebt und gehaßt zu werden, perverse oder sadistische Bedürfnisse oder die Vorwegnahme des Todes – ist in seiner nackten Form erschreckend. Die Organisation der Psyche ist davon abhängig, einige emotionale Wahrheiten von sich fernzuhalten. Erinnern Sie sich an die Szene mit Helen und Mark? Marks verschlüsselte Reaktion deutet offensichtlich auf einen Widerspruch hin, der von seinem Bewußtsein nicht zu lösen ist, nämlich den Machtkampf zwischen der Angst, sich zu binden, und der Angst, ausgetauscht zu werden. Dieser Widerspruch bzw. das gleichzeitige Verlangen nach Freiheit und Sicherheit ist ein inhärenter Teil des Menschseins. Aber aufgrund seiner Kindheit ist dieser Bereich für Mark mit unbewußten Ängsten besetzt. Bis jetzt konnte Mark sein psychisches Gleichgewicht aufrechterhalten, indem er jede emotional geprägte Wahrnehmung, die auf diesen Widerspruch hinwies, von seinem Bewußtsein abzuschirmen vermochte. Aber diese defensive Haltung fordert einen immer höheren Preis: Mark ist nicht imstande, eine feste Beziehung mit einer Person aufrechtzuerhalten. Er wird dazu getrieben, sich auf emotionale Dreierbeziehungen einzulassen. Dieses sich wiederholende Schema hat einen erheblichen Einfluß auf sein Leben. Dennoch wird er davon abgehalten, sich zu ändern. Zunächst durch die Erleichterung, die sein Verhalten bewirkt, sowie durch seine Abneigung, sich der Wahrheit zu stellen.

Sie sehen also, daß die Möglichkeit, sich mit echten emotionalen Wahrheiten therapeutisch auseinanderzusetzen, einen Konflikt auszulösen vermag. Ein Teil von Ihnen wünscht sich die bestmögliche Therapie, die Ihnen bei der Lösung Ihrer emotionalen Probleme hilft und Ihnen den hohen Preis des Leugnens erspart. Ein anderer Teil in

Ihnen ist dagegen durchaus bereit, schädliche Therapieformen sowie Kompromisse hinzunehmen, vorausgesetzt, die Wahrheit bleibt weiterhin unberührt.

Bei den meisten von uns ist jener Teil des Unbewußten, der nach Wahrheit strebt, unterlegen. Er ist dem Teil nicht gewachsen, der bereit ist, mit dem Bewußtsein zu verhandeln, unabhängig davon, welche Kosten damit verbunden sind. Dies gilt für das Leben im allgemeinen: Die Wahrheit erscheint uns häufig als kalt, unbequem, sogar beunruhigend, während sich Unwahrheiten einen unermeßlich weiten Freiraum gewähren können. Diese haben eine anziehende und überzeugende Qualität, weil wir an sie glauben möchten, besonders dann, wenn jede Unwahrheit uns dazu dient, uns selbst über unsere Fehlbarkeit und Sterblichkeit zu täuschen.

Bei Ihren Abwägungen hinsichtlich eines bestimmten Therapeuten gehen Sie in der Regel von Offensichtlichkeiten aus: Ist Ihnen diese Person sympathisch? Gefiel Ihnen das, was Ihnen während der Stunde gesagt wurde? Fühlten Sie sich nach der Stunde wohl? Hatte er oder sie eine gute Ausstrahlung? Dennoch spüren Sie vielleicht, daß Sie sich letztendlich auf ein unterschwelliges Gefühl verlassen – daß Sie sozusagen «aus dem Bauch» handeln. Leider wird Ihre endgültige Entscheidung von all diesem wenig beeinflußt. Jener Teil des Unbewußten, der sich auf Kompromisse einläßt, wird in Absprache mit den bewußten Abwehrmechanismen die Wahl treffen. Jahrelange Erfahrungen haben mir gezeigt, daß potentielle Therapiepatienten dazu neigen, einen Therapeuten zu beauftragen, der ihnen eher hilft, die Wahrheit zu *vermeiden* als sich mit ihr auseinanderzusetzen. In vielen Fällen sucht der Patient weniger nach Wahrheit, als daß er bereit ist, eine fragwürdige Lösung gegen eine andere, die leichter zu ertragen ist, einzutauschen.

In Anbetracht einer solchen Verschwörung wird der Maßstab, mit dem Sie Ihren Psychotherapeuten einschätzen, ziemlich verbogen. Anstelle einer Reihe von Beurteilungskriterien, die Ihnen zu einem bestmöglichen Erkenntnisstand verhelfen können, erhalten Sie einen günstigen Eindruck von einem Therapeuten, der, wie Sie unbewußt wissen, sich als schädlich erweisen könnte.

Die Richtlinien in diesem Buch sind so frei von verwirrten und defensiven Bedürfnissen, wie es einem Menschen möglich ist. Sie sind praktisch und basieren auf den unbewußten Mitteilungen Hunderter von Patienten. Es sind konstruktive Richtlinien, die durch Beobachtung und aus einer Vielzahl von therapeutischen Erfahrungen entstanden sind. Sie sind fundiert und sollen dazu dienen, Sie von potentiell destruktiven psychotherapeutischen Interaktionen abzuhalten, und Ihnen zu einem konstruktiven und gesunden Therapieerlebnis zu verhelfen. Es sind harte Richtlinien, die häufig das Gegenteil von selbsttrügerisch «vernünftigen» Ideen und allgemein üblichen Praktiken verlangen. Zudem stehen sie im Widerspruch zu vielen Ihrer eigenen bewußten Wünsche und Rationalisierungen.

Es läßt sich tatsächlich mit Sicherheit behaupten, daß unter den Millionen Menschen, die sich heute weltweit in einer Form von Therapie befinden, nur eine bemerkenswert geringe Zahl eine Behandlung erfährt, die nach unseren Beurteilungskriterien den höchsten Maßstäben entspricht. Therapeuten, die das Unbewußte wirklich verstehen und bereit sind, darauf einzugehen, sind selten genug. Und noch seltener sind solche Therapeuten, die die Grundregeln und Grenzen der therapeutischen Beziehung, mit anderen Worten die tiefsten Bedürfnisse ihrer Patienten, wirklich achten. Indem Sie lernen, wie Sie Ihren Psychotherapeuten richtig beurteilen können, haben Sie nicht nur die Gelegenheit, Ihre eigene Therapie zu optimieren. Sie üben auch eine Wirkung auf ein Wissensgebiet aus, in dem es allzu lange keine brauchbaren Maßstäbe gab.

3. Die zwei großen Systeme der Psyche

Ich habe einen Freund, den ich hier Herbert nennen werde. Er ist Mitte Dreißig, und ich kenne ihn seit vielen Jahren. Etwa zwei Monate bevor ich anfing, dieses Buch zu schreiben, rief er mich an.

Er hatte ein Problem und wußte nicht, an wen er sich wenden konnte. Er hatte gerade eine Psychotherapie begonnen und war völlig durcheinander. Er meinte, er hätte mich schon vorher um Rat bitten sollen, aber er fühlte sich damals zu gehemmt, um darüber zu sprechen. Nun wußte er nicht, ob er bei dem Therapeuten bleiben sollte. Er war völlig durcheinander.

Die Beurteilung eines Psychotherapeuten beginnt normalerweise, bevor Sie ihm überhaupt begegnen. Es mag seltsam klingen, aber die Art und Weise, in der Sie von einem Therapeuten erfahren, steht in engem Zusammenhang mit der Art der Therapie, die Sie bei ihm wahrscheinlich erwartet. Wir werden später noch ausführlicher auf diese Frage eingehen. An dieser Stelle möchte ich Ihnen jedoch zeigen, welche Rolle das im Fall von Herbert gespielt hat. Wie gesagt, ich kenne Herbert schon länger; er kennt meine Arbeit und weiß, daß ich ihm einen guten Therapeuten empfohlen hätte, wenn er mich gefragt hätte. Die Tatsache, daß er mich nicht gefragt hat – obwohl er spürte, daß er dies hätte tun sollen –, zeigt sehr deutlich, mit welcher Unsicherheit das Bewußtsein dem emotionalen Bereich gegenübersteht. Wenn das Bewußtsein mit klarer Logik und gesundem Menschenverstand auf dem emotionalen Gebiet funktionierte, hätte Herbert mich angerufen, als er sich entschloß, eine Behandlung zu beginnen.

Statt dessen fragte Herbert seine Freundin Viola nach ihrem Therapeuten. Vordergründig kann man annehmen, daß es Herbert unangenehm war, mich in meiner Eigenschaft als Therapeut anzusprechen, und daß es ihm leichter fiel, eine Person, die sich bereits in einer Therapie befand, um Rat zu bitten. Es ist gut möglich, daß er unsere Freundschaft nicht durch einen ungleichen Status von Therapeut und potentiellem Patienten belasten wollte. Aber wie ich bereits im ersten Kapitel angedeutet habe, stellt die Wahl eines Psychotherapeuten keine rein bewußte Entscheidung dar. Es steckt keine besondere Logik dahinter, die eigene Freundin nach ihrem Therapeuten zu fragen. Vielmehr kommt sofort der Verdacht auf, daß es sich hier um ein Abkommen zwischen dem unbewußten Erinnerungssystem und dem Bewußtsein handelt. Das Bewußtsein möchte um jeden Preis eine Auseinandersetzung mit dem eigentlichen Problem umgehen. Also bietet das unbewußte Erinnerungssystem eine Scheinlösung für das Problem an, um die unerträglichen Symptome zum Abklingen zu bringen. Schließlich wird diese Strategie mit einer narrensicheren Logik gerechtfertigt. Nämlich: Viola ist offensichtlich eine Frau mit gutem Geschmack; sie hat ja auch *dich* gewählt. Und ihr Therapeut scheint ihr helfen zu können, also, was spricht dagegen, sie in dieser Angelegenheit um Rat zu bitten? Dies mag etwas spöttisch klingen, aber schauen wir uns genauer an, was eigentlich geschah. Wie vermutet, empfiehlt Viola ihren Therapeuten. Was sie an ihm schätzt, ist die Tatsache, daß er ein «eklektischer Psychologe» ist und sich deshalb von keiner einzelnen psychologischen Richtung vereinnahmen läßt.

(Andererseits kann man den Begriff «eklektisch» auch so verstehen, daß es sich hier um einen Therapeuten handelt, der sich Freiräume nach eigenem Gutdünken einräumt, ohne sich an psychologisch begründete Richtlinien zu halten.)

Viola war schon seit sieben Jahren einmal wöchentlich in Behandlung bei Dr. Rumford und von seinem «Scharfsinn» sehr beeindruckt. Auch die Praxis in Rumfords Wohnung, die in einen renommierten Stadtviertel lag, imponierte ihr sehr. Herbert bittet Viola, Dr. Rumford zu fragen, ob er ihn als Patienten annehmen könne. Viola ist von der Idee begeistert. Auf diese Weise kann sie beiden Männern einen Gefallen tun – dem einen hilft sie geschäftlich, und dem anderen kann sie den Weg zur Therapie erleichtern. Als sie Dr. Rumford das nächste Mal sieht, erzählt sie ihm von Herbert und fragt, ob er Zeit für ihn habe. Sie erwähnt auch, Herbert leide an Impotenz und wolle sich vermutlich deshalb einer Therapie unterziehen. Dr. Rumford zeigt sich äußerst verständnisvoll und interessiert. Er erklärt sich sofort bereit, Herbert zu behandeln. Er versichert Viola, daß er Potenzprobleme bereits mit großem Erfolg gelöst habe.

Als Herbert mich anrief, hatte er Dr. Rumford viermal gesehen. Auf den Vorschlag des Therapeuten hatte auch Viola an der ersten Stunde teilgenommen. Herbert erkennt sofort, warum Dr. Rumford sie beeindruckt. Er wirkt in der Tat sehr scharfsinnig. Er macht interessante Bemerkungen über Herberts inzestuöse Konflikte mit seiner Mutter und der Schwester sowie über seine Ängste, vom Vater kastriert zu werden. Oder, wie sich Dr. Rumford auszudrücken pflegt, über seinen insgesamt «völlig verworrenen Ödipus-Komplex». Andererseits hält Herbert nicht viel von psychoanalytischen Begriffen und Vorstellungen. Er kann sich schwer mit den Ängsten und Wünschen, die Dr. Rumford ihm zuschreibt, identifizieren. Nach der zweiten Sitzung gelingt es ihm, mit Viola zu schlafen. Daraus schließt er auf die Wirksamkeit der Behandlung, auch, wenn sie ihm unverständlich bleibt. Warum soll er mit vielen Fragen alles zerstören?

Dennoch kann er sich nicht von einem beunruhigenden Gefühl befreien. Er ertappt sich dabei, sich über die Frau, die er gelegentlich in anderen Räumen von Dr. Rumfords Wohnung sieht, Gedanken zu machen: Ist sie seine Frau? Eine Geliebte? Oder vielleicht eine andere Patientin? Und es macht ihn verlegen, wenn er das Geschrei zwischen Dr. Rumford und dem Patienten, der vor ihm zur Besprechung erscheint, mitanhört. Manchmal dringen Essensgerüche aus der Küche in das Sprechzimmer, die ihm Übelkeit verursachen.

Am schlimmsten für ihn ist jedoch, daß Dr. Rumford ihn allmählich irritiert. Er hat die Angewohnheit, immer dann, wenn er etwas Kluges sagen will, an seiner Unterlippe zu ziehen, und er ist ein unverbesserlicher Kettenraucher. Als er das Viola gegenüber erwähnt, wirft sie ihm vor, er wehre sich innerlich gegen die Therapie. Sie wissen ja beide, daß er Fortschritte mache, aber vielleicht könne er Erfolg nicht ertragen.

Während der vierten Besprechung fordert Dr. Rumford Herbert auf, über seine Beziehung zu Viola zu reden. Der Vorschlag stößt bei Herbert auf Widerwillen. Es geht ihm nicht aus dem Kopf, daß Viola seit sieben Jahren Dr. Rumfords Patientin ist. Irgendwie erscheint es ihm unangebracht, über die intimen Einzelheiten ihres Sexuallebens zu berichten. Tatsache ist, daß ihm Dr. Rumfords Interesse eher anzüglich als therapeutisch vorkommt.

Dr. Rumford sagt ihm, sein Widerwille sei ein Teil seines Problems. Er versucht Herbert zu ermutigen, indem er auf Violas körperliche Anziehungskraft hinweist. Er fragt, was Herbert ursprünglich zu ihr hingezogen habe, was ihm am meisten an ihrem Körper gefalle, was er tue, um sie zu erregen, und wie sie im Bett sei.

Dr. Rumford scheint geneigt, Herbert in allen Einzelheiten über sexuelle Techniken zu beraten. Wenn Herbert Viola auf andere Art und Weise erregen könne, wäre dies auch für ihn viel aufregender. Herbert ertappt sich bei dem Gedanken, das Gespräch diene der Erregung Dr. Rumfords, allerdings auf seine, Herberts, Kosten. Als Herbert dies mit Viola bespricht, erfährt er, daß sie bereits von Dr. Rumford eine Menge über den Ablauf seiner Behandlung erfahren hat. Er selbst kann sich an einiges, worüber Viola bestens informiert ist, nicht mehr erinnern. Als Herbert andeutet, daß Dr. Rumford selbst von Viola angezogen sein könne, gibt sie zu, daß er dies bereits offen gesagt habe. Er habe ihr schon mehrmals gesagt, wie unbegreiflich es ihm sei, daß ein anderer Mann von ihr nicht erregt werde. Er deutete an, daß Herberts Impotenz vielleicht durch ihre mangelnden sexuellen Kenntnisse bedingt sei. Er selbst könne ihr helfen, ihre Fertigkeiten zu verbessern. Viola hatte ihm gesagt, daß sie an einer sexuellen Ersatzbeziehung mit ihm nicht interessiert sei, und damit sei die Sache erledigt gewesen. Wenn ihr Therapeut sie attraktiv finde, könne dies ja einfach als eine Art von Reaktion gesehen werden, die sie bei anderen Menschen hervorrufe. Vielleicht sei dies gar nicht so wichtig. Und warum solle eine solche Reaktion bei einer therapeutischen Interaktion ausgeschlossen werden?

Später werden wir bei der Beurteilung von Dr. Rumford auf alles eingehen, ausgehend von der Art und Weise, in der Herbert als Patient akzeptiert, bis hin zu der Lage seiner Praxis und der Art, wie er sich Herbert und Viola gegenüber äußert. Aber an dieser Stelle begnügen wir uns mit der Feststellung, daß Dr. Rumfords Art, eine Therapie durchzuführen, vielen Menschen als fragwürdig erscheinen mag. Andere jedoch mögen behaupten, daß all dies von keiner besonderen Bedeutung sei, vor allem in Anbetracht der Tatsache, daß Herbert wieder mit Viola schlafen konnte. Das Wichtigste sei ja, daß eine Therapie die erwünschte Wirkung habe. Schließlich würde ein Sex-Therapeut noch viel weiter gehen, indem er beiden ganz konkret zeigen würde, wie sie Herbert erregen und bis zum Orgasmus bringen könnten.

Vom Standpunkt des Bewußtseins aus gesehen, liegt auch hier das Hauptgewicht auf der Behandlung eines emotionalen Problems. Das Bewußtsein kümmert sich nicht um die Beweggründe; es will lediglich, daß alles möglichst schnell in Bewegung gerät: sofortige Erleichterung, pragmatische Ratschläge und Schutz vor den wahren Fragen, die den Kern des Problems ausmachen.

In den zwei Stunden, die Herbert und ich miteinander telefonierten, schwankte er ständig in seiner Meinung über Dr. Rumford. Er meinte, er sei vielleicht zu kritisch. Möglicherweise verstehe er einfach nicht, welche Strategie sich hinter Rumfords Vorgehensweise verberge. Der nächste Therapeut könne noch schlimmer sein. Wie solle er das überhaupt beurteilen können? Warum soll ein Therapeut verpflichtet sein, seinen Erwartungen zu entsprechen? Vielleicht liege das Problem darin, daß er falsche Erwartungen habe.

Ich hatte mich während des Gesprächs mit Herbert mit meinen Äußerungen zurückgehalten. Warum sollte ich meine bewußten Eindrücke gegen seine stellen? Dann erwähnte Herbert etwas, das sich als entscheidend erwies, und zwar gerade, als er im Begriff war, sich zu beruhigen, weil er sich damit abgefunden hatte, seine Therapie zunächst einmal fortzusetzen. Wie er sagte, träumte er selten, hatte aber in der letzten Nacht folgenden Traum: Er steht im Wasser – im Ozean – mit Viola. Plötzlich bemerkt er, daß ein Hai auf ihn zukommt, und weiß, daß der sie in Stücke reißen wird. Er ruft Viola zu, aus dem Wasser zu gehen. Beide schwimmen auf den Strand zu und laufen um ihr Leben. Er erwacht schweißgebadet.

Ich neige nicht dazu, für meine Freunde den Psychotherapeuten zu spielen. Wie erwähnt, hatte ich bis zu diesem Punkt in unserem Gespräch Herbert mehr oder weniger erzählen lassen, ihm lediglich durch kurze Bemerkungen zu verstehen gegeben, daß ich zuhörte, und ihn ermutigt, weiterzusprechen. Obwohl die verschlüsselte oder verschleierte Bedeutung seines Traums klar zu sein schien, beschloß ich, in Anbetracht der Situation nicht einzugreifen, sondern ihn seine Gedanken weiterentwickeln zu lassen. Wenn beide Systeme der Psyche aktiviert worden sind, neigen Menschen von Natur aus zur Selbstheilung. Aufgrund seiner bewußten Argumentation hatte Herbert, wie vorauszusehen war, seinen inneren Widerstand zum größten Teil abgebaut. Nun hatte sich sein Unbewußtes geäußert. Eine Bemerkung meinerseits hätte bei ihm den Vorgang, sich diese verschlüsselte Mitteilung bewußt zu machen, unterbrochen.

«Warum in aller Welt hatte ich einen solchen Traum?» fragte Herbert, eher rhetorisch als direkt an mich gerichtet. Dann fuhr er fort: «Merkwürdigerweise erzählte mir Rumford bei meiner letzten

Besprechung, daß er ein Haus am Meer besitze, direkt am Strand. Kein Wunder, wenn man bedenkt, was für ein Honorar er verlangt. Er schlug sogar Viola und mir vor, dort im Frühjahr ein Wochenende zu verbringen. Er sagte, das würde meine Impotenz garantiert heilen.»

Herbert war im Begriff, seinen Traum durch freie Assoziationen zu deuten. Mit anderen Worten: Er ließ seine Gedanken, von den Bildern des manifesten oder oberflächlichen Traumes geleitet, schweifen. Sofort brachte er den Traum mit Dr. Rumford in Verbindung – insbesondere mit dem Vorschlag des Therapeuten. Zuerst hatte Herbert das Angebot in Frage gestellt, aber schließlich nahm er es als eine großzügige, wohlwollende Geste entgegen.

Dann erinnerte sich Herbert an einen Witz über einen Pfarrer und einen Rechtsanwalt, die, von Haifischen umgeben, kurz vor einer tropischen Insel in einem Ruderboot trieben. Der Pfarrer bietet an, ans Land zu schwimmen, aber der Rechtsanwalt hält ihn zurück und springt selbst ins Wasser. Als dieser durchs Wasser schwimmt, ist der Pfarrer erstaunt zu sehen, wie die Haie ausweichen, um den Anwalt durchzulassen. Einige Stunden später, nachdem der Pfarrer gerettet und zur Insel gebracht worden ist, fragt er den Rechtsanwalt, warum sich die Haie so verhalten haben. «Oh», antwortet der Rechtsanwalt, «das war lediglich Höflichkeit unter Freunden.»

Herbert erkennt, daß der Traum Dr. Rumford als «Hai» bzw. als skrupellosen Scharlatan darstellt. Er erkennt, daß Rumford vermutlich dem Anwalt entspricht, dem Mann, der hineinspringt, um gefährliche Gewässer zu passieren. Ein Retter oder ein Therapeut, der imstande ist, die Regeln zu beugen, um sein berufliches Ziel zu erreichen. Der Traum stellt Rumfords Selbstbild in Frage; er verdeutlicht, daß Rumford zu den «Haien» gehört und daß Herbert und Viola unbedacht in die Therapie «hineingesprungen» waren, d. h. ohne von Rumford zu verlangen, sich den Regeln seines Berufs zu unterwerfen. Rumford ist weit davon entfernt, ihnen zu helfen oder sie zu «retten». Vielmehr ist er im Begriff, beiden Unheil zu bringen. Der Traum stellt die unbewußte Betrachtungsweise in aller Deutlichkeit dar. Er rät Herbert, rasch davonzulaufen und Viola mitzunehmen, bevor sie beide zerstückelt werden. Er sagt, Rumford sei ein «Raubtier», und sein Angebot äußerst gefährlich.

Die Geschichte fand ein glückliches Ende. Sowohl Herbert als auch

Viola beendeten ihre Therapie bei Dr. Rumford, und ich verwies beide an zwei verschiedene Therapeuten. Als ich das nächste Mal mit Herbert sprach, machte er echte Fortschritte. Auch die Fragen, die er in bezug auf seinen derzeitigen Therapeuten stellte, waren bei weitem nicht so beunruhigend wie die zu Dr. Rumford. Ich riet Herbert, seine Fragen mit seinem Therapeuten zu besprechen und weiterhin seine Träume zu entschlüsseln – wenn möglich zusammen mit dem Therapeuten oder, falls sich dieser für solche verschlüsselten Mitteilungen nicht interessiere, allein. Indem er seine Träume richtig deute, könne er auf fundierte und zuverlässige Weise erfahren, was sich in seiner Therapie wirklich abspiele, und zwar nicht nur oberflächlich, sondern auch auf tiefer Ebene.

Gewissermaßen ist es Herbert gelungen, seinen Therapeuten mit Hilfe beider Systeme seiner Psyche zu beurteilen. Lassen Sie uns darauf etwas genauer eingehen. Die Beurteilungen, die seinem *Bewußtsein* entstammten, äußerten sich in seinen Erörterungen über die Vor- und Nachteile seiner Therapie; eine Debatte, die er gewissermaßen mit sich selbst führte. Die Beurteilungen, die dem *Weisheitssystem seines tiefen Unbewußten* entstammten, äußerten sich in seinem Traum. Es sind ebendiese Reaktionen des unbewußten Weisheitssystems, die ich in diesem Buch besonders hervorheben werde. Wenn ich künftig den Begriff *«System des tiefen Unbewußten»* verwende, beziehe ich mich damit auf dieses Weisheitssystem.

Vielleicht fragen Sie sich, warum ich von einem *tiefen* Unbewußten spreche. Dies beruht darauf, daß auch das Bewußtsein über eine eigene unbewußte Komponente verfügt. Das heißt, das unbewußte System besteht aus dem unmittelbaren Bewußtsein, verfügt aber auch über eine oberflächliche unbewußte «Ablage» für alle möglichen Informationen, die wir gegenwärtig nicht benutzen. Zum Beispiel, kennen Sie Ihre Telefonnummer, wissen Sie, wie Sie den nächsten Supermarkt erreichen und was Sie noch im Kühlschrank haben? Aber Sie verbringen nicht den ganzen Tag mit Überlegungen, ob Sie zu Hause anrufen, ob Sie einkaufen oder Reste verbrauchen sollten. Informationen, die bereits bewußt waren, aber nicht unmittelbar verwendet werden, müssen irgendwo gespeichert werden, bis Sie sie wieder abrufen. Dies ist die Funktion des *oberflächlichen unbewußten* Teils des bewußten Systems.

Herberts ursprüngliche Überlegungen entsprechen in jeder Hinsicht den Operationen des Bewußtseins. Die von ihm überdachten Informationen sind klar, einfach und gänzlich unverschleiert. In der Art und Weise, wie Herbert mit seinem Problem zunächst umgeht, spiegeln sich die Stärken des Bewußtseins wider; das heißt die Fähigkeit des Bewußtseins, Probleme zu durchdenken, zu lernen, Informationen zu speichern und abzurufen sowie sich ein Ziel vorzustellen und dieses Ziel anhand eines klar definierten Handlungsschemas zu verfolgen. Diese Stärken resultieren aus dem obersten Ziel des strategischen, bewußten Denkens, dem Ziel, sowohl kurz- als auch langfristige Überlebensstrategien zu entwickeln. Dieses Ziel ist zunächst erreicht, wenn Schutz, Unterkunft, Nahrung und Energie sowie Informationen, Gesellschaft und Entspannungsmöglichkeiten für das Individuum gewährleistet sind. Zu diesem Zweck vermag das Bewußtsein rasch und mit einer aristotelischen Logik zu funktionieren; das heißt mit einer verstandesmäßigen Logik.

Als Überlebensmechanismus ist das Bewußtsein eng mit unseren Wahrnehmungsorganen – unseren Augen, Ohren, unserer Haut usw. – verbunden. Es fordert uns auf, auf wahrgenommene äußere Stimuli unmittelbar und angemessen zu reagieren. Wenn Sie vor ein fahrendes Auto auf die Straße treten, ist es Ihr Bewußtsein, das Sie schleunigst vor der Gefahr warnt und Sie veranlaßt, schnell zurückzuspringen. Dies zeichnet die große Wirksamkeit des Bewußtseins aus, wenn es um Selbsterhaltung geht. Auch innerhalb des kurzen Augenblicks, in dem Sie die Gefahr wahrnehmen und darauf reagieren, haben Sie die Folgen eines Zusammenstoßes unmittelbar eingeschätzt. Außerdem werden Sie entsprechend reagieren, lange bevor Sie die Situation hätten sprachlich wiedergeben können.

Erinnern Sie sich daran, daß Herbert Informationen über Dr. Rumford auf unterschiedliche Art und Weise aufnimmt? Er beobachtet ihn, hört ihm zu und registriert auch das therapeutische Umfeld. Er nimmt eine Vielfalt manifester bzw. unmittelbar bewußter Eindrücke auf, die er in seinem Bewußtsein überarbeitet. Seine Reaktion entspricht dann der bewußten Bewertung dieser Informationen. Dementsprechend argumentiert er, daß er sich zwar beunruhigt fühle, aber erst mal abwarten werde, wie sich die Situation weiterentwickele.

Zudem versucht Herbert die oberflächlichen Ereignisse, die er beobachtet und wahrnimmt, zu entschlüsseln. Zum Beispiel lenkt

Dr. Rumford das Gespräch häufig auf sexuelle Themen, auch wenn Herbert im Begriff ist, über andere Probleme zu sprechen. Auf bewußter Ebene will Herbert dies enträtseln. Beschäftigt sich Doktor Rumford übermäßig mit Sex? Oder sieht er Herberts Versuche, über andere Dinge zu reden, als Vermeidungsstrategien, um sich nicht über seine Impotenz äußern zu müssen?

Mit anderen Worten: Herbert versucht herauszufinden, ob Dr. Rumfords Bemerkungen mit einem übertriebenen Interesse für Sex zu tun haben, oder ob sie lediglich die Äußerungen eines sensiblen Freudschen Psychotherapeuten darstellen, der die meisten emotionalen Symptome auf sexuelle Konflikte zurückführt. Vielleicht versucht Dr. Rumford lediglich, seine Arbeit so gut wie möglich zu machen.

Das Bewußtsein funktioniert sehr gut in einer Welt konkreter Objekte und Informationen, besonders wenn die Emotionen sich auf Erfahrungen beschränken, wie etwas zu begehren, benachteiligt oder befriedigt zu sein. Solche Strategien gehören zum Überleben in der realen Welt. Sobald sich emotionale Fragen dagegen komplexer oder vieldeutiger gestalten, hat das Bewußtsein Probleme. Dies hat unter anderem einen sehr praktischen Grund, nämlich die Tatsache, daß wir nicht imstande sind, gleichzeitig über mehr als sechs bewußte Informationen zu verfügen. Sogar Erinnerungen, die bewußt waren, aber komplexe emotionale Fragen beinhalten, können nur schwer abgerufen werden. Das Bewußtsein ist dafür nicht geeignet. Bei unseren Bemühungen, zu arbeiten, Nahrung und Unterkunft zu sichern oder Gefahren zu vermeiden, sind emotionale Fragen eher störend. In solchen Situationen müssen wir einen kühlen Kopf bewahren, oder wir geraten in Schwierigkeiten. Ein und dasselbe psychische System kann nicht die Überlebensstrategien gewährleisten und sich außerdem mit großen emotionalen Problemen auseinandersetzen. Es ist deshalb die Aufgabe des tiefen Unbewußten, das Bewußtsein zu entlasten. Es überarbeitet nicht nur komplexe und emotional geprägte Probleme, sondern auch solche Implikationen, deren unmittelbare Bewußtmachung viel zu schmerzhaft wäre.

Herberts Überlegungen zeigen, welchen Grenzen das Bewußtsein in einer Situation des emotionalen Konflikts ausgesetzt ist. Herbert ist zunächst nicht imstande, das Problem richtig einzuschätzen. Er wird von seinen Gefühlen und Eindrücken hin und her gerissen, kommt mal zu dieser und mal zu jener Schlußfolgerung und schließlich zu dem Entschluß, die Sache bis auf weiteres auf sich beruhen zu lassen. Dies ist ein typisches Merkmal für die Beschlüsse des Bewußtseins: es entstehen eine Reihe unterschiedlicher Abwägungen und sich widersprechender Möglichkeiten, die letztlich nur in einer Sackgasse enden. Man könnte sagen, daß die Entscheidung, bei Dr. Rumford zu bleiben, keine echte Schlußfolgerung darstellt, sondern eher den verzweifelten Versuch, den bewußten Konflikt an dem Punkt zu beenden, an dem er nicht mehr zu ertragen ist.

Man sollte nicht vergessen, daß das Bewußtsein außerdem den Zwängen des unbewußten Erinnerungssystems ausgesetzt ist. Dort ruhen die Überreste der Traumen unseres Lebens – insbesondere diejenigen, die wir im engsten Familienkreis während unserer frühen Kindheit erlebten. Diese Reste werden sowohl von unseren Erfahrungen geformt als auch von unserer individuellen Art, Erfahrungen selektiv aufzunehmen und zu verarbeiten. Die Inhalte des Erinnerungssystems stellen eine gewaltige unbewußte Kraft dar, die uns zur Selbstbestrafung und zu selbstvernichtenden Verhaltensweisen zwingen kann. Jeder von uns hat das vorhandene, allgemeingültige, kulturelle Wertesystem (elterliche Kritik, soziale Ethik, religiöse Moralität usw.) verinnerlicht. Es äußert sich zu einem großen Teil in dem Gefühl, «schlecht» zu sein, in Schuldgefühlen. Eine dem Bewußtsein zur Verfügung stehende Möglichkeit, solche unbewußten Inhalte zu verdrängen, besteht darin, sich selbst zu bestrafen, um das psychische Gleichgewicht aufrechtzuerhalten, zum Beispiel indem man zerstörerische Beziehungen eingeht, das eigene Versagen selbst initiiert usw.

Das heißt, daß das Bewußtsein eher unwissentlich ein unbewußtes Bedürfnis nach Bestrafung befriedigt und dabei dem eigentlichen Problem ausweicht, anstatt sich dem Prozeß einer schmerzlichen Bewußtwerdung auszusetzen. Entscheidungen, die der Neigung, sich selbst zu strafen, entgegenkommen, werden durch Rationalisierung gerechtfertigt. Wir lassen uns allzu gern durch den Trugschluß betäuben, uns für das Vernünftigste entschieden zu haben.

Das tiefe Unbewußte täuscht sich allerdings nicht. Die Motive, die den selbstzerstörerischen Verhaltensweisen zugrunde liegen, werden in verschlüsselter Form vermittelt. Schauen wir uns Herberts Traum noch einmal an. Die Traumbilder zeigen uns, daß Herbert unbewußt

Dr. Rumford als «menschenfressendes Raubtier» wahrnimmt. Dennoch beschließt er, bevor er sich an seinen Traum erinnert, seine Behandlung bei Dr. Rumford fortzusetzen. Wie sollen wir dies verstehen? Wir können lediglich vermuten, daß in Herberts unbewußtem Erinnerungssystem ein Bedürfnis, verschlungen oder zerstört zu werden, eingeprägt ist. Ohne sich seiner selbstbestrafenden Neigung im geringsten bewußt zu sein, findet Herbert unterschiedliche Gründe, um trotz seiner Zweifel bei Dr. Rumford zu bleiben. Sein Bewußtsein wird zum Werkzeug eines unbewußten Bedürfnisses, von dessen Existenz Herbert nicht einmal etwas ahnt. Wäre ihm dieses Bedürfnis bewußt gewesen, hätte er sich vermutlich stark gegen dessen Befriedigung gewehrt. Während dieses Bedürfnis noch unbewußt ist, beruhen Herberts Urteile weniger auf logischer Begründung als auf einem verborgenen Leidensbedürfnis.

Wir brauchen offenbar beide Systeme der Psyche. Das Unbewußte mit seinem kompromißlosen Streben nach emotionaler Wahrheit sowie das Bewußtsein, das die Prioritäten auf Aufgaben des Überlebens und der persönlichen Befriedigung setzt. Dieser Sachverhalt stellt eine große Belastung für das Bewußtsein dar, das viel eher ein «Abkommen» mit dem unbewußten Erinnerungssystem vorziehen würde: das heißt weitere Verdrängung gegen die Befriedigung eines unbewußten, selbstzerstörerischen Bedürfnisses. Auch wenn das unbewußte Weisheitssystem für uns eine zuverlässige Quelle der Wahrheit darstellt, ist es äußerst wichtig zu erkennen, daß diese Wahrheit in ihrem unrealisierten Zustand nicht unbedingt von Vorteil ist. Bedürfnisse, die unbewußt bleiben, stehen unter dem Einfluß des unbewußten Erinnerungssystems, welches bestrebt ist, dem Bewußtsein übereiltes Handeln aufzudrängen. Tatsache ist, daß sich die bewußte Beurteilung eines Therapeuten größtenteils als unzuverlässig erweist, weil das Bewußtsein mit ziemlicher Sicherheit unwissentlich selbstzerstörerischen Bedürfnissen ausgesetzt ist.

Das mag zunächst etwas extrem klingen, aber ich möchte sogar behaupten, daß ein Therapeut, der aufgrund seines sympathischen Wesens, seines Charmes, seiner Herzlichkeit oder Intelligenz usw. hoch eingeschätzt wird, in der Regel eher zerstörerisch als hilfreich wirkt. Die Beurteilung läßt darauf schließen, daß er in seinem Wesen eher unbewußten Bedürfnissen entgegenkommt als dem bewußten Wunsch nach Heilung. Viele Menschen, die schmerzhaften oder schädigenden Interventionen ausgesetzt sind, reagieren darauf leider sehr widersprüchlich. Anstatt Entsetzen oder Enttäuschung zu zeigen, loben sie ihren Therapeuten sogar laut. Dadurch läßt sich dieser Zustand so schwer ändern.

Wenden wir uns nun dem tiefen Unbewußten zu. Auch dieses System der Psyche empfängt Informationen über die Wahrnehmungsorgane, über die Augen, Ohren, Haut usw. Es nimmt aber andere Aspekte der Realität wahr als das Bewußtsein. So wie Nachrichten, die auf zwei verschiedenen Radiofrequenzen empfangen werden, werden Informationen auf zwei verschiedene Weisen aufgenommen und verarbeitet. Im ersten Fall werden sie bewußt und unmittelbar aufgenommen, im zweiten Fall unbewußt. Sie lösen dann unkontrollierte Reaktionen aus oder werden auf indirektem Weg, in verschleierter Form, vermittelt.

Vernetzungen, verschlüsselte Botschaften und andere Eindrücke, gegen die wir uns bewußt abschirmen, werden vom tiefen Unbewußten erfaßt. Dieser Vorgang ist eine der wesentlichen Funktionen dieses Systems. Aber das tiefe Unbewußte ist mehr als eine unbewußte Entsprechung des Bewußtseins im Hinblick auf unterschwellige Botschaften: Es verfügt über seine eigenen Prämissen und hat seine eigene Logik. Während das Bewußtsein ständig die Objekte in ihre Bestandteile zerlegt und jedes Element einzeln definiert, versucht das Unbewußte, Beziehungen zwischen den Elementen herzustellen und unbemerkte Ähnlichkeiten scheinbar unterschiedlicher Objekte und Ereignisse aufzudecken.

Das tiefe Unbewußte erfährt das Leben in einer Weise, die eine gewisse Ähnlichkeit mit dem Prinzip der Holographie aufweist. So enthält jedes Teil eines bestimmten Objekts den Sinn und das Potential des Ganzen. Zum Beispiel: Die Handschrift einer Person verrät die ganze Persönlichkeit; oder aufgrund der Brille oder der Schuhe, die jemand trägt, werden Schlüsse über die Person selbst gezogen. In ebendieser Weise werden Symbole als konkrete Realität erfahren. Das tiefe Unbewußte unterscheidet nicht zwischen dem Objekt und dessen Eigenschaften. Demnach wird nicht argumentiert, daß eine Person oder eine Sache etwas *«hat»* oder *«bedeutet»*, sondern daß sie bzw. es so und nicht anders *«ist»*. Zudem wird das tiefe Unbewußte von einer Prämisse beeinflußt, die sich in gewisser Weise mit Murphys Gesetz vergleichen läßt, d. h.: Was passieren *kann, wird* passieren;

was bereits geschehen ist, wird wieder geschehen. Wenn das unbewußte Erinnerungssystem folglich eine Wahrnehmung registriert, die mit einer erschreckenden oder schmerzlichen Erinnerung oder Phantasie in Verbindung gebracht werden kann, wird diese Wahrnehmung so erfahren, als sei sie mit jener Erinnerung oder Phantasie identisch, und die altbekannten, erprobten Reaktionen werden sofort aktiviert.

Zudem erfährt das tiefe Unbewußte die Realität in ihrer bloßen, ungeschminkten Form. Deshalb wird ein emotionales Trauma oft vermittels roher, beinah animalischer Bilder zum Ausdruck gebracht. Zum Beispiel, als Dr. Rumford Herbert auffordert, über seine sexuelle Beziehung zu Viola zu sprechen, wird dieses Verhalten bewußt zunächst als aufdringlich registriert. Dann aber fragt sich Herbert, ob die Fragen vielleicht doch angemessen seien. Dieses Hin und Her ist ein beliebter Schachzug des Bewußtseins. Wenn wir uns aber Herberts Traum zuwenden, sehen wir, wie die Interventionen des Therapeuten *unbewußt* in jedem Fall als lebensgefährliche Verfolgung wahrgenommen werden. Es ist kennzeichnend für das Bewußtsein, daß es entweder nicht sehen will (es leugnet einfach bestimmte Tatsachen) oder sich auf eine bestimmte Abwehrhaltung zurückzieht (manifeste Botschaften und Implikationen werden verharmlost). Das tiefe Unbewußte dagegen überarbeitet eingehende Informationen, ohne dabei die Kraft der zugrundeliegenden Erfahrung abzuschwächen.

Auch wenn weder der Wert der bewußten noch der unbewußten Betrachtungsweise abzustreiten ist, ist es wichtig, zu erkennen, daß die bewußte Betrachtungsweise uns bei der *Erklärung* emotionaler Symptome nicht weiterhilft. Ebensowenig kann sie uns die Wahl eines Psychotherapeuten bzw. einer Psychotherapeutin erklären. Wenn wir die Art, in der wir unseren Psychotherapeuten beurteilen, einer sorgfältigen Bewertung unterziehen, schneidet die bewußte Logik schlecht ab. Sie hilft uns nicht, den therapeutischen Ablauf oder das Ergebnis einer Therapie vorauszusagen. Das Bewußtsein wird vom Mißlingen einer Therapie häufig völlig überrascht, auch wenn dies den Erwartungen des Unbewußten genau entspricht. Solche Erwartungen kommen in unseren verschlüsselten Träumen und Erzählungen zum Vorschein (und sie werden uns nur dann bewußt, wenn wir die entsprechenden Bilder richtig entschlüsseln). Durch die Eindrücke des tiefen Unbewußten, die auf rohen und unbelasteten Wahrnehmungen beruhen, werden die verborgenen Absichten anderer Personen unmittelbar und in aller Schärfe deutlich. Dieses System ist imstande, unsere Erfahrung mit einem Psychotherapeuten sowohl vorauszusagen als auch mit zwingendem Scharfsinn zu beurteilen.

An dieser Stelle fragen Sie sich vielleicht, ob man in diese, von der Natur festgelegte Arbeitsteilung überhaupt eingreifen soll. Offensichtlich verbreitet das tiefe Unbewußte alles, was sich auf unsere bewußte Psyche als erschreckend auswirken kann. Wir sind uns solcher Informationen notwendigerweise nicht bewußt, da sie unser unmittelbares Gleichgewicht stören oder unkontrollierbare psychopathologische Auswirkungen auslösen könnten. Andererseits verfügt dieses System über Mittel, die dem Bewußtsein bei allen emotionalen Fragen wertvolle Dienste erweisen können.

Verschlüsselung ist dabei die spezifische Form der Kommunikation. Das tiefe Unbewußte sendet keine Botschaften, die so unerträglich sind, daß sie nicht aufgenommen werden können. Wir haben bereits gesehen, daß die Botschaften noch keine bewußte Form haben. Die Informationen basieren ja auf Wahrnehmungen, die für das Bewußtsein zu schmerzlich wären.

Deshalb haben Mitteilungen des tiefen Unbewußten nur eine einzige Möglichkeit, Zugang zum Bewußtsein zu erlangen, nämlich dadurch, daß sie gewissermaßen «Huckepack» reiten bzw. von bereits bewußten Informationen mitgetragen werden. Es war Freud, der in seinem Werk «Die Traumdeutung» (1900) zuerst zeigte, daß die Botschaften des tiefen Unbewußten nicht in ihrem unmittelbaren emotionalen Kontext in der Realität erscheinen, sondern dem Mechanismus der *«Verschiebung»* unterliegen. Sie befinden sich also bewußt in einem anderen Kontext, der weniger beunruhigend ist und mit dem ursprünglichen Kontext lediglich gewisse Ähnlichkeiten aufweist. Die ursprünglichen Wahrnehmungen werden symbolisiert oder verschleiert, und deshalb scheint die bewußte Botschaft, die Informationen aus dem tiefen Unbewußten mitträgt, etwas ganz anderes zu beinhalten.

Zur Veranschaulichung wollen wir uns noch einmal Herberts Traum zuwenden. Vorher betrachten wir diesen Vorgang jedoch aus einem anderen Blickwinkel – nämlich unter dem Aspekt seiner Entstehung.* Die Sache wird etwas erschwert, weil wir gewissermaßen am Ende anknüpfen. Unsere Einsicht in das, was überhaupt verarbeitet wird, beruht auf einer verhüllten Mitteilung bzw. Kommunikation, die nicht den Anfang, sondern das Ende eines inneren Prozesses darstellt. Es ist, als befinde man sich auf einem Berggipfel, ohne zu wissen, wie man hinaufgekommen ist. Ein Traum oder eine andere Mitteilung, die einen tief unbewußten Sinn enthält, ist das Ergebnis eines ausgedehnten unbewußten Verarbeitungsprozesses. Für uns allerdings ist eine solche Mitteilung meistens das erste Anzeichen dafür, daß es einen Anlaß zur Besorgnis gibt.

Beginnen wir also von vorn. Zuerst registrieren wir emotional bestimmte Wahrnehmungen, die uns, oberflächlich betrachtet, gewöhnlich und bedeutungslos erscheinen. Es handelt sich beispielsweise um den flüchtigen Eindruck, den ein Passant hinterläßt, oder eine lässige Bemerkung oder darum, daß Sie in der Bahn angerempelt werden. Freud nennt solche Ereignisse «Tagesreste». Häufig wird ein Träumer sagen: «Ja, das geschah gestern, aber es war nicht wichtig. Warum sollte ich davon träumen?» Ich betrachte solche Ereignisse als *Auslöser*. Aus irgendwelchen Gründen lösen sie einen unbewußten Verarbeitungsprozeß bestimmter Informationen aus. Es geht nicht darum, daß ein solch auslösendes Ereignis bewußt wahrgenommen wird. Oft ist dies der Fall, aber manchmal auch nicht.

Entscheidend ist, daß ein solcher Auslöser das tiefe Unbewußte und somit eine Vielzahl vom Bewußtsein separierter Wahrnehmungen aktiviert. Diese Wahrnehmungen und deren Assoziationen werden unterschwellig verarbeitet und überarbeitet. Die daraus gewonnenen Schlußfolgerungen können dann zum Ausdruck gebracht werden. Entweder wird ein bestimmter Traum hervorgerufen, oder das tiefe Unbewußte bedient sich eines anderen bewußten Mediums, das die Mitteilung in verborgener Form transportiert. Dieses Medium hat mit dem eigentlichen Auslöser etwas Gemeinsames, wirkt sich aber auf die bewußte Psyche weniger beängstigend aus. In der Regel wird ein für den Auslöser charakteristisches *Thema* aus der ursprünglichen Situation herausgenommen und in einen anderen Kontext transportiert – d. h. in den Kontext des Traums oder der Erzählung.

* Für weitere Einzelheiten vgl. der Verf.: «Die Sprache der Träume», München 1990.

Wenn wir Herberts Traum noch einmal als Beispiel heranziehen, ist der emotionale Auslöser in den bohrenden Fragen Dr. Rumfords nach Herberts sexueller Beziehung zu Viola zu erkennen. Die so ausgelösten Assoziationen wurden unbewußt wahrgenommen und im tiefen Unbewußten überarbeitet. Die daraus resultierenden Schlußfolgerungen wurden dann in verborgener Form, mit Hilfe eines bewußten Mediums bzw. des Traumberichts, zum Ausdruck gebracht. Hätte Herbert nicht erkannt, daß es sich in seinem Traum um den eigenen Therapeuten handelt, wäre er nicht imstande gewesen, ihn zu entschlüsseln und den unbewußten Sinn bzw. die Weisheit des Traums unmittelbar zu erkennen.

Herbert war der Auslöser des Traumes auf jeden Fall bewußt. Dr. Rumford hatte sich ihm gegenüber aufdringlich verhalten, er hatte sich Viola in berufswidriger Art genähert und seine Schweigepflicht nicht eingehalten. Obwohl ihn diese Verhaltensweisen nachdenklich stimmten, konnte Herbert seine Zweifel zu einem großen Teil durch bewußtes Denken rationalisieren. Aber die Reaktion seines tiefen Unbewußten war völlig anders. In Herberts Traum werden die Verhaltensweisen Dr. Rumfords kollektiv als die eines *Hais* gekennzeichnet und symbolisiert, d. h. verschlüsselt. Herbert erkennt dies, während er über die Traumbilder nachdenkt und seine Gedanken und Gefühle frei und unbelastet schweifen läßt. Mit anderen Worten: durch den Prozeß der freien Assoziation. Die Themen und Bilder, die bei diesem Prozeß ins Bewußtsein gerufen werden, bzw. Erinnerungen, andere Erzählungen usw., können als zum Traum gehörig betrachtet werden, da sie auch das Denken des tiefen Unbewußten widerspiegeln. Je mannigfaltiger die Assoziationen, desto umfangreicher sind die unbewußten Wahrnehmungen, die zum Vorschein kommen. Man kann sagen, je mehr Bilder erzeugt werden, desto vollständiger sind die zustande kommenden «Beurteilungen». Das Bild des Haifisches löst bei Herbert eine Reihe von Assoziationen aus. Er wird an einen alten Witz erinnert und an die Vorstellung, lebendig verschlungen zu werden. Aber er muß auch an «menschliche Raubtiere» denken bzw. an «Kredithaie», die andere ausbeuten oder schädigen, während sie ihnen eine scheinbar nützliche Dienstleistung anbieten.

Diese tiefere, unterschwellige Reaktion auf Dr. Rumford wird deutlich, wenn wir den Auslöser für Herberts Traum erkennen. Der

Auslöser ist immer der Schlüssel für den tieferen Sinn unbewußter Mitteilungen. Herberts erste Assoziation wird durch die im Traum vorhandene Umgebung hervorgerufen. Er erinnert sich daran, daß ihm Dr. Rumford sein Wochenendhaus angeboten hatte. Dies ist der unmittelbare Auslöser für den Traum. Herbert faßt das Angebot zunächst als Gefälligkeit eines Gleichgestellten auf. Später erkennt er, daß er darin *unbewußt* eine Art Geschäft sieht, das ein skupelloser Scharlatan seinem Opfer anbietet.

Der Ausgangspunkt für die Entschlüsselung eines Traumes oder einer Erzählung ist meistens das Erkennen der auslösenden Situation. Bei allen Berichten, die in diesem Buch analysiert werden, sind die Auslöser auf Psychotherapeuten oder ihre Interventionen bezogen. Wir brauchen lediglich die Traumfiguren durch den Therapeuten zu ersetzen, um zu erkennen, wie der Träumer seinen Therapeuten unbewußt einschätzt. Anders ausgedrückt, wir nehmen die oberflächlichen *Themen* eines Traumes oder einer Erzählung und transponieren sie auf den Therapeuten. Diese Themen beschreiben die Art und Weise, in der der Träumer den Therapeuten unbewußt wahrnimmt, und sie bieten uns eine besonders nützliche und zutreffende Betrachtungsweise, die uns sonst nicht zugänglich wäre.

In Herberts tiefem Unbewußten wird also Dr. Rumford als gefährlicher Raubfisch wahrgenommen. Obwohl Herberts Bewußtsein sich kein klares Bild von den entsprechenden Eigenschaften machen kann, werden sie von seinem Unbewußten sehr genau erkannt. Man kann davon ausgehen, daß das tiefe Unbewußte einen Traum erzeugt, um Herbert seine Erfahrung zu verdeutlichen. Durch den Traum wird Herberts unbewußte Wahrnehmung von Dr. Rumford so verschoben und verhüllt, daß sie in das Bewußtsein eindringen kann. Der Traum ist also eine verborgene oder verschlüsselte Version auf Herberts rohe, ungeschminkte Wahrnehmung von Dr. Rumford. Herberts wirkliche Probleme werden also durch die Traumbilder sowohl zum Vorschein gebracht als auch verdeckt.

Hätte Herbert seinen Traum oder die darin verschlüsselten Bilder ignoriert, wären seine verborgenen Wahrnehmungen nicht ins Bewußtsein gelangt. Es gibt jedoch auch andere Interpretationsformen, die auf die symbolische Natur von Traumbildern eingehen, ohne sie als etwas aus dem ursprünglichen Kontext Herausgenommenes zu betrachten. Ein psychoanalytisch orientierter Therapeut kann möglicherweise annehmen, Herbert empfinde *Viola* unbewußt als verschlingend, verzehrend und fordernd, möglicherweise aufgrund unbewußter Ängste vor der eigenen Mutter. Hätte Herbert Dr. Rumford seinen Traum erzählt, so kann man vermuten, daß sich dessen Interpretation auf Kastrationsängste bezogen hätte – die eine perfekte Pseudoerklärung für Herberts sexuelle Probleme ergeben hätte. Der wahre Kern, der in einer solchen Interpretation steckt, könnte kaum zur Einsicht beitragen. Vielmehr diente er dazu, eine tiefere und zwingendere Wahrheit in bezug auf Dr. Rumford selbst zu verschleiern. Die Entschlüsselung einer solchen Wahrheit wird uns erst möglich, wenn wir den Auslöser des Traumes erkennen.

Damit will ich sagen, daß keine unmittelbare Analyse, weder die des manifesten Traums noch die seiner offensichtlichen Implikationen, den Traum mit Dr. Rumford in Verbindung bringen kann. Die einzige Möglichkeit für Herbert, die wesentliche Mitteilung seines Traums zu verstehen, liegt in der Erkenntnis, daß sein Traum durch eine Reihe therapeutischer Erlebnisse ausgelöst wird. Erst dann wird ihm klar, daß sich der manifeste Traum auf seine Beziehung zu Dr. Rumford bezieht. Der offensichtlichste Hinweis dafür liegt in der Tatsache, daß Dr. Rumford ihm und Viola sein Haus am Meer zur Verfügung stellen wollte. Das Bild «Haus am Meer» ist der Anknüpfungspunkt, der Herbert dazu verhilft, seinen Traum über Haifische und das Meer mit seiner therapeutischen Erfahrung in Verbindung zu bringen. Sobald diese Verbindung hergestellt und bestätigt wird, lassen sich die restlichen unbewußten Mitteilungen (Wahrnehmungen) in Herberts Traum leicht entschlüsseln.

Letztlich handelt es sich hier um einen einfachen Hinweis des tiefen Unbewußten: Beende die Therapie, bevor sie dich zerstört! Hätte Herbert den Auslöser des Traums nicht erkannt und den Traum nicht entschlüsselt, wäre ihm diese Mitteilung bzw. dieser vernünftige Ratschlag, der seiner eigenen Psyche entstammte, nie bewußt geworden. Aber dank dieser Methode der Entschlüsselung war die Botschaft kaum zu verkennen.

Zum größten Teil können Sie das auch auf die Beurteilung Ihres Psychotherapeuten anwenden. Wenn Sie sich auf Ihre bewußten Eindrücke verlassen, werden Sie Ihre Lage selten wirklich einschätzen können. Wenn Sie Ihre Träume und Erzählungen nicht analysieren, entschlüsseln und erschließen, werden Sie sich Ihrer tiefen Emotionen nicht bewußt werden. Träume stellen nicht den einzigen Zugang zu verschlüsselten Mitteilungen dar; Erzählungen und Bilder *jeder* Art können als Medium für verschleierte unbewußte Wahrnehmungen und Reaktionen dienen. Sie müssen jedoch offen für sie sein.

Wenn Sie Ihre Träume und Erzählungen nicht entschlüsseln, setzen Sie sich starken unbewußten Einflüssen aus. Sie werden dann höchstwahrscheinlich dazu neigen, Ihren Psychotherapeuten eher zu verteidigen und zu entschuldigen. Andererseits, wenn Sie den Auslöser für Ihren Traum oder für Ihre Erzählung richtig erkennen und sich erlauben, frei zu assoziieren, können Sie eine Reihe von möglichst zuverlässigen Beurteilungskriterien entwickeln. Die Beurteilungskriterien entstammen den unbewußten Bemerkungen der Patienten, deren Träume und Erzählungen ich im Verlauf meiner Lehrverpflichtungen und Tätigkeit als Supervisor studieren durfte. Urteile, die aus dem tiefen Unbewußten kommen, sind nicht nur prägnant, sie erweisen sich auch von Fall zu Fall als überaus konsequent und stimmig. Trotz der Ängste, die die Wahrnehmungen des tiefen Unbewußten umgeben, sind diese viel stimmiger und leichter zu verstehen, d. h. viel logischer als stark rationalisierte und defensive Argumente, die aus unserem bewußten Denken hervorgehen. In unserem Urteil über Psychotherapeuten werden wir uns auf die Weisheit des tiefen Unbewußten stützen.

4. Die Grundregeln der Therapie

Eine psychotherapeutische Behandlung ist ein besonders intimer, persönlicher Vorgang. Der Patient vertraut seine tiefsten Geheimnisse einem Fremden an, und dieser verpflichtet sich, sein Interesse, sein Engagement und sein Können den schmerzlichen und verwirrenden Erfahrungen eines anderen zu widmen. Diese Beziehung existiert nur innerhalb eines bestimmten Kontextes und ist dort für beide Seiten intensiv oder sogar erschreckend. Sie läuft darüber hinaus innerhalb kommerzieller Absprachen ab. Psychotherapie ist eine Dienstleistung, die der Kunde bezahlt. Das alles scheint auf den ersten Blick eine sehr seltsame Mischung zu sein.

In einer Kultur wie der unseren ist es ebendieser Warencharakter, der der Psychotherapie Grenzen setzt und sie von einer wirklichen persönlichen Beziehung unterscheidet. Man könnte sogar behaupten, daß die Psychotherapie *nur* aufgrund ihres Charakters als Dienstleistung existiert. Die therapeutische Beziehung konzentriert sich in einem räumlich-zeitlichen Bereich, jenseits der Organisation des Alltagslebens. Unpersönlichkeit und Statik als begrenzende Struktur der therapeutischen Beziehung – wie menschlich die Gestaltung und Organisation der Therapie auch immer sein mögen – sorgen für die unmittelbare Intensität des Austausches. Zwei Menschen entscheiden sich für eine Beziehung, die sich durch die genannte Struktur definiert. Sie einigen sich innerhalb klarer Absprachen, an einer Verbesserung der Selbsterkenntnis und Reife des Patienten zu arbeiten. (Eine menschliche Weiterentwicklung des Therapeuten stellt nicht das Ziel der Behandlung dar, auch wenn sie sich bei einer guten Therapie zwangsläufig ergibt.)

Ich betone das alles, um auf die Bedeutung der spezifischen Elemente, die die Struktur einer Psychotherapie bestimmen, hinzuweisen. Wir neigen dazu, die Rahmenbedingungen unserer Beziehungen als selbstverständlich hinzunehmen. Jeder Physiker wird Ihnen jedoch sagen, daß die Grenzen, die ein System definieren, dieses in gewisser Weise auch ausmacht. Sogar ein einfacher Gegenstand, beispielsweise eine Trommel, ist in bezug auf Klang und Resonanz von den verwendeten Materialien und ihrer Zusammenstellung abhängig. Denken Sie an ein Tennisspiel. Der Ablauf des Spiels hängt von den vorgeschriebenen äußeren Bedingungen und der Befolgung der Regeln ab. Wenn Sie auf diese Struktur verzichten, können Sie ohne weiteres Spaß haben, aber es wird kein wirkliches Tennisspiel sein.

Innerhalb jeder formalen Struktur sind wir erst aufgrund festgelegter Regeln und einer gemeinsamen Zielvorstellung imstande, etwas als sinnvoll zu beurteilen und zu erkennen. Ohne feste Bezugspunkte fehlt uns die Möglichkeit, das, was geschieht, zu überblicken.

Wie ich im letzten Kapitel zu zeigen versucht habe, ist das tiefe Unbewußte sehr sensibel für Struktur- und Sinnfragen. Der Sinn der Psychotherapie besteht darin, Bedingungen herzustellen, unter denen sich unbewußtes Material ausdrücken und bewußt überarbeiten läßt. In jeder Interaktion, die sich von der bewußten Konzentration auf das Überleben abgrenzt, hat das tiefe Unbewußte die Oberhand. Man kann sagen, daß in solchen Situationen das Bewußtsein von seinem gewohnten Thron gestürzt wird. Es ist das Ziel der Psychotherapie, eine solche Akzentverschiebung zu erreichen.

Der strukturell exakt festgelegte Rahmen der Psychotherapie ist für das Bewußtsein unbequem. Obwohl stabile Bedingungen Sicherheit bedeuten, werden sie auch als Einengung registriert. Sie lösen Ängste vor dem Tod und vor der Auflösung des Ichs aus, bei denen das unbewußte Erinnerungssystem eine wichtige Rolle spielt. Ein sicherer Rahmen erzeugt die Angst, von einer scheinbar vertrauenswürdigen Person verletzt zu werden. Wir alle bringen solche Erinnerungen, Phantasien und Befürchtungen aus unserer Kindheit mit. Weil das Bewußtsein sie nicht ertragen kann, werden sie an das tiefe Unbewußte weitergeleitet. Das bedeutet, daß in einer therapeutischen Beziehung das tiefe Unbewußte mit zwei sich widersprechenden Sehweisen zu kämpfen hat: Das unbewußte Weisheitssystem erkennt den soliden Rahmen als Bezugspunkt und als Stütze für das therapeutische Geschehen. Im unbewußten Erinnerungssystem werden dagegen Ängste vor Vereinnahmung und Vernichtung wachgerufen, durch die alte Abwehrmechanismen ständig wieder in Gang gesetzt werden, die ihrerseits auf das Bewußtsein einwirken können, so daß es auch eingreift, wenn scheinbar keine lebensnotwendigen Gründe vorliegen.

Eine Psychotherapie kann deshalb eine «konspirative» Zusammenarbeit beider Systeme der Psyche anregen, die ihrerseits psychische Defensiven und Abwehrmechanismen verstärkt. Das Bewußtsein wird ständig versuchen, die formale Struktur der Therapie zu verändern, um die damit verbundenen Implikationen der Verletzbarkeit und Sterblichkeit zu vermeiden. Das Unbewußte wird anhand verschlüsselter Mitteilungen versuchen, den «sicheren Rahmen» zu wahren. Er wird aber gleichzeitig die Angst oder sogar die Panik registrieren, die angesichts der Vorstellung entsteht, durch diesen Rahmen zu stark gebunden zu werden. Dieser Widerspruch – der Wunsch nach Sicherheit, dem die Angst, vernichtet zu werden, gegenübersteht – liegt im Kern jeder festen Beziehung bzw. jeder Beziehung, die zeitweilig einen Verzicht auf die Befriedigung eigener Wünsche zugunsten einer umfassenden Struktur erfordert. Solange wir leben und wissen, daß wir sterben müssen, läßt sich dieser Widerspruch auch nicht vermeiden. Die psychopathologischen Erscheinungen, die durch ihn hervorgerufen werden, *lassen sich* dagegen auflösen.

Ich betone dies, weil die Wertungen in diesem Buch auf der Tatsache beruhen, daß eine gute Therapie diesen grundlegenden Widerspruch in irgendeiner Weise zum Vorschein bringen wird. Weil dieser Widerspruch alle betrifft, spüren sowohl Therapeuten als auch Patienten einen Zwang, sich vor dem Prozeß des Bewußtwerdens zu schützen. Für beide Parteien besteht die einfachste Abwehr darin, den Rahmen der Therapie zu untergraben.

Ich habe gesagt, daß der therapeutische Austausch nur kraft seiner Struktur als Dienstleistung existiert. Damit meine ich, daß die therapeutische Beziehung sich eben durch die Bedingungen der Dienstleistung konstituiert. Zwei Personen vereinbaren miteinander, sich zu einer bestimmten Zeit, an einem bestimmten Ort und gegen eine bestimmte Geldsumme zu treffen. Auch andere Bedingungen werden aufgestellt. Zum Beispiel ergibt sich die Frage, welche Art von Kommunikation dem einzelnen gestattet ist oder von ihm abverlangt wird. Wird eine dritte Person in diese Kommunikation integriert? Welcher körperliche Abstand sollte zwischen dem Patienten und dem Therapeuten eingehalten werden? Diese Bedingungen mögen Ihnen nicht sonderlich wichtig erscheinen. Sie empfinden möglicherweise, daß Eigenschaften wie Wärme, Toleranz und

Mitgefühl bei einem Therapeuten bzw. einer Therapeutin viel höher zu bewerten sind. Diese Einstellung beruht aber darauf, daß sich das Bewußtsein nur minmal für die Grundregeln und wesentlich mehr für das unmittelbare Gefühl des Wohlseins interessiert. Auch Psychotherapeuten selbst halten nach einer Studie diese Eigenschaften für besonders wichtig, wenn sie selbst therapiert werden. Das räumliche Umfeld, die Art und Weise, wie Abwesenheit oder Urlaub geregelt werden oder andere Fragen, die sich als Festlegung der psychophysischen Grenzbedingungen einer Behandlung bezeichnen lassen, werden vom Bewußtsein wenig beachtet. Dennoch läßt sich leicht beweisen, daß *unbewußt* ebendiese Bedingungen den Kern der Psychotherapie – und einer optimalen Heilung – ausmachen.

Das Unbewußte erkennt nicht nur, daß ein solider Rahmen für die therapeutische Beziehung von äußerster Wichtigkeit ist. Es setzt sich auch aktiv für die Einstellung gewisser Grundregeln ein, da es in ihnen die Voraussetzung für die Lösung emotionaler Symptome sieht. Dies ist ein interessantes Phänomen, da das Unbewußte anhand verschlüsselter Mitteilungen sogar versuchen wird, unglückliche Bedingungen zugunsten eines «idealen Rahmens» zu korrigieren. Die unbewußte Vorstellung eines idealen Rahmens ist so beständig, daß ich versucht bin, sie als universell gültig zu betrachten.

Sie läßt sich folgendermaßen kurz zusammenfassen:

1. Ein einmal festgelegtes Honorar wird beibehalten.
2. Ein einmal festgelegter Ort wird immer wieder benutzt.
3. Termin und Dauer der Sitzungen werden festgelegt und eingehalten.
4. Ein schalldichter Behandlungsraum.
5. Freie Assoziation wird vorausgesetzt (das heißt, der Patient kann sich über alles äußern, was ihm einfällt).
6. Dem Therapeuten werden *neutrale* Interventionen auferlegt, d. h. Interventionen, die nicht den Bedürfnissen des Therapeuten entstammen (keine Ratschläge oder Anweisungen, sondern nur die Entschlüsselung unbewußter Kommunikation, Schweigen oder die Einhaltung der Grundregeln).
7. Die relative Anonymität des Therapeuten (keine Offenbarungen bezüglich seines Privatlebens oder seiner persönlichen Ansichten; die Arbeit beschränkt sich auf das Material des Patienten).
8. Der Ausschluß Dritter aus der Therapie.

9. Unbedingte Einhaltung der ärztlichen Schweigepflicht und Diskretion.

Mir ist völlig bewußt, daß diese Auflistung dem Bewußtsein etwas willkürlich erscheinen mag. Nichtsdestoweniger sind das Richtlinien, die vom unbewußten Weisheitssystem sehr vehement vertreten werden. In der Tat würden Therapeuten der verschiedensten Richtungen sie zum größten Teil zumindest nominell annehmen oder befürworten. Das Entscheidende liegt hier im Begriff «nominell». Viele Therapeuten schenken diesen unbewußt angestrebten Bedingungen eher theoretische als praktische Beachtung.

Es handelt sich hier nicht darum, die Arbeit bestimmter Therapeuten vorzuziehen. Meines Erachtens sind diese Bedingungen den Behandlungsmethoden irgendeiner Richtung übergeordnet. Meine strikte Anerkennung dieser Grundregeln beruht lediglich auf dem Ergebnis der Entschlüsselung unbewußter Mitteilungen im Rahmen der Therapie sowohl in meiner Funktion als Therapeut als auch als Supervisor. Es hat mich selbst überrascht zu erfahren, daß unser tiefes Unbewußte so beständig und kompromißlos ganz spezifische therapeutische Bedingungen vorzieht. Diese Präferenzen existieren und werden in verhüllter Form zum Ausdruck gebracht, *unabhängig davon, welche Behandlungsmethode ein Therapeut praktiziert.* Es ist deutlich zu erkennen, daß das tiefe Unbewußte bestimmte Bedingungen aufgrund ihrer *Wirkung* befürwortet: Sie implizieren Sicherheit und die Suche nach Wahrheit.

Manche Therapeuten würden sich gegen die eine oder andere dieser Regeln wenden. Diejenigen, die beispielsweise beratend eingreifen oder die bewußte Umstrukturierung von Verhaltensmustern befürworten, würden die Vorstellung neutraler Interventionen in Frage stellen. Andere mögen sich für die Selbstoffenbarung des Therapeuten einsetzen oder auf die freie Assoziation verzichten. In der Tat sind alle Regeln, die ich hier aufgeführt habe, irgendwann angegriffen worden, und zwar aus den verschiedensten *bewußten* Gründen. Wie gesagt, ein Abweichen von diesen Grundregeln ist viel häufiger als ihre Befolgung, auch wenn sie theoretisch akzeptiert werden. Das tiefe Unbewußte jedoch achtet sehr genau auf die Handhabung der genannten Regeln und macht auch den Preis, den eine Abweichung erfordert, deutlich. Dieser Preis wird normalerweise nicht bewußt wahrgenommen, oder er scheint mit dem Verstoß gegen die Grundregeln nicht zusammenzuhängen. Manchmal scheint nur ein Kompromiß möglich zu sein, aber jeder sollte wissen, daß er einen Kompromiß eingeht und daß sich die damit verbundene spontane Erleichterung auf lange Sicht nicht auszahlt.

Zusätzlich zu den therapeutischen Grundregeln gibt es eine Reihe von Zusatzbedingungen für die Behandlung, die ebenfalls beständig vom tiefen Unbewußten unterstützt und gefordert werden. Einige, zum Beispiel das bewußte Ausschließen körperlichen Kontakts zwischen Patienten und dem Therapeuten, werden auch in der Regel vom Bewußtsein angenommen. Andere, wie zum Beispiel die Verwendung der Couch, sind für die bewußte Psyche schwieriger einzuordnen. Viele Therapeuten ziehen es vor, ihrem Patienten direkt gegenüberzusitzen. Wenn diese Entscheidung vom Therapeuten ausgeht, stellt sie keine gravierende Abweichung von den idealen therapeutischen Bedingungen dar. Wenn die Benutzung der Couch angeboten, aber vom Patienten abgelehnt wird, kann dies eine Abweichung von entscheidender Bedeutung sein. Ich erinnere mich an eine Patientin, die unmittelbar nach einer solchen Weigerung von einer bevorstehenden ärztlichen Untersuchung zu erzählen begann. Sie wußte, daß bestimmte Tests für die Erstellung einer medizinischen Diagnose notwendig waren, spielte aber mit dem Gedanken, alles abzusagen, da sie sich vor dem Ergebnis fürchtete. Im tiefen Unbewußten symbolisiert die Weigerung nicht nur den Wunsch, unbewußte (verborgene) Mitteilungen zu vermeiden, sondern auch eine (sinnvolle) Therapie zu beenden.

Allgemeiner ausgedrückt: Wenn ein Therapeut von den idealen Grundregeln abweicht, wird der Patient darauf vielleicht nicht bewußt reagieren, aber er wird Erzählungen und Träume hervorbringen, in denen sein unbewußter Einwand verhüllt dargestellt wird. Wenn der Therapeut auf solch einen verschlüsselten Einwand eingeht und den therapeutischen Rahmen korrigiert, mag der Patient sich bewußt dagegen wehren, aber seine Erzählungen und Träume werden Themen und Bilder hervorbringen, die auf positive und hilfreiche Figuren anspielen. Wenn der Therapeut dagegen einen verschlüsselten Einwand ignoriert, werden die Traumbilder und Erzählungen des Patienten auf Schaden, Taubheit, Instabilität oder geistige Verwirrung hindeuten. Die Vorstellung, daß Grundregeln und Grenzbedingungen entscheidend für eine Psychotherapie sind, ist nicht nur für Patienten, sondern auch für viele Therapeuten überraschend. Aber, wie ich bereits angedeutet habe: Regeln, Vorschriften und Grenzen sind für alle Bereiche unseres Lebens von grundlegender Bedeutung. Viele Regeln, die unsere zwischenmenschlichen Verhaltensweisen bestimmen, sind für uns so selbstverständlich, daß wir uns ihrer erst bewußt werden, wenn wir auf sie hingewiesen werden. Jede Beziehung funktioniert gemäß den Bedingungen solcher Grundregeln und Grenzen, die zugelassene oder erwartete Verhaltensweisen bis hin zu den Glücks- und Frustrationserlebnissen, die innerhalb einer Interaktion möglich sind, definieren.

Regeln oder Gesetze setzen nicht nur Grenzen, sie verschaffen auch ein Gefühl von Sicherheit und Gewißheit und dienen dazu, eine Beziehung klar zu definieren. Wenn sich die Grundregeln ändern, fühlen wir uns gestört. Wir werden gezwungen, über Dinge, die für uns selbstverständlich waren, nachzudenken und unsere Verhaltensweise den neuen Gegebenheiten anzupassen. Eine Veränderung der Grundregeln, auch wenn sie positiv und notwendig ist, greift in das Verhalten ein, verändert alte Vorurteile und Beziehungen. Innerhalb der individuellen Psyche löst deshalb jeder Regelverstoß bei demjenigen, der für diesen Regelverstoß verantwortlich ist, vorübergehend Gefühle der Macht, der Omnipotenz und der Unsterblichkeit aus.

Von Geburt an sind wir für interpersonale Grenzen und ihre Schwankungen sensibilisiert. Wir unterscheiden zum Beispiel zwischen der Nähe, die zwischen Familienmitgliedern, und der, die zwischen Fremden gestattet ist, bezüglich des Ausmaßes an körperlichem Kontakt und Intimität. Zudem gehen wir sowohl auf die expliziten als auch auf die impliziten Grundregeln ein, die innerhalb der Familienstruktur herrschen. Vieles von dem, was wir aufnehmen, nehmen wir unbewußt auf, d. h. die Informationen sind subliminal. Auf unbewußter Ebene lernen wir alle, den Wert und die Bedeutung gewisser Konventionen zu schätzen. Auf bewußter Ebene mag das ganz anders aussehen. Einige von uns schätzen die herrschenden Regeln der Familie und der Sozietät und halten sie ein. Andere neigen dazu, diese Regeln zu ändern oder zu umgehen und bestehen auf Ausnahmepositionen.

Auch hier geht es dem Bewußtsein um Selbsterhaltung, in gewisser Weise um den totalen Sieg des Willens selbst über die Grenzen der

Zeit, des Raums und der physischen Existenz hinaus. Das Bewußtsein genießt die Vorstellung, Krankheit, Schwäche, sogar den Tod tranzendieren zu können. Vielleicht sind solche Illusionen für die Erhaltung unseres psychischen Gleichgewichts sogar notwendig. Manche Illusionen können einer Person dagegen ein trügerisches, unbewußtes Gefühl der eigenen Omnipotenz verleihen. Das damit verknüpfte Empfinden, als etwas Besonderes zu gelten, unverletzbar zu sein und das Sonderrecht zu haben, andere ausnutzen zu können, fordert allerdings einen gewaltigen Preis.

Folgendes Beispiel soll das verdeutlichen: Herr Zerbe ist voller Bewunderung für seinen Therapeuten, Dr. Shannon. Dr. Shannon bewahrt ihn davor, seinen Job zu verlieren, indem er seinen Arbeitgeber anruft und ihm versichert, daß Herr Zerbe ausgezeichnete Fortschritte in der Therapie mache. Herr Zerbe fühlt sich stark; er und sein Therapeut haben es seinem Arbeitgeber gezeigt. Bald nach dem Anruf nimmt Herr Zerbe eine Schwarzarbeit an, was in seinem Arbeitsvertrag strengstens untersagt ist. Auch dies gibt ihm das Gefühl der Macht und Unschlagbarkeit.

Allerdings ist der Preis, den er dafür zahlt, Unehrlichkeit, Vertrags- und Vertrauensbruch. Die Assoziationen, die während seiner Behandlung zum Ausdruck kommen, zeigen, daß die Wahl, Regeln zu durchbrechen, unbewußt durch den Verstoß seines Therapeuten beeinflußt wurde. Dr. Shannon verletzte die Prinzipien der Neutralität und der Vertraulichkeit, als er den Arbeitgeber anrief. Auch wenn dieser Intervention eine wohlmeinende Absicht zugrunde lag, mußten beide für die Illusion der Ausnahmeposition büßen. (Kurz nach dem Anruf beendet Herr Zerbe plötzlich seine Therapie.)

Ich möchte sogar die weitgehende Behauptung aufstellen, daß die von den Grundregeln bestimmten Faktoren bei jedem emotionalen Symptom und Problem eine Rolle spielen. Wenn ein Bezugsrahmen, in welchem Kontext auch immer, Lücken aufweist, werden diese Lükken durch Erinnerungen an andere emotionale Störungen besetzt. Ein solider Rahmen bietet die beste Möglichkeit, um diesem Übel entgegenzuwirken. Zudem können unzulängliche Rahmenbedingungen auf mehrfache Weise Korruption und Funktionsstörungen auslösen. Der Fall des Herrn Zerbe ist ein gutes Beispiel. Der Verstoß seines Therapeuten gegen die Rahmenbedingungen der Therapie bewirkt bei dem Patienten eine unbewußt symptomatische Reaktion –

nämlich ein Verhalten, das auf grobe Unehrlichkeit und Ausnutzen hinausläuft. Im Laufe dieses Buches werden wir sehen, daß die Veränderung von Rahmenbedingungen sowohl im Leben als auch in der Therapie einen der Faktoren darstellt, die zu emotionalen Störungen sowohl beim Patienten als auch beim Therapeuten beitragen.

Ich bin mir darüber im klaren, daß die Bedingungen, die das tiefe Unbewußte für erforderlich hält, bei den meisten Therapien nicht berücksichtigt werden. Aber auch unter Rahmenbedingungen, die den Idealen nicht entsprechen, ist es möglich, eine sinnvolle Therapie zu machen. Dies setzt allerdings voraus, daß der jeweilige Therapeut den existierenden Rahmen konsequent beibehält und auf den verschlüsselten Sinn der Kommunikationen seines Patienten eingeht. Eine inkonsequente Handhabung des therapeutischen Rahmens bietet die einfachste Möglichkeit, um grundlegenden Problemen auszuweichen. Das größte Problem bei dieser Abwehrstrategie besteht darin, daß sie als angenehm empfunden wird. Weder der Patient noch der Therapeut wird mit den menschlichen Ängsten und Schwächen konfrontiert, die eine nach festen Rahmenbedingungen geführte Therapie ans Licht bringt. Andererseits wird jede Abweichung von einem festgelegten Rahmen oder einem Rahmen, der dem idealen nicht entspricht, unbewußt als manipulativ oder provozierend wahrgenommen. Die unbewußte Wahrnehmung und die damit verknüpften Reaktionen werden häufig in verschleierter Form woanders zum Vorschein kommen. Das heißt, wenn die grundlegende Stütze bzw. Sicherheit, die das Unbewußte braucht, entzogen wird, fühlt sich das Unbewußte verfolgt, kann dem Therapeuten nicht weiter vertrauen und offenbart sich nicht. Dadurch wirken solche Abweichungen auch befriedigend. Der Patient wird sich wohler fühlen oder sogar völlig in seinen Therapeuten vernarrt sein.

Dennoch bleibt unbewußt das Gefühl, verfolgt zu werden, das auch auf Menschen und Situationen außerhalb der Therapie projiziert wird. Die Verbindung zwischen therapeutischen Bedingungen und Schwierigkeiten bei anderen Beziehungen wird in der Regel nicht erkannt. Meistens glaubt der Patient sogar, daß er in seinen Beziehungen außerhalb der Therapie kritischer und durchsetzungsfähiger wird. So glaubt er beispielsweise erkannt zu haben, welche Last für ihn die Erwartungen anderer darstellen oder wie ungerecht manche gesellschaftlichen Zwänge sind, usw. Zweifellos sind Prozesse, die zur Selbsterkenntnis und zur Einsicht führen, zeitaufwendig und schwierig. Um die Psyche schnell zu stabilisieren, ist es viel einfacher, mit einem Therapeuten zu interagieren, der vom Unbewußten als grundlegend instabil wahrgenommen wird. Wenn der therapeutische Rahmen ungeschickt gehandhabt wird, tritt ebendies ein. Das tiefe Unbewußte registriert das Verhalten des Therapeuten als undiszipliniert und schwach, während sich das Bewußtsein allmählich wohler fühlt. Man kann diese allzu menschliche Abwehr mit dem Versuch vergleichen, sich mit Menschen anzufreunden, die einem intellektuell oder beruflich unterlegen sind, um sich so mit den eigenen Schwächen besser abfinden zu können.

Veränderungen des Rahmens sind mit Handlung verbunden. Deshalb fördern oder sanktionieren sie die Bestrebungen des unbewußten Erinnerungssystems, die vor allem auf rasche Erleichterung ausgerichtet sind. Wie wir gesehen haben, ist dies der schnelle Weg zur vermeintlichen Genesung, auch wenn er in letzter Konsequenz dem Betroffenen selbst und anderen eher schadet. Was der Patient durch eine Therapie ohne feste Rahmenbedingungen tatsächlich lernt, ist die Tatsache, daß er Abwehrstrategien braucht, um sich wohl zu fühlen. Der Patient richtet seine Aufmerksamkeit auf Handlungen, hat aber keine Einsicht in seine Probleme gewonnen. Ein solcher Patient neigt oft dazu, außerhalb der Therapie andere Menschen schematisch auszunutzen, entweder indem er besondere Forderungen stellt, oder indem er Beziehungen eingeht, die auf gegenseitiger Ausbeutung basieren.

Eine wirklich konstruktive Therapie sollte mehr leisten als lediglich die Zusammenarbeit zwischen dem Unbewußten und dem bewußten Bedürfnis nach sofortiger, möglichst einsichtsloser Erleichterung. Die Ermöglichung entsprechender Prozesse führt zwangsläufig zur Abhängigkeit von dem Therapeuten. Der Patient neigt dann zu den abwegigsten rationalen Begründungen, um diese Beziehung aufrechtzuerhalten. Am häufigsten wird natürlich so argumentiert, daß der Patient sich wohler fühle und die Therapie folglich wirken müsse.

Das soll nicht heißen, daß das oberste Ziel der Therapie etwas anderes ist als sich wohler zu fühlen. Damit will ich nur sagen, daß jede Erleichterung, die nicht auf der Erlangung von Einsicht basiert, sowie jede Stabilisierung, die kraft neuer Abwehrstrategien eintritt, als ebenso pathologisch zu betrachten sind wie die scheinbar verschwundenen emotionalen Symptome. Diese Art der Erleichterung ist nicht nur kostspielig, sondern auch dem Ziel der Therapie abträglich. Ein Therapeut, der auf das Bedürfnis des Patienten, eine Stabilisierung ohne Einsichten zu erlangen, eingeht, bringt ihm im Grunde genommen lediglich neue Abwehrmechanismen bei, um sich gegen unbewußte Wahrnehmungen zu schützen. Sobald die Therapie beendet ist, versucht der Patient zwangsläufig die Stabilisierung zu bewahren, indem er andere Beziehungen, die die neugewonnenen Abwehrmechanismen gelten lassen, sucht. Oder er wird Beziehungen abbrechen, wenn seine neuen Abwehrstrategien dort nicht funktionieren.

Der Tausch eines alten Übels gegen ein neues wird häufig sowohl vom Patienten als auch vom Therapeuten als Beweis einer gelungenen Therapie betrachtet. So wird beispielsweise die Überwindung einer schweren Depression lediglich durch eine Reihe neuer Verhältnisse ermöglicht; oder der Patient hat sich von einer masochistischen Beziehung befreit zugunsten einer neuen Beziehung, in der er nun seine eigenen sadistischen Züge auslebt. Innerhalb des therapeutischen Kontextes werden plötzlich auftretende Verhaltensweisen dieser Art nicht als Abwehrstrategien betrachtet. Vielmehr wird die Therapie von einem Patienten, der an Depressionen litt und nun ein wachsendes Interesse für soziale und sexuelle Kontakte spürt, natürlicherweise als gelungen angesehen. Und der Patient, der selbst in mehreren Beziehungen mißhandelt und verletzt wurde, wird sein derzeitiges Bedürfnis, andere zu kontrollieren und zu verletzen, als gerechtfertigtes und willkommenes Zeichen der eigenen Selbstbestimmung empfinden.

Damit sind wir erneut bei der Feststellung angelangt, daß sich jeder Patient der Therapie mit einer gewissen Ambivalenz unterzieht. Ein Teil von uns strebt nach unbegrenztem Kontakt jenseits aller Regeln und Grenzen; jede Abweichung vom Rahmen wird dann als Sanktion des Unsterblichkeitsanspruchs empfunden. Wenn wir aber Stabilität, geistige Gesundheit und Einsicht erlangen wollen, müssen wir uns dem unbewußten Weisheitssystem anvertrauen. Wie wir anhand von Herberts Traum gesehen haben, ist es dieses System, das kraft seiner verschlüsselten Mitteilungen auf die Gefahren bei der Überschreitung des Rahmens hinweist. So werden uns sowohl der destruktive Charakter solcher Verstöße bewußt als auch Gefühle tiefen Mißtrauens und der Gefahr, durch die unsere gesamte therapeutische Erfahrung gefärbt wird. Und wir werden sehen, daß das tiefe Unbewußte auch dafür verantwortlich ist, wenn der Therapeut die Rahmenbedingungen aufrechterhält, und auch, wenn er sich, trotz aller Versuchungen, an die Grundregeln hält.

Wenden wir uns an dieser Stelle nochmal dem Fall Herbert zu. Kurz nach dem Angebot seines Therapeuten, dessen Wochenendhaus zu benutzen, träumt er, mit seiner Freundin Viola von einem Haifisch gejagt zu werden. Oberflächlich hat das Angebot des Therapeuten den Anschein einer unterstützenden Geste sowohl Herbert als auch Viola gegenüber. Aber Herbert empfand das Angebot offensichtlich als gefährlich und erschreckend. Eine andere Erklärung ist, daß die Art und Weise, in der Herbert seinen Therapeuten unbewußt wahrnahm, auf sein Problem insgesamt hinweist. Demnach stellte der Therapeut einen Konkurrenten in bezug auf die Zuneigung Violas dar, so daß das Angebot Kastrationsängste und ein Gefühl der Machtlosigkeit auszulösen vermochte.

Ich habe keine Einwände gegen eine solche Interpretation, wenn sie als Hinweis auf die verschlüsselte Aussage des manifesten Traums benutzt wird. Sie hilft uns aber nur wenig weiter, wenn es darum geht, den Ursprung des Traums ausfindig zu machen. Für jemanden, der der Psychoanalyse nahesteht, mögen diese Traumbilder Kastrationsängste beinhalten. Diese Interpretation beruht auf der Annahme, daß gewisse Traumbilder, hier das Maul und die Zähne des Raubfischs, mit unbewußten Ängsten des Mannes in Verbindung zu setzen sind. Wenn wir uns darauf einigen, daß der Haifisch nichts anderes als Kastrationsangst «bedeutet», haben wir Herberts zusätzliche Assoziationen, wie beispielsweise die der beruflichen Skrupellosigkeit, übergangen.

Die Traumbilder enthalten keine direkte Aussage über Kastrationsängste, aber sie verweisen sehr direkt auf das unbewußte Gefühl, verfolgt zu werden und gefährdet zu sein. Unbewußt erkennt Herbert sehr genau, daß der Therapeut Viola «wie ein Hai» verfolgt. Letztlich wird dies auch von Viola bestätigt. Zudem wird das Angebot unbewußt als Eingriff in das persönliche Leben beider Patienten wahrgenommen. Mit anderen Worten: Herbert und Viola wurden *tatsächlich* von ihrem Therapeuten verfolgt. Falls bei Herbert in der Tat unbewußte Kastrationsängste eine Rolle spielen, so wurden sie erst durch das Angebot des Therapeuten ausgelöst. Schon dadurch, daß Dr. Rumford auch Herberts Behandlung übernimmt, verletzt er das Recht beider Patienten auf Diskretion und den Ausschluß Dritter aus der Therapie. Durch sein Angebot werden außerdem weitere Grundbedingungen wie Neutralität und Anonymität des Therapeuten oder die ausschließliche Verwendung des vom Patienten stammenden Materials negiert.

Die Tatsache, daß Herbert nach zwei Konsultationen eine vorübergehende Wiederkehr seiner Potenz feststellt, mag auf ein Machtgefühl zurückzuführen sein, das durch die genannten Überschreitungen des vorgeschriebenen Behandlungsrahmens ausgelöst worden sein kann. Man könnte des weiteren vermuten, daß Dr. Rumford durch sein Angebot darauf hinzielt, Herbert das Gefühl der eigenen Geltung und Stärke zu verleihen. Ein solcher Appell an das Bewußtsein kann Herbert ohne weiteres vorübergehend als Stütze dienen. Aber offensichtlich erkennt das unbewußte Weisheitssystem den destruktiven Charakter des Abwehrmechanismus. In dieser Hinsicht stellt der Haifisch auch jenen Teil der Persönlichkeit Herberts dar, auf den der Therapeut einzugehen versucht: den gedankenlosen Willen zu siegen, um den Preis der Zerstörung anderer. Man kann sagen, daß sexuelles Verlangen durch die Kraft einer gewalttätigen Selbstbehauptung erzeugt wird. Diese Methode kann vielleicht Herberts Potenzproblem lösen, sicherlich aber auch seine Beziehung zu Viola zerstören.

Die Traumerzählung aber und die darin erkennbare Tendenz zu Gewalt und Selbstzerstörung entstammen der Psyche des Patienten. Die Überschreitung des therapeutischen Rahmens seitens des Therapeuten wird zum Auslöser, der alte pathologische Erscheinungen hervorruft und in verschlüsselter Form zum Vorschein bringt. Hätte Herbert die entschlüsselte Ebene seines Traumes ignoriert und seine Therapie fortgesetzt, wären diese pathologischen Neigungen unterstützt worden. Vielleicht hätte Herbert letztlich sogar die Methode seines Therapeuten bewußt akzeptiert und sich mit dem emotionalen Problem einer gewalttätigen Selbstbehauptung eher abgefunden als mit dem der Impotenz.

Wenden wir uns einem weiteren Beispiel zu. Mollie ist eine junge Frau, etwas über zwanzig, die unter schweren Depressionen und Gewichtsschwankungen, von Fettleibigkeit bis hin zur Anorexie, leidet. Von einer Freundin erfährt sie von einer Klinik, die auf Gewichtsprobleme spezialisiert ist. In der Klinik wird Mollie zunächst von einem Sozialarbeiter interviewt, der ihr eine Therapie empfiehlt und sie der Therapeutin Dr. Tudor zuweist.

Wir wollen uns hier mit den *Bedingungen* von Mollies Therapie beschäftigen. Wenn wir davon ausgehen, daß das Unbewußte die therapeutischen Grenzbedingungen registriert, dann müßten die Träume und Erzählungen Mollies ihre unbewußte Einstellung zu der Handhabung des therapeutischen Rahmens widerspiegeln.

Ich habe bereits angedeutet, daß, wenn eine Regel eingehalten oder eine Abweichung vom Rahmen korrigiert wird, im allgemeinen konstruktive und positiv gefärbte Erzählungen hervorgebracht werden. Solche Erzählungen zeugen indirekt von einer unbewußten Unterstützung und Bestätigung des Verhaltens des Therapeuten. Auf eine lasche Handhabung der Grundregeln folgen destruktive, negativ gefärbte Erzählungen, die auf unbewußte Wahrnehmung destruktiver Verhaltensweisen des Therapeuten hinweisen. Während des ersten Monats ihrer Therapie wird Mollie kurz von zwei weiteren Therapeuten untersucht – von dem Leiter der Klinik und von einem Psychologen, der mit ihr eine Reihe unterschiedlicher Tests durchführt. Darauf folgt ein Gespräch mit dem Rechnungsprüfer der Klinik, der mit ihr ein ermäßigtes Honorar für die Therapie vereinbart. Sie unterschreibt außerdem eine Aufstellung, die sie mit Dr. Tudor verfaßt hat und in der die Ziele und die mit der Therapie verbundenen Risiken aufgeführt sind. Einmal wird Mollies Mutter zu Dr. Tudor gebeten. Von der Therapeutin erfährt Mollie, daß sie für nicht stattfindende Sitzungen nicht zahlen müsse, vorausgesetzt, daß die Absage 24 Stunden vor dem Termin erfolge.

Wenn Sie sich noch einmal die Liste ansehen, werden Sie bemerken, daß all diese Bedingungen von dem durch das Unbewußte geforderten Rahmen abweichen. Beim ersten Blick erscheinen sie sehr praktisch und direkt. Sie werden auch täglich in allen Kliniken der Welt angewandt. Es gibt für Mollie keinen bewußten Grund, sich dagegen zu wehren. Zunächst ist sie über die flexible Zahlungsregelung sehr erleichtert und fühlt sich auch dadurch nicht gestört, daß sie in der Klinik von so vielen verschiedenen Personen behandelt wird.

Während der ersten Sitzungen mit Dr. Tudor kommt Mollie auf

Voyeure zu sprechen, die Liebespaare beobachten. Sie spricht über ihr Mißtrauen Menschen gegenüber, die sich in die Beziehungen anderer einmischen, dann über das Gefühl, von ihrer Mutter, mit der sie aus Kostengründen zusammenlebt, ungerecht behandelt zu werden.

Diese Erzählungen lassen sich genauso entschlüsseln wie Herberts Traum. Sie sind unbewußte Reaktionen auf die Überschreitungen des Behandlungsrahmens, die Mollie bewußt akzeptiert. Zunächst sind die vielen anderen Menschen, die an ihrer Therapie beteiligt sind, eine Bedrohung für die Diskretion, die zwangsläufig zu jeder Therapie gehört. Das tiefe Unbewußte macht das deutlich, indem Mollie über ihr Mißtrauen aufdringlichen Menschen gegenüber berichtet. Die Erzählung über ihre Mutter weist darauf hin, daß Mollie unbewußt Verletzungen ihrer Privatsphäre auch außerhalb der Therapie hinnimmt, weil die Kosten niedrig sind und weil sie für sich keine Alternative sieht.

Mollie erzählt weiter, daß sie während einer längeren Abwesenheit ihrer Mutter von einer Reihe unwillkommener Gäste besucht wurde; unter anderem von einem Mann, der sie aufgrund seiner Neigung zu «leerem Gerede» besonders irritiert. Auch diese unbewußten Mitteilungen lassen sich deuten, indem wir die vorgebrachten Themen auf die Therapie übertragen. Vor dieser Stunde war Mollie durch den Leiter der Klinik in ein langes Gespräch verwickelt worden. Auf bewußter Ebene hatte sie sich über sein Interesse an ihrem Fall gefreut. Unbewußt nimmt sie diesen Vorfall völlig anders auf: Der Mann erscheint als unerwünschter Eindringling, der das Recht des Ausschlusses Dritter während der Therapie mißachtet bzw. die Abwesenheit der Therapeutin ausnutzt, um Mollie mit leerem Gerede zu bombardieren.

Der Leiter der Klinik war tatsächlich im Kollegium für sein unaufhörliches Geschwätz bekannt. Jeder kannte seine Neigung, mit den Patienten sehr aktive, wenn auch langweilige und zum großen Teil bedeutungslose Interviews durchzuführen. Offensichtlich ist der Mann in Mollies Erzählung eine verschlüsselte Darstellung dieses Arztes.

Sobald sich eine dritte Person an einer Therapie beteiligt, sei es innerhalb der Klinik oder des Privatlebens, reagiert der Patient unbewußt auf eine Störung von außerhalb. Diese Reaktion ist so beständig, daß ich immer, wenn Patienten ähnliche Bilder hervorbringen, nachfrage, in welchem Zusammenhang sich eine dritte Person in die therapeutische Behandlung eingemischt hat. Und es stellt sich immer wieder heraus, daß die verschlüsselten Mitteilungen des Patienten durch einen entsprechenden Vorfall bestätigt werden.

Mollie erzählt des weiteren von den Problemen, die sie in letzter Zeit mit ihrem Wagen hat. Gleich nach Beginn ihrer Therapie hat sie einen Unfall gehabt. Daraufhin stellt sich heraus, daß die Karosserie beschädigt wurde und sich nicht wieder biegen läßt. Die Schäden sind irreparabel, und sie kann den Wagen nicht mehr richtig steuern, weil er ständig aus der Fahrspur ausschert. «Mir kommt es vor, als müsse ich dahin fahren, wo mein Wagen hin will», fährt sie fort. «Ich weiß jetzt schon, daß auch die nächste Fahrt die reinste Quälerei sein wird.»

Am Ende dieser Sitzung fragt Dr. Tudor, wie Mollie die Therapie gefalle. Mollie antwortet, daß sie mit allem sehr zufrieden sei. Sie betont insbesondere die Wärme und das Interesse, das von Dr. Tudor ausgehe.

Wenn wir erneut die Themen in Mollies Erzählung auf die therapeutische Situation übertragen, wird deutlich, wie sehr sich ihre bewußte Einschätzung der therapeutischen Beziehung von ihren unbewußten Wahrnehmungen unterscheidet. Die durchaus authentische Geschichte über die beschädigte Karosserie bzw. über den Rahmen des Fahrzeugs stellt eine so offensichtliche Parallele zum therapeutischen Rahmen dar, daß sie als Ausdruck unbewußter Wahrnehmungen kaum zu übertreffen ist. Und es sind Schäden, die, wie Mollie richtig erkennt, durch gravierende, unkorrigierbare Abweichungen verursacht wurden. Mollie ist sich dieser Wahrnehmung nicht bewußt, spürt aber trotzdem, daß eine auf diese Art gehandhabte Therapie ihr Problem zu verschlimmern droht. Ohne die richtigen Rahmenbedingungen kann die Therapie möglicherweise außer Kontrolle geraten und ihr Leben unglücklich werden lassen. Hätte Mollie ihre Therapie anhand der Urteile ihres tiefen Unbewußten eingeschätzt, bzw. wäre sie auf die verhüllten Mitteilungen, die ihren Erzählungen zugrunde liegen, eingegangen, hätte sie sich wahrscheinlich überlegt, ob sie die Therapie beenden sollte. Aber da sie lediglich von ihren bewußten Wahrnehmungen beeinflußt wird und demnach Dr. Tudor als warmherzig und interessiert empfindet, setzt sie ihre Behandlung, deren Risiken ihr nicht bewußt werden, fort.

Gehen wir nun etwas näher auf den Deutungsprozeß ein. Als Richtlinie unserer Deutung dienen zunächst Mollies Erfahrungen in der Klinik und die darin enthaltenen Implikationen. Zudem werden *Themen*, die sich oberflächlich auf *außertherapeutische* Ereignisse beziehen, auf *die therapeutische Situation* übertragen. Wir gehen davon aus, daß die Wahrnehmungen und Reaktionen, die anhand dieses Materials unbewußt zum Ausdruck gebracht werden, ursprünglich durch die therapeutische Situation ausgelöst wurden.

Dementsprechend können wir diese Bilder als gültige Wahrnehmungen und Beurteilungen der therapeutischen Bedingungen betrachten. Diese Methode bildet die Grundlage sämtlicher Beurteilungen in diesem Buch – ein Prozeß, der Ihnen zunächst etwas fremd vorkommen mag, der sich aber als sehr genau erweist.

In einer therapeutischen Situation entsteht eine Verbindung zwischen den herrschenden Rahmenbedingungen und der Art und Weise, in der ein Patient seine emotionalen Probleme unbewußt überarbeitet. Ein Patient bringt sehr selektiv nur jene Aspekte der Grundregeln zum Ausdruck, die auch mit seinem psychologischen Problem zusammenhängen. Mollies Mutter hatte zum Beispiel eine Reihe von Verhältnissen gehabt, von denen Mollie wußte. Im Zusammenhang damit fällt auf, wie Mollies Erzählungen von belauschten Paaren, von Eindringlingen und von Schäden handeln. Hätte die Therapeutin die Erzählungen entschlüsselt und Mollie auf ihre verborgene Bedeutung aufmerksam gemacht, wäre Mollie eventuell zu einer Einsicht in bezug auf den Ursprung ihrer Depressionen und ihrer Gewichtsschwankungen gelangt. Mollie hätte über die Rahmenprobleme ihrer Therapie die Möglichkeit bekommen können, mit den Rahmenproblemen ihres Lebens bzw. mit dem Hauptfaktor ihrer emotionalen Beschwerden zurechtzukommen.

Zusammenfassend kann man sagen, daß die vom Unbewußten geforderte Einhaltung der Grundregeln eine Therapie schafft, die *auf der Sicherheit des Rahmens beruht*. Ein solcher Rahmen verleiht auch dem Patienten ein Gefühl der Sicherheit und der Unterstützung. Ein Umfeld wird geschaffen, in dem er sich zutraut, die Bilder zum Ausdruck zu bringen, die seinem tiefen Unbewußten entstammen. Andererseits schafft der sichere Rahmen eine einengende geschlossene Sphäre, die sowohl beim Patienten als auch beim Therapeuten Ängste hervorruft. Auf diese Weise entsteht ein unauflöslicher Widerspruch, der als grundlegendes Merkmal der menschlichen Konstitution gilt: die Gefahr der Vernichtung des Subjekts in der Erfahrung von Geborgenheit. Dadurch entsteht die dringende Notwendigkeit einer ausführlichen Analyse des durch den Rahmen der Therapie erzeugten Materials.

In einer *vom Rahmen abweichenden Therapie* werden eine oder mehrere Regeln modifiziert. Die Terminvereinbarung wird geändert, die Kosten werden reduziert (oder erhöht), eine dritte Person beteiligt sich an der Therapie usw. In solchen Fällen wird die grundlegende Sicherheit gestört. Der Patient hat Grund, dem Therapeuten zu mißtrauen, und in vielen Fällen kommt es unbewußt zu dem Gefühl, verfolgt zu werden.

Solche Abweichungen haben jedoch den großen «Vorteil», daß sie eine unrealistische Befriedigung auslösen. Eine Regel nicht einzuhalten, kommt der Mißachtung des Todes gleich. Die Befriedigung kann aber nur anhalten, wenn der Patient auch von den Grundregeln seines alltäglichen Lebens abweicht.

Diese Aussagen werden durch die verschleierten Mitteilungen, die dem tiefen Unbewußten entstammen, unterstützt. Wie wir gesehen haben, folgen unweigerlich auf Interventionen, die mit den Grundregeln verknüpft sind, Erzählungen, die einen verschlüsselten Kommentar bezüglich ihrer Anwendung beinhalten. Wird ein solcher Kommentar wiederum interpretiert, indem der Therapeut die unbewußten Mitteilungen seines Patienten deutet, dann werden Erzählungen hervorgebracht, die in verschlüsselter Form eine Bestätigung bzw. Infragestellung jener Interpretation enthalten.

Wenn der Therapeut auf die verschlüsselten Mitteilungen seines Patienten eingeht und die Überschreitungen des Rahmens korrigiert, wird der Patient häufig über Situationen außerhalb der Therapie sprechen, in denen Menschen hilfsbereit, verständnisvoll, stark oder auf andere Weise positiv dargestellt werden. Ich nenne dieses Phänomen eine *interpersonale Bestätigung*. Als Reaktion auf eine solche korrigierende Intervention mag der Patient zudem Material hervorbringen, das neue verschlüsselte Informationen über die unbewußte Ursache seiner emotionalen Probleme enthält. Diese Tatsache läßt sich dadurch erklären, daß der Patient sich unbewußt verstanden und unterstützt fühlt und genügend Vertrauen gewonnen hat, um neues unbewußtes Material zum Vorschein zu bringen. Dieser Vorgang wird *kognitive Bestätigung* genannt.

Zur Verdeutlichung soll folgendes Beispiel dienen. Herr Friedrichs, ein Homosexueller, befand sich aufgrund depressiver Phasen in privater Behandlung einmal die Woche bei der Psychiaterin Dr. Clark. Der psychotherapeutische Rahmen war relativ sicher.

Zu Beginn einer Konsultation fragte Herr Friedrichs, ob er seinen nächsten Termin ändern könne, da er einen Arzttermin wahrnehmen müsse und der Arzt zeitlich gebunden sei. Darauf erfolgte der Vorschlag der Psychiaterin, Herr Friedrichs solle alles, was ihm im Moment einfalle, aussprechen.

Herr Friedrichs findet diese Antwort etwas rätselhaft, beginnt jedoch über seine Arbeit zu sprechen. Bald verstrickt er sich in einer ausführlichen Beschreibung des neuen flexibleren Arbeitsplanes, den sein neuer Vorgesetzter mit großem Eifer eingeführt habe. In bester Absicht habe er dafür gesorgt, daß jeder Mitarbeiter in seiner Abteilung jeden Tag zu einer anderen Zeit zur Arbeit kommt und nach Hause geht. Herr Friedrichs wird durch diesen Zustand stark irritiert. Er meint, man sollte entweder zu der alten Einteilung zurückkehren oder zumindest eine festgelegte Arbeitszeit einhalten.

Dr. Clark hört noch eine Weile zu und greift dann ein. Sie deutet an, daß Herr Friedrichs ihr durch diese Geschichte unbewußt mitzuteilen versucht, daß eine Terminveränderung ihrerseits mit dem Verhalten des neuen Chefs gleichzusetzen sei. Auf diese Weise werde ein ähnlich «chaotischer» Zustand hergestellt wie in der Firma, der Herrn Friedrichs in gleicher Weise verwirren könne. Der Rat seines Unbewußten ist tatsächlich sehr deutlich: Herr Friedrichs soll sich an feste und klare Termine halten. Und genau das schlägt Dr. Clark dann auch vor.

Herr Friedrichs denkt darüber nach, stimmt zu, beginnt über einen Freund zu sprechen, mit dem er früher zusammengelebt hatte. Dieser sei der einzige Mann gewesen, auf den er sich verlassen konnte und dem er wirklich vertraute. Immer wenn er versprach, etwas zu tun oder irgendwo zu sein, habe er sein Versprechen gehalten. Es sei schade, daß es nicht mehr solcher Menschen gebe.

Wir können auch hier die typische Spaltung zwischen dem Bewußtsein und dem tiefen Unbewußten erkennen. Das Bewußtsein ist zweckorientiert und läßt sich durch Annehmlichkeiten motivieren. Das tiefe Unbewußte dagegen sieht die destabilisierenden Folgen einer Überschreitung des Behandlungsrahmens voraus und wehrt sich dagegen. Als die Therapeutin den Patienten darauf hinweist und sich weigert, auf die Terminveränderungen einzugehen, erfolgt eine starke interpersonale Bestätigung durch das Unbewußte – eine szenisch verschobene Geschichte über einen zuverlässigen und vertrauenswürdigen Menschen. Bemerken Sie, wie sich diese verschlüsselte Wahrnehmung von der Therapeutin von den entsprechenden Bildern bei Herbert und Mollie unterscheidet.

Dieses Buch ist ein Appell an Sie, Verantwortung für die Art und Weise, in der die Therapie heutzutage durchgeführt wird, zu übernehmen. In letzter Konsequenz sind die Besonderheiten, die mit einer Beurteilung Ihrer eigenen Psychotherapie verbunden sind, eine Sache der Interpretation. Dieses Buch stellt allgemeine Richtlinien auf, aber letztlich muß der Leser in Anbetracht seiner eigenen Lebensumstände, seiner emotionalen Probleme und Bedürfnisse und der verfügbaren therapeutischen Möglichkeiten die endgültige Beurteilung selbst übernehmen.

Im allgemeinen werden wir erst durch die Erkenntnis des Leidens und der Fehlwirkungen, die durch die Arbeit eines unzulänglichen Therapeuten verursacht werden, auf den Wert einer fundierten Beurteilung der Behandlung aufmerksam. Solche Erkenntnis zu erlangen, ist jedoch keine einfache Angelegenheit. Ein «schlechter» Therapeut mag dem Patienten eine neue Abwehrstrategie beibringen, die oft eine unmittelbar «heilende» Wirkung zu haben scheint. Aber es läßt sich beweisen, daß ein solcher Therapeut die zwischenmenschliche Interaktion seines Patienten auf eine Weise beeinflußt, die, langfristig betrachtet, neue Probleme mit sich bringt. Dagegen mag ein «guter» Therapeut Sie zunächst durch eine lange schmerzliche Phase begleiten. Im Endeffekt wird er Ihnen jedoch zu einer wirklich konstruktiven Lebenswende verhelfen können.

Im Laufe dieses Buches werde ich mich auf die folgende vierstufige Bewertungsskala beziehen:

Zulässig (Sound). Interventionen, die im wesentlichen konstruktiv sind und weder dem Patienten noch dem Therapeuten schaden.

Fragwürdig (Questionable). Interventionen, die dem Patienten wahrscheinlich, aber nicht notwendigerweise schaden bzw. Interventionen, die sowohl hilfreich als auch schädlich sein können.

Unzulässig (Unsound) / Überdenken Sie die Wahl Ihres Therapeuten. Höchst fragwürdige Interventionen, die aller Wahrscheinlichkeit nach schädlich sind.

Gefährlich (Dangerous) / Nehmen Sie sich vor diesem Therapeuten in acht. Eine solche Beurteilung weist auf eine destruktive Situation oder Intervention hin und sollte Sie dazu bewegen, ernsthaft über eine Beendung der Therapie nachzudenken.

Wir wollen den Therapeuten nicht aufgrund seiner therapeutischen Richtung beurteilen – Psychoanalyse, Gestaltspsychologie, kognitive Psychologie usw. –, sondern einfach aufgrund seiner Verhaltensweisen während der Interaktion mit dem Patienten. Die verschiedenen psychotherapeutischen Richtungen bilden zum großen Teil theoretische Grundlagen für Behandlungsmethoden, die noch nie in bezug auf die unbewußten Reaktionen der Patienten untersucht worden sind.

Das tiefe Unbewußte interessiert sich also nicht für die wissenschaftliche Richtung eines Therapeuten, sondern lediglich für seine Fähigkeit, sich an einen sicheren Rahmen zu halten und den Sinn unbewußter Mitteilungen zu deuten. Während Therapeuten mit einem gemeinsamen theoretischen Hintergrund zu sehr verschiedenen Praktiken neigen mögen, können die Vorstellungen und Praktiken von Therapeuten aus verschiedenen psychologischen Richtungen oft sehr ähnlich sein. Letztlich ist es die Art und Weise, in der ein Therapeut eingreift oder auch nicht eingreift, die seinen Beitrag zur Therapie und zur Heilung ausmacht und die als Grundlage jeder Beurteilung dient.

In der Regel wird sich herausstellen, daß ein Therapeut, der auf einem Gebiet schlecht abschneidet, sich auch auf mehreren anderen Gebieten als unzulänglich erweist. Auch das Gegenteil ist der Fall. Ein Therapeut, der einigen Bedingungen gerecht wird, verdient wahrscheinlich eine insgesamt eher gute Beurteilung. Es gibt natürlich auch andere Möglichkeiten, aber wesentlich ist, daß die einzelnen

Bereiche, die hier beurteilt werden, nicht voneinander unabhängig sind. Wenn die verbalen Interventionen gemäß unserer Skala als *«unzulässig»* zu beurteilen sind, wird sich der Therapeut in der Regel auch nicht an feste Rahmenbedingungen halten und eher zu therapeutischen Praktiken neigen, die allgemein negativ bewertet werden müssen.

Wenn Sie bei der Einschätzung Ihres Psychotherapeuten mehrfach zu dem Ergebnis *«unzulässig»* kommen, stellt dies im allgemeinen einen Grund zur Besorgnis dar. Aber natürlich bleibt die endgültige Einschätzung sowie die daraus zu ziehende Konsequenz ganz Ihnen überlassen. Dies gilt auch, wenn Sie auf einem Gebiet zu der Beurteilung *«gefährlich»* kommen sollten. In den meisten Fällen aber wird unbefriedigendes therapeutisches Verhalten irgendwo zwischen *«fragwürdig»* und *«gefährlich»* liegen. Nur Sie selbst können dann angesichts Ihrer eigenen unbewußten Reaktionen bestimmen, wie negativ die Beurteilung tatsächlich ausfallen soll.

Es ist aber notwendig zu bedenken, daß es den «vollkommenen» Psychotherapeuten nicht gibt. Ein Therapeut, der auf jedem Gebiet sehr gut abschneidet, ist sehr selten. Sie sollten Ihre Erwartung deshalb darauf einstellen.

Ein letzter Punkt: Die Beurteilungskriterien, die ich hier verwende, basieren auf den unbewußten Erfahrungen ehemaliger Patienten. Auch wenn sie bei der Einschätzung eines Psychotherapeuten eine wertvolle Hilfe leisten, besteht das Ziel dieses Buches darin, Sie zu ermutigen, Ihre Träume und Erzählungen während der Zusammenarbeit mit Ihrem Psychotherapeuten zu deuten. Versuchen Sie auf die Träume und Erzählungen zu achten, die nach jeder bedeutenden Sitzung mit Ihrem Therapeuten spontan hochkommen. Am Abend sollten Sie z. B. darauf achten, was Sie Ihrem Partner oder Ihren Freunden erzählen oder was Sie in einem Brief erwähnen. Fragen Sie sich, ob in diesen Geschichten Themen auftauchen, die für die therapeutische Interaktion relevant sind. Wenn Sie sich nach einer Sitzung mit jemandem streiten, achten Sie auf den Inhalt des Streits. Können Sie den Streitpunkt auf Ihre therapeutische Situation übertragen, und läßt er sich dann eher erklären? Versuchen Sie, sich an Ihre Träume zu erinnern. Und gewähren Sie sich Zeit für eine unbelastete freie Assoziation. Wenn Ihnen das gelungen ist, nehmen Sie sich Zeit, um Ihre Gedanken zu überprüfen.

Je negativer solche Bilder gefärbt sind und je beängstigender die Themen und die damit verbundenen Gefühle sind, desto wahrscheinlicher ist es, daß Ihr tiefes Unbewußtes eine negative Einschätzung des Therapeuten zu vermitteln versucht. Natürlich gilt auch das Gegenteil: je positiver die Bilder, je konstruktiver die Themen und je häufiger Konfliktlösung und Wachstum zum Ausdruck kommen, desto wahrscheinlicher ist es, daß Ihr Therapeut gute therapeutische Arbeit leistet.

Ebenso wie kein Psychotherapeut – und kein Patient – ist auch keine Beurteilungsskala unfehlbar. Alle Beurteilungen, ob sie durch dieses Buch angeregt wurden oder Ihrem eigenen Unbewußten entstammen, müssen über einen längeren Zeitraum sorgfältig abgewogen und bewertet werden. Nichts kann eine ruhige, sorgfältige Beurteilung störender unbewußter Einflüsse ersetzen. Dennoch ist es in den meisten Situationen durchaus möglich, einen Psychotherapeuten angemessen, ja genau einzuschätzen, vorausgesetzt, daß alle genannten Kriterien herangezogen werden. Zudem ist es wichtig, daß wir bei der Beurteilung eines Psychotherapeuten ein gewisses Maß an Bescheidenheit aufrechterhalten. Wir alle sind verletzbar und sollten nicht vergessen, daß ein Therapeut auch nur ein Mensch ist, von dem wir Stärken, aber auch Schwächen zu erwarten haben. Das beste, worauf wir hoffen können, ist ein Therapeut, der seine eigenen Grenzen kennt und imstande ist, auf typische Abwehrstrategien zu verzichten.

TEIL II

Wie ist mein Psychotherapeut zu beurteilen?

5. Die Empfehlung

Es mag Ihnen etwas seltsam vorkommen, daß die Art und Weise, wie Sie auf Ihren Therapeuten aufmerksam werden, für dessen Beurteilung von Bedeutung ist. Sie meinen vielleicht, daß man vor der ersten Begegnung einen Therapeuten kaum einzuschätzen vermag. Im Grunde genommen kann sich die Beurteilung nicht auf den Therapeuten beziehen, sondern lediglich auf die Person, die ihn empfohlen hat, oder auf Ihre eigene Vorgehensweise, um einen Therapeuten zu finden. Ist ein solcher Beurteilungsvorgang logisch?

Kurz gesagt, ja – aber wir beschäftigen uns hier nicht mit der Logik des bewußten Systems, sondern mit der Logik des Unbewußten. Vielleicht erinnern Sie sich, daß ich im dritten Kapitel von einer grundlegenden Operation des Unbewußten gesprochen habe: ein Teil wird mit dem Ganzen gleichgesetzt. Ich verwendete das Beispiel eines einzelnen Kleidungsstücks, das bereits auf die ganze Persönlichkeit schließen läßt. Diese Vorstellung ist weniger übertrieben, als man zunächst vermuten mag. Denken wir nur an die Popkultur. Eine ganze Generation von Fans wird zum Beispiel einen einzelnen Handschuh immer mit dem Popsänger Michael Jackson assoziieren.

Das tiefe Unbewußte ist von dieser assoziativen Denkweise so sehr geprägt, daß bei der unbewußten Beurteilung eines Therapeuten alle denkbaren Stimuli eine Rolle spielen. Im tiefen Unbewußten wird nichts isoliert betrachtet. Wie Sie Ihren Therapeuten kennengelernt haben – und was Sie über ihn wissen –, gehört zu Ihrer Therapie und wird zwangsläufig sowohl den Verlauf der therapeutischen Beziehung als auch das Ergebnis der Behandlung beeinflussen.

Auch Werbe- und Marketingexperten machen Gebrauch von den Wirkungen der assoziativen Denkweise des tiefen Unbewußten. Denken Sie nur daran, wie bekannte Persönlichkeiten bei der Werbung für ein bestimmtes Produkt eingesetzt werden. Auch die musikalische Untermalung von Werbespots ist besonders wirkungsvoll aufgrund der bewußten und unbewußten Reaktionen, die Musik bei den jeweiligen Zielgruppen auslöst.

Diese Assoziationen finden statt, ob wir es wollen oder nicht, und auch Ihre Beziehung zu einem Therapeuten ist davon nicht frei. Wenn Ihnen Ihr Therapeut von einem seiner Patienten empfohlen wurde, wird das Unbewußte zwangsläufig das Gefühl nicht los, daß eine dritte Person an Ihrer Therapie beteiligt ist. Unbewußt wird das therapeutische Umfeld immer drei Personen einschließen – Sie selbst, den Therapeuten und die Person, die ihn empfahl. Unter anderem gehören deshalb Diskretion, die Anonymität des Therapeuten und der Ausschluß Dritter aus der Therapie zu den idealen Grundregeln.

Die Art und Weise, wie Sie auf einen Therapeuten aufmerksam werden, beinhaltet mehr als eine beiläufige Empfehlung. Die Beurteilung ist unter anderem davon abhängig, was Sie über die Qualifikationen und/oder über das Privatleben des Therapeuten wissen; davon, ob der Entschluß, sich einer Therapie zu unterziehen, Ihr eigener ist oder Ihnen durch ein Gericht oder Ihren Arbeitgeber nahegelegt wurde, und ob Sie bereits in einem anderen Kontext mit dem Therapeuten in Verbindung standen.

Ich verwende den Begriff «Therapeut» selbstverständlich sehr allgemein. Um mit emotionalen Schwierigkeiten besser zurechtzukommen, wenden sich Menschen an die unterschiedlichsten «seelsorgerischen Fachleute» – an Pfarrer, Psychoanalytiker, Familientherapeuten, Heilpraktiker, die Leiter von Selbsthilfegruppen, Sozialarbeiter, Psychiater, Psychologen – sogar spirituelle Medien und Kartenleser. Ich benutze den Begriff «Therapeut», um damit auszudrücken, daß Sie jemanden suchen, um sich Erleichterung von emotionalen Leiden zu verschaffen – unabhängig davon, ob ein solches Leiden physisch oder psychisch zum Ausdruck kommt. Und darin besteht eine der Schwierigkeiten auf diesem Gebiet. Die Kriterien für die Anerkennung einer therapeutischen Ausbildung sowie für die später praktizierte Behandlungsmethode werden oft nachlässig gehandhabt. In den USA kann sich in manchen Staaten jeder, der sich dazu berufen fühlt, als Psychotherapeut selbständig machen und Patienten betreuen. Auch in der Bundesrepublik Deutschland sind Therapeut und Psychotherapeut keine gesetzlich geschützten Titel. Trotz des Zusammenhangs zwischen den psychologischen und physischen Aspekten vieler emotionaler Störungen, wird die Psychotherapie oft weniger als heilender Beruf angesehen denn als eine Art Luxusware, die einem ermöglicht, «zufrieden» oder «glücklich» zu werden. Man sucht einen

Therapeuten auf, um sich beraten zu lassen oder weil man bestrebt ist, «die eigenen Gefühle zu entdecken». Das Problem besteht darin, daß die öffentliche Meinung gleichsam wie ein kollektives bewußtes System funktioniert. Das Bewußtsein hat eine etwas abenteuerliche Einstellung zur Therapie. Falls sie nicht funktionieren sollte, hat man nichts verloren, sondern man wendet sich einfach an einen der vielen anderen Therapeuten, die es noch gibt. Das tiefe Unbewußte dagegen nimmt jede Therapie sehr ernst und erkennt die großen Schäden, die z. B. ein wohlmeinender, aber naiver Therapeut bewirken kann.

Wie bereits erwähnt, kommt leider allzuoft eine «Zusammenarbeit» zwischen dem unbewußten Erinnerungssystem und dem Bewußtsein zustande, die darauf abzielt, einen Zustand des Unwissens beizubehalten. Manchmal ist eine Therapie das beste Mittel, um durch Selbstbestrafung unbewußte Schuldgefühle zu beschwichtigen – auch wenn der Patient vordergründig behauptet, er wolle mehr wissen und emotional optimal funktionieren. Häufig wird unwissentlich ein Therapeut gewählt, der die Traumen, vor denen sich das Bewußtsein schützt, erneut hervorruft und durchspielt. In gewisser Weise kann so eine Genesung herbeigeführt werden bzw. der Patient erhält die Möglichkeit, ein für allemal seine Träume zu verarbeiten. Aber leider sieht die Realität häufig anders aus. Patienten neigen dazu, einen Therapeuten aufzusuchen, der solche Ängste hervorruft, ihnen aber nicht zur Einsicht in deren Ursache verhilft. Deshalb ist das Wissen um die unbewußte Reaktion auf einen Therapeuten von so wesentlicher Bedeutung.

Betrachten wir ein Beispiel für eine Kontaktaufnahme, die nach unseren Beurteilungskriterien negativ bewertet werden muß. Bei einem gesellschaftlichen Abendessen sitzt Frau Hoffmann neben Dr. Victor, einem klinischen Psychologen. Im Gespräch erfährt sie den Beruf ihres Tischnachbarn und äußert schließlich den Wunsch, bei ihm eine Therapie zu beginnen. Geschmeichelt gibt ihr Dr. Victor einen Termin für den folgenden Montag.

In der Checkliste am Ende dieses Kapitels werden Sie sehen, daß diese Art der Kontaktaufnahme bereits in die Kategorie *«gefährlich/ nehmen Sie sich in acht»* gehört. Der Grund dafür mag zunächst unklar erscheinen. Im System des tiefen Unbewußten jedoch kann sich eine gesellschaftliche Bekanntschaft *niemals* zu einer sinnvollen therapeutischen Beziehung entwickeln. Ein Therapeut, der diese Grenze zu überschreiten versucht, wirkt auf das tiefe Unbewußte inzestuös. Die Verletzung beruflicher Grenzen in der therapeutischen Beziehung führt immer wieder zu Bildern, die auf eine Überschreitung sexueller – und aggressiver – Grenzen innerhalb der Familie anspielen. Unbewußt reagiert ein Patient auf einen Therapeuten, der eine Behandlung unter den genannten Bedingungen annimmt, mit Erinnerungen, Phantasien, Erfahrungen und Wünschen, die mit Verletzungen der sexuellen Grenzen innerhalb der Familie verbunden sind. Eine Abweichung vom therapeutischen Rahmen kommt der bereits beschriebenen «Zusammenarbeit» zwischen dem unbewußten Erinnerungssystem und dem Bewußtsein zugute, die darauf ausgerichtet ist, vom tiefen Unbewußten registrierte Wahrnehmungen weiterhin im Unbewußten zu halten.

Im folgenden sehen Sie, wie dies geschieht. In der Nacht vor ihrer ersten Sitzung träumt Frau Hoffmann von einer sexuellen Annäherung ihres Vaters, mit dem sie sich in einem Bett befindet. Im Traum ist sie entsetzt und will fortlaufen, bleibt aber beinahe paralysiert liegen, als ihr Vater beginnt, sie zu streicheln. Frau Hoffmann findet diesen Traum so beunruhigend, daß sie ihn am nächsten Tag Dr. Victor erzählt. Der Traum deute, so seine Antwort, auf ihre ungelösten inzestuösen und ödipalen Wünsche ihrem Vater gegenüber hin. Dr. Victor stellt zwischen diesen Bedürfnissen und ihrer Frigidität im Hinblick auf den eigenen Ehemann, die ein Grund des Behandlungswunsches ist, eine Verbindung her.

Diese Interpretation macht Frau Hoffmann Schwierigkeiten. Ihr Vater sei ein Mann, vor dem sie nicht einmal sehr viel Achtung habe. Er neige dazu, Rechtschaffenheit und gesellschaftlichen Anstand zu predigen, habe aber bereits mehrere Affären gehabt, von denen sie selbst wisse.

Sehen wir uns genau an, was hier geschieht. In ihrem Traum kommt in verschlüsselter Form ihre unbewußte Wahrnehmung von Dr. Victor angesichts der vorherigen Begegnung zum Vorschein. Das tiefe Unbewußte registriert diese Vermischung gesellschaftlicher und beruflicher Grenzen als verboten und inzestuös. Dennoch werden diese Wahrnehmungen nicht anhand willkürlicher Bilder zum Ausdruck gebracht, sondern werden durch solche Bilder vermittelt, die offensichtlich auf die psychologischen Probleme der Frau Hoffmann Bezug nehmen. Sie leidet in der Tat unter ungelösten Problemen in der Beziehung zu ihrem Vater, die wiederum im Zusammenhang mit ihrer Frigidität stehen.

Mit anderen Worten: Dr. Victor liegt mit seiner Traumdeutung nicht falsch. Er übersieht lediglich, daß auch er zu diesem Traum beigetragen hat. Das Bild des Inzests wird dadurch bekräftigt, daß er verbotenerweise eine Frau aus seinem Bekanntenkreis als Patientin aufgenommen hat. Als er die inzestuösen Wünsche seiner Patientin ausdrücklich betont, reagiert sie mit einer verschlüsselten Mitteilung, die ihn unbewußt als Heuchler darstellt. Im Grunde genommen registriert Frau Hoffmann, daß er genauso ist wie ihr Vater: ein Mann, der Rechtschaffenheit predigt, aber selbst die richtigen, anständigen Grenzen in einer Beziehung überschreitet.

Warum aber muß dies zum Problem werden?: Dr. Victor schenkt der unbewußten Mitteilung Frau Hoffmanns keine Beachtung. Deshalb kann ihr unbewußtes Erinnerungssystem die Rahmenverletzung nutzen, um mit dem Bewußtsein «zusammenzuarbeiten». Anders ausgedrückt: Das emotionale Symptom, das Frau Hoffmann zu lösen versucht, ist ihre Frigidität innerhalb der Ehe. Ihr bewußter Versuch, mit dem Problem zurechtzukommen, führt dazu, daß sie den Therapeuten auf eine Art auswählt, die unbewußt eine Wiederholung der unsicheren sexuellen Grenzen darstellt, die sie bereits als Kind innerhalb der Familie erlebt hatte.

Dies mag wie eine sehr komplizierte Vorgehensweise klingen – so, als würde die Psyche eigentlich auf ihren eigenen Nachteil hinarbeiten. Aber auch hier begegnen wir der Zusammenarbeit des unbewußten Erinnerungssystems und des Bewußtseins. Die scheinbar zweckdienliche, wenn auch impulsive Entscheidung, einen Therapeuten aufgrund einer zufälligen Begegnung zu wählen, hat die Funktion, schmerzliche Selbsterkenntnis zu vermeiden. Es handelt sich um das bereits bekannte Abkommen: das emotionale Symptom – die Frigidität – läßt nach, vorausgesetzt, daß inzestuöse Phantasien teilweise befriedigt, aber nicht bewußt werden. Dies führt zu der Wahl eines Therapeuten, der sich aufgrund seiner Überschreitung von beruflichen Grenzen als geeignet erweist, die Befriedigung und Sanktion unbewußter Wünsche teilweise zu gewährleisten.

Beachten Sie, daß das unbewußte Weisheitssystem ein solches Abkommen sehr genau registriert. Lediglich das Bewußtsein weiß nichts davon. Auf diese Weise werden Probleme aufrechterhalten, wenn nicht sogar verschlimmert, die durch einen Prozeß der Selbstentdeckung und der Selbstkenntnis zu lösen wären. Das unbewußte Weisheitssystem registriert sehr genau den Konflikt zwischen dem, was Dr. Victor sagt, und dem, was er tut. Wie kann ein Therapeut einem Patienten helfen, mit unangemessenen und verbotenen Wünschen zurechtzukommen, wenn schon seine Bereitschaft, die Patientin anzunehmen, zu der Befriedigung solcher Wünsche beiträgt? Das Unbewußte teilt Frau Hoffmann in verschlüsselter Form mit, daß es Dr. Victor als Heuchler wahrnimmt bzw. als Menschen, der das eine sagt, aber etwas anderes tut.

Bei einem zuvor unbekannten Therapeuten wäre ein solcher Widerspruch zwischen der psychologischen Interpretation und den vorhandenen Behandlungsbedingungen nicht zustande gekommen. Hält sich ein Therapeut selbst an sexuelle bzw. soziale Grenzen, ist er eher in der Lage, dem Patienten, dessen eigene Schwierigkeiten bei der Einhaltung von alltäglichen Grundregeln klarzumachen.

Betrachten wir ein weiteres Beispiel. Sie erinnern sich an Herbert, der sich für den Therapeuten seiner Freundin entschied. Auch diese Art der Zuweisung wird als *«gefährlich/nehmen Sie sich in acht»* beurteilt. Dr. Rumford ist in der Tat ein gutes Beispiel für einen Therapeuten, der eine derartige Empfehlung akzeptiert und dann eine Reihe von anderen Grundregeln ebenfalls verletzt. In seinem Fall den Ausschluß Dritter, die Garantie der Diskretion, der Neutralität und Anonymität.

Sehen wir uns nun an, was Herbert in der Nacht nach seiner Entscheidung träumt: Ein Mann begleitet ihn in ein Zimmer, in dem seine verstorbene ältere Schwester im Bett liegt. Herbert legt sich neben sie, läuft dann aber empört aus dem Zimmer.

Übertragen wir das Thema des Traums auf Herberts Entscheidung, zeigt sich, daß die Empfehlung Violas für Herbert auf unbewußter Ebene völlig annehmbar ist, aber in seinem tiefen Unbewußten einer Aufforderung zum Inzest gleicht. Ich habe dieses Beispiel hier eingefügt, um auf die verblüffende Ähnlichkeit zwischen diesem Traum und dem Frau Hoffmanns hinzuweisen. Auch die emotionalen Symptome beider Patienten – Impotenz und Frigidität – gleichen sich sehr. Sowohl bei Herbert als auch bei Frau Hoffmann ist die Wahl des Therapeuten durch die gleiche Rahmenverletzung geprägt. Ein solcher Verstoß gegen die Grundregeln eignet sich im besonderen Maß, um der Bewußtwerdung ungelöster Fragen in bezug auf sexuelle Grenzen in der Kindheit entgegenzuwirken.

In Herberts Traum wird die unbewußte Wahrnehmung seiner Beziehung zu Viola als Mitpatientin betont. Seine Entscheidung, sich an ihren Therapeuten zu wenden, führt dazu, daß der inzestuöse Bruder/Schwester-Aspekt in ihrer Beziehung unbewußt verstärkt wird. Dr. Rumford zeigt sich seinerseits bereit, die Rolle des wohlwollenden, wenn auch voyeuristischen Vaters zu spielen – er lädt Viola zu Herberts erster Konsultation ein und bietet beiden sein Wochenendhaus an. Die Tatsache, daß Dr. Rumford Herbert als Patienten annimmt, verstärkt genau die Probleme, die gelöst werden sollen.

Auch hier sehen wir, daß das unbewußte Weisheitssystem alles registriert. Lange bevor Herbert mir von seinem Haifisch-Traum erzählte, versucht dieser erste Traum, ihm von einer Therapie bei Dr. Rumford abzuraten. Bereits die Deutung dieses Traums und die Erkenntnis der darin enthaltenen Warnung könnten Herbert von der ersten Terminvereinbarung abhalten.

Die Notwendigkeit, eine therapeutische Beziehung von anderen gesellschaftlichen Bindungen abzusondern, wurde mir durch folgenden Fall besonders deutlich. Frau Artur befindet sich in einer Behandlung bei einem Therapeuten, den sie durch kirchliche Aktivitäten kennt. Während der ersten Sitzung erzählt sie von einem schmerzlichen Konflikt mit ihrem Arbeitgeber, der ihr offen zu verstehen gab, daß er ein Verhältnis mit ihr eingehen wolle. Da sie mit ihrer Ehe unzufrieden ist, empfindet sie die Vorstellung einer solchen Affäre als verlockend. Schließlich entscheidet sie sich doch dagegen. Es gehe um das Prinzip, erklärt sie. Der Mann könne entweder ihr Arbeitgeber bleiben oder ihr Liebhaber werden, aber beides sei völlig ausgeschlossen. Beides zu versuchen hieße lediglich, in beider Hinsicht zu scheitern; und solchen Kummer brauche sie nicht.

Auch hier handelt es sich um eine szenisch verschobene Erzählung. Es ist die Stimme des unbewußten Weisheitssystems, die ihre bewußte Präferenz für einen bereits bekannten Therapeuten, widerlegt. Die Tatsache, daß Frau Artur überhaupt den Wunsch nach einem Verhältnis hegt, löst bei ihr Schuldgefühle aus. Deshalb wählt sie einen Therapeuten, dessen Verhalten eine solche Affäre sanktioniert. Die Fortsetzung der Behandlung hätte vielleicht zur erwünschten Erleichterung geführt, aber ohne wirklich konstruktive Vorteile oder den erforderlichen Einblick in ihre Probleme.

Als Fazit gilt, daß die Art und Weise, wie Sie an Ihren Therapeuten geraten, oft auf seine Kompetenz in anderen therapeutischen Bereichen schließen läßt. Der Auswahlprozeß unterliegt einer gewaltigen unbewußten Kraft, die mit Ihrer ebenfalls unbewußten Absicht insgesamt eng verbunden ist: mit anderen Worten, Sie beabsichtigen von vornherein, entweder einen Therapeuten zu finden, der einen möglichst sicheren Rahmen gewährleisten kann, oder einen Therapeuten, der das erwähnte destruktive Abkommen zwischen dem unbewußten Erinnerungssystem und dem Bewußtsein unterstützen wird. Der Entscheidungsprozeß ist bereits von starken unbewußten Kräften geprägt, so daß sich in der Regel die Beurteilung dieses ersten Schrittes mit den Beurteilungen weiterer therapeutischer Faktoren als konform erweisen wird. Mit anderen Worten: Wenn ein Therapeut Sie unter ungünstigen Bedingungen als Patient annimmt, wird er aller Voraussicht nach auf mehreren Gebieten seiner Arbeit eine negative Beurteilung gemäß unserer Skala erhalten.

Einen Psychotherapeuten vor der ersten Begegnung zu beurteilen, bringt gewaltige Vorteile mit sich. Das tiefe Unbewußte ist für jede Nuance der Kontaktaufnahme mit einem Therapeuten sehr empfänglich, auch dann, wenn auf bewußter Ebene eine lässige oder unbekümmerte Einstellung an den Tag gelegt wird. Sie können sich folgende Fragen stellen: Wer ist der Therapeut? Von wem wurde er empfohlen? Standen Sie schon mal in irgendeiner Form in Beziehung mit ihm? Falls Sie telefonisch Kontakt mit ihm aufgenommen haben, wie verlief das Gespräch? Eine solche Beurteilung kann Sie davor schützen, eine therapeutische Beziehung einzugehen, die von Anfang an problematische unbewußte Reaktionen auszulösen vermag. Viele unbewußte Einflüsse sind schwer zu erkennen und vor allem in bezug auf ihre Auswirkungen auf die Gefühle und das Verhalten des Patienten auch schwer einzuschätzen. Deshalb ist eine Beurteilung vor der Therapie so empfehlenswert. Am Ende dieses Kapitels finden Sie eine Liste, die Ihnen helfen soll, sowohl Ihre derzeitige Behandlung besser einzuschätzen als auch einen neuen Therapeuten nach zuverlässigen Gesichtspunkten auszuwählen. Wenn Sie also einen bestimmten Therapeuten in Erwägung ziehen, sollten Sie sich folgende Fragen stellen.

1. Wie habe ich von diesem Psychotherapeuten/dieser Psychotherapeutin erfahren?
2. Habe ich die Empfehlung von einer dritten Person bekommen? Wenn ja, in welcher Beziehung zum Therapeuten steht diese Person?
3. Habe ich selbst schon einmal Kontakt zu diesem Therapeuten gehabt?
4. Welche anderen Informationen über ihn, sein Privatleben, seine Methode usw. hatte ich, bevor ich mich entschloß, eine Behandlung einzugehen?
5. Kenne ich jemanden, der beruflich oder privat mit dem Therapeuten in Verbindung steht? Zum Beispiel, kenne ich weitere Patienten? Sind Freunde von mir mit dem Therapeuten bekannt? Kenne ich jemanden, der mit dem Therapeuten in irgendeiner Weise verwandt ist?
6. Kenne ich nahe Freunde, Kollegen oder den Ehepartner des Psychotherapeuten?

An dieser Stelle sollte deutlich geworden sein, daß wir einen Therapeuten suchen, der der Forderung des Unbewußten nach einem sicheren therapeutischen Rahmen möglichst weit entspricht. Der Rahmen gewährleistet Anonymität, Diskretion, die Neutralität des Therapeuten und den Ausschluß Dritter aus der therapeutischen Beziehung. Am besten ist deshalb eine Empfehlung, die auf fachlicher Kompetenz beruht – zum Beispiel, durch einen Arzt, einen anderen Therapeuten, eine anerkannte Organisation usw. Vor Beginn der Therapie stellt die Anonymität des Therapeuten einen wesentlichen Faktor dar. Das heißt, daß der potentielle Patient weder in privater noch beruflicher Hinsicht über den Therapeuten informiert werden sollte.

Es kann gut sein, daß dieses Beurteilungssystem bei Ihnen Zweifel aufkommen läßt. Möglicherweise empfinden Sie dabei eine zu starre psychoanalytische Orientierung, oder Sie sind der Ansicht, daß die Betonung fachlicher Qualifikationen in erster Linie auf eine doktrinäre therapeutische Haltung deutet. Sie mögen auch argumentieren, daß Kollegen allgemein nach dem «old boy»-Verfahren vorgehen und im Grunde genommen sich ihre Therapeuten gegenseitig zuweisen.

In mancher Hinsicht sind solche Zweifel sicherlich berechtigt. Es gibt in der Tat eine Vielzahl medizinisch ausgebildeter Leute, die von den optimalen Qualifikationen eines Psychotherapeuten wenig oder nichts wissen. Eine Überweisung erfolgt häufig aufgrund unbestimmter Rückmeldungen, die den jeweiligen Therapeuten allgemein als zufriedenstellend oder erfolgreich ausweisen. Es gibt auch Fachleute, die nur von einer ganz bestimmten therapeutischen Methode überzeugt sind; oft erfolgt eine Empfehlung auch aufgrund der guten privaten oder beruflichen Beziehung zu dem jeweiligen Therapeuten; dies gilt besonders unter Kollegen, die gemeinsam die medizinische Ausbildung gemacht haben. Es gibt auch Vereinbarungen unter Kollegen, sich Patienten gegenseitig zuzuweisen. Aus all diesen Gründen ist es wichtig, ausdrücklich darauf zu bestehen, dem besten verfügbaren Therapeuten in Ihrer Gegend zugewiesen zu werden. Eine Überweisung durch einen vertrauten und von Ihnen geachteten Arzt erhöht in der Regel die Wahrscheinlichkeit, einen kompetenten Therapeuten zu finden. Es versteht sich von selbst, daß auch eine fachlich fundierte Überweisung Ihnen nicht den «vollkommenen» Therapeuten garantieren kann; sie schafft jedoch einige wichtige Voraussetzungen für die Herstellung eines sicheren therapeutischen Rahmens: beispielsweise absolute Anonymität, Diskretion und ein fundiertes Vertrauen Ihrerseits in das Engagement des Therapeuten.

Auch nach einer fachgemäßen Zuweisung ist nicht auszuschließen, daß Sie später an den Fähigkeiten des Therapeuten zweifeln. In einem solchen Fall können Ihnen weitere Beurteilungskriterien helfen, mögliche Unzulänglichkeiten besser einzuschätzen. Es gibt einfach keine *Gewähr* für das Können eines Therapeuten. Auch eine fachgemäße Überweisung ist keine Garantie für ideale Behandlungsbedingungen. Sie ist lediglich sicherer als andere Möglichkeiten.

Positive (*«zulässige»*) Beurteilungen gebühren den Empfehlungen, die Sie durch folgende Personen bzw. Institutionen erhalten:

a) Ärzte, andere Therapeuten, Krankenschwestern.
b) Professionelle Hilfsorganisationen psychiatrischer, psychologischer, sozialer, psychoanalytischer Art.

c) Renommierte Selbsthilfegruppen, wie Anonyme Alkoholiker, Weight Watchers usw.
d) Folgende Berufsgruppen, die nicht dem medizinischen Bereich angehören: Anwälte, Geistliche, Bildungs- oder Berufsberater, usw.
e) Freunde oder Verwandte, die den Therapeuten rein beruflich kennen und noch nie zu ihm in einer therapeutischen Beziehung standen.

Etwas niedriger (*«fragwürdig»*) fällt die Beurteilung in folgenden Fällen aus:

a) Die fachlich fundierte Zuweisung wird durch Dritte forciert und entspricht nicht ganz dem freien Entschluß des Patienten. Sie geht auf die Initiative eines Richters oder Gerichtsbeamten, des Arbeitgebers oder einer Person zurück, die Therapie als Voraussetzung für weitere Beschäftigung, Matrikulation oder Bewährung fordert.
b) Sie wählen einen Therapeuten, von dessen Privatleben Sie etwas wissen, auch wenn Sie selbst in keiner persönlichen Beziehung zu ihm stehen.
c) Sie wählen willkürlich, z. B. Sie entnehmen den Namen eines Therapeuten dem Telefonbuch.

Die Wertung *«unzulässig/überdenken Sie Ihre Wahl»* oder *«gefährlich/nehmen Sie sich in acht»* erhalten folgende Empfehlungen:

a) Sie erfahren den Namen des Therapeuten aus einer öffentlichen Quelle, z. B. aus vom Therapeuten verfaßten Schriften, aus Zeitungsartikeln oder anderen geschriebenen Quellen, Auftritten im Fernsehen oder im Radio.
b) Der Therapeut wird Ihnen von Freunden oder Verwandten empfohlen, die gesellschaftlichen oder persönlichen Kontakt zu dem Therapeuten haben.
c) Die Empfehlung stammt von einem früheren oder derzeitigen Patienten des Therapeuten.
d) Ihre Kontaktaufnahme beruht auf Ihrem eigenen persönlichen oder gesellschaftlichen Kontakt zum Therapeuten.

Man kann prinzipiell sagen, daß in einer Therapie, die aus beruflichen Gründen empfohlen bzw. aufgezwungen wird, von vornherein ungünstige oder schmerzliche Bedingungen geschaffen wurden. Dies gilt in besonderem Maße, wenn von dem Therapeuten eine Rückmeldung gefordert wird. Eine einsichtsorientierte Therapie beruht auf der schrittweisen Enthüllung tief unbewußter Geheimnisse; ein Prozeß, der in Gegenwart externer Zeugen nicht stattfinden kann.

Da die Anonymität des Therapeuten eine wichtige Grundbedingung darstellt, kann Wissen über sein Privatleben ebenfalls die Therapie sabotieren. In kleinen Gemeinden mag sich ein Kompromiß jedoch nicht vermeiden lassen. Weiß der Patient zuviel über seinen Arzt, wird die Therapie allerdings sehr belastet. Ansonsten kann der Patient sein Wissen offen darlegen und es mit dem Therapeuten durchsprechen und interpretieren, um so die unbewußten Auswirkungen solcher Kenntnisse aufs Minimum zu reduzieren. Sollte aber der Therapeut selbst über sein Privatleben oder über seine persönliche Meinung sprechen, fällt die Situation in die Kategorie *«gefährlich/nehmen Sie sich in acht»* (siehe Kapitel 10).

Eine willkürliche Wahl – Sie finden den Namen im Telefonbuch, in einer Veröffentlichung, in einer Werbung, oder Sie entscheiden sich für einen Therapeuten, weil Sie jeden Tag an seiner Praxis vorbeigehen – ist reine Glückssache. Aufgrund gewisser Umstände haben Sie vielleicht keine anderen Möglichkeiten. In der Regel kommt eine solche Wahl allerdings eher durch Nachlässigkeit oder Unbedachtheit zustande. Sie zeugt von einer Bereitschaft, die eigene geistige Gesundheit einer völlig unberechenbaren Instanz anzuvertrauen. Allzuoft wird ein Therapeut, den man auf diese Weise findet, auch in bezug auf andere Bewertungskriterien schlecht abschneiden. Hinter einer solchen Wahl steckt häufig der unbewußte Wunsch, sich selbst zu verletzen. Ist das Glück auf Ihrer Seite, besteht natürlich die Möglichkeit, daß Sie unwissentlich einen soliden und hilfreichen Therapeuten gewählt haben. Bei einem Therapeuten, der ohne Bedenken seine Dienste durch Werbung bekannt gibt, ist ein solcher Glücksfall allerdings sehr unwahrscheinlich.

Wenn Sie anhand öffentlicher Quellen von einem Therapeuten erfahren, auch wenn keine persönlichen Informationen bekanntgegeben werden, ist die Anonymität des Therapeuten von vornherein beeinträchtigt. Für das tiefe Unbewußte kommt jede Darstellung des Therapeuten außerhalb des Konsultationszimmers einer Entblößung seiner Person gleich. Wenn Sie sich von einem solchen Therapeuten angezogen fühlen, ist stark zu vermuten, daß mit Entblößung zusammenhängende Faktoren eine unbewußte Rolle spielen. Ist die Anonymität eines Therapeuten nicht gewährleistet, lassen sich die Auswirkungen nicht einfach durch Analyse aus der Welt schaffen; aller Wahrscheinlichkeit nach wird ein gewisser Teil Ihrer emotionalen Probleme mit Hilfe der darauffolgenden Therapie nicht zu lösen sein. Sind Sie der starken Überzeugung, daß sich ein bestimmter Therapeut aufgrund seines Fachwissens für Ihre spezifischen Probleme besonders eignet, besteht der beste Kompromiß darin, zu diesem Therapeuten eine Überweisung zu erhalten. Dennoch kann das unbewußte Erinnerungssystem unsere Gedanken sehr geschickt beeinflussen und uns zu törichten Entscheidungen verleiten. Vorsicht ist bei jeder Empfehlung geraten, die vom idealen Weg abweicht – unabhängig davon, wie verlockend oder scheinbar rational Ihre Motive sein mögen. Nach fachlich fundierten Empfehlungen stehen die von Freunden oder Verwandten an zweiter Stelle. Vorausgesetzt, daß zwischen ihnen und dem Therapeuten weder persönlich noch beruflich ein kontinuierlicher Kontakt besteht, wobei beruflich schwerer wiegt als persönlich.

Am negativsten bewerten wir Empfehlungen von anderen Patienten oder auch die Entscheidung für einen Therapeuten, den Sie persönlich oder zumindest dem Namen nach aus Ihrem Bekanntenkreis kennen. Im Laufe der Jahre, in denen ich mich mit unbewußten Reaktionen beschäftigt habe, hat sich gezeigt, daß eine solche Wahl äußerst negative bzw. gemeine oder selbstsüchtige Bilder beim Patienten erzeugt – es erscheinen immer wieder Themen wie Verrat, Unbeständigkeit, Entblößung und vieles mehr. In Herberts Traum über den Hai sind wir solchen Bildern bereits begegnet.

Andere Gründe sprechen ebenfalls gegen die Empfehlung durch einen anderen Patienten. Häufig sind solche Patienten durch starke Todes- und Verlustängste geprägt. Dies trifft beispielsweise auch auf Herbert zu. Sie werden sich daran erinnern, daß er von einer Schwester träumt, die in Wirklichkeit starb, als er zehn Jahre alt war. (Auch Viola verlor als Kind ihre Mutter.) Im tiefen Unbewußten schützt eine Dreiergruppe gegen die Erfahrung des Verlassenseins – wenn einer stirbt, können die anderen den Verlust verleugnen, weil sie immer noch zu zweit sind. Da eine Empfehlung durch einen anderen Patienten unbewußt eine Dreierbeziehung konstituiert – der dritte gehört zwangsläufig zur Therapie –, werden Todesängste beschwichtigt; allerdings in einer Weise, die weder eine Anpassung noch das Erlangen von Einsicht bewirkt. Auch die unbewußten Ängste des Patienten, mit dem Therapeuten allein zu sein, werden auf diese Weise reduziert. Dies gilt umgekehrt ebenfalls für derartige Ängste seitens des Therapeuten. Eine solche Situation wird vom Patienten oft unbewußt als verbotene Dreierbeziehung erlebt, die die Wiederholung einer früheren, von Ängsten geprägten Dreierkonstellation darstellt. Auch hier wird, zugunsten des Versuchs, Erleichterung zu erlangen, auf Einsicht verzichtet. Dieser Versuch basiert allerdings auf einer Inszenierung, die weiterhin auch außerhalb der Therapie durchgespielt werden muß – ein hoher Preis für einen kurzen Augenblick der Ruhe.

Der Therapeut Dr. Arnold wurde Beverly von einer engen Freundin empfohlen, die sich gerade bei ihm in Behandlung befand. Am Abend vor Beverlys erster Konsultation erzählt ihr die Freundin von einem Traum über sexuelle Ausbeutung, den Beverly am nächsten Tag an Dr. Arnold weitergibt. Der Arzt ist verwirrt und empfindet es als schwierig, auseinanderzuhalten, mit welcher Patientin er gerade spricht.

Im Bewußtsein erzeugt eine derartige Abweichung von den Grundregeln der Behandlung Verwirrung, weil die Grenzen nicht klar zu erkennen sind. Überdies erscheint eine Empfehlung dieser Art im tiefen Unbewußten immer als eine Form der sexuellen Ausbeutung. Der Traum der Patientin entspricht ihrer unbewußten Wahrnehmung des Therapeuten angesichts der Tatsache, daß er ihre Freundin als Therapeutin akzeptiert.

Folgender Fall ist ein weiteres Beispiel für solche Traumbilder. Philip empfahl Ron, dem Bruder seiner derzeitigen Freundin, sich an Dr. Spinelli, seinen eigenen Therapeuten, zu wenden. Ron hat seine Termine regelmäßig jeden Dienstag abend. Philips Konsultationen finden Mittwoch vormittags statt. Während der ersten Woche, in der Dr. Spinelli beide Männer betreut, hat Philip folgenden Traum: Er befindet sich in einem Hotelzimmer. Eine Putzfrau um die Vierzig erscheint an der offenen Tür und fragt ihn, ob sie das Zimmer saubermachen soll: Philip antwortet impulsiv, daß dies nicht nötig sei, aber wenn sie auch sexuelle Dienste anbiete, könne sie später zurückkommen. Zu seiner Überraschung stimmt die Frau zu und sagt, sie komme in einer Stunde wieder. Bald darauf kommt eine andere Frau gleichen Alters zur Tür herein und stellt ihm dieselbe Frage. Auch ihr schlägt er ein Rendezvous vor. Die zweite Frau ist ebenfalls einverstanden – sie sagt, sie habe sogar jetzt frei und fragt, ob er in zehn Minuten bei ihr zu Hause sein könne. Sobald sie fort ist, fragt sich Philip: «Was mache ich bloß? Ich habe es geschafft, zwei Rendezvous gleichzeitig zu vereinbaren, und wenn noch jemand zur Tür hereinkäme, würde ich wahrscheinlich das gleiche noch einmal tun. Was ist eigentlich mit mir los?»

Dieser Traum läßt sich in mehreren Stufen deuten. An dieser Stelle wollen wir jedoch zunächst die Traumbilder als Reaktion auf eine vom idealen Vorgang abweichende Empfehlung betrachten. Demnach handelt es sich sehr deutlich um die Vermischung beruflicher und persönlicher Ebenen, um mangelndes Unterscheidungsvermögen und eine indiskrete Terminvereinbarung. Wir können diese Bilder ohne weiteres so deuten, daß sie auf die ungeschickte Terminvereinbarung des Therapeuten Bezug nehmen – Ron wird für Dienstag abend eingeteilt und Philip gleich für den darauffolgenden Morgen. Der Traum deutet darauf hin, daß die Aufnahme des neuen Patienten bei Philip unbewußte Zweifel hervorruft hinsichtlich der Einstellung des Therapeuten ihm gegenüber, das heißt hinsichtlich des ihm entgegengebrachten Engagements. Mit anderen Worten wird das Verhalten des Arztes unbewußt gleichermaßen als sexuelle Ausbeutung registriert.

In dem Traum ist es Philip selbst, der die Termine vereinbart und die Grenzen einer beruflichen Dienstleistung überschreitet. Es ist Philip, der sich einer sexuellen Ausbeutung schuldig macht. Zum einen zeugt der Traum von Philips unbewußten Schuldgefühlen angesichts der Tatsache, daß er durch seine Empfehlung dazu beiträgt, den sicheren therapeutischen Rahmen zu verletzen. Zum anderen wird deutlich, daß sich Philip mit Dr. Spinellis Verhalten identifiziert. Philip lernte seine derzeitige Freundin zu einer Zeit kennen, in der er sich mit einer möglichen Trennung von seiner Frau auseinanderzusetzen versuchte. (Der Traum nimmt auch darauf Bezug, indem Philip sich mit der einen Frau in einem Zimmer und mit der anderen bei ihr zu Hause verabredet.) Sowohl Philips Frau als auch seine Freundin waren um die Vierzig und wußten voneinander. Philip begann seine Therapie, um mit seinen Schuldgefühlen und seiner mangelnden Entscheidungskraft besser zurechtzukommen.

Auch hier begegnen wir einer Situation, in der eine Verletzung des therapeutischen Rahmens der Zusammenarbeit des Bewußtseins und des unbewußten Erinnerungssystems entgegenkommt. Unbewußt hat Philip dafür gesorgt, daß Ron in die therapeutische Beziehung aufgenommen wird, um die Situation, die er bewußt zu lösen versucht, erneut herzustellen und durchzuspielen. Anstatt mit der unbewußten Ursache seiner emotionalen Probleme zurechtzukommen, kann er nun aufgrund des sanktionierenden Verhaltens seines Therapeuten seine eigenen Verhaltensweisen unbewußt rechtfertigen.

Wie gesagt, gibt eine positiv zu beurteilende Empfehlung oder Überweisung keine Gewähr für eine solide therapeutische Behandlung. Sie bildet lediglich die Grundlage für die mögliche Entwicklung eines positiven Behandlungsverlaufs. Andererseits wird durch eine negativ zu bewertende Zuweisung die darauffolgende Therapie von vornherein belastet, so daß der Patient mit kaum mehr als einer einsichtslosen Heilung rechnen kann.

Trotz der obenangeführten Beispiele fragen Sie sich vielleicht immer noch, ob ein Bericht aus erster Hand von einem Freund oder Verwandten, der eine Behandlung bei dem jeweiligen Therapeuten erlebt hat und seine Methode näher beschreiben kann, nicht von Vorteil sei. Wäre es nicht sinnvoll, einen Therapeuten aufzusuchen, der sowohl menschlich als auch fachlich eine hohe Wertschätzung genießt? All diese Fragen sind durchaus sinnvoll. Sie sind logisch, praktisch und direkt – so, wie es sich für die Argumentation des Bewußtseins gehört. Aber wir beschäftigen uns hier mit den Beurteilungskriterien des tiefen Unbewußten, das ganz deutlich einen sicheren therapeutischen Behandlungsrahmen beansprucht.

Ein sicherer Rahmen gewährleistet unter anderem, daß der Therapeut auf die Äußerungen oder Gefühle des Patienten nicht persönlich reagiert. Ein Patient, der Einblick in seine sexuellen Phantasien gewährt, muß dem Therapeuten so weit vertrauen können, daß dieser die Intimität nicht ausnutzt – sei es durch Annäherungsversuche oder durch Zurückweisung. Wenn die Grenzen der therapeutischen Beziehung nicht klar erkennbar sind, mag sich der Patient sogar auf bewußter Ebene gefährdet fühlen. Die Grundregeln verbieten eine persönliche Reaktion. Sie verpflichten den Therapeuten vielmehr dazu, die Äußerungen und Gefühle des Patienten als psychologisches Material entgegenzunehmen und entsprechend zu analysieren.

Mit anderen Worten bestimmen die Grundregeln den Unterschied zwischen einer persönlichen und einer beruflichen Beziehung zu Ihrem Therapeuten. Dieser Unterschied ist von wesentlicher Bedeutung, um den Therapeuten tatsächlich als *Therapeuten* zu definieren bzw. als Ansprechperson, von der der Patient eine eindeutig therapeutische und keine persönliche Reaktion erwarten kann.

Die Grundregeln dienen auch dazu, einen geeigneten Kontext für die Äußerungen und Gefühle des Patienten zu schaffen. Nicht nur die Worte, die wir verwenden, sondern auch das Umfeld und unsere Beziehung zu dem Gesprächspartner tragen zur Kommunikation bei. Bedeutung ist nie von Worten abhängig, sondern auch von der spezifischen Situation, in der sie geäußert werden.

Die bewußte Einschätzung eines Therapeuten beruht in erster Linie auf der von ihm vertretenen Richtung und auf dem, was er zu sagen hat. Gleichzeitig aber werden diese Faktoren sowie der Kontext auf eine dem Unbewußten eigene Weise beurteilt. Das tiefe Unbewußte ist insbesondere für die Wechselbeziehung zwischen dem, was der Therapeut sagt, und seinem Verhalten sensibilisiert. Hält sich ein Therapeut nicht an einen beständigen therapeutischen Rahmen, wird er seinen Patienten nicht helfen können, wenn es um andere rahmenbedingte Probleme im Alltagsleben geht. Auch wenn das Unbewußte den Widerspruch zwischen dem Verhalten und den Äußerungen des Therapeuten registriert, ist letzteres immer das Entscheidende. Aller Wahrscheinlichkeit nach wird sich der Patient unbewußt dem Verhalten des Therapeuten anpassen, unabhängig davon, ob dies zu guten oder schlechten Ergebnissen führt.

Ich habe bereits darauf hingewiesen, daß der Widerspruch zwischen dem, was ein Therapeut sagt, und dem, was er tut, durch das tiefe Unbewußte selektiv registriert wird – dadurch, daß eine Verbindung hergestellt wird zu solchen Erinnerungen, Phantasien und Problemen, die auf ähnliche «Widersprüche» im Leben des Patienten basieren. Deshalb bewirkt eine Verletzung des Behandlungsrahmens immer emotionale Schwierigkeiten beim Patienten, welche sich in der Art seiner Traumbilder und Erzählungen widerspiegeln. Das Leben ist im Grunde genommen eine ständige Interaktion zwischen dem Individuum samt seiner psychischen Ausstattung und dem äußeren Kontext, in dem er agiert. Eine therapeutische Beziehung läßt sich als Mikrokosmos eines solchen psychischen Kampffeldes bezeichnen.

Dieser Diskussion liegt natürlich die Frage nach der Kompetenz des von Ihnen gewählten Psychotherapeuten zugrunde. Angesichts der sehr unterschiedlichen Wege, die zum Beruf des Therapeuten führen können, und der scheinbar endlosen Debatten über die beste Heilungsmethode stellt dies ein komplexes Problem dar – ein Problem, das ich in diesem Buch immer wieder aufgreifen werde. An dieser Stelle kann ich eine einfache, wenn auch etwas beunruhigende Antwort geben: Es gibt nur eine Möglichkeit, die Kompetenz Ihres Psychotherapeuten mit Sicherheit einzuschätzen: die Analyse der unmittelbaren Erfahrung mit seiner Behandlungsmethode unter Zuhilfenahme der in diesem Buch besprochenen Beurteilungskriterien. Zuerst können Sie sich lediglich an eine Person wenden, von der anzunehmen ist, daß sie einen Therapeuten mit einer soliden praktischen Grundlage empfehlen kann. Sie können davon ausgehen, daß ein Arzt oder eine der genannten Fachorganisationen Ihnen einen ausgebildeten Therapeuten empfiehlt, der wahrscheinlich über spezialisiertes Fachwissen verfügt und sich seiner Verantwortung als Therapeut auf jeden Fall bewußt ist. Sollten Sie sich über die Qualifikationen des Therapeuten informieren wollen, ist es wichtig, daß Sie Ihre Fragen auf ein Minimum reduzieren. Solche Auskünfte sind, wenn überhaupt, nur in geringem Maße nützlich und können allzuleicht zur Aufhebung der Anonymität, eines Teils des therapeutischen Rahmens führen. Deshalb ist es wenig hilfreich, sich zu sehr um die Referenzen Ihres zukünftigen Therapeuten zu kümmern. So können Sie sich lediglich im Hinblick auf einen «richtigen» Fachabschluß vergewissern, aber darüber hinaus laufen Sie Gefahr, die vom tiefen Unbewußten geforderte Anonymität zu untergraben. Auch andere Informationen wie Geburtsort, Geburtsdatum, die vom Therapeuten veröffentlichten Bücher oder Schriften usw. helfen Ihnen im Grunde genommen nicht weiter. Nichts kann die unmittelbare Erfahrung mit der praktizierten Methode des jeweiligen Therapeuten ersetzen.

Auch hier sind wir wieder bei dem Unterschied zwischen der einfachen, aber trügerischen Logik des Bewußtseins und der Weisheit des tiefen Unbewußten. Bewußt fühlen Sie sich dazu berechtigt, mehr zu wissen, erkennen aber nicht, daß solches Wissen Ihre Therapie im Endeffekt lediglich vorbelastet. Sich an unbewußte Neigungen zu halten, kann manchmal verwirrend und schwierig sein, aber auf lange Sicht gesehen lohnt es sich.

Wenden wir uns einem weiteren Beispiel für eine negativ beurteilte Empfehlung zu. Herr Hardin erhält über seine Firma die Möglichkeit, sich einer kostenlosen therapeutischen Behandlung zu unterziehen. Er hat Anspruch auf sechs Stunden bei einem von der Firma gestellten Therapeuten, der einen kurzen Bericht über die Therapie abliefern soll. Zwischen der Firma und Dr. Gordon, einer Psychologin, besteht schon länger eine Zusammenarbeit.

Herr Hardin vereinbart die erste Stunde mit Dr. Gordon. Am Tag seiner Konsultation sagt er wegen Krankheit ab. Das gleiche geschieht beim nächsten Termin; beim dritten Mal erscheint er schließlich.

Zu Beginn der ersten Sitzung sagt Herr Hardin, ein Teil seines Problems sei seine Unfähigkeit, anderen Menschen zu vertrauen. Manchmal sei er fest davon überzeugt, daß seine Kollegen heimlich über ihn reden. Dies mache ihn sehr unsicher und ängstlich. Für etwas Geld seien seine Kollegen zu fast allem bereit – sogar zu Lüge und Betrug. Er weist darauf hin, daß sein Abteilungsleiter vor kurzer Zeit seinen eigenen Neffen angestellt habe, ohne die Firma über die verwandtschaftliche Beziehung zu informieren. Als dies bekannt wird, wird der Neffe entlassen und der Abteilungsleiter auf einen niedrigeren Posten versetzt. Er selbst wolle damit schließlich nur sagen, daß es in der heutigen Welt keine Integrität mehr gebe.

Anhand dieses Beispiels wollen wir nun näher untersuchen, wie ein Patient auf den therapeutischen Rahmen reagiert. Als erstes erkennen wir den Stimulus für das Material des Patienten in seiner Beziehung bzw. der Interaktion mit dem Therapeuten. Dann stellen wir fest, welche Themen sich für diesen Stimulus als relevant erweisen. Durch eine solche Deutung stoßen wir auf die verhüllten Wahrnehmungen des Patienten in bezug auf die Interventionen des Therapeuten. Jeder potentielle Patient sollte möglichst häufig seine Träume oder Erzählungen auf diese Weise deuten, um zu überprüfen, welche Auslöser bei seiner Wahl des Psychotherapeuten eine Rolle spielen.

Im Fall von Herrn Hardin läßt sich der Stimulus bzw. die Intervention, die seine Reaktion auslöst, darauf zurückführen, daß er einer von anderen ausgesuchten Therapeutin zugewiesen wurde, die darüber hinaus noch einen Bericht an seinen Arbeitgeber liefern soll. Dieser Vertrauensbruch mag sehr gering erscheinen, aber für das tiefe Unbewußte ist das *Wieviel* kaum von Bedeutung. *Die Tatsache, daß eine Indiskretion überhaupt stattfindet*, ist ausschlaggebend. Das heißt ein Rahmen gilt nie als nur leicht verletzt. Vielmehr wird jede Verletzung beim Patienten verhüllte Mitteilungen erzeugen, die den Therapeuten bei solchen Abweichungen darstellen. Es stimmt, daß eine schwere Rahmenverletzung eine ernstere Reaktion beim Patienten erzeugen wird, aber jede Veränderung einer idealen Grundregel hat gravierende Konsequenzen für die Art und Weise, in der ein Patient seinen Therapeuten betrachtet, sowie für die potentielle Heilung. Die Tatsache, daß Herr Hardin aus gesundheitlichen Gründen seine ersten beiden Termine absagen muß, ist kein Zufall, sondern deutet darauf hin, daß er die Unzulänglichkeiten der therapeutischen Situation spürt. Wenn wir die Zuweisung mit den idealen Grundregeln vergleichen, sehen wir, daß andere Personen aus der therapeutischen Beziehung keineswegs ausgeschlossen wurden. Auch der von der Therapeutin geforderte Bericht widerspricht den Bedingungen der äußersten Verschwiegenheit und Vertraulichkeit, die ein idealer Rahmen verlangt.

Nehmen wir diese Abweichungen als Ausgangspunkt, lassen sich die Themen in Herrn Hardins Material mühelos entschlüsseln. Was er, oberflächlich betrachtet, über seine Arbeit und seinen Arbeitgeber erzählt, bezieht sich eigentlich auf die Therapie und die Therapeutin.

Was hat Herr Hardin im einzelnen gesagt? Zuerst beschwert er sich darüber, daß andere heimlich über ihn lästern; er sagt, er könne niemandem vertrauen; andere tun für Geld alles; der Abteilungsleiter habe einen Verwandten bei der Besetzung einer freien Stelle begünstigt. Die ganze Situation ist durch mangelnde Integrität gekennzeichnet und insgesamt verbesserungsbedürftig. Bewußt fühlt sich Herr Hardin dadurch erleichtert, daß er mit jemandem sprechen kann. Er macht sich über den Bericht weder Sorgen, noch beunruhigt es ihn zu erfahren, daß zwischen der Therapeutin und seiner Firma ein Austausch über seinen Fall stattgefunden hat. Schließlich kommt er auf diese Weise zu einer kostenlosen Therapie.

So also stellt sich die Situation für das Bewußtsein dar. Die Wahrnehmungen seines tiefen Unbewußten sind dagegen völlig anders. Die Entschlüsselung seiner Erzählung verdeutlicht, daß er unbewußt seine Therapeutin als nicht vertrauenswürdig, als nicht integer betrachtet und als Person, die auf unehrliche Weise für ihren Posten ausgewählt wurde.

Eine solche Verurteilung mag etwas extrem klingen. Man kann so argumentieren, daß Herr Hardin ein Recht auf diese Zuweisung hat und daß ein solcher «pro forma»-Bericht niemandem schaden könne. Man arbeitet schwer, und die Lebenskosten sind hoch, also sollte Herr Hardin die Möglichkeit einer kostenlosen Therapie nutzen. Psychotherapie ist schließlich kein Privileg der Begüterten, und wenn das tiefe Unbewußte die Angelegenheit anders betrachtet, ist dies noch lange kein Grund zur Besorgnis. Vielleicht ist gerade diese Betrachtungsweise bereits ein Teil des Problems, das Herr Hardin zu lösen versucht.

Der Inhalt dieses Buches ist die Entgegnung auf eine derartige Argumentation. Mein Wissen beruht auf jahrelanger Erfahrung im klinischen Bereich und der Deutung mannigfaltiger unbewußter Mitteilungen. So bin ich zu der Erkenntnis gekommen, daß das unbewußte Erinnerungssystem jede Rahmenabweichung ausnutzen wird, um mit dem Bewußtsein zusammenzuarbeiten und sowohl Selbsterkenntnis zu vermeiden als auch Neuinszenierungen alter Probleme zu schaffen. In der Tat ist ein Teil von Herrn Hardins Problem die Tatsache, daß er anderen Menschen nicht vertrauen kann und ihnen Unehrlichkeit unterstellt. Aber wie kann Dr. Gordon ihm helfen, Wirklichkeit und Phantasie zu unterscheiden, wenn sie selbst unbewußt als nicht vertrauenswürdig betrachtet wird?

Zu Herrn Hardins unbewußten Mitteilungen kommt die Tatsache hinzu, daß er wegen Krankheit seine ersten beiden Termine nicht einhalten kann. Auch dies betrifft den Behandlungsrahmen. Vielleicht möchten Sie solche Krankheitsfälle nicht mit den therapeutischen Bedingungen in Verbindung bringen, aber auch in dieser Hinsicht sagen zahlreiche Studien, daß wir für jede von uns hingenommene Rahmenabweichung einen Preis zahlen. Wir entwickeln physische Krankheiten, gehen einen Scheidungsprozeß ein, gefährden unsere Arbeitsstelle und vieles mehr. Wir erkennen einfach nicht, daß es zwischen den abweichenden Bedingungen unserer Therapie und den verschiedensten selbstzerstörerischen Verhaltensweisen eine Verbindung gibt.

Was also kennzeichnet eine konstruktive bzw. zulässige Empfehlung, und was löst sie beim Patienten aus? Folgendes Beispiel soll dies erläutern. Herr Manning ist deprimiert und leidet unter psychosomatischen Symptomen. Er wendet sich an seinen Hausarzt, der ihm einen ausgebildeten und erfahrenen Therapeuten empfiehlt – den besten, den der Arzt in der Gegend kennt. Nach dieser Information stellt Herr Manning keine weiteren Fragen, sondern entschließt sich, den Therapeuten, Dr. Shipley, am nächsten Tag anzurufen. In der Nacht hat er folgenden Traum: Er ist mit seiner Tante zusammen, die eine Brandwunde an seinem linken Arm mit einer lindernden Salbe pflegt.

Der Traum erinnert Herrn Manning an einen Silvesterabend in seiner Jugend, an dem er mit Feuerwerk spielte. Eine Rakete explodierte in seiner Hand, und er erlitt eine schwere, aber nicht bleibende Brandwunde. Trotz der Schmerzen fürchtet er sich, zu seinen Eltern zu laufen, weil er ihnen erzählen müßte, wie das Unglück geschah. Statt dessen geht er zu seiner Tante, die er schon immer als verständnisvoll und vertrauenswürdig erlebt hat. Sie behandelt seine Wunde und ermutigt ihn, seinen Eltern ehrlich von dem Vorfall zu erzählen.

Inzwischen sind wir mit dem Deutungsprozeß vertraut. Wir übertragen den Traum und Herrn Mannings Assoziationen auf den Kontext der Zuweisung. Das Traumbild bezieht sich auf eine Verletzung sowie auf die Suche nach Hilfe und die Angst, davon zu sprechen. Es handelt sich auch um eine vertrauenswürdige Person, die letztendlich die Wunde pflegt und Herrn Manning hilft, die Wahrheit zu erzählen. Im krassen Gegensatz zu den anderen Beispielen, sind die Themen hier äußerst positiv. Sie sprechen für das stark ausgeprägte Vertrauen, das einer positiv zu beurteilenden Zuweisung innewohnt.

Bevor wir zum Telefonhörer greifen, um mit einem Therapeuten Kontakt aufzunehmen, haben wir also eine äußerst wichtige Wahl getroffen. Wir haben von der Existenz eines bestimmten Therapeuten erfahren, die Situation durchdacht und uns für einen Versuch entschieden. Manche potentiellen Patienten schenken dieser schicksalsschweren Wahl kaum weitere Beachtung. Aber es spricht viel dafür, innezuhalten, zu reflektieren und den potentiellen Therapeuten bereits nach den Kriterien dieses Anfangsstadiums einzuschätzen. Ein sorgfältiges Abwägen angesichts möglicher Alternativen sollte dann erfolgen.

Zusammengefaßt noch einmal zwei Punkte aus der ersten Liste, die *«Gefahr»* bedeuten und als ausdrückliches Warnsignal betrachtet werden bzw. *Sie dazu führen sollen, einen anderen Therapeuten zu suchen*. Sie betreffen den früheren Kontakt zum Therapeuten und die Empfehlung durch einen seiner Patienten. In einer solchen Situation zeigt sich das Bewußtsein bereit, sich auf einen Versuch einzulassen. Das tiefe Unbewußte aber sträubt sich heftig dagegen. Es erkennt, daß sich die jeweilige Person zwar als Liebhaber, Verräter, sogar als Partner in einer Inzestkonstellation eignet, niemals aber als Therapeut.

Abgesehen von diesen zwei gefährlichen Situationen, sollten Sie darauf achten, ob Sie etwas von dem Privatleben des Therapeuten wissen, oder ob Sie früheren beruflichen Kontakt zu ihm hatten. Seien Sie vorsichtig, wenn Sie Ihre Wahl ohne persönliche Empfehlung treffen, beispielsweise aufgrund von Veröffentlichungen des Therapeuten, und seien Sie wachsam in Fällen, in denen Sie die Wahl nicht selbst beeinflussen können. Wenn es möglich ist, wenden Sie sich an einen Arzt oder andere Fachorganisationen.

Letztlich kann eine fachlich fundierte Zuweisung am ehesten die Voraussetzung für eine konstruktive Therapie schaffen. Auch wenn es keine Garantie gibt, dient sie als bestmöglicher Ausgangspunkt für eine therapeutische Behandlung. Es ist vor allem notwendig, daß Sie nach einer durchdachten Wahl Ihren Träumen Beachtung schenken. Überdenken Sie die Traumbilder und die dadurch bewirkten Assoziationen. Dann überprüfen Sie nochmals die Bedingungen der jeweiligen Zuweisung und versuchen Sie, diese mit den Themen Ihres Traumes in Verbindung zu bringen. Handelt es sich um negative und beunruhigende Assoziationen oder sind diese positiv und ermutigend? Vielleicht sind Sie der Meinung, daß negative Traumbilder lediglich auf eine allgemeine Angst vor der Therapie hinweisen. Aber das tiefe Unbewußte funktioniert anders. Es spiegelt entweder die negativen oder die positiven Implikationen seiner Wahrnehmungen wider. Wenn Sie sich auf dem richtigen Weg befinden, werden die Traumbilder voller Hoffnung und konstruktiv sein.

Auch wenn die Zuweisung von einer anderen Person stammt, liegt die endgültige Entscheidung ganz bei Ihnen. Wenn Sie diese Entscheidung mit der Intelligenz des tiefen Unbewußten treffen, können Sie sicher sein, daß Sie alle Möglichkeiten ausschöpfen.

Die Zuweisung bzw. Empfehlung

Ich habe von diesem Therapeuten/dieser Therapeutin auf folgende Weise erfahren: – Aussagen, die auf eine zulässige Handhabung der Therapie hinweisen:

- ○ Er/sie wurde mir vom Gesundheitsamt/einer anderen Fachorganisation empfohlen.
- ○ Er/sie wurde mir von meinem Hausarzt empfohlen.
- ○ Als ich im Krankenhaus lag, wurde ich von ihm/ihr psychisch betreut.
- ○ Er/sie wurde mir von einem Freund empfohlen, der als Psychiater/Psychologe/Sozialarbeiter tätig ist.
- ○ Ein Kollege/Bekannter/Verwandter kennt ihn/sie persönlich und hat ihn/sie mir empfohlen.
- ○ Er/sie wurde mir von meinem Arbeitgeber/Anwalt empfohlen.

Aussagen, die auf eine fragwürdige Handhabung der Therapie hinweisen:

- ○ Er/sie wurde mir von meinem derzeitigen/früheren Therapeuten empfohlen.
- ○ Ich wurde ihm/ihr von einer Klinik/im Rahmen einer Gruppentherapie zugewiesen.
- ○ Er/sie arbeitet in der für mich zuständigen Klinik.
- ○ Ich suchte seinen/ihren Namen aus dem Telefonbuch heraus.
- ○ Ich gehe jeden Tag an seinem/ihrem Büro vorbei.

Aussagen, die auf eine unzulässige Handhabung der Therapie hinweisen; überdenken Sie die Wahl Ihres Therapeuten:

- ○ Ich sah seine/ihre Werbung im Telefonbuch/im Fernsehen/in der Zeitung.
- ○ Seine/ihre Praxis befindet sich in dem Gebäude, in dem ich arbeite.
- ○ Seine/ihre Praxis befindet sich in dem Haus, in dem ich wohne.

Aussagen, die auf eine gefährliche Handhabung der Therapie hinweisen; nehmen Sie sich in acht!

- ○ Ein Kollege/Bekannter/Verwandter ist oder war bei ihm/ihr in Behandlung und findet ihn/sie sehr kompetent.
- ○ Ich machte früher eine Familientherapie mit meinen Eltern/Kindern/Ehegatten bei ihm/ihr und fand ihn/sie sehr sympathisch.
- ○ Meine Kinder gehen in dieselbe Schule wie seine/ihre Kinder.
- ○ Ich habe einen Vortrag von ihm/ihr besucht, und er/sie scheint ein guter Therapeut/eine gute Therapeutin zu sein.
- ○ Er/sie ist unser(e) Geheimdepfarrer(in), also kenne ich ihn/sie.
- ○ Ich habe seine/ihre Bücher gelesen/ihn/sie im Fernsehen gesehen/im Radio gehört.
- ○ Ich bin mit seiner Frau/mit ihrem Mann befreundet.
- ○ Wir haben uns auf einer Party kennengelernt, und er/sie gab mir seine/ihre Visitenkarte.
- ○ Ich habe einen Kursus bei ihm/ihr gemacht, und er/sie schien viel Verständnis zu haben.
- ○ Er/sie ist mein früherer/derzeitiger Freund/meine frühere/derzeitige Freundin, also kennt er/sie mich gut.
- ○ Er/sie ist ein Kollege/eine Kollegin meines Vaters/meiner Mutter.
- ○ Er/sie ist ein Kollege/eine Kollegin und macht einen freundlichen und hilfsbereiten Eindruck.
- ○ Er/sie ist/war ein Freund/eine Freundin der Familie.

6. Die Kontaktaufnahme

Der erste Eindruck läßt sich niemals wiederholen. Ob es sich um ein Vorstellungsgespräch handelt oder um ein erstes Rendezvous, wir sind gut beraten, auf diesen ersten Eindruck großes Gewicht zu legen, uns um passende Kleidung zu bemühen, Engagement zu zeigen, Fragen zu stellen usw. Leider gehen wir von sehr ähnlichen Maßstäben aus, wenn wir die erste Begegnung mit einem Therapeuten bzw. mit einer Therapeutin bewerten: Macht er oder sie einen sympathischen Eindruck? Hat er/sie Verständnis für meine Situation? Stellt er/sie hilfreiche Fragen? Sieht er/sie «wie ein(e) Therapeut(in)» aus?

Oberflächlich scheinen solche Beurteilungskriterien durchaus angemessen zu sein. Andererseits könnte man argumentieren, daß ein potentieller Patient in der Regel eine Therapie aufsucht, weil ihm die Grundmuster, die seine Entscheidungen und Beziehungen bestimmen, Schwierigkeiten machen. Wie kann man also sicher sein, daß nicht auch die Wahl eines Psychotherapeuten auf eben solchen eingefahrenen Verhaltensmustern beruht, die man eigentlich zu ändern versucht? Dieser scheinbare Widerspruch hat schon viele Menschen beschäftigt. Ein möglicher Rat lautet: Wenn die Beziehung zu Ihrem Therapeuten bei Ihnen Bedenken auslöst, dann ist sie auch nicht in Ordnung. So wahr solche Feststellung auch ist, sie verleitet allzu leicht zu der Folgerung: Wenn Sie sich wohl fühlen, dann stimmt die Beziehung. Tatsächlich steht dagegen fest, daß Wohlbefinden und wahre psychische Gesundheit nicht unbedingt auf das gleiche hinauslaufen. Bewußt mögen wir unseren Zustand als Wohlbefinden registrieren, auch wenn unser Verhalten gleichzeitig von unbewußten Faktoren negativ beeinflußt wird. Es ist jedoch hilfreich zu wissen, daß das Bewußtsein in einem Zweifelsfall kein besseres Meßinstrument zu bieten hat als die Registratur der «Bedenken».

Im Gegensatz dazu registriert das tiefe Unbewußte die Eindrücke, die ein Therapeut hinterläßt, lange bevor das Bewußtsein zu wie auch immer gearteten «Bedenken» kommt. Das tiefe Unbewußte nimmt

Informationen und Eindrücke auf, sobald wir von dem jeweiligen Therapeuten zum erstenmal erfahren, und wenn es ein Telefongespräch ist. Wenn ich also von der «Kontaktaufnahme» spreche, beziehe ich mich nicht auf die erste Sitzung, sondern wirklich auf den allersten Kontakt.

Wir sind inzwischen mit typischen Verhaltensmustern genügend vertraut, um zu vermuten, daß die meisten potentiellen Patienten der Kontaktaufnahme wenig bewußte Beachtung schenken.

Dementsprechend sind sie auf den Therapeuten, dem sie Woche für Woche begegnen werden, gänzlich unvorbereitet. Das tiefe Unbewußte dagegen weiß bereits nach dem ersten Austausch eine ganze Menge und ist von der Beziehung, die sich dann entfaltet, selten überrascht. Tatsache ist, daß unser Entschluß, eine Therapie zu beginnen (oder fortzusetzen), stark davon beeinflußt ist, wie das Unbewußte den ersten Kontakt verarbeitet.

Dieser Verarbeitungsvorgang findet auf zwei Ebenen statt. Ein Teil des Unbewußten – das unbewußte Weisheitssystem – ist für alle Implikationen sensibilisiert und verarbeitet beinah alles, was Ihr Therapeut bei der Kontaktaufnahme tut oder nicht tut. Der andere Teil – das unbewußte Erinnerungssystem –, der die Überreste unserer furchtbarsten Erfahrungen und Bedürfnisse beinhaltet, sucht ständig nach einer Kompromißlösung, um die Bewußtmachung von unerträglichem Wissen zu vermeiden. Der Einfluß dieses Systems auf unser bewußtes Denken und Verhalten übersteigt bei weitem unsere bewußte Fähigkeit, zu analysieren und abzuwägen. Manchmal ist diese Beeinflussung noch stärker als die des Weisheitssystems. Auch hier ist das Ergebnis eine widersprüchliche, wenn auch rationalisierte Suche nach einem Therapeuten, der uns aller Wahrscheinlichkeit nach eher schaden als helfen wird. Eine Vielzahl der schrecklichen Erfahrungen, denen sich Patienten in einer Therapie aussetzen, wäre sonst undenkbar. Wir müssen uns also der unbewußten Wahrnehmungen, die unsere Entscheidungen beeinflussen, bewußt werden – zunächst durch unsere Bereitschaft, von der unbewußten Weisheit anderer Patienten zu lernen. Häufig erhalten Sie die Telefonnummer des Therapeuten von demjenigen, der den Therapeuten empfohlen hat. Auch wenn die Art der Kontaktaufnahme dadurch von vornherein beeinflußt wird, ist die endgültige Entscheidung darüber, wie Sie sich mit ihm in Verbindung setzen, Ihre eigene; und sie sagt einiges aus über

Ihre bewußten und unbewußten Bedürfnisse und Neigungen. Deshalb werden wir in diesem Kapitel nicht nur auf die Handhabung der Kontaktaufnahme seitens des Therapeuten eingehen, sondern auch auf die von Ihnen gewählte Vorgehensweise. Sie werden auf diese Weise auf fragliche therapeutische Praktiken aufmerksam gemacht, aber auch auf mögliche selbstzerstörerische Bedürfnisse des Patienten.

Die Kontaktaufnahme, als Austausch zwischen zwei Personen, läßt sich anhand folgender Fragen etwas genauer definieren und umgrenzen.

1. Wie und wo wird der Kontakt aufgenommen?
2. Wer nimmt den Kontakt auf?
3. Was findet während des Gesprächs statt – Bemerkungen, Gesichtsausdruck, wie gehen beide der Gesprächspartner aufeinander ein?
4. Ergeben sich für einen oder für beide Gesprächspartner Probleme? Wenn ja, auf welche Weise geht man damit um?
5. Welche Ratschläge, Anweisungen, Wegbeschreibungen bietet der Therapeut von sich aus an?
6. Wie wird das Gespräch beendet?

Die Kontaktaufnahme kann auf unterschiedliche Art und Weise erfolgen, am häufigsten ist jedoch der telefonische Anruf. Es kann auch sein, daß Sie dem Therapeuten mehr oder weniger zufällig begegnen, privat oder geschäftlich, oder daß Sie schriftlich Kontakt aufnehmen. In manchen Fällen wird der Patient vom Therapeuten angerufen – zum Beispiel wenn er in einer Klinik sofort einem Therapeuten zugewiesen wird. Aus der Sicht des tiefen Unbewußten entspricht die telefonische Kontaktaufnahme, die vom Patienten initiiert wird, am ehesten der Idealvorstellung einer ersten Verbindung zu dem zukünftigen Therapeuten. Deshalb werden wir zunächst ausführlich auf die verschiedenen Aspekte eines solchen Telefonats und ihre Auswirkungen auf das Unbewußte eingehen. Anschließend werden wir uns mit anderen Formen der Kontaktaufnahme – sowohl mit akzeptablen als auch mit inakzeptablen – beschäftigen. Ich sollte noch erwähnen, daß alle Patienten prinzipiell während ihrer ersten Sitzung zwei Geschichten erzählen: eine ist manifest bzw. bewußt und befaßt sich mit dem emotionalen Problem und dessen Entwicklung, die andere ist verschlüsselt bzw. verhüllt und stellt alle unbewußten Wahrnehmungen bezüglich des Therapeuten bis hin zu der Kontaktaufnahme dar.

Schauen wir uns ein Beispiel für eine positive Kontaktaufnahme an: Frau Lobel entschied sich für eine Therapie, weil sie von einem «Putzwahn» besessen war. Von ihrem Internisten erhielt sie Telefonnummer und Anschrift eines Therapeuten namens Dr. Egan. Etwas nervös ruft sie Dr. Egan an und ist sofort erleichtert, als sich der Therapeut selbst mit Namen meldet. Frau Lobel nennt ihren Namen, erwähnt, daß sie aufgrund der Empfehlung ihres Arztes anruft und fragt, ob Dr. Egan sie aufnehmen könne. Währenddessen bemerkt sie, daß der Therapeut ihr zuhört und offensichtlich ungestört sprechen kann – es gibt kein Anzeichen dafür, daß er sich gerade mit einem Patienten oder mit jemand anderem beschäftigt. Dr. Egan schlägt einen Termin zu Beginn der darauffolgenden Woche vor, zu einer Zeit, die auch Frau Lobel gut paßt. Frau Lobel ist einverstanden, und da sie bereits weiß, wie die Praxis zu erreichen ist, stellt sie keine weiteren Fragen. Der Therapeut bestätigt den Termin nochmals, dann verabschieden sie sich. Frau Lobel legt den Hörer auf. «Na ja», denkt sie, «Dr. Egan kommt auf jeden Fall gleich zur Sache.»

Die telefonische Kontaktaufnahme sollte also im Idealfall mit dem Therapeuten in seiner Praxis erfolgen, das Gespräch sollte kurz und geschäftsmäßig sein, und es sollte kein Anzeichen für die Gegenwart anderer Personen geben. Der Therapeut sollte keine irrelevanten Bemerkungen machen, sondern sich lediglich erkundigen, von wem die Empfehlung stammt, einen Termin vereinbaren, sich vergewissern, ob es sich um einen Notfall handelt, und, falls erforderlich, eine Wegbeschreibung zu seiner Praxis anbieten. Sie mögen eine solche Kontaktaufnahme bewußt als etwas übereilt, wenn nicht sogar als kühl betrachten, aber das tiefe Unbewußte registriert solches Verhalten als Ausdruck wahrer Fürsorge und menschlichen Interesses.

Obwohl Frau Lobel nicht weiter über das Gespräch nachdenkt, hat ihr tiefes Unbewußtes jede Nuance der Kontaktaufnahme registriert. Bei ihrer ersten Sitzung beginnt sie bereits über ihre Probleme zu sprechen. Als sie versucht, sich an das Auftreten ihres «Wahns» zu erinnern, muß sie an ihre erste eigene Wohnung denken. Ihr fällt eine Freundin ein, mit der sie diese Wohnung zunächst geteilt hatte. Sie spricht von dieser Freundin voller Begeisterung; auf diese Frau habe sie sich verlassen können. Sie sei immer dagewesen, wenn man sie brauchte, gebe mehr, als von ihr verlangt werde, und verschwende keine Worte. Wir erkennen in diesen Worten die positiven unbewußten Wahrnehmungen, die Frau Lobel bei der ersten Kontaktaufnahme mit dem Therapeuten registriert hat – eine unbewußte Erfahrung, die als sichere Grundlage für die Entfaltung der Therapie dient.

Anhand dieses Beispiels wird erneut bestätigt, daß die Kontaktaufnahme im Optimalfall vom Patienten initiiert wird. Der Therapeut soll durch seine Art signalisieren, daß er ungestört und unter Umständen der äußersten Vertraulichkeit das Gespräch führen kann. Es kann sein, daß der Therapeut sich gerade mit einem Patienten beschäftigt. Sollte er einen Anrufbeantworter verwenden, sollte seine darauf gesprochene Mitteilung kurz und geschäftsmäßig sein, darauf hinweisen, daß er zur Zeit nicht zur Verfügung stehe und daß er möglichst schnell zurückrufen werde, wenn der Anrufer Namen, Telefonnummer und eine kurze Mitteilung hinterlasse. Wenn die Sekretärin des Arztes den Anruf beantwortet, sollte ebenfalls nur der Name, die Telefonnummer und eine kurze Nachricht entgegengenommen werde, mit der Versicherung, daß der Therapeut möglichst bald zurückrufen werde.

Es ist wichtig zu erkennen, daß die Art, in der eine Sekretärin oder eine andere Person ein solches Gespräch handhabt, durch das tiefe Unbewußte als Intervention *des Therapeuten* registriert wird. Auch wenn Sie sich der Tatsache bewußt sind, daß es sich um zwei verschiedene Menschen handelt, betrachtet das Unbewußte beide Personen als Einheit. Dementsprechend kann das Verhalten einer Person, auch wenn wir es kaum bewußt bemerken, den Verlauf der weiteren Therapie unbewußt beeinflussen. Im Idealfall sollte die Sekretärin nur darauf hinweisen, daß Ihre Nachricht den Therapeuten so bald wie möglich erreicht und daß der Therapeut Sie zurückrufen wird. Auskünfte darüber, wo sich der Therapeut gerade befindet, oder sonstige Bemerkungen zu seiner Person sind überflüssig. Das tiefe Unbewußte registriert sie als persönliche Selbstoffenbarungen seitens des Therapeuten und als Abweichungen von den idealen therapeutischen Rahmenbedingungen. Solche Abweichungen, die während der ersten Kontaktaufnahme stattfinden, haben starke Auswirkungen sowohl auf den Patienten als auch auf den weiteren Verlauf der therapeutischen Behandlung und stellen deshalb ernst zu nehmende Aspekte der gesamten Therapie dar. Im allgemeinen wird die Verwendung eines Anrufbeantworters am besten beurteilt, da sie am ehesten einen Zustand der äußersten Verschwiegenheit und Vertraulichkeit zwischen Patienten und Therapeuten verspricht. Da die Nachricht kurz und prägnant gehalten werden kann, lassen sich irrelevante Bemerkungen und Selbstoffenbarungen zum großen Teil vermeiden. Wird der Anruf von einer dritten Person entgegengenommen, die dazu neigt, Überflüssiges mitzuteilen oder eine Nachricht falsch weiterzugeben, kann dies die erste Konsultation unnötigerweise verkomplizieren. Der Patient wird einen großen Teil der Zeit damit verbringen, unbewußte Wahrnehmungen derartiger Fehler zu vermitteln und wird ein unsicheres Gefühl der Therapie gegenüber haben.

Ob der Therapeut Ihren Anruf sofort entgegennimmt oder Sie später zurückruft (im Optimalfall innerhalb einiger Stunden), es ist wichtig, daß er sich mit seinem Nachnamen meldet. Die Verwendung beider Namen ist akzeptabel, wenn nicht vorzuziehen. Die ausschließliche Verwendung des Vornamens stellt eine fragwürdige Vorgehensweise dar, deren unbewußte Implikationen nicht zu unterschätzen sind. Ein Therapeut, der bereits am Telefon berufliche Grenzen überschreitet, wird in der Regel dazu neigen, Grenzen insgesamt weniger ernst zu nehmen – er neigt zum Beispiel zu physischem Kontakt mit seinen Patienten, erzählt während der Sitzung überwiegend von sich selbst oder reagiert persönlich auf Äußerungen während der Behandlung und so weiter. Auch ein scheinbar unwichtiger Vorfall während der ersten Kontaktaufnahme hat etwas mit der gesamten therapeutischen Vorgehensweise zu tun, eine Tatsache, die das tiefe Unbewußte sehr genau erkennt. Auch der Therapeut, der sich lediglich mit «Hallo» meldet, wird dem erforderlichen beruflichen Maßstab nicht gerecht, sondern signalisiert eine Neigung zu Unpersönlichkeit und Unprofessionalität.

Sie haben nun also den Therapeuten angerufen. Er nimmt ab. Zunächst ist es wichtig, daß Sie sich mit Ihrem Namen melden. Dann sollten Sie auf die Person hinweisen, von der die Empfehlung stammt, und Ihren Wunsch nach einem Termin äußern. (Falls Sie nicht erwähnen, wie Sie den Namen des Therapeuten erhalten haben, sollte er von sich aus danach fragen.) Mehr Information brauchen Sie nur dann zu geben, wenn es sich um einen wirklichen Notfall handelt. Falls Sie zeitlich sehr gebunden sind, sollten Sie jedoch auf die Zeiten hinweisen, die für Sie in Frage kommen.

Der Psychotherapeut sollte dann lediglich seine Bereitschaft signalisieren und einen Termin vorschlagen, der im günstigsten Fall innerhalb der nächsten zwei bis drei Tage liegt, aber auf jeden Fall innerhalb einer Woche. Wenn nötig sollte ein alternativer Termin angeboten werden (dies ist besser, als eine Reihe möglicher Termine vorzuschlagen, obwohl letzteres auch akzeptabel ist). Sobald ein passender Termin vereinbart worden ist, sollten Sie sich vergewissern, wie Sie die Praxis erreichen können. Falls Sie dies nicht von sich aus erwähnen, sollte der Therapeut darauf zu sprechen kommen und Ihnen wenn nötig sofort kurze und klare Anweisungen geben (Sie sollten nichts per Post erhalten).

Wenn die Terminvereinbarung auf diese Weise verläuft, wird der Therapeut erkennen, daß es sich nicht um einen Notfall handelt. Wenn aber der Patient eine starke Depression oder sonstige Störung signalisiert, wird der Therapeut in der Regel fragen, ob er tatsächlich bis zum vereinbarten Termin allein zurechtkommen kann, oder darauf hinweisen, daß er telefonisch erreichbar ist, falls sich die Situation verschlimmert.

Sobald die Zeit und der Ort für die erste Konsultation geklärt worden sind, gibt es keine Notwendigkeit, weiteres hinzuzufügen. Der Therapeut mag den Termin noch einmal bestätigen, und dann sollten sich beide kurz voneinander verabschieden.

Nachdem wir die optimale Kontaktaufnahme beschrieben haben, betrachten wir nun die häufigsten Abweichungen von diesem Ideal.

Wie und wo erfolgt die erste Kontaktaufnahme?

Telefonisch. Wenn der Therapeut Ihren Anruf nicht persönlich entgegennimmt, hinterlassen Sie eine Nachricht. Meldet sich niemand, kann es sich immer um einen menschlichen Irrtum handeln – die Sekretärin ist gerade beschäftigt, die Leitung ist gestört usw. Wenn es sich jedoch herausstellt, daß der Therapeut nicht Tag und Nacht erreichbar ist, wird die Bewertung *«fragwürdig»* erteilt, aufgrund seiner mangelnden Verfügbarkeit.

Je schneller sich der Therapeut nach Ihrem Anruf zurückmeldet, desto besser. Sollte trotz Ihrer Verfügbarkeit mehr als ein Tag dazwischen liegen, werden weitere Kriterien für die Bewertung *«fragwür-*

dig» erfüllt. (Es ist besser, wenn Sie diesen Anruf persönlich entgegennehmen. Hinterläßt der Therapeut seine Nachricht auf einem Anrufbeantworter, wird die Möglichkeit der Beteiligung eines Außenstehenden nicht ausgeschlossen, und dies kann das unbewußte Bedürfnis nach Diskretion beeinträchtigen.) Wenn Sie einen Therapeuten abends anrufen, ist ein Anruf am darauffolgenden Tag akzeptabel. Ansonsten sollte er am selben Tag zurückrufen. Nach 24 Stunden ist das Verhalten als fragwürdig einzuschätzen und nach anderthalb Tagen mit *«gefährlich/nehmen Sie sich in acht»* (es sei denn, es folgt eine angemessene Erklärung). Eine ungebührliche Verzögerung weist darauf hin, daß der Therapeut mit anderen Angelegenheiten oder mit anderen Patienten zu sehr beschäftigt ist. So ein Therapeut hat vermutlich weder Gespür für die Sensibilität oder die mögliche Dringlichkeit der Situation noch für die Tatsache, daß eine erste Terminvereinbarung von dem Patienten immer eine gewisse Überwindung abverlangt. In der Regel deutet ein solches Verhalten, sollte tatsächlich eine Therapie erfolgen, auf weitere zu erwartende Unzulänglichkeiten. Es kann sein, daß ein Therapeut den Anruf entgegennimmt, während er sich in einer Konsultation mit einem anderen Patienten befindet. Ist dies der Fall, haben Sie guten Grund, an der Achtung, die dieser Therapeut seinen Patienten entgegenbringt, zu zweifeln. Es entsteht weiterhin Grund zur Skepsis, wenn der Therapeut unter solchen Bedingungen einen Termin mit Ihnen zu vereinbaren versucht. Obwohl Sie die Situation bewußt kaum in Frage stellen mögen, wird das tiefe Unbewußte jede Einzelheit sehr genau registrieren – als Mißachtung des Patienten. Die Gegenwart einer dritten Person bei der Vereinbarung Ihrer Therapie stellt einen potentiellen Verstoß gegen die Bedingung der äußersten Vertraulichkeit dar.

Manchmal hat ein Therapeut einen zweiten Telefonanschluß zu Hause oder in einem anderen Büro. Dies ist akzeptabel, vorausgesetzt, daß Gespräche von dort auf eine vergleichbar geschäftsmäßige Weise geführt werden wie in seinem eigentlichen Büro; d. h. daß der Anrufer nicht merkt, daß die Situation eine andere ist. Falls Sie jedoch aufgefordert werden, den Therapeuten woanders anzurufen, sollte dies als *«fragwürdig»* beurteilt werden.

Die Beurteilung ist noch negativer, wenn Sie den Therapeuten in einem privaten Umfeld erreichen sollen, zum Beispiel zu Hause oder bei Bekannten oder Freunden. Solche Praktiken stellen einen Verstoß gegen die relative Anonymität des Therapeuten dar, weil sie Ihnen überflüssige Informationen über sein Berufs- bzw. Privatleben geben. Dadurch werden die Grenzen des therapeutischen Umfelds über das Konsultationszimmer hinaus erweitert, in einer Weise, die nachteilige Folgen mit sich bringt. Die Psychotherapie sollte sich auf die Praxis des Therapeuten beschränken; jede andere Einrichtung wird als desorientierend, ohne Konturen und häufig als verführerisch oder oberflächlich wahrgenommen – viel davon hängt von der Natur der Rahmenerweiterung ab. Aber auf jeden Fall beinhalten solche Abweichungen aufschlußreiche Implikationen für das Unbewußte.

Persönlich: Unter manchen Umständen ist eine persönliche Begegnung zwischen dem Patienten und dem Therapeuten nicht ungewöhnlich. Manche Kliniken ermutigen die potentiellen Patienten, sofort die Klinik aufzusuchen, anstatt erst einen Termin zu vereinbaren. In dringenden Fällen – beispielsweise bei Selbstmordgedanken oder überwältigenden paranoiden Vorstellungen – mag der Patient bzw. ein Verwandter oder Freund einen Besuch in der Notabteilung einer psychiatrischen Klinik vorziehen. Eine ähnliche Situation entsteht, wenn ein Patient, beispielsweise nach einer Operation, im Krankenhaus liegt und psychologisch oder psychiatrisch betreut wird. Meistens wird der zuständige Chirurg eine Konsultation initiieren, und der Therapeut wird zum Patienten ins Krankenhaus kommen. (Es ist allerdings vorzuziehen, daß die eigentliche Konsultation, wenn möglich, in einem Büro stattfindet und nicht am Krankenbett.) Für unsere Beurteilungszwecke ist ein Therapeut, der unter diesen ungewöhnlichen, aber notwendigen Umständen zu der unmittelbaren Begegnung mit dem Patienten bereit ist, völlig akzeptabel. Abgesehen von Notfällen ist jedoch von einer persönlichen Begegnung im Büro des Therapeuten abzuraten. Der Therapeut, der einen solchen Besuch annimmt und daraufhin einen Termin vereinbart, anstatt dem Patienten vorzuschlagen, daß er sich telefonisch meldet, muß als *«fragwürdig»* beurteilt werden. Das tiefe Unbewußte betrachtet einen solchen Therapeuten als jemanden, der Eindringlinge in die therapeutische Sphäre duldet, der die notwendigen interpersonalen Grenzen zwischen Therapeuten und Patienten nicht einhält, und der, in dieser Hinsicht, übermäßige Bereitschaft zeigt, auf die Wünsche des Patienten einzugehen. Nur ein dringender Notfall sollte den Therapeuten veranlassen können, unter solchen Umständen eine Sitzung anzusetzen. Auch wenn ein solches Verhalten sich bewußt rechtfertigen läßt, wird es ein gewisses Maß an nachteiligen unbewußten Auswirkungen haben, die sowohl den Patienten als auch die Therapie beeinflussen werden.

Zur Illustration folgendes Beispiel: Nach dem Tod seiner Frau wird Herr March von intensiven selbstmörderischen Gedanken heimgesucht. Eines Nachmittags nach einem Zahnarztbesuch überkommt ihn die Angst, er könne zu Hause seine Selbstkontrolle verlieren. Zu seiner Erleichterung bemerkt er, daß im selben Gebäude die Praxis eines Psychiaters, Dr. Gray, untergebracht ist. Er setzt sich in das Wartezimmer und wartet, bis der vorige Patient aus dem Sprechzimmer kommt. Dann klopft er an die Tür und erklärt dem Therapeuten sein Problem. Dr. Gray hat noch eine halbe Stunden Zeit und schlägt vor, daß man sich zusammensetzt. Bewußt ist Herr March sehr erleichtert und dankbar.

Wir wissen genug über unbewußte Kommunikation, um zu vermuten, daß die Art, in der Herr March das Verhalten des Therapeuten bewußt erlebt, sich in seiner Erzählung widerspiegelt. Eine der Erzählungen handelt von einem Vorfall, den er am selben Morgen im Fernsehen gesehen hat. Ein Orkan führte in einem anderen Teil des Landes zu Überschwemmungen. Es mußten mehrere Rettungsmannschaften eingesetzt werden. Ein Bauer wurde gezwungen, seine Farm zu verlassen und sein Vieh zurückzulassen, obwohl die Gefahr zu dem Zeitpunkt noch gering war. Auch wenn diese Entscheidung letzten Endes richtig war, starb ein Großteil der Tiere, und der Bauer zeigte sich offensichtlich sehr verärgert über die Hilfsaktion.

Dieser Bericht stellt in verschlüsselter Form die unbewußte Einstellung des Patienten dar. Unbewußt glaubt Herr March, daß die Konsultation nur bedingt notwendig gewesen ist (in der Tat, bemerkt er bald danach, daß er einem Selbstmordversuch nicht so nah gewesen ist, wie er zuerst dachte), und er ärgert sich über die psychischen Nebenwirkungen, die durch die Hilfsbereitschaft mitverursacht werden.

Auch wenn die Konsultation durchaus als gerechtfertigt zu betrachten ist, erkennt das tiefe Unbewußte den Doppelaspekt der Situation. Unbewußt also sieht Herr March das Verhalten des Therapeuten als konstruktiv, registriert aber zudem die nachteiligen Aspekte. Durch seine sofortige Bereitschaft wird unter anderem signalisiert, daß sich der Therapeut zu jeder beliebigen Zeit dem Patienten zur Verfügung stellt; zudem wird impliziert, daß er den Patienten im Grunde genommen für unfähig hält, mit seinen Gefühlen allein fertig zu werden. Diese unbewußten Wahrnehmungen beeinflussen die Einstellung des Patienten sich selbst gegenüber und wirken sich auf eine fortgesetzte Therapie bei Dr. Gray ebenfalls aus. Auch wenn solche Wahrnehmungen zum Bestandteil einer Behandlung gemacht und entsprechend erforscht werden können, üben sie in der Regel trotzdem einen Einfluß aus, der unbemerkt bleibt.

Dennoch ist ein Therapeut, der selbstmörderische Impulse ernst nimmt und schnell darauf reagiert, positiver zu bewerten als einer, der sich unter solchen Umständen weigert, den Patienten zu treffen. Ich versuche hier lediglich klarzumachen, daß wir bei einer offensichtlich hilfreichen Intervention allzu oft die sekundären, aber äußerst handfesten nachteiligen Auswirkungen nicht bewußt erkennen. Auch wenn wir Dr. Grays Verhalten als akzeptabel bewerten – und offensichtlich einer Ablehnung des Patienten vorziehen –, dürfen wir die damit verknüpften negativen Nachwirkungen nicht übersehen.

Eine ähnliche Situation entsteht in Kliniken, die keine vorherige Terminvereinbarung voraussetzen. Leider werden die Aufnahmeformalitäten in der Regel von einem Angestellten der Klinik durchgeführt, bevor der Patient einem Therapeuten zugewiesen wird. Solche Praktiken müssen als fragwürdig bewertet werden, auch wenn nur fachlich ausgebildete Mitarbeiter anwesend sind. Die Überweisung von einer Person zur anderen ist für den Patienten immer traumatisch. Auch hier mögen die jeweiligen Praktiken durch die Dringlichkeit der Situation vorgeschrieben werden, und es besteht immer die Möglichkeit, die psychologischen Folgen während der Behandlung aufzugreifen und zu besprechen. Viele Komplikationen ließen sich allerdings vermeiden, wenn die unmittelbare Begegnung mit dem Therapeuten von vornherein einzurichten wäre. In solchen Situationen ist es üblich, daß der jeweilige Mitarbeiter den Patienten dem Therapeuten vorstellt oder dem Therapeuten die Telefonnummer des Patienten gibt. Die Vorgehensweise, die sich unter solchen Umständen am ehesten empfiehlt, ist jedoch die telefonische Kontaktaufnahme von seiten des Patienten, der dann selbst die Therapie initiiert. In Kapitel 5 haben wir bereits gesehen, daß die Kontaktaufnahme zwischen Patienten und Therapeuten in einer außertherapeutischen

Situation als *«gefährlich / nehmen Sie sich in acht»* zu bewerten ist. Das gleiche gilt für die Terminvereinbarung. Es ist unwesentlich, ob es eine zufällige oder geplante Begegnung ist, bzw. ob Sie dem Therapeuten bei einem von ihm gehaltenen Vortrag oder auf der Straße begegnen. Durch solche Praktiken wird die Grenze zwischen dem Patienten und dem Therapeuten unklar, und die notwendige Unterscheidung zwischen einer persönlichen und einer beruflichen Beziehung verschwimmt. Nicht nur die psychologischen, sondern auch die räumlichen Aspekte des therapeutischen Umfelds lassen sich nicht mehr genau definieren; infolgedessen werden auch andere grundlegende Dimensionen der therapeutischen Erfahrung wesentlich beeinträchtigt. Unter solchen Bedingungen spricht einiges gegen eine einsichtsorientierte Heilung; vermutlich wird sie eher auf unmittelbarer Handlung und verfehlten Interaktionen beruhen.

Herr Larkin lernt seinen Therapeuten, Dr. Bessemer, bei einem Vortrag kennen. Beeindruckt von der Eloquenz des Therapeuten, spricht er ihn hinterher an und fragt, ob er auch Patienten betreue. Dr. Bessemer schlägt vor, daß Herr Larkin ihn wegen einer Terminvereinbarung anrufe. Wenig später erfolgt die erste Konsultation.

Während seiner ersten Sitzung berichtet Herr Larkin einen Traum von einem seltsamen Landstreicher, der nackt in einem Güterwagen liegt. Er erinnert sich dann an einen Freund – einen Kaufhausdetektiv –, der sich einen Spaß daraus mache, Kundinnen anzusprechen und sich mit ihnen zu verabreden. Für ihn sei es nur ein Spiel, aber für die Frauen, die seine wahren Absichten nicht durchschauten, sei es oft eine Demütigung. «Seltsam», fährt Herr Larkin fort, «daß man einem Mann vertrauen kann, der Frauen in einem Kaufhaus anspricht. Vielleicht gibt es eben viele solche Menschen, aber das ist nichts für mich. Mein Vater war genauso. Er hatte alle möglichen Affären. Ich weiß nicht, warum meine Mutter sich das alles gefallen ließ. Er war Detektiv; man könnte denken, er habe schon beruflich mit den schmutzigen Affären anderer genug zu tun gehabt. Menschen sind wirklich seltsam.»

Menschen neigen in der Tat zu seltsamen Dingen – besonders wenn es um die Wahl eines Therapeuten geht. Herr Larkin wählt einen Therapeuten, den er unbewußt sowohl mit seinem Vater als auch mit seinem promiskuitiven Freund gleichsetzt. Dann verbringt er die erste Konsultationsstunde damit, unwissentlich seine eigene Entscheidung anzuzweifeln. Mit anderen Worten: Bereits als der Therapeut vor dem Rednerpult steht und sich Herr Larkin bewußt für ihn entscheidet, verurteilt das tiefe Unbewußte diese Wahl. Die Frage ist, was bewegte Herrn Larkin, eine derartige therapeutische Beziehung einzugehen? Letztlich zieht er es vor, weiterhin zu beweisen, daß alle Männer wie sein Vater sind, als sich mit dem schmerzlichen Prozeß des Bewußtwerdens seiner eigenen unangenehmen Züge auseinanderzusetzen.

Wer nimmt den Kontakt auf?

Bei der Betrachtung dieser Frage dürfen wir nicht nur den Therapeuten bewerten; auch die Bedürfnisse und Verhaltensweisen des Patienten müssen mitberücksichtigt werden. Vorausgesetzt, daß der Patient imstande ist, die Nummer des Therapeuten zu wählen und einen Termin zu vereinbaren, sollte die Kontaktaufnahme immer von ihm ausgehen. Auch durchaus zu rechtfertigende Ausnahmen können sich zweifelhaft auf die Therapie auswirken. Solche Ausnahmen gibt es beispielsweise bei einem Kind, das zu jung ist, den Therapeuten selbst anzurufen, bei einer Person, die in irgendeiner Weise körperlich oder geistig behindert ist. Zudem gibt es Fälle, in denen Menschen, trotz akuten Leidens, sich hartnäckig weigern, sich mit einem Psychotherapeuten in Verbindung zu setzen, etwa bei Tötungs- oder Selbsttötungsabsichten, dann, wenn die Person unter dem Einfluß starker Drogen steht oder es sich um eine stark ausgeprägte Psychose, Paranoia oder ähnlich schwerwiegende Realitätsentfremdung handelt.

Unter solchen Umständen gibt es keine Alternative, als sich einer als *«fragwürdig»* zu bewertenden Praxis zu unterziehen. Die konstruktive Seite eines solchen Schrittes wird sowohl bewußt als auch unbewußt registriert. Auch dann, wenn das Unbewußte zudem für die nachteiligen Nebenwirkungen sensibilisiert ist. Man kann allerdings davon ausgehen, daß die Dringlichkeit der Situation ebenfalls eingeschätzt und die negativen Aspekte, wie Manipulation, verlorene Autonomie und die Einmischung eines Außenstehenden, entsprechend relativiert werden. Solche Abweichungen lassen sich auch dadurch entschärfen, daß die damit ausgelösten unbewußten Auswirkungen durch angemessene therapeutische Methoden analysiert und aufgedeckt werden.

Manchmal wird die Person, von der die Empfehlung stammt, dem Patienten anbieten, für ihn die Kontaktaufnahme zu übernehmen. Dies gilt insbesondere für wohlmeinende Ärzte, andere Therapeuten oder fachlich ausgebildete Berater. Es zeugt allerdings von einem gesunden Gespür des potentiellen Patienten, wenn er es trotzdem vorzieht, die Terminvereinbarung selbst in die Hand zu nehmen. Das gleiche gilt für den Therapeuten, der darauf besteht, daß der Patient selbst ans Telefon kommt oder zu einem späteren Zeitpunkt zurückruft. Außer in einem Notfall bewertet das Unbewußte jeden Therapeuten, der den ersten Termin mit einem Außenstehenden abspricht, als *«unzulässig»* bis *«gefährlich»*. Die endgültige Bewertung hängt davon ab, in welchem Maße die Einmischung als unangemessen oder aufdringlich betrachtet wird. Die Psychotherapie stellt im Optimalfall eine ausschließlich private Zweierbeziehung dar, ohne jegliche Einmischung von außen.

Folgendes Beispiel zeigt die Reaktion des tiefen Unbewußten auf eine abweichende Terminvereinbarung: Herr Cooper ist ein junger Homosexueller, Mitte Zwanzig. Seine Mutter übernimmt für ihn die Vereinbarung der ersten Sitzung bei Dr. Silas, einem Therapeuten, der ihn schon früher behandelt hatte. Sie begründet ihren Anruf damit, daß ihr Sohn erst in der nächsten Woche wieder in der Stadt sei (eine bestenfalls dürftige Begründung, da Herr Cooper durchaus ein Ferngespräch hätte führen können). Dr. Silas schlägt vor, daß Herr Cooper ihn möglichst schnell selbst anruft (Beurteilung: *gut, zulässig*). Die Mutter gibt diese Nachricht weiter, aber Herr Cooper lehnt den Vorschlag ab und bittet seine Mutter weiterhin, für ihn die Terminvereinbarung zu übernehmen. Diesmal geht Dr. Silas auf die Bitte ein (Beurteilung: *fragwürdig*).

Während seiner ersten Sitzung erzählt Herr Cooper folgendes: Er habe einem Freund einen Gefallen getan und dessen Hund von einer Farm in der Nähe abgeholt. Dann erwähnt er eine Verabredung mit seinem Onkel. Er habe ihm davon erzählt, daß er sich unbedingt von seiner Mutter trenne wolle. Sie werfe ihm ständig vor, zu wenig Zeit mit ihr zu verbringen, und behaupte, sein Freund sei für ihn wichtiger als sie. Manchmal weigere sie sich, mit ihm zu sprechen, und lasse seine Tante vermitteln. Für seinen Vater wiederum sei er nur ein hoffnungsloser Fall. Dann erzählt er von einem Rendezvous, das ein Freund für ihn arrangiert habe. Er selbst habe jedoch die neue Intimität als beängstigend empfunden und sich schnell aus der neuen Beziehung zurückgezogen. Nun habe er das Gefühl, beide Männer verbreiteten Gerüchte über ihn.

Dieses Material enthält eine Fülle von Informationen. An dieser Stelle möchte ich jedoch lediglich auf den Bezug zum Therapeuten eingehen angesichts der Tatsache, daß er zu dieser Art der Terminvereinbarung bereit war. Jedes Thema dieser Erzählung stellt in verschlüsselter Form eine unbewußte Wahrnehmung bezüglich der Implikationen einer solchen therapeutischen Abweichung dar.

Wenn wir das Material der Reihe nach deuten, kommen wir zu folgenden Ergebnissen: Zunächst bringt der Patient sein unbewußtes Gefühl zum Ausdruck, wie ein Haustier behandelt zu werden, das von einem zum anderen weitergereicht wird. Dann rät er dem Therapeuten unbewußt, zu seiner Mutter Distanz zu halten, und fügt hinzu, daß sie für den Therapeuten anscheinend wichtiger sei als er selbst. Der Therapeut hat die Mutter als unnötige Vermittlerin zwischen sich und seinem Patienten benutzt. Unbewußt wird dies so aufgefaßt, daß der Therapeut ihn als hoffnungslosen Fall ansieht. Zudem kommt ihm die Terminvereinbarung fast wie das Arrangement einer homosexuellen Liaison vor. Der Patient registriert, daß der Therapeut sich vor einem Zweiergespräch mit ihm fürchtet – und zwar so sehr, daß er die Gegenwart der Mutter als Selbstschutz braucht. Diese Bilder gipfeln in dem Mißtrauen des Patienten und in seinem Gefühl, betrogen zu werden – eine Form iatrogener (durch den Therapeuten verursachte) Paranoia, die häufig bei Patienten auftritt, wenn sich der Therapeut nicht an die Grundregeln und Grenzen einer therapeutischen Beziehung hält.

Dies sind aussagekräftige und umfassende Wahrnehmungen einer Verhaltensweise, die von vielen Menschen bewußt als Lappalie aufgefaßt wird. Jedoch sollten der Umfang und die Prägnanz dieser Bilder uns alle erneut darauf hinweisen, daß es in der Psychotherapie keine Nebensächlichkeiten gibt. Auf allertiefster Ebene sind wir für alles, was um uns herum geschieht, äußerst sensibilisiert, und dies hat erhebliche Auswirkungen auf unsere Gefühle und unser Verhalten, auch wenn wir uns dessen nicht bewußt sind. Die Werte und das Gespür des tiefen Unbewußten sind von solcher Art, daß die kleinste Nuance gewaltige Folgen haben kann.

Wir haben also festgestellt, daß sich der Patient im Idealfall selbst mit dem Therapeuten in Verbindung setzen soll. Daraus können wir folgern, daß auch umgekehrt das gleiche gilt: Der Therapeut sollte den Patienten persönlich kontaktieren. Wenn der Therapeut einen Dritten beauftragt, Vereinbarungen für ihn zu treffen, gilt sein Verhalten als *«fragwürdig»* bis hin zu *«gefährlich»* – unabhängig davon, ob diese Person seine Sekretärin, ein Familienmitglied oder ein Freund ist. Die Gegenwart eines Außenstehenden zeugt von einer mangelnden therapeutischen Privatsphäre und mangelnder Diskretion. Solche Bedingungen erzeugen eine Reihe von negativen Bildern beim Patienten, einschließlich Variationen der iatrogenen Paranoia, die wir bereits bei Herrn Cooper beobachtet haben. Die Geschichten, die vorgebracht werden, handeln dann häufig von Spionen, Eindringlingen, unerwünschter Gesellschaft, mangelnder Selbständigkeit oder Inkompetenz.

In vielen Kliniken wird ein Angestellter den Termin mit dem Patienten absprechen. Auch so eine Abweichung vom Ideal hat unbewußte Auswirkungen; in einer solchen Situation dürfte allerdings der Mangel an alternativen Möglichkeiten ebenfalls registriert werden und das Ausmaß der Störung etwas relativieren. Dies gilt jedoch in keinem Fall für eine private Praxis. Da die Umstände die Einhaltung einer idealen Terminabsprache erlauben, wird durch das Unbewußte jede Abweichung als unnötig erkannt. Deshalb sollte ein Therapeut wenn möglich seine Termine selbst vereinbaren und auch selbst absagen.

Ein weiteres Beispiel: Herr Vogel wird in einer Klinik von der Sozialarbeiterin Frau Clarkson betreut. Als Frau Clarkson krank wird, ruft sie die Sekretärin der Klinik an. Sie gibt ihr eine Liste der für den Tag eingeschriebenen Patienten durch, mit der Bitte, die Termine für sie abzusagen. Herr Vogel findet die Nachricht auf seinem Anrufbeantworter.

Zu Beginn seiner nächsten Sitzung erwähnt er, daß er mit seinem Vater zum Essen verabredet gewesen ist, dieser aber aus beruflichen Gründen absagen mußte. «Ich habe nichts dagegen, wenn man einen Termin absagt», fährt er fort, «aber anstatt mir das selbst mitzuteilen, ließ er seine Sekretärin bei mir anrufen. Mir kommt es vor, als wolle er mir aus dem Weg gehen.»

Der Therapeut, der sich so verhält, wird unbewußt als unhöflich betrachtet, als jemand, der den Patienten loswerden wolle. Solche

Wahrnehmungen sowie die Bewertung *«fragwürdig»*, die sie implizieren, spiegeln sich in Herrn Vogels Erzählung wider. Bewußt fühlt er sich angesichts der abgesagten Sitzung sogar erleichtert. Die Reaktion seines tiefen Unbewußten ist – bezeichnenderweise – völlig anders.

Der Inhalt der Kontaktaufnahme

Wir haben bereits gesehen, daß die ideale Kontaktaufnahme telefonisch erfolgt und von dem Therapeuten kurz, professionell und sachlich gehandhabt werden soll. Ein ausführlicherer Austausch ist nur aufgrund einer außergewöhnlichen Situation gerechtfertigt. Warum wird von diesem Ideal abgewichen?

Einige Abweichungen sind offenbar durch die Bedürfnisse des Patienten bedingt. Es ist beispielsweise nicht zu empfehlen, den Therapeuten am Telefon mit umfangreichen Schilderungen der Symptome oder der emotionalen Probleme zu bombardieren. Solche Fragen lassen sich während der ersten Sitzung besser klären. Ein Therapeut, der sich auf einen solchen Dialog einläßt, wird als *«fragwürdig»* bewertet, und wenn der Austausch auszuufern droht, sogar als *«gefährlich»*. Weiteren Grund zur Skepsis bietet jeglicher Versuch des Therapeuten, während des ersten Telefonats eine fachliche Interpretation, Empfehlung oder sonstige diagnostische Stellungnahme zu geben. Ebenfalls als *«fragwürdig»* gilt der Versuch, dem Patienten persönliche Fragen zu stellen sowie überflüssige Auskünfte über die eigene Person zu geben. Es besteht beispielsweise keine Notwendigkeit, daß der Therapeut seine zweite Praxis erwähnt oder darauf hinweist, an einem bestimmten Wochentag keine Konsultationen abzuhalten. Die erste Kontaktaufnahme sollte lediglich darauf hinzielen, die Vorkehrungen für einen möglichst kurzfristigen Termin zu treffen. Alles andere ist überflüssig.

Das Verhalten, das ich hier befürworte, wird häufig, auch von Therapeuten, mit Kälte und mangelnder Sensibilität verwechselt. Das, was ich im Grunde genommen postuliere, ist die Beibehaltung einer klaren Prioritätensetzung – und dies läßt sich ohne weiteres mit Wärme, menschlichem Interesse und Takt verbinden. Patienten, die vom Therapeuten während der ersten Kontaktaufnahme überschwengliches Engagement erwarten, unterliegen dem Trugschluß, ein solcher Therapeut sei besonders hilfreich. Das tiefe Unbewußte ist in dieser Hinsicht wesentlich kritischer: Ausschweifende Gespräche während der ersten Kontaktaufnahme deuten häufig auf depressive Züge beim Therapeuten hin (das Bedürfnis, sich an den Patienten zu klammern) sowie auf eine Neigung, sich von Nebensächlichkeiten ablenken zu lassen, ein Bedürfnis, unangemessen viel zu geben, und den Wunsch, mit dem Patienten «zu verschmelzen» oder ihn an sich zu binden. Solche Wahrnehmungen beruhen auf den Erfahrungen anderer Patienten und weisen auf eine Bewertung zwischen *«unzulässig»* und *«gefährlich»* hin.

Betrachten wir das erste Telefonat zwischen der Katholikin Frau Lacey und Dr. O'Hara. Frau Lacey teilt dem Therapeuten mit, daß ihr Priester ihn empfohlen habe, daß ihre Probleme mit ihrer Ehe zusammenhingen und daß sie einen Termin wünsche. Dr. O'Hara stellt daraufhin einige Fragen im Hinblick auf ihre Ehe. Frau Lacey antwortet angemessen kurz. Als der Therapeut jedoch weiterhin Interesse äußert, beginnt sie ausführlicher zu erzählen. Es handele sich um ein sexuelles Problem, fährt sie fort. Wenn ihr Mann sie etwas mehr in Ruhe ließe, wäre alles in Ordnung. Die verschlüsselte Mitteilung ist klar: Das tiefe Unbewußte betrachtet die aufdringlichen Fragen des Therapeuten als Verfolgung oder physische Belästigung. Als es dann zu der ersten Konsultation kommt, sind die Assoziationen der Patientin voller Anspielungen auf Personen, die sich anderen unnötig aufdrängen.

Sobald der potentielle Patient seinen Wunsch nach einem Termin äußert, sollte der Therapeut fragen, von wem die Zuweisung stammt. Wie wir in Kapitel 5 gesehen haben, gibt es eine Reihe von Zuweisungen, die das Zustandekommen einer therapeutischen Beziehung von vornherein ausschließen. Deshalb ist die Kärung dieser Frage unbedingt notwendig, ehe weitere Einzelheiten besprochen werden.

Der Zeitraum zwischen dem Anruf und der ersten Konsultation sollte, wie bereits angedeutet, nicht länger als ein bis drei Tage und auf keinen Fall länger als eine Woche betragen. Längere Verzögerungen sind suspekt. Dies zeigt der Fall von Frau Taylor. Als sie bei dem Therapeuten anruft, erfährt sie, daß die früheste Konsultation erst zehn Tage später möglich sei. Da ihr der Therapeut von ihrem Hausarzt empfohlen wurde, akzeptiert sie den Termin, trotz des Umstandes, daß sie in letzter Zeit noch häufiger als zuvor an Angstzuständen leidet. Als die Konsultation endlich stattfindet, erzählt sie von der Unzuverlässigkeit ihres Mannes im Hinblick auf die Einhaltung von Terminen. Er neige dazu, Verabredungen aus den banalsten Gründen abzusagen und zu verschieben. Er sei selbstsüchtig und grenzenlos rücksichtslos.

Solche Bilder lassen sich leicht deuten. Sie zeugen auffällig von einem unbewußten Gefühl der Patientin, verlassen und ausgebeutet zu werden. Wie immer ist die bewußte Einstellung eine völlig andere. Trotz ihrer leichten Verärgerung über die lange Wartezeit, ist Frau Taylor beeindruckt und fühlt sich sogar privilegiert, weil ihr Therapeut anscheinend so gefragt ist.

Probleme und die Art und Weise, wie sie gehandhabt werden

Es gibt eine Reihe von außergewöhnlichen Umständen, die von dem Therapeuten eine besondere Reaktion verlangen. Auch hier hat der Patient eine Verantwortung dem Therapeuten gegenüber. Er sollte ihm klar zu verstehen geben, wenn es sich um einen psychotherapeutischen Notfall handelt – zum Beispiel ernste Depression, Tötungs- oder Selbsttötungsneigungen, psychotische Brüche mit der Realität, wie im Fall sehr zurückgezogener oder paranoischer Patienten. Das gilt auch, wenn es sich um eine akute interpersonale Krise handelt – der plötzliche Tod eines nahestehenden Menschen, eine unerwartete Trennung, eine erschütternde medizinische Diagnose usw. Die Dringlichkeit der Situation sollte dem Therapeuten so kurz wie möglich mitgeteilt werden, und der Therapeut sollte mit angemessener Besorgnis reagieren.

Am positivsten werden Situationen bewertet, in denen der Therapeut sich bereit erklärt, den Patienten am selben oder am darauffolgenden Tag zu sehen. Das gleiche gilt, wenn dem Patienten signalisiert wird, er solle anrufen, falls sich die Symptome verschlimmern, und ihm zugesagt wird, daß der Therapeut, wenn er nicht sofort erreichbar ist, auf jeden Fall so schnell wie möglich zurückrufen werde.

Ein Therapeut, der in solchen Notfällen die Verzeiflung des Patienten ignoriert oder einen Termin erst nach einigen Tagen anbietet, wird als *«unzulässig»* bis *«gefährlich»* beurteilt. Wenn der Patient unter sehr ernsten Symptomen leidet, ist die mangelnde Sensibilität des Therapeuten bzw. seine verzögerte Reaktion als deutliches *«Gefahrenzeichen»* zu sehen. Dem Patienten wird dringend geraten, sich an einen anderen Therapeuten zu wenden.

Trotz allem, auch angesichts akuter Symptome, ist es nicht angemessen, daß ein Therapeut eine ausführliche Befragung telefonisch durchführt. Nach der Klärung des Problems sollte ein kurzfristiger Termin vereinbart oder auf die eventuelle Verfügbarkeit des Therapeuten im Notfall hingewiesen werden. Es ist für einen Therapeuten mit einer eigenen Praxis nicht immer möglich, eine umgehende Konsultation oder eine Notaufnahme im Krankenhaus zu arrangieren. Dennoch wird ein als verläßlich zu bewertender Therapeut zu einer raschen Handlung fähig sein und anschließend ausführlich auf die unbewußten Reaktionen eingehen. Es ist nicht ungewöhnlich, daß der potentielle Patient dem Therapeuten Fragen zu seiner Qualifikation, den Kosten und manchmal zu seinen persönlichen Ansichten oder seinem Privatleben stellt. Prinzipiell sollten Sie an dem Wert und der Ausbildung des Therapeuten nicht zweifeln, wenn die Empfehlung aus einer vertrauenswürdigen Quelle stammt. Letztlich ist ein Patient selten in der Lage, die Referenzen eines Therapeuten wirklich einzuschätzen. Dabei spielen häufig gewisse Vorurteile eine Rolle, die einer Bewertung eher schaden können.

Im Idealfall sollten Sie wenig oder geringes Interesse für die persönliche Einstellung oder das Privatleben des Therapeuten haben. Fragen, ob der Therapeut verheiratet ist, Kinder hat, einer bestimmten Religion angehört usw. sind keineswegs hilfreich. Solche Fragen zeugen von einem Bedürfnis des Patienten, die künftige Beziehung aus der beruflichen Sphäre in eine persönliche zu ziehen. Solche Neigungen sollten ernsthaft hinterfragt werden.

Die Frage nach den Kosten wird in Kapitel 9 ausführlicher behandelt. Falls Sie jedoch als potentieller Patient finanziell nicht in der Lage sind, mehr als eine gewisse Summe zu zahlen, mag es von vornherein notwendig sein, das Honorar für jede Sitzung zu erfragen. Fragen zu der fachlichen Ausbildung des Therapeuten mögen berechtigt sein, wenn Sie beispielsweise den Namen des Therapeuten aus dem Telefonbuch oder aus dem Radio erfahren haben. Andererseits ist ein potentieller Patient, wie bereits erwähnt, eigentlich nicht in der Lage, die Kompetenz des Therapeuten anhand seiner Referenzen einzuschätzen. Die beste Möglichkeit, sich ein Bild von dem Therapeuten zu machen, besteht in der Bewertung seines Verhaltens bei der Kontaktaufnahme und während der ersten Konsultation. Zudem kann das Beharren auf solchen Fragen gewissermaßen zu einer Verfolgung des Therapeuten ausarten, mit dem Ergebnis, daß das psychotherapeutische Schwergewicht vom Patienten auf den Therapeuten verlagert wird. Die Nuancen, die solche potentiell destruktiven Fragen enthalten, lassen sich am ehesten vermeiden, wenn Sie sich mit einem Therapeuten in Verbindung setzen, der auf verläßliche Weise empfohlen wurde. Der Therapeut, der von sich aus auf Qualifikationen, Honorar oder persönliche Informationen nicht eingeht, genießt eine positive Bewertung. All diese Fragen lassen sich am besten während der ersten Sitzung klären. Dies sollte auch dem Patienten vorgeschlagen werden, falls er Entsprechendes anspricht. Wenn der Patient allerdings darauf besteht, beispielsweise die Honorarfrage zu klären, sollte der Therapeut kurz und präzise antworten.

Eine besonders problematische Situation entsteht, wenn sich der Patient im voraus über die Behandlungsmethode informieren will bzw. sie mehr oder weniger selbst bestimmen möchte. Es muß der Kompetenz und der Erfahrung des Therapeuten überlassen bleiben, die geeignetste Therapie für das jeweilige Symptom zu wählen. Der Wunsch nach einer bestimmten Therapie deutet fast immer auf ein defensives Bedürfnis des Patienten hin. Der Therapeut sollte auf entsprechende Fragen keine definitive Antwort geben, sondern erst bei der Konsultation näher auf sie eingehen.

Der Wunsch nach einer Terminänderung spiegelt den inneren Widerstand des Patienten gegen die Therapie sowie seine damit verknüpften Ängste wider. Der Therapeut sollte den Patienten ermutigen, den vereinbarten Termin wenn möglich einzuhalten. Nur in einem wirklichen Ernstfall gibt es keine andere Möglichkeit, als den Termin zu ändern. Dennoch entsteht beim Patienten das unbewußte Gefühl, den Therapeuten manipuliert zu haben, und die solide Stütze, die einer optimalen Behandlung zugrundeliegt, wird beeinträchtigt. (Siehe auch Kapitel 9 und 10.)

Betrachten wir folgendes Beispiel: Frau Wade, eine Werbegrafikerin, erhält von einer Klinik den Namen und die Telefonnummer der Psychologin Dr. Bentley. Frau Wade setzt sich noch am selben Tag mit der Therapeutin in Verbindung. Im Laufe des Gesprächs weist sie darauf hin, daß sich ihr Problem ausschließlich auf ihre Arbeit bezieht; es sei keinesfalls persönlich und vor allem in keiner Weise sexuell bedingt. Sie erwähnt, sie könne mit einem analytisch orientierten Therapeuten, der alles auf Sexualität zurückführe und sich in ihr Privatleben einmischen werde, nicht zusammenarbeiten. Sie wolle sich deshalb bei Dr. Bentley vergewissern, ob man sich auf berufliche Fragen beschränken könne bzw. auf ihre Probleme mit Pünktlichkeit und ihre Neigung, sich mit ihren Vorgesetzten anzulegen. Dr. Bentley zeigt sich für eine solche therapeutische Einschränkung aufgeschlossen. Eine Konsultationsstunde wird vereinbart.

Während der ersten Sitzung betont Frau Wade nochmals, wie sehr sie das Entgegenkommen der Therapeutin schätze. Sie könne ihr nun wirklich vertrauen und alles erzählen, ohne zu befürchten, daß alles auf eine sexuelle Ursache zurückgeführt werde. Diese Bemerkung ist, auch auf bewußter Ebene, seltsam und paradox. Dennoch ist Frau Wade mit der Therapeutin offenbar zufrieden. Unbewußt sind ihre Reaktionen völlig anders. Im Laufe der Sitzung erinnert sie sich daran, daß ihr Bruder vor Jahren an akuten Blinddarmschmerzen gelitten hatte. Die Ärzte zögerten, ihn zu operieren. Die Folge war, daß sich der Zustand ihres Bruders ernsthaft verschlimmerte und er die dann doch notwendige Operation kaum überlebte. Als sie daran denken muß, wird sie wieder wütend: Warum hatten die Ärzte nicht die richtigen Maßnahmen ergriffen? Sie erkannten die Situation nicht richtig und legten eine unverzeihliche Inkompetenz an den Tag.

Offensichtlich beziehen sich diese Bemerkungen unbewußt auf die Bereitschaft der Therapeutin, das Sexualleben der Patientin zu umgehen. Die menschliche Psyche ist in der Tat bemerkenswert – sie ist so konstruiert, daß ein Patient bewußt von Vertrauen zu sprechen vermag und zugleich tiefes unbewußtes Mißtrauen zum Ausdruck bringen kann.

Manche Patienten äußern den Wunsch nach einer gemeinsamen Konsultation mit ihrem Ehegatten, einem Freund oder einer anderen Person. Ein Wunsch, auf den wir in Kapitel 10 näher eingehen werden. Hinter einem solchen Vorschlag verbirgt sich immer das Bedürfnis, die Intimität, die einer Psychotherapie zu zweit zugrundeliegt, zu vermeiden. Der Therapeut, der einer solchen Bitte zustimmt, muß als *«unzulässig»* oder sogar *«gefährlich»* eingestuft werden. Im tiefen

Unbewußten stellen äußerste Verschwiegenheit und Vertraulichkeit die idealen therapeutischen Bedingungen dar. Es ist selbstverständlich möglich, in einer Partner-, Familien- oder Gruppentherapie ein gewisses Maß an Hilfe zu erlangen; dennoch wird dadurch eine Reihe von unbewußten Vernetzungen hergestellt, die weder vom Patienten noch vom Therapeuten bemerkt werden. In jeder vom Ideal abweichenden therapeutischen Situation erkennt das tiefe Unbewußte die Angst des Therapeuten, mit dem Patienten allein zu sein. Unbewußt wird der Therapeut als untreu betrachtet, als jemand, der den Schutz anderer braucht und sich für diese mehr engagiert als für den Patienten.

In dieser Hinsicht erinnern Sie sich vielleicht an den Fall von Philip (Kapitel 5), der seinen Therapeuten dem Bruder seiner Freundin empfahl und dann von zwei promiskuitiven Rendezvous träumte. In diesem Beispiel wird die Gegenwart eines Dritten nur indirekt vom Therapeuten zugelassen. Dennoch schätzt das Unbewußte den Therapeuten als jemand ein, der sich vor Intimität fürchtet, der sich nicht an Verpflichtungen hält und dem es an Moralität und Unterscheidungsvermögen mangelt. Solche Wahrnehmungen sind noch stärker betont, wenn der Therapeut dem Wunsch nach der unmittelbaren Teilnahme eines Dritten zustimmt. Wir werden später ausführlicher auf weitere Implikationen dieser Praxis eingehen. An dieser Stelle soll nur noch einmal betont werden, daß das tiefe Unbewußte universell eine Einzel-Psychotherapie allen anderen Behandlungsmethoden vorzieht.

Ein weiterer Gesichtspunkt betrifft die Verfügbarkeit des Therapeuten. Ein Therapeut, der ein oder zwei Wochen vor einem geplanten Urlaub einen neuen Patienten aufnimmt, muß als *«fragwürdig»* eingestuft werden, auch noch bei drei bis vier Wochen vor einer längeren Abwesenheit. Der Patient sollte zumindest über die Situation informiert werden und die Möglichkeit erhalten, sich eventuell an einen anderen Therapeuten zu wenden. Therapeuten, die solche Urlaubspläne nicht erwähnen, werden unbewußt – und zu Recht – als Ausbeuter betrachtet, die den Patienten im Stich lassen.

Es könnte auch sein, daß der Therapeut ausgebucht ist und dem Patienten keine regelmäßigen Termine anbieten kann. Manchmal wird eine Warteliste geführt. Eventuell entscheidet sich der Therapeut erst während der ersten Sitzung, ob er mit dem Patienten zusammenarbeiten kann oder ihn lieber einem anderen Therapeuten zuweist. Wie ist derartiges Verhalten zu beurteilen? Im Optimalfall wird ein Therapeut nur dann eine Konsultation vereinbaren, wenn er sicher ist, daß eine regelmäßige Behandlung arrangiert werden kann. Eine Konsultation, die auf eine Überweisung an einen anderen Therapeuten hinausläuft, ist bestenfalls als *«fragwürdig»*, schlimmstenfalls als *«gefährlich»* zu bewerten. Das gleiche gilt für die Verwendung von Wartelisten. Trotz der bewußten Bereitschaft vieler Patienten, solche Praktiken zu dulden, werden sie unbewußt als Form der Ausbeutung registriert.

Angesichts des Bedürfnisses des Bewußtseins, scheinbar nebensächliche Unzulänglichkeiten des Therapeuten zu übersehen, sollte alles, was der Therapeut während der Kontaktaufnahme sagt und tut, bewußt beobachtet und abgewogen werden. Sie sollten nichts als selbstverständlich hinnehmen; alles sollte reflektiert werden. Noch wichtiger für das Verständnis der unbewußten Auswirkungen dieser ersten Interaktion ist jedoch die Deutung der darauffolgenden Träume und Erzählungen. Welche Verhaltensweisen bzw. Interventionen in diesem ersten Stadium der Therapie lassen sich als auffälligste Auslöser iatrogener Störungen erkennen?

Welche Anweisungen werden gegeben?

Der ideale Therapeut wird sich erkundigen, ob der Patient den Weg zu seiner Praxis kennt. Wenn ja, kann das Gespräch beendet werden. Wenn nicht, sollte er sorgfältige Anweisungen geben. Es ist höchst *«fragwürdig»*, wenn ein Therapeut Straßenpläne oder sonstige Informationen mit der Post verschickt.

Auch der Therapeut, der während der ersten Kontaktaufnahme andere Ratschläge erteilt, wird mit *«fragwürdig»* bis hin zu *«gefährlich»* bewertet. So werden zum Beispiel Vorschläge zur Erleichterung der Symptome unbewußt als aufdringlich und manipulativ registriert, als gegen die Autonomie des Patienten gerichtet.

Manchmal fragt der Patient während des ersten Gesprächs nach Medikamenten. Die Bereitschaft, aufgrund eines Telefongesprächs Medikamente zu verordnen – auch im Laufe einer regelmäßigen Behandlung –, sollte als *«gefährlich»* bewertet werden. Medikamente sollten nur nach einer ausführlichen persönlichen Konsultation und einer entsprechenden Einschätzung des Zustands verschrieben werden. Jedes gegenteilige Verhalten, auch in einem angeblichen Notfall, muß auf äußersten Verdacht stoßen.

Wie wird das Gespräch beendet?

Im Optimalfall wird das Gespräch dadurch beendet, daß sich beide voneinander verabschieden und der vereinbarte Termin eventuell noch einmal kurz bestätigt wird. Wie bereits erwähnt, sollte das Gespräch weder vom Patienten noch vom Therapeuten unnötig ausgedehnt werden. Jeder Versuch des Therapeuten, weitere überflüssige Fragen zu stellen oder banale Bemerkungen zu machen, gilt als verdächtig und wird als *«fragwürdig»* bewertet. Sobald feststeht, daß sich der Patient in keiner akuten Gefahr befindet, und der erste Termin vereinbart wurde, sollte das Gespräch beendet werden.

Zum Schluß ein letztes Beispiel. Es berührt noch einmal die Frage der Zuweisung, verdeutlicht zudem, welche Fülle von Informationen allein durch die Handhabung des ersten Gesprächs zum Vorschein kommt. Es beinhaltet außerdem einige weitere Aspekte der Grundregeln, die in den Kapiteln 9 und 10 ausführlicher besprochen werden.

Als Frau Glass bei Dr. Cartwright anruft, um eine Konsultation zu vereinbaren, wird das Gespräch von seiner Sekretärin entgegengenommen. Als erstes läßt sich Frau Glass von der Sekretärin bestätigen, daß der Therapeut von ihrer Krankenkasse anerkannt ist. Als sie dann einen Termin vereinbaren will, sagt die Sekretärin, sie werde die Nachricht weitergeben, und Dr. Cartwright werde sie innerhalb der nächsten Stunde zurückrufen.

Als der Therapeut anruft, erkennt er Frau Glass als die Oberschwester eines Krankenhauses, in dem er selbst tätig war. Er ist ziemlich sicher, daß Frau Glass ihn kennt, erwähnt jedoch nichts. Nachdem die Frage der Versicherung nochmals geklärt wurde, erwähnt Frau Glass das Krankenhaus und die Tatsache, daß sie seinen Namen und den eines weiteren Therapeuten von einer Krankenschwester erhalten habe. Dr. Cartwright äußert lediglich seine Bereitschaft, sie als Patientin aufzunehmen. Frau Glass will die Angelegenheit noch einmal überdenken. Am nächsten Tag ruft sie zurück und vereinbart ihren ersten Termin.

Dr. Cartwrights Praxis befindet sich in einem Bürohaus. Obwohl er eine Sekretärin beschäftigt, kann deren Büro weder vom Warteraum noch vom Konsultationsraum aus gesehen werden. Während der Sitzung erzählt Frau Glass, daß sie ein außereheliches Verhältnis mit einem unverheirateten Mann begonnen habe. Der Grund für die Therapie sei ihre Unentschiedenheit. Sie spüre, daß sie den anderen Mann liebe, und wisse nicht, ob sie ihren eigenen Mann verlassen solle. Sie hoffe, Dr. Cartwright könne sie beraten. Sie fügt hinzu, daß sie ihrem Mann die Wahrheit erzählen wolle, um eine komplizierte Dreiecksbeziehung zu vermeiden. Im Laufe der Stunde erzählt sie von einem Onkel, der sie als Kind auch öffentlich, manchmal sogar in Gegenwart ihrer Mutter, sexuell belästigt habe. Ihre Mutter habe diese Vorfälle einfach ignoriert. Sie fährt fort, daß sie schon dreimal verheiratet gewesen sei. Was sie beunruhige sei die Tatsache, daß sie sich immer wieder in andere Männer verliebe und dadurch bisher jede Ehe zerstört habe. Jedesmal sei die Situation verwirrend und auch selbstzerstörerisch gewesen. Vielleicht sei es hilfreich, wenn Dr. Cartwright auch ihren Mann in die Behandlung aufnehme. Als die Stunde zu Ende ist, macht Frau Glass eine Bemerkung über das Krankenhaus und die psychiatrische Abteilung, in der Dr. Cartwright tätig war.

Auch hier haben wir eine typische Situation, in der die Patientin einen Therapeuten wählt, der bewußt akzeptabel ist, unbewußt jedoch eine Beziehung anbietet, durch die sich gewisse Traumen ihrer Kindheit wiederholen lassen. Eine derartige Konstellation verkörpert die Probleme, die die Patientin eigentlich zu lösen bestrebt ist – nämlich schädliche Beziehungen und inzestuöse Dreierbindungen. Die Tatsache, daß Frau Glass diesen und nicht den zweiten Therapeuten wählt, läßt sich vermutlich folgendermaßen begründen: Zunächst kennt sie Dr. Cartwright durch das Krankenhaus. Deshalb nimmt sie seine Person unbewußt als inzestuös wahr. Zweitens entsteht durch die Sekretärin eine Dreierbeziehung, die unbewußt der außertherapeutischen Situation, in der sie sich derzeitig befindet, gleicht. Bereits während des ersten Telefongesprächs werden diese Aspekte zum großen Teil registriert. Das erste Gespräch wird mit der Sekretärin geführt, die sofort und völlig unangemessen auf die Frage der Versicherung antwortet und somit ihre teilnehmende Rolle bei der Therapie definiert.

Dr. Cartwright ignoriert die Tatsache, daß er die Patientin aus einem anderen Umfeld bereits kennt. Dieses Verhalten deutet von vornherein auf seine Bereitschaft hin, innerhalb des unbewußten pathologischen Dramas der Patientin mitzuspielen. Dieses Drama wird durch die therapeutische Beziehung neu inszeniert und genau wie in den drei Ehen der Patientin wiederholt. Trotzdem sind sowohl der Therapeut als auch die Patientin fest davon überzeugt, daß sie das Problem zu lösen versuchen. Die Frage der Patientin, ob ihr Mann an der Therapie teilnehmen könne, stellt einen weiteren Versuch dar, eine vergleichbare Dreierkonstellation zu schaffen.

Dieses Beispiel verdeutlicht, wie viele Informationen unbewußt durch ein einführendes, in diesem Fall abweichendes Gespräch vermittelt werden können. Das Material der Patientin – die Beschreibung ihrer Unzufriedenheit mit ihrem derzeitigen Leben – ist offenbar ein verschlüsselter Ausdruck ihrer Unzufriedenheit mit der therapeutischen Situation. Ich habe bereits angedeutet, daß ein Patient unter solchen Bedingungen nur eine zweifelhafte Heilung erreichen kann. Die Wahrscheinlichkeit, daß festgefahrene Probleme durch eine Behandlung, die unbewußt die gleichen Probleme herstellt, gelöst werden, ist äußerst gering. Tatsache ist, daß Patienten, deren Leben durch inzestuöse Erfahrungen und Bedürfnisse geschädigt und gestört worden ist, unbewußt ebenfalls schädigende und unterschwellig inzestuöse psychotherapeutische Situationen aufsuchen.

An dieser Stelle bedenken Sie nochmals, was bereits vor der ersten Konsultation stattgefunden hat. In diesem Kapitel haben wir gesehen, daß die verschiedensten Interventionen bereits bei der ersten Kontaktaufnahme zustande kommen. Jede Intervention bestimmt die Art, in der die Therapie vom Patienten sowohl bewußt als auch unbewußt erlebt wird, und spiegelt sich in den Mitteilungen des Patienten während der ersten Konsultation. Interventionen, die besonders hilfreich oder schädigend sind – vor allem in ihrer Auswirkung auf die therapeutischen Rahmenbedingungen –, gelten als die bedeutendsten Auslöser für verschlüsselte Darstellungen. Sowohl der Therapeut als auch der Patient, der sich dieses Grundprinzips bewußt ist, ist gut vorbereitet für den Ablauf der ersten Sitzung.

Dennoch: Bevor diese Konsultation stattfindet, kann der potentielle Patient innehalten und das Geschehene Revue passieren lassen. Sie haben Ihren Therapeuten bereits aufgrund der Zuweisung bewertet. Nun können Sie eine Bewertung auf der Basis seines Verhaltens während der ersten Kontaktaufnahme hinzufügen. Falls Sie häufig zu der Bewertung «*unzulässig*», eventuell noch ein- oder zweimal «*gefährlich*» gekommen sind, sollten Sie entweder den weiteren Verlauf der Behandlung mit großer Vorsicht betrachten oder einen anderen Psychotherapeuten aufsuchen. Denn was später dann, in der Konsultation, stattfinden wird, hat noch größere Auswirkungen als alles, was während der Kontaktaufnahme geschieht. Denken Sie darüber nach: Wenn es bereits jetzt starke Anzeichen für eine gefährliche Situation gibt, müssen Sie sich schützen oder ihr aus dem Weg gehen.

Sie können zu einer noch fundierteren Entscheidung kommen, wenn Sie in den Tagen nach der Kontaktaufnahme auf Ihre Träume und Erzählungen achten und sie entsprechend deuten. Das heißt, Sie sollten sich mit den Themen Ihrer Traumbilder beschäftigen und sie mit den Äußerungen des Therapeuten in Verbindung bringen. Solche Bilder sind immer ein Ausdruck Ihrer unbewußten Bewertung des jeweiligen Therapeuten. Falls Sie sehr merkwürdigen Bildern begegnen, sollten Sie Ihre Wahl überdenken. Wenn Sie trotzdem die Therapie fortsetzen, sollten Sie sich auf belastende Träume gefaßt machen.

Die Kontaktaufnahme

Fragen zur Kontaktaufnahme – Aussagen, die auf eine zulässige Handhabung der Therapie hinweisen:

- ○ Ich setzte mich mit dem Therapeuten/der Therapeutin telefonisch in Verbindung.
- ○ Der Therapeut/die Therapeutin nahm den Anruf persönlich entgegen.
- ○ Der Therapeut/die Therapeutin hat einen Anrufbeantworter und rief am selben Tag zurück.
- ○ Das Gespräch war kurz, gezielt und sachlich; nur der Therapeut/die Therapeutin war am Gespräch beteiligt.
- ○ Ein fester Termin innerhalb weniger Tage wurde vereinbart.
- ○ Der Therapeut/die Therapeutin gab mir eine Wegbeschreibung zu seiner/ihrer Praxis.

Aussagen, die auf fragwürdige oder unzulässige Handhabung der Therapie hinweisen; überdenken Sie die Wahl Ihres Therapeuten:

- ○ Ein anderer übernahm die Terminvereinbarung für mich (obwohl kein Notfall vorlag).
- ○ Ich begegnete dem Therapeuten/der Therapeutin in einer Klinik/in der Notaufnahme eines Krankenhauses.
- ○ Ich hinterließ eine Nachricht, aber der Therapeut/die Therapeutin rief erst einige Tage später zurück.
- ○ Der Therapeut/die Therapeutin war ausgebucht und konnte erst für Wochen später einen Termin festlegen.
- ○ Ich vereinbarte den Termin mit einer Sekretärin.
- ○ Das Gespräch mit dem Therapeuten/der Therapeutin war sehr ausführlich – er/sie stellte viele Fragen zu meinen Symptomen und meiner Geschichte.
- ○ Ich sagte, es sei dringend, aber der Therapeut/die Therapeutin nahm mich nicht ernst.
- ○ Nach dem Telefongespräch fiel mir auf, daß ich den Weg zur Praxis nicht wußte.
- ○ Der Therapeut/die Therapeutin schien das Gespräch nicht beenden zu wollen, obwohl wir das Wichtigste geklärt hatten.

Aussagen, die auf eine gefährliche Handhabung der Therapie hinweisen; nehmen Sie sich in acht:

- ○ Ein anderer machte den Termin für mich aus, damit ich mich verpflichtet fühlen würde, wirklich hinzugehen.
- ○ Der Ehegatte des Therapeuten/der Therapeutin rief mich zurück und vereinbarte mit mir den Termin.
- ○ Nach meinem ersten Anruf vergaß der Therapeut/die Therapeutin mich zurückzurufen.
- ○ Ich sagte, es sei ein Notfall, aber der Therapeut/die Therapeutin zeigte sich gänzlich unberührt und schlug einen Termin am Ende der Woche vor.
- ○ Der Therapeut/die Therapeutin erzählte ausführlich von sich – wo er/sie zur Schule ging, über den Beruf seines/ihres Ehepartners, über seine/ihre therapeutischen Ansichten.
- ○ Nachdem mein Problem telefonisch geklärt wurde, verschrieb der Therapeut/die Therapeutin sofort Medikamente.

7. Das therapeutische Umfeld

Wir haben bereits gesehen, daß viele Menschen die erste telefonische Kontaktaufnahme mit einem Psychotherapeuten für unwichtig halten. Ebenso werden der Lage oder Einrichtung der Praxis sowie dem gesamten therapeutischen Umfeld in der Regel wenig Bedeutung beigemessen. Im allgemeinen herrscht die Ansicht, daß die Beziehung zwischen dem Therapeuten und dem Patienten das Wesentliche ist – und nicht die Möbel oder der Teppichboden, die die Atmosphäre der therapeutischen Umgebung bestimmen. Diese Auffassung ist kennzeichnend für die bewußte Psyche. Auf der Ebene des tiefen Unbewußten wird jedoch zwischen dem Therapeuten und seinem Umfeld nicht unterschieden. Mit anderen Worten: Alles, was Sie in Verbindung mit Ihrem Therapeuten wahrnehmen – sei es die Einrichtung der Praxis, die Gegenwart von Hilfspersonal oder die Anwesenheit anderer Patienten im Wartezimmer –, wird zum Teil Ihres therapeutischen Erlebnisses; es gibt keine Ausnahmen.

Möglicherweise erscheint Ihnen die Vorstellung, daß Ihre Therapie durch die Lage der Praxis oder die Einrichtung des Wartezimmers beeinflußt wird, etwas übertrieben. Bedenken Sie jedoch, daß die Therapie an sich auf einer Erkenntnis Freuds beruht, die besagt, daß alle möglichen unbewußten Erlebnisse das Verhalten beeinflussen können. Wir sind daran gewöhnt zu glauben, daß Ansichten und Verhaltensweisen durch Herkunft und Sozialisation geprägt werden. Jemand, der in einem Hochhaus in der Großstadt aufgewachsen ist, wird die Welt anders wahrnehmen als ein Landbewohner. Die TV-Prominenz wird üblicherweise von Marketing-Experten beraten, um einem Image zu entsprechen, das die meisten Zuschauer anziehen wird. Es mag uns nicht immer bewußt sein, daß ein Moderator im Polohemd oder im Anzug erscheint, aber solche Details sowie die allgemeine Atmosphäre im Studio haben meßbare psychologische Auswirkungen und damit letztlich auch auf die Zuschauerquoten.

Warum glauben wir also, daß die Faktoren, die das therapeutische Umfeld bestimmen, die wesentlich engere Beziehung zu einem Therapeuten nicht beeinflussen? Ist die Praxis in einem Bürohaus, wird sich die therapeutische Beziehung anders entfalten, und man wird sich auf andere Fragen konzentrieren, als wenn sie sich in einer Klinik, in einem Krankenhaus oder im Haus des Therapeuten befindet. Es gibt noch eine Vielzahl weiterer Überlegungen. Manchmal findet die Therapie zweimal wöchentlich an zwei verschiedenen Orten statt. Eventuell werden die Sitzungen nicht in der Praxis abgehalten. Eventuell dient das Wohnzimmer einer Privatpraxis als Wartezimmer. Ist ein WC vom Wartezimmer aus zu erreichen, oder befindet es sich auf der Etage oder neben dem Konsultationsraum? Hat der Therapeut eine Sekretärin? Wenn sich die Praxis im Haus des Therapeuten befindet, wird die Tür normalerweise von einem Familienmitglied geöffnet? Liegt der Konsultationsraum abseits, und ist er schalldicht? Welcher Bedeutung sollte der Gegenwart anderer Familienmitglieder in anderen Teilen des Hauses beigemessen werden?

Wir wissen bereits anhand der geschilderten Erfahrungen von Patienten, daß das tiefe Unbewußte jeder Einzelheit einer therapeutischen Behandlung sehr genaue Beachtung schenkt. Aufgrund dieser Beobachtungen lassen sich die idealen Bedingungen, die vom Unbewußten durchgehend befürwortet werden, folgendermaßen darstellen: Die Praxis befindet sich gemeinsam mit anderen medizinischen Einrichtungen in einem Bürohaus. Sie verfügt über ein dezent eingerichtetes Wartezimmer und einen zweiten Ausgang im Konsultationszimmer. Die Einrichtung enthält Rollos oder Jalousien, die ein angenehmes Gefühl der Geborgenheit vermitteln. Das Konsultationszimmer selbst ist schalldicht. Vom Wartezimmer aus gibt es einen direkten Zugang zu den Toiletten. Hinsichtlich des Personals betrachtet das tiefe Unbewußte jede Psychotherapie als eine ausschließlich private Angelegenheit zwischen dem Patienten und dem Therapeuten. Außenstehende, gleichgültig welcher Art, haben auf den Verlauf und auf das Ergebnis der Therapie generell nachteilige Auswirkungen.

Zunächst schauen wir uns ein Beispiel für eine ideale Kontaktaufnahme sowie für ein optimales therapeutisches Umfeld an. Achten Sie bitte insbesondere auf die unbewußten Wahrnehmungen, die unter diesen Umständen hervorgebracht werden. Herr Kipling ist ein junger Mann, Ende Zwanzig, der aufgrund depressiver Phasen, die durch berufliche Schwierigkeiten bedingt sind, den Therapeuten Dr. Merrick aufsucht. Er hat den Namen des Therapeuten und dessen

Telefonnummer von seinem Internisten erhalten. Als er in der Praxis anruft, wird er sofort mit Dr. Merrick verbunden. Herr Kipling nennt sofort seinen Namen und erwähnt, von wem die Empfehlung stammt. Er erklärt, daß er in letzter Zeit häufiger depressiv gewesen sei und deshalb eine Konsultation vereinbaren wolle.

Dr. Merrick fragt nach dem Ausmaß der Depression. Herr Kipling antwortet, es handele sich um ein anhaltendes dumpfes Gefühl, nicht aber um einen Notfall oder um Selbstmordgedanken. Dr. Merrick fragt Herrn Kipling, ob ihm ein Termin am Vormittag passen würde, und der Patient erwidert, daß eine möglichst frühe Uhrzeit ihm am liebsten sei. Als der Therapeut eine Konsultation für 8.15 am folgenden Tag vorschlägt, stimmt Herr Kipling zu. Dann fragt Dr. Merrick, ob Herr Kipling die Anschrift der Praxis kenne. Als Herr Kipling verneint, gibt er sie durch. Herr Kipling ist mit der Lage vertraut, also stellt er keine weiteren Fragen, sondern bedankt und verabschiedet sich. Dr. Merrick bestätigt den Termin noch einmal und verabschiedet sich ebenfalls.

Es ist mir klar, daß eine so detaillierte Gesprächswiedergabe dem Leser, zumindest auf bewußter Ebene, etwas trivial und trocken erscheinen mag. Für den Patienten sind diese Einzelheiten jedoch alles andere als belanglos. Das tiefe Unbewußte nimmt sie als äußerst positiven Hinweis auf ideale therapeutische Bedingungen wahr bzw. als Hinweise auf das Vorhandensein eines sicheren therapeutischen Rahmens (für weitere Einzelheiten siehe Kapitel 9). Eine Betrachtung der ersten Minuten der Konsultation wird uns zeigen, in welchem Ausmaß das tiefe Unbewußte die Sachlichkeit, das menschliche Interesse und die Genauigkeit des therapeutischen Verhaltens erlebt.

Während der Sitzung am nächsten Morgen erzählt Herr Kipling zunächst von seiner Depression und seinen beruflichen Schwierigkeiten. Er fügt hinzu, daß einige seiner Bekannten das Problem auf die Tatsache zurückführen, daß er unverheiratet sei und allein lebe, behauptet daraufhin jedoch, daß er im Gegenteil gern allein lebe und seine Freiräume benötige. Er habe allerdings Schwierigkeiten damit, anderen so weit zu vertrauen, daß er glauben könne, daß sie ihn wirklich mögen. Dann erzählt er von seinem Großvater. Dieser sei der einzige Mensch in seinem Leben gewesen, dem er wirklich vertraut habe. Als er sechs oder sieben Jahre alt war, habe ihn der Großvater abends regelmäßig angerufen. Trotz ihrer Kürze hatten die Gespräche einen besonderen Stellenwert. Sein Großvater habe ihn immer unterstützt und ein echtes Interesse für ihn gezeigt. Irgendwie schien er immer da zu sein, wenn er jemanden brauchte. Es sei nicht so, daß sich seine Eltern nicht für ihn interessierten, aber der Großvater sei eine besonders wichtige Person für ihn gewesen.

Offensichtlich dient das Verhalten des Therapeuten bei der Kontaktaufnahme als Auslöser für diese Mitteilungen. Die Anspielung auf das Telefon ist eine sogenannte *Brücke*. Sie stellt die Verbindung zwischen der oberflächlichen Erzählung über den Großvater und der unbewußten Mitteilung her, die sich auf den Therapeuten bezieht. Herr Kipling deutet an, daß das Verhalten des Therapeuten während des Telefongesprächs sich mit dem seines Großvaters vergleichen läßt. Die Erzählung ist eine positive Chiffre für Dr. Merricks Bemühungen. Das tiefe Unbewußte interessiert sich nicht für Zuneigungserklärungen, sondern für unterstützende und zuverlässige *Verhaltensmerkmale*. Wir sehen auch, daß eine solche Handhabung der ersten Kontaktaufnahme auf einen sicheren Rahmen verweist bzw. auf eine private Sphäre, die den Erwartungen des Patienten im Hinblick auf Geborgenheit und Unterstützung entspricht. Positive Bilder dieser Art zeugen in der Regel davon, daß die Äußerungen und Verhaltensweisen des Therapeuten durch das Unbewußte des Patienten unterstützt werden.

Als Herr Kipling die Praxis von Dr. Merrick erreicht, wird die unbewußte Erwartung eines «sicheren Rahmens» bestätigt. Die Praxis befindet sich in einem Bürohaus, in dem auch andere Psychologen, Ärzte und Zahnärzte praktizieren. Die Praxis von Dr. Merrick ist im dritten Stock. Das Wartezimmer ist einfach, aber geschmackvoll eingerichtet und verfügt über drei Sessel. Von dort aus lassen sich keine Geräusche aus dem Konsultationsraum vernehmen, und es gibt einen direkten Zugang zu den Toiletten.

Herr Kipling fragt sich, ob er den vorangehenden Patienten zunikken oder auf andere Weise grüßen soll, wenn dieser aus dem Konsultationsraum kommt. Aber zu seinem Erstaunen sieht er diesen Patienten nicht. Erst später bemerkt er, daß eine zweite Tür direkt vom Konsultationsraum auf den Flur führt.

Um 8.15 betritt Dr. Merrick das Wartezimmer. Er begrüßt Herrn Kipling mit Namen und stellt sich vor. Dann gibt er ihm zu verstehen, er könne hineingehen. Er selbst folgt dem Patienten und schließt hinter sich zwei schwere schallisolierte Türen. Das Konsultationszimmer ist einfach eingerichtet. Es enthält einen Schreibtisch, einen Stuhl, eine Couch und einen Tisch zwischen zwei Sesseln. Auf dem Schreibtisch steht lediglich eine Lampe. Die Jalousien sind geschlossen. Es sind keine Straßengeräusche zu hören. Offenbar ist der ganze Raum gut isoliert. Neben einem der Sessel steht eine Polstertruhe. Allem Anschein nach ist dort der Platz des Therapeuten. Herr Kipling setzt sich also auf den Sessel, der der Tür am nächsten ist.

Während der ersten Stunde erzählt Herr Kipling einiges über die Beziehung zu seinem Großvater. Er weiß nicht warum, aber er erinnert sich plötzlich an ein Wochenende, das er vor vielen Jahren gemeinsam mit diesem Großvater in den Bergen verbrachte. Er kann sich an mehrere Szenen sehr genau erinnern – an die Einrichtung der Holzhütte, ihre Mahlzeiten draußen vor dem Feuer und ein Gefühl der Wärme und des Wohlbefindens. In der Nacht, meint er, habe er sich vor den Tieren, die er draußen hörte, gefürchtet. Er erinnert sich jedoch daran, daß diese Furcht mit einem beruhigenden Gefühl der Sicherheit verbunden war, weil der Großvater in der Nähe war.

Die Hütte ist offensichtlich ein Äquivalent zu dem Konsultationsraum. Das Umfeld, das einen sicheren therapeutischen Rahmen bildet, dient als Auslöser für Herrn Kiplings Erinnerungen, die wiederum seine unbewußten Wahrnehmungen vom Therapeuten und der therapeutischen Umgebung widerspiegeln. Obwohl Herr Kipling bewußt noch etwas nervös ist, liegt das Hauptgewicht seiner Erzählung ganz deutlich auf dem Gefühl der Geborgenheit, das er unbewußt erlebt. Auch die Furcht vor den Tieren durchdringt ein unbewußtes Sicherheitsgefühl. Möglicherweise ist sie als Ausdruck einer unbewußten Angst zu sehen, die die Offenbarung seiner tiefsten instinktiven Ängste und Bedürfnisse während der Therapie vorwegnimmt. Die Bilder sind kennzeichnend für eine Therapie, bei der ein sicherer Rahmen eingehalten wird. In einer solchen Situation werden unbewußte Wahrheiten freigesetzt, und der Patient erlebt eine unbewußte Angst vor Einengung. Dennoch deuten diese Bilder darauf hin, daß Herr Kipling durch den Therapeuten eine angemessene Unterstützung erwarten kann, um mit diesem Material und den darin enthaltenen Ängsten zurechtzukommen.

Wenden wir uns nun einigen der am häufigsten auftretenden Abweichungen von diesem Ideal zu. Das tiefe Unbewußte verlangt von einer therapeutischen Situation eine klare Struktur, festgelegte Grenzen, Geborgenheit und Unterstützung. Diese Merkmale sind nur dann zu finden, wenn das therapeutische Umfeld eine ausschließlich private Zweierbeziehung zwischen dem Therapeuten und dem Patienten gewährleistet. Oft wird das Umfeld sowohl für den Patienten als auch für den Therapeuten von finanziellen Sachzwängen bestimmt; dennoch reagiert das Unbewußte auf die eingegangenen Kompromisse. Ein Büro in einer Klinik oder in einem Krankenhaus hat, auch wenn es den Ausgangspunkt für eine hilfreiche Psychotherapie bilden kann, von der Umgebung her destruktive und schädigende Aspekte, die während der Behandlung zu erforschen und aufzuklären sind.

Frau Black hat aus finanziellen Gründen eine Therapie in einer preislich günstigen Klinik begonnen. Während ihrer zweiten Konsultation erzählt sie von einem Traum. Sie hat sich im Zoo verlaufen, die Wächter sind freundlich, aber trotzdem ist die Atmosphäre von einem Gefühl der Hektik und des Durcheinanders geprägt. Als sie weiter über den Traum nachdenkt, fällt ihr ein, daß sie die Klinik einem Freund gegenüber als «Zoo» bezeichnete, denn der Warteraum sei immer sehr überfüllt, und auch im Konsultationsraum falle der Geräuschpegel kaum ab. Sie habe sogar häufiger aus anderen Büros das Weinen und Schreien anderer Patienten gehört. Außer den Patienten seien ständig Sekretärinnen und andere Angestellte zu sehen. Meistens halte sich eine Gruppe neben dem Wartezimmer auf, trinke Kaffee und unterhalte sich laut. Als Frau Black bewußt wird, wie sehr diese Umstände zu ihrem Traum beigetragen haben, fällt ihr plötzlich auf, daß sie an das Haus denken muß, in dem sie als Kind mit ihren acht Geschwistern aufwuchs. Sie fühlt sich an die mangelnde Privatsphäre und Organisation erinnert und an das Gefühl, von ihren Eltern zuwenig beachtet zu werden. Das Chaos und die Entbehrung, die sie damals erlebte, wiederholen sich nun in dem Umfeld ihrer Therapie. Dennoch registriert das Unbewußte das Interesse und die Aufmerksamkeit, die von ihrer Therapeutin ausgehen. Der Traum berichtet von freundlichen Wächtern. Dieser Hinweis läßt, trotz der nachteiligen Aspekte des Umfelds, auf ein hilfreiches therapeutisches Erlebnis hoffen. Das Maß an Bloßstellung, Demütigung und Ausnutzung, dem Patienten, beispielsweise in einer Klinik, ausgesetzt sind, kann in der

Tat durch den jeweiligen Therapeuten auf ein Minimum reduziert werden.

Der Therapeut, der selbständig praktiziert, kann seine Praxis in seiner Privatwohnung eingerichtet haben. Diese Einrichtung wird bewußt für alle Arten der Psychotherapie akzeptiert – die einsichtsorientierte Psychoanalyse eingeschlossen. Auch hier tauchen jedoch bei Patienten immer wieder unbewußte Themen auf, die auf eine Abweichung von den idealen Rahmenbedingungen hinweisen. Am häufigsten werden Bilder hervorgerufen, die einen Therapeuten darstellen, der sich entweder nicht von seiner Familie lösen kann, oder sich davor fürchtet, mit dem Patienten allein zu sein. Andere Bilder betonen wiederum das Bedürfnis des Therapeuten, sich selbst und seine Familie sowohl sexuell als auch aggressiv bloßzustellen. Ebenfalls wird eine Neigung deutlich, den Patienten mit anderen Menschen zu konfrontieren. Solche Abweichungen sollten als *«fragwürdig»* oder sogar *«gefährlich»* eingestuft werden. Sie müssen jedoch ein positives, wenn auch paradoxes, therapeutisches Ergebnis nicht unbedingt ausschließen. Wie ich bereits erwähnt habe, benutze ich in diesem Zusammenhang den Begriff «paradox», weil den positiven Ergebnissen gleichzeitig allzuoft ungesunde Mechanismen zugrundeliegen. Zum Beispiel mag die Abweichung vom festgelegten Rahmen unbewußt als Bestrafung erlebt werden, so daß die Schuldgefühle des Patienten vorübergehend gelindert werden. In manchen Fällen wird der Therapeut unbewußt als Hilfsbedürftiger betrachtet als der Patient selbst, so daß Minderwertigkeitsgefühle oder die Neigung zur Selbsterniedrigung abgebaut werden. Paradoxe Heilungen dieser Art sind angenehm, weil sie eine Linderung der Symptome, die einen Patienten ursprünglich zur Therapie geführt haben, bewirken. Sie fordern jedoch alle einen Preis, der in der Regel vom Patienten sowie vom Therapeuten übersehen wird.

Ich hoffe, daß ich nicht moralisierend auf den Leser wirke. Ich möchte auch keinesfalls den Eindruck erwecken, daß der Patient irgendwann von einer nicht ehrlich erlangten Heilung eingeholt wird. Was ich ausdrücken möchte ist lediglich, daß eine paradoxe Heilung nur die Symptome behandelt, ihre psychologische Ursache aber unberücksichtigt läßt. Die zugrundeliegenden Probleme sind immer noch vorhanden und neigen dazu, woanders in einer neuen – eventuell erträglicheren – Form wiederaufzutreten. Deshalb erkennen wir sie nicht als die Folgen einer Therapie, die lediglich eine Reihe von Symptomen gegen neue eingetauscht hat.

Folgendes Beispiel verdeutlicht die unbewußten Wahrnehmungen, die durch eine Praxis im Privathaus hervorgerufen werden. Dr. Salter ist Vertreter der einsichtsorientierten Behandlungsmethode. Der Patient, Herr Berry, ist gewohnt, daß ihm die Tür von der Frau des Therapeuten geöffnet wird, da Dr. Salter in der Regel noch mit einem anderen Patienten zusammensitzt. Manchmal kann Herr Berry die Stimme der Frau auch hören, wenn sie telefoniert oder mit den Kindern spricht. Dr. Salter benutzt das Wohnzimmer als Wartezimmer und ein Arbeitszimmer, das sich neben dem Flur befindet, als Konsultationsraum. Keines der beiden Zimmer ist schallisoliert. An dieser Stelle möchte ich noch hinzufügen, daß es für das tiefe Unbewußte keinen erheblichen Unterschied darstellt, ob eine Privatpraxis einen separaten Eingang hat oder an das Haus des Therapeuten angebaut ist. Die Auswirkungen dieser Konstellation auf das Unbewußte bleiben erhalten und lassen sich lediglich etwas mehr entschärfen als in dem hier geschilderten Fall.

Im Anfangsstadium seiner Therapie berichtet Herr Berry von einigen Träumen, die hinsichtlich seiner unbewußten Wahrnehmungen des therapeutischen Umfeldes nicht deutlicher sein können. In einem Traum läuft ein Onkel von ihm nackt und völlig verwirrt im Haus herum. In einem anderen Traum sieht er ein Haus, das halb Residenz und halb Scheune zu sein scheint. Alles ist sehr verkommen, und er hört durch die Wände die Stimmen anderer Menschen. Er hat das Gefühl, beobachtet zu werden, als würde ihn jemand bald überfallen. Erinnern Sie sich als Gegenbeispiel an die geborgene, sichere Holzhütte, an die sich Herr Kipling erinnert fühlt. Diese Assoziationen entstammten der unbewußten Wahrnehmung des Patienten von einem sicheren therapeutischen Umfeld. Die Traumbilder von Herrn Berry sind erheblich anders.

Der Fall von Frau Sylvian ist ähnlich. Die Praxis ihrer Therapeutin ist an deren Haus angebaut. Während ihrer ersten Konsultationsstunden beschwert sich Frau Sylvian darüber, daß ihr Mann sie buchstäblich nie allein lasse. Er habe ein Versicherungsbüro und bestehe darauf, daß sie jeden Tag mit ihm ins Büro gehe, um zu helfen. «Es ist fast, als ob er Angst hat, allein zu sein», sagt sie. «Er klammert sich an mich wie ein kleines Kind.» Frau Sylvian erzählt des weiteren von einer Freundin, die ein Verhältnis mit einem verheirateten Mann hatte. Dieser Mann sei genauso gewesen. Sie mußte überall mit ihm mitgehen, als könne er sie nicht loslassen. Schließlich habe sie ihn verlassen.

Dann erzählt Frau Sylvian von einem Gefühl der Paranoia, das sie in letzter Zeit spürt. Sie habe das Gefühl, daß Fremde alles über sie wissen, über ihre Therapie sowie über ihre emotionalen Probleme. Sie spüre ihre boshaften Blicke, als sei ihre Situation im Fernsehen veröffentlicht worden. Sie könne inzwischen nachvollziehen, daß manche Menschen sich nicht aus ihren Häusern trauten, aus Angst, beobachtet oder überfallen zu werden, sobald sie ihre eigene, sichere Sphäre verließen.

In diesem Fall hat die Patientin unbewußt Wahrnehmungen zum Ausdruck gebracht, die sich auf die Unfähigkeit der Therapeutin beziehen, sich von ihrer Familie zu entfernen. Die Patientin spürt bei der Therapeutin ein Bedürfnis, die Patientin ihrer Familie zu präsentieren (den boshaften Fremden, die alles über Frau Sylvian wissen), und eine Hemmung, das Haus zu verlassen, aus der Angst heraus, angegriffen zu werden. Hier ist es wichtig zu erkennen, daß diese Bilder nicht durch einen Traum oder eine Erzählung zum Vorschein kommen, sondern aufgrund eines neuen Symptoms. In vielen Fällen entwickeln Patienten neue Symptome, die durch die unbewußte Wahrnehmung therapeutischer Rahmenabweichungen bedingt sind. Da dieser Prozeß so tief im Unbewußten verwurzelt ist und so weit entfernt von allem, was ein Therapeut in der Regel zu erkennen oder zu verantworten bereit ist, bleibt die Ursache eines solchen Symptoms meistens unaufgedeckt. Der Therapeut, der eine solche Paranoia mit dem therapeutischen Umfeld in Verbindung bringt, ist äußerst selten.

Manchmal befindet sich das WC nicht innerhalb der Praxis, sondern auf einem öffentlichen Flur. Das ist zwar akzeptabel, aber es besteht die Gefahr, dem Therapeuten in dieser Umgebung zu begegnen. Dies mag auf bewußter Ebene wie eine Lappalie klingen. Das tiefe Unbewußte jedoch reagiert auf derartige Vorfälle sehr heftig. In einem Fall begegnen sich der Therapeut und der Patient kurz vor der Sitzung in der Herrentoilette. Es ist kein Zufall, daß letzterer die Sitzung mit einer Erzählung über einen Bekannten beginnt, der überraschenderweise seine homosexuelle Neigung ihm gegenüber angekündigt hat. Bestenfalls soll das WC direkt vom Wartezimmer aus zugänglich sein. Wenn der Patient erst durch den Konsultationsraum gehen muß, entstehen unbewußte Frustrationen. Das Unbewußte registriert zudem die Bereitschaft des Therapeuten, Störungen der therapeutischen Sphäre zuzulassen.

Unzureichende Schallisolierung wird immer als Mangel registriert. Die Gewährleistung eines privaten Umfelds und der äußersten Verschwiegenheit sind grundlegende Voraussetzungen dafür, daß der Patient seine schmerzlichsten Erinnerungen und Erlebnisse auszudrükken vermag. Das private Klima wird zusätzlich durch die spürbare Anwesenheit Dritter, zum Beispiel anderer Patienten, einer Sekretärin oder des Ehepartners des Therapeuten, beeinträchtigt. Unter solchen Umständen erzählen Patienten häufig von Eindringlingen, Spionen, Zeitungsreportern, Vergewaltigung usw. Außerdem wird die Anwesenheit anderer unbewußt als Anzeichen dafür aufgefaßt, daß der Therapeut sich fürchtet, mit dem Patienten allein zu sein, daß er die Unterstützung anderer benötigt, also auf die eine oder andere Weise inkompetent ist. Unter solchen Umständen neigen Patienten häufig zu langem Schweigen während der Konsultation und zu Verheimlichungen. Diese Reaktion kann auch bewußt ablaufen. Es ist nur natürlich, daß ein Patient vor seinem Therapeuten absichtlich bestimmte Informationen verbirgt, wenn er befürchtet, daß andere sie erfahren.

Wir leben in einer seltsamen Zeit. Obwohl sich Millionen von Menschen in therapeutischer Behandlung befinden, fürchten sich nicht wenige davor, daß ein Bekanntwerden ihrer psychischen Probleme ihrem beruflichen Werdegang schaden würde. Auch aus diesem Grund nimmt die Schweigepflicht des Therapeuten einen so hohen Stellenwert ein. Die Vorstellung, daß neben dem Therapeuten unzählige Mitarbeiter Zugang zu persönlichen Daten haben, ist eventuell ausreichend, um einige Menschen, auch wenn sie wirklich Hilfe brauchen, von einer Therapie abzuhalten.

Zudem ist es nicht ungewöhnlich, daß Patienten eine Freundschaft oder ein Verhältnis mit den Mitarbeitern des Therapeuten eingehen. Wie bereits erwähnt, wird auf unbewußter Ebene nicht zwischen dem Therapeuten und seinen Angestellten differenziert. Derartige Beziehungen können dem Patienten ein gewisses Maß an Erleichterung verschaffen, erzeugen aber in der Regel die unbewußte Wahrnehmung des Inzests oder einer ménage à trois. Auch hier beruht die emotionale Erleichterung des Patienten lediglich darauf, daß alte Symptome gegen neue eingetauscht werden. Das Leben erhält keine wirkliche Wende, sondern der Patient versucht durch vergleichbare Handlungen auch auf anderen Lebensgebieten die erlebte Erleichterung beizubehalten.

In bezug auf das therapeutische Umfeld sollten wir noch einen letzten Aspekt berücksichtigen: die Grundregel, daß eine Konsultation nur in der Praxis des Therapeuten abzuhalten ist. Ich habe bereits eine Therapeutin erwähnt, die aufgrund einer Rückenverletzung ihre Patienten zu sich nach Hause bat und die Konsultation vom Bett aus führte. Später habe ich mit einem ihrer Patienten gesprochen: «Es war ein seltsames Gefühl», sagte er, «als ob sie die Patientin auf der Couch war und ich der Therapeut.» Dieser Vergleich zeigt, daß ein Therapeut durch abweichende Praktiken sogar einen Rollentausch mit dem Patienten herbeiführen kann, indem er als hilfsbedürftige und nicht als hilfeleistende Person erscheint.

Auch die telefonische Konsultation stellt eine Abweichung von den Grundregeln dar. Selbst wenn es äußerst selten vorkommt, daß die erste Stunde auf diese Weise durchgeführt wird, bieten einige Therapeuten telefonische Konsultationen an, wenn der Patient aus gesundheitlichen oder zeitlichen Gründen nicht in die Praxis kommen kann. Ein solches Verfahren läßt sich ausschließlich in einem dringenden Notfall rechtfertigen, und auch dann sollte das Gespräch so kurz wie möglich sein. Unter allen anderen Umständen sollte eine persönliche Begegnung stattfinden. Im Unbewußten des Patienten verweist ein solches Telefonat immer auf eine defensive Haltung des Therapeuten und auf seine Angst, mit dem Patienten allein zu sein bzw. Gewalt oder Intimität zuzulassen. Unabhängig davon, wie solche Praktiken begründet werden, betrachtet das Unbewußte den Therapeuten als unfähig, sich von seinen Patienten zu lösen, als hilfsbedürftig, depressiv oder zu gutmütig.

Ein Beispiel zur Illustration: Frau Stuart ist Mutter von drei kleinen Kindern und hat Schwierigkeiten, ihre Termine bei der Therapeutin, Dr. Brody, einzuhalten. Dr. Brody schlägt deshalb vor, weitere Konsultationen per Telefon und möglicherweise auch zu einer anderen Zeit abzuhalten, die für Frau Stuart günstiger ist. Frau Stuart nimmt das verständnisvolle Angebot der Therapeutin dankbar entgegen.

Nach der ersten telefonischen Konsultation hatte sie jedoch einen

Traum: Sie liegt im trüben Wasser und spürt, wie sich ihr Körper auflöst. Es gibt nichts, das sie zusammenhält. Die Assoziationen, die der Traum hervorbringt, handeln von einem Strandurlaub in ihrer Teenagerzeit. Damals schlief sie aufgrund einer Wette mit ihrem Cousin und seinem besten Freund. Danach fühlte sich sich so erniedrigt und beschämt, daß sie den Cousin nicht mehr ansehen konnte; sie wollte nicht einmal mit ihm im selben Zimmer sein. Auch hier wird die Rahmenabweichung durch das Bewußtsein sogar mit Dankbarkeit akzeptiert. Unbewußt fühlt die Patientin, sie habe keinen Halt und löse sich in kleine Stücke auf. Es kommt ihr vor, als müsse sich die Therapeutin vor einem unangemessenen (inzestuösen) Kontakt mit ihr schützen. Die verschlüsselten Mitteilungen entstammen dem unbewußten Weisheitssystem. Als Reaktion auf die Wahrnehmungen plädiert das unbewußte Erinnerungssystem gleichzeitig für ein bestimmtes Handeln: Als ihr Mann eine ganze Nacht nicht nach Hause kommt, entscheidet sich Frau Stuart sofort für eine Scheidung. Als er sie am frühen Morgen anruft und ihr mitteilt, daß er aus geschäftlichen Gründen nicht kommen konnte, glaubt sie ihm nicht. Die übereilte Qualität ihrer Entscheidung – der Mangel an vernünftigem Abwägen – läßt einen neurotischen Zug erkennen. Der Therapeutin erzählt sie, daß sie sich über den Anruf ihres Mannes besonders ärgere, weil er dadurch sein Verhalten rechtfertigen und sie trösten wolle. Wäre Dr. Brody für verschlüsselte Mitteilungen sensibilisiert, hätte sie den Zusammenhang zwischen diesem Anruf und der telefonischen Konsultationsstunde erkannt. Frau Stuart traf ihre plötzliche Entscheidung am Abend nach einer telefonischen Konsultation, obwohl sie das Thema während des Gesprächs mit der Therapeutin nicht einmal erwähnt hatte.

Wir haben gesehen, daß einige wichtige Vorgänge bereits stattfinden, bevor der Patient dem Therapeuten begegnet. Jede Interaktion ist durch bewußte und unbewußte Wahrnehmungen geprägt und wird den Verlauf der Therapie sowie das Leben des Patienten (und des Therapeuten) tief beeinflussen. Die Art der Zuweisung, die Handhabung der ersten Kontaktaufnahme, das Umfeld, die Anwesenheit von Hilfspersonal – jeder dieser Aspekte erzeugt kraftvolle unbewußte Bilder, die den Patienten tief bewegen und eine Reihe von Erinnerungen wecken. All dies beeinflußt die derzeitige und künftige Anpassungsfähigkeit des Patienten bzw. seine Fähigkeit, die Realität zu bewältigen. Das heißt daß eine Bewertung Ihres Psychotherapeuten in diesen drei Bereichen bereits einige Anhaltspunkte zum Nachdenken bietet. Wenn eine Reihe von Verhaltensweisen als *«fragwürdig»* oder *«gefährlich»* zu bewerten sind, ist dies auf jeden Fall ein Grund zur Besorgnis. Falls Sie ein oder mehrere Male zu der Bewertung *«gefährlich»* kommen, sollten Sie sich ernsthaft überlegen, ob Sie Ihre Therapie fortsetzen möchten. Im Augenblick bilden diese Bewertungen jedoch den Hintergrund für eine Reihe neuer Betrachtungen bezüglich der Art und Weise, in der ein Therapeut die erste Konsultation durchführt, und insbesondere bezüglich der Beachtung, die den Grundregeln der Psychotherapie geschenkt wird. Diese Faktoren bilden insgesamt eine detaillierte und solide Grundlage für eine umfassende Bewertung Ihres Psychotherapeuten nach der ersten Sitzung.

Das therapeutische Umfeld

Die Praxis ist folgendermaßen eingerichtet – Aussagen, die auf eine zulässige Handhabung der Therapie hinweisen:

- ○ Die Praxis befindet sich in einem Bürohaus.
- ○ Vom Wartezimmer aus gibt es einen direkten Zugang zu einem WC.
- ○ Man kann die Praxis vom Konsultationszimmer aus verlassen, ohne durch das Wartezimmer zu müssen.
- ○ Die Einrichtung ist geschmackvoll, aber nicht auffällig.
- ○ An den Fenstern sind heruntergezogene Rollos oder Jalousien angebracht.
- ○ Der Konsultationsraum ist schallisoliert.

Aussagen, die auf eine fragwürdige oder unzulässige Handhabung der Therapie hinweisen; überdenken Sie die Wahl Ihres Therapeuten:

- ○ Die Praxis befindet sich im Haus des Therapeuten/der Therapeutin, ist aber von seinem/ihrem Wohnraum getrennt.
- ○ Das Wartezimmer wird von mehreren Therapeuten genutzt, so daß meistens auch andere Patienten dort sitzen.
- ○ Die Praxis befindet sich in einer Klinik.
- ○ Nach meiner Konsultation treffe ich immer schon auf den nächsten Patienten im Warteraum.

Aussagen, die auf eine gefährliche Handhabung der Therapie hinweisen; nehmen Sie sich in acht:

- ○ Die Praxis ist im privaten Wohnbereich des Therapeuten/der Therapeutin integriert.
- ○ In der Privatpraxis meines/meiner Therapeuten(in) bin ich mir der Gegenwart seiner/ihrer Familie bewußt.
- ○ Der Konsultationsraum ist nicht schallisoliert; man kann alles hören, besonders wenn jemand schreit oder weint.

8. Die erste Konsultation

Dr. Kelly betrachtet die erste Sitzung als Gelegenheit, dem Patienten möglichst viele ausführliche Fragen zu stellen. Seiner Ansicht nach schafft diese Methode eine solide Grundlage, auf der sich die Therapie entwickeln kann. Diese Vorgehensweise ruft jedoch bei seinen Patienten eine sehr starke unbewußte Reaktion hervor, die Dr. Kelly ebenfalls nicht bewußt wird. Er bemerkt nicht, daß sich der Patient nach jedem Interview über Menschen, die zuviel reden, beschwert: über Eltern, die nicht zuhören können, Arbeitgeber, die sich stur an ihre Vorschriften halten, oder Lehrer, die unsinnige Fragen stellen. Dr. Kelly achtet nicht auf die unbewußten Mitteilungen, die, vermittelt durch die Assoziationen seiner Patienten, zum Vorschein kommen. Deshalb kann er das Material nicht mit seiner eigenen Handhabung der Therapie in Verbindung bringen. Zudem bestätigen die Patienten seine Methode häufig, indem sie die ihnen bewußte Zufriedenheit zum Ausdruck bringen.

Wir wissen bereits, daß das scheinbare Interesse des Therapeuten bei seinen Patienten ein Gefühl der Zufriedenheit auslösen kann, während das tiefe Unbewußte seine Methode gleichzeitig als aufdringlich, störend oder hemmend im Hinblick auf die kreative, unbewußte Kommunikation auffaßt. In der Tat sprechen viele Patienten von Dr. Kelly unbewußt von der Feindseligkeit dieser Methode: In dem Material, das sie preisgeben, kommen häufiger Bilder von gewalttätigen und verletzenden Menschen zum Vorschein. Dennoch kann seine Methode zu vordergründigen Erleichterungen führen. Dem Patienten wird versichert, daß er weder schmerzliche Geheimnisse offenbaren noch für den Verlauf der Therapie Verantwortung übernehmen muß.

Betrachten wir nun eine beinahe ideale Situation – von der Kontaktaufnahme bis zur ersten Sitzung. Die Einschränkung gilt der Tatsache, daß der Therapeut Dr. Webb in einer Hinsicht von den idealen Rahmenbedingungen abweicht. Dieser eine Aspekt wurde von Herrn Cole, einem Patienten, registriert. Weil Dr. Webb auf dessen verschlüsselte Mitteilungen achtete, konnte er entsprechend reagieren. Aus folgendem Grund möchte ich auf dieses Beispiel eingehen. Es zeigt, wie wesentlich es ist, daß ein Therapeut zuhört und auf die unbewußten Wahrnehmungen des Patienten entsprechend eingeht.

Herr Cole, ein junger Mann Mitte Zwanzig, erhielt die Überweisung durch seinen Hausarzt. Sein Anruf wird von einer Sekretärin entgegengenommen, die seine Nachricht an den Therapeuten weitergibt. Dr. Webb ruft persönlich zurück, um den ersten Termin zu vereinbaren.

Die Praxis befindet sich in einem Bürohaus. Sie wird mit keinem anderen Therapeuten geteilt und hat ein eigenes Wartezimmer und WC. Das Büro der Sekretärin befindet sich neben dem Wartezimmer, kann aber nicht eingesehen werden.

Zur vereinbarten Zeit kommt Dr. Webb aus dem Büro seiner Sekretärin, geht ins Wartezimmer und begrüßt Herrn Cole. Er öffnet die Tür zum Konsultationsraum und gibt Herrn Cole zu verstehen, er könne hineingehen. Er folgt dem Patienten und schließt die Tür hinter sich.

Im Zimmer sieht Herr Cole einen leeren Schreibtisch, einen Tisch zwischen zwei Sesseln, eine Couch und an den Wänden einige dezente Kunstdrucke. Herr Cole setzt sich zuerst. Als beide Platz genommen haben, fragt der Therapeut, auf welche Weise er behilflich sein könne. Herr Cole sagt sofort, es handele sich um Probleme in seiner Beziehung. Er fühle sich von seiner Freundin Melinda unter Druck gesetzt. Sie wolle heiraten, aber er selbst wolle keine Verpflichtung eingehen. Er fragt, ob eine Partnertherapie vielleicht nützlich sei, ob Dr. Webb sie beide zusammen behandeln könne? Der Therapeut schlägt vor, Herr Cole solle zuerst weitererzählen. Er wolle etwas mehr erfahren, bevor er auf die Frage antworte.

Herr Cole fährt fort: Obwohl die Beziehung zu Melinda schon sehr intensiv sei, so daß man durchaus vom Heiraten sprechen könne, habe er sich vor kurzem in eine Kollegin namens Nancy verliebt. Er habe sich schon immer von ihr angezogen gefühlt, aber nie daran gedacht, ein Verhältnis mit ihr zu beginnen. Er komme nun mit seinen Gefühlen überhaupt nicht mehr zurecht. Seine Freunde meinten, er setze seine Beziehung zu Melinda aufs Spiel, und raten ihm, Nancy nicht mehr zu treffen. Aber das wolle er nicht: «Sie hat etwas», versucht Herr Cole etwas verlegen zu erklären. «Auch ihre Stimme zum

Beispiel. Sie hat die gleiche Intonation wie Ihre Sekretärin. Eine Mischung aus Sinnlichkeit und Unschuld, die mich ganz verrückt macht.»

Herr Cole erzählt noch eine ganze Weile. Es gibt einige lange Pausen, aber Herr Cole spricht überwiegend ungehemmt und ziemlich schnell. Dr. Webb hört zu und sieht seinen Patienten dabei die meiste Zeit direkt an. Die Assoziationen des Patienten sind etwas sprunghaft. Er erzählt von den Schwierigkeiten, die durch das Verhältnis mit einer Kollegin entstehen. Inzwischen sind anscheinend alle in seiner Abteilung über sein Privatleben informiert. Vor kurzem, berichtet Herr Cole, habe er sein Büro mit einem Kollegen teilen müssen, und die Gegenwart dieses Mannes habe ihn sehr geärgert. Er habe ein starkes Bedürfnis, allein zu sein, besonders im Büro. Er könne sich nicht richtig konzentrieren, wenn er nicht seine eigene Arbeitssphäre habe. Letztendlich sei jedoch die Beziehung zu Melinda sein Hauptproblem. Er könne die Situation nicht mehr nüchtern einschätzen. Er wisse nicht mehr, ob er sich gegen eine Heirat wehre, weil er sich vor Verpflichtungen fürchtet oder ob Melinda der Grund ist. Sie sei so eifersüchtig. Zur Zeit habe sie Grund dazu, aber auch sonst sei sie von Natur aus entweder sehr unsicher oder übermäßig besitzergreifend, und er finde diese Eigenschaften sehr irritierend. Vielleicht sei es doch hilfreich, wenn Dr. Webb sie zusammen behandeln könne.

Dr. Webb greift nun zum erstenmal aktiv ein. Die Hälfte der Stunde ist bereits um. Er weist darauf hin, daß Herr Cole seine Sekretärin erwähnt habe und nun Melinda zur nächsten Konsultation mitbringen wolle. Beides hängt anscheinend miteinander zusammen. Dr. Webb selbst habe eine Frau in die Therapie eingeführt, und Herr Cole wolle nun das gleiche tun.

Wenn wir uns das Material des Patienten ansehen, wird deutlich, daß er auf einer tieferen Ebene eine völlig andere Botschaft mitteilt. Indirekt deutet er an, daß keine der beiden Frauen zu dem therapeutischen Rahmen gehört.

Er macht ganz deutlich, daß er eine private Sphäre benötigt, um in der Therapie Fortschritte machen zu können, indem er auf die Notwendigkeit einer eigenen Arbeitssphäre hinweist. Es gibt eine unbewußte Verbindung zwischen der Sekretärin und dem Kollegen, mit dem er sein Büro teilen mußte. Melindas Anwesenheit würde den Mangel an Privatsphäre zusätzlich verstärken. Auch der Bezug zu den Schwierigkeiten, die ihm das Verhältnis mit einer Kollegin bereitet, bzw. die Vermischung der persönlichen und der beruflichen Ebene weisen darauf hin, daß die Anwesenheit Melindas bei der Therapie unbewußt als unangemessen registriert wird. Indirekt also beantwortet Herr Cole seine Frage selbst: Wenn er die Therapie fortsetzen soll, dürfen keine anderen daran teilnehmen. Unbewußt informiert er Dr. Webb sogar darüber, indem er von den Ratschlägen seiner Freunde berichtet: Eine dritte Person wird die ursprüngliche Beziehung nur verletzen.

Dr. Webb geht auf diesen unbewußten Ratschlag ein. Er sagt, er verstehe die Mitteilungen auf zwei Ebenen: Zunächst werde er Melinda nicht in die Therapie aufnehmen, und dann werde er sich überlegen, ob er wirklich eine Sekretärin brauche.

Herr Cole schweigt eine Weile. Dann erzählt er Dr. Webb, er habe seine Eltern als Kind verloren. Er sei adoptiert worden, aber er wüßte nicht, was für ein Gefühl es sei, von seinen leiblichen Eltern wirklich geliebt zu werden, eine Mutter zu haben, die ihr Kind vom ersten Augenblick an liebt.

Herr Cole erzählt noch mehr. Das Material wird von Dr. Webb weiter interpretiert. Dann werden die Fortsetzung einer Behandlung näher besprochen, die Bedingungen festgelegt, und weitere Assoziationen kommen hervor.

Dies ist ein Beispiel für eine vorbildliche erste Sitzung. Mit einer Ausnahme erhält Dr. Webb eine allgemein hohe Bewertung innerhalb unserer Skala.

Diese Beurteilung beruht auf mehreren Faktoren: die persönliche Terminvereinbarung, die Lage der Praxis, die Art des Therapeuten, den Patienten zu empfangen, seine einführende Frage, seine Bereitschaft, zuzuhören, und die Tatsache, daß er nicht sofort auf die Frage des Patienten antwortet, sondern ihm die Möglichkeit zur freien Assoziation gewährt. Dr. Webb erhält auch eine positive Bewertung für seine Intervention bzw. für die Tatsache, daß seine Interpretation auf den durch die Therapie verursachten Auslöser Bezug nimmt. Er erkennt die Verbindung zwischen der Anwesenheit seiner Sekretärin und den *unbewußten* Vorbehalten hinter der Frage nach einer Partnertherapie. Diese Intervention trägt dazu bei, sichere Rahmenbedingungen (den Ausschluß Dritter und Diskretion) herzustellen, innerhalb deren der verschleierte Ratschlag des Patienten erkannt und befolgt wird. An dieser Stelle möchte ich das anfängliche Schweigen des Therapeuten, durch das der Patient die Gelegenheit zur freien Assoziation erhält, besonders hervorheben. Zudem beschränken sich die Interventionen auf Erklärungen zum Material des Patienten und auf Äußerungen, die den therapeutischen Rahmen festlegen. Die starke Bestätigung seitens des Unbewußten spiegelt sich in der darauffolgenden Äußerung des Patienten wider. Sein unbewußtes Bedürfnis nach uneingeschränkter Zuwendung sowie sein Wunsch, angenommen zu werden, sprechen ganz deutlich für eine therapeutische Beziehung, die die Anwesenheit anderer Personen ausschließt.

Ein weiterer Gesichtspunkt, auf den ich noch nicht eingegangen bin, ist die Kleidung des Therapeuten. Auch hier genießt Dr. Webb eine positive Beurteilung. Er trägt einen Anzug, ein Hemd und eine Krawatte; ein äußeres Zeichen für seine Professionalität.

Das unbewußte Weisheitssystem ist auch für Äußerlichkeiten sensibilisiert. Das bedeutet, daß die Art und Weise, in der sich ein Therapeut kleidet, unterschwellige Implikationen für die Entwicklung der therapeutischen Beziehung hinterläßt. Nicht-geschäftsmäßige Kleidung erweckt den Eindruck einer unangebrachten Lässigkeit und wird mit Verwirrung registriert. Der Therapeut suggeriert dadurch, daß er eine eher persönliche als wirklich unterstützende therapeutische Rolle einnehmen möchte. Dieser Faktor mag dem Leser als Lappalie erscheinen; dennoch wird der Therapeut, der eine lässige Einstellung zur Kleidung hat, in der Regel auch andere Rahmenbedingungen ähnlich betrachten.

In diesem und den beiden folgenden Kapiteln beschäftigen wir uns mit der ersten Konsultationsstunde – von der Begrüßung bis zur Verabschiedung. In den beiden folgenden Kapiteln werden wir auf die Interventionen des Therapeuten in bezug auf die therapeutischen Grundregeln näher eingehen, mit anderen Worten auf die Festlegung der geschäftlichen Vereinbarung, die den therapeutischen Rahmen und seine Grenzen bestimmt. Dennoch ist diese Aufteilung etwas willkürlich, da jede Intervention während der ersten Sitzung sich in einem gewissen Maß auf die Grundregeln auswirkt. Trotzdem wollen wir uns in diesem Kapitel mit einigen Gesichtspunkten der ersten Sitzung beschäftigen, die nicht unmittelbar mit den Grundregeln zusammenhängen, sondern von allgemeinerer Natur sind.

Wir nähern uns nun einem Gebiet, in dem unterschiedliche Ansichten herrschen und die verschiedenen therapeutischen Schulen gänzlich unterschiedliche Methoden vertreten. Die Basis für die meisten psychotherapeutischen Methoden bilden die direkten Mitteilungen der Patienten sowie die Reaktionen der Therapeuten. In vielen Fällen sind diese Reaktionen oberflächlich und naiv, was zum großen Teil damit zusammenhängt, daß die unbewußten Bedürfnisse und Ängste beider Parteien nicht erkannt werden. Solche Bedürfnisse entstammen dem unbewußten Erinnerungssystem des einzelnen.

Das Bewußtsein ist, wie wir in den Kapiteln 3 und 4 gesehen haben, kein zuverlässiger Maßstab für den Aufbau einer Therapie. Die bewußten Bedürfnisse von Patienten sowie von Therapeuten sind von Fall zu Fall sehr verschieden. Sie unterliegen dem starken Einfluß unbewußter Kräfte, die gänzlich übersehen werden. Das Resultat ist ein Gemisch aus Argumenten, Gegenargumenten und widersprüchlichen Empfehlungen, denen es an eindeutigen Maßstäben gänzlich fehlt.

Im Unbewußten herrscht ein anderer Zustand. Die unbewußte Betrachtungsweise ist beständig und ausgewogen. Studien, die ich in den Vereinigten Staaten und Europa durchgeführt habe, bestätigen die Beständigkeit unbewußter Mitteilungen in bezug auf psychotherapeutische Vorgänge. Es hat sich immer wieder gezeigt, daß die verschlüsselten Empfehlungen, die das tiefe Unbewußte erzeugt, Beachtung verdienen und daß sie zu den besten therapeutischen Erfahrungen führen.

In diesem Zusammenhang möchte ich auf die Vorliebe, die das Bewußtsein für Fragen hat, aufmerksam machen. Fragen fördern den Prozeß der Rationalisierung und damit den Verlust von tiefgreifenden bzw. unterschwelligen Inhalten und Bedeutungen. Sie wirken der Hervorbringung von schmerzlichem Material entgegen, wobei gerade dieser Vorgang für die Strukturierung und Aufklärung von emotionalen Störungen von entscheidender Bedeutung ist. Dies gilt besonders für Patienten, die durch traumatische Erlebnisse in ihrer frühen Kindheit geprägt sind. Diese Patienten sind vorzeitigen, intensiven Todesängsten ausgesetzt worden und fürchten sich vor jeder weiteren unbewußten Wahrheit. Aus diesem Grund werden sie einen Therapeuten vorziehen, der die aktive Rolle übernimmt, viele Fragen stellt und zu überflüssigen Bemerkungen neigt.

Deshalb muß der Therapeut, der übermäßig viele Fragen stellt, eine relativ niedrige Bewertung erhalten. Manche Patienten mögen das Schweigen des Therapeuten und die Interpretation unbewußter Inhalte nur schwer ertragen oder akzeptieren können. Dennoch genießt ein Therapeut, der so vorgeht, eine positive Beurteilung. Es gibt natürlich keine Garantie dafür, daß ein Therapeut, der während der ersten Sitzung schweigt, sich richtig verhält. Das Schweigen kann auch bedeuten, daß der Therapeut es versäumt hat, einzugreifen bzw. das Material angemessen zu kommentieren. Dennoch schafft dieser Therapeut die Voraussetzung für tiefe, unbewußte Kommunikation und somit für eine wirkungsvolle Form der erforschenden Therapie. In der Regel ist der Therapeut, der während der ersten Sitzung überwiegend zuhört, mit «ideal» oder «akzeptabel» zu bewerten. Es gibt nur einen Vorbehalt: Wenn das Schweigen des Therapeuten bei Ihnen zu steigender Frustration führt, sollten Sie Ihren Träumen und Erzählungen besondere Aufmerksamkeit schenken. Das Schweigen mag durchaus fehl am Platz sein. Der Therapeut kann eine wichtige Gelegenheit für eine hilfreiche Intervention versäumt haben. In solchen Fällen sollten Sie die Beurteilung, die dem Therapeuten auf anderen Gebieten zugeteilt wird, mitberücksichtigen, da Unzulänglichkeiten selten isoliert auftreten.

In diesem Zusammenhang möchte ich erneut auf die Wichtigkeit Ihrer Träume und Erzählungen hinweisen, sowohl während der Konsultationen als auch hinterher. Auch wenn in diesem Buch die Erfahrungen einer Vielzahl von Patienten zusammengefaßt werden, ist jede therapeutische Erfahrung einzigartig. Nur Sie können letztlich das Erleben mit Ihrem Therapeuten beurteilen. Deshalb soll der erste Teil dieses Buches Sie in die Lage versetzen, Ihre eigenen verschlüsselten Mitteilungen zu interpretieren. Die Bewertungen in diesem Buch sind lediglich ein Ausgangspunkt, der durch Ihre eigenen unbewußten Beurteilungen ergänzt werden soll. Nur dadurch, daß Sie Ihr eigenes Material deuten, erhalten Sie den Zugang zu Ihren unbewußten Wahrnehmungen hinsichtlich der Interventionen Ihres Therapeuten. Daran können Sie erkennen, ob der Therapeut beispielsweise inaktiv bleibt, obwohl Sie Material geliefert haben, das eines Kommentars und einer Interpretation bedarf.

Ihr Therapeut sollte Ihnen helfen, die unbewußten Aspekte Ihrer Äußerungen zu verstehen, besonders im Hinblick auf die Strukturen, die Ihren Problemen zugrundeliegen. Falls der Therapeut dies nicht tut, registriert das tiefe Unbewußte die fehlende Intervention als negativ; dem Therapeuten werden Eigenschaften zugeschrieben wie Feindseligkeit oder Angst, sich mit unbewußtem Material auseinanderzusetzen. Diese negativen Wahrnehmungen werden sich in Ihren Träumen bzw. Erzählungen widerspiegeln, unabhängig davon, ob Sie diese in Ihre Therapie hineintragen oder nicht. (Das Schweigen des Therapeuten und einige andere Interventionen werden in Kapitel 11 näher erläutert.)

Bedenken Sie, daß Ihre Therapie einzigartig ist; was für Sie relevant ist, mag sich von den hier behandelten Fragen unterscheiden. Man kann es so formulieren, daß sich ideale therapeutische Interventionen im wesentlichen gleichen, daß jede Abweichung dagegen einen Einzelfall darstellt. Aufgrund der unzähligen Variationen des Mißbrauchs und der Ausnutzung von Patienten läßt sich eine idealtypisch fehlerhafte Intervention nur sehr allgemein umreißen.

Die erste Konsultation sieht also im Optimalfall folgendermaßen aus: Der Therapeut wird Sie im Wartezimmer namentlich begrüßen und sich selbst entweder mit seinem Nachnamen oder mit beiden Namen vorstellen. Falls das Wartezimmer mit anderen geteilt wird, wird er Sie nicht mit dem Namen ansprechen, sondern nur sich selbst vorstellen. Zur Begrüßung sollte er Ihnen die Hand geben. Daraufhin kann er Ihnen signalisieren, den Konsultationsraum zu betreten. Er selbst sollte Ihnen folgen und die Tür hinter sich schließen.

Falls nicht zu erkennen ist, auf welchen Stuhl oder Sessel Sie sich setzen sollen, fragen Sie. Sobald beide Gesprächspartner Platz genommen haben, sollte der Therapeut zur Einführung lediglich fragen, wie er Ihnen behilflich sein kann. Dadurch erhält der Patient die Gelegenheit, von seinen emotionalen Schwierigkeiten und deren Hintergrund zu erzählen, etwas über sich selbst zu sagen oder zu äußern, was ihm einfällt.

Der Therapeut hört die manifeste Bedeutung Ihrer Mitteilungen, ist aber gleichzeitig in der Lage, die latente Kommunikation zu deuten bzw. auch Ihre unbewußten Wahrnehmungen, besonders in bezug auf das therapeutische Umfeld, zu erkennen. Währenddessen sollte er überlegen, welche Art und Therapie zu empfehlen ist. Aufgrund Ihrer Mitteilungen kann er Ihre spezifischen Probleme besser einschätzen sowie Ihre Persönlichkeitsstruktur, Ihr Verhalten und Ihre

Einstellung zu der Therapie. Zudem kann er sich ein Bild von Faktoren machen, die sich möglicherweise fördernd oder hemmend auf den therapeutischen Prozeß auswirken.

Die erste Konsultation ist in der Tat von besonderer Bedeutung und Vielfältigkeit. Der Therapeut sollte überwiegend zuhören und im Optimalfall einige interpretierende Bemerkungen hinsichtlich der Inhalte machen, die sich im weitesten Sinne auf die therapeutische Situation beziehen, deren Sie sich aber nicht bewußt waren. Es läßt sich beweisen, daß *unbewußt* solche Inhalte sehr eng mit den emotionalen Problemen des Patienten verknüpft sind. Diese Interpretationen sollten erklärender Natur sein – d. h. weder vorwurfsvoll noch beratend.

Mindestens die Hälfte der ersten Sitzung sollte den Erzählungen des Patienten gewidmet werden. Erst dann sollte der Therapeut dem Patienten signalisieren, daß er behilflich sein kann, wobei zu diesem Zeitpunkt weder auf die Art der Probleme noch auf die Behandlungsmethode näher eingegangen werden darf. Der Therapeut kann dann die Bedingungen bzw. die Grundregeln der Therapie ansprechen (siehe Kapitel 9 und 10). Der Patient muß genügend Zeit haben, um sowohl unmittelbar (bewußt) als auch indirekt (unbewußt) auf die angebotene therapeutische Struktur (bzw. auf den Mangel solcher Struktur) zu reagieren. Auch in dieser Hinsicht sollte der Therapeut auf die unbewußten Elemente Ihrer Reaktion Bezug nehmen. Sobald die Stunde zu Ende ist und die künftigen Sitzungen vereinbart worden sind, sollte sich der Therapeut lediglich von Ihnen verabschieden und Ihnen die Hand geben. Er braucht Sie weder zur Tür zu begleiten noch mit Ihnen wieder hinausgehen. Sie verlassen den Raum allein. Das Beenden der Sitzung stellt den Übergang von der emotionalen Atmosphäre des Konsultationszimmers zum Alltag dar. Das hier beschriebene Verhalten des Therapeuten signalisiert seine Achtung gegenüber Ihrer Autonomie sowie sein Vertrauen in Ihre Fähigkeit, allein zu funktionieren.

Ich möchte an dieser Stelle noch einmal darauf hinweisen, daß ich hier die *ideale* erste Konsultation beschrieben habe. Ich bin mir darüber im klaren, daß ein Großteil der Therapeuten sich nicht an diese Methode hält, obwohl sie ganz deutlich den Forderungen des Unbewußten entspricht. Möglicherweise betrachten einige Leser den geschilderten Ablauf als steif oder kühl. Vom Unbewußten werden diese Verhaltensweisen jedoch als hilfreich, fürsorglich und konstruktiv aufgefaßt. Wie bereits angedeutet, werden diese positiven Wahrnehmungen in der Regel von gewissen Ängsten begleitet, die eine mögliche Offenbarung unbewußter Inhalte im Laufe der Therapie vorwegnehmen. Dennoch ist diese Mischung aus Sicherheit und Angst ein Zeichen für eine bestmögliche Therapie unter den bestmöglichen Voraussetzungen.

Es gibt eine Reihe weit verbreiteter Abweichungen von diesem Ideal: Im Wartezimmer mag der Therapeut Ihren Namen ausrufen, obwohl andere Patienten anwesend sind. Dies mag etwas trivial klingen, aber jeder Verstoß gegen die Grundregel der Diskretion muß als *«fragwürdig»* bewertet werden. Das gleiche gilt für irrelevante Bemerkungen des Therapeuten im Konsultationsraum. Jeder Versuch, Sie in einen Smalltalk zu verwickeln – zum Beispiel eine Bemerkung über Ihre Frisur, das Wetter oder über denjenigen, der Ihnen diesen Therapeuten empfohlen hat –, sollte Sie nachdenklich stimmen. Abweichungen dieser Art mögen oberflächlich freundlich oder harmlos erscheinen, aber sie weisen auf einen Therapeuten hin, der auf Grenzen wenig achtet und der mit seinen eigenen Unsicherheiten nur schlecht umgehen kann. Vom ersten Augenblick bzw. vom allerersten Kontakt an gehört die Therapie dem Patienten. Nur ihm und ihm allein ist es gestattet, seine Gefühle, Meinungen, Beobachtungen und Wünsche zu offenbaren.

Der Therapeut, der zur Selbstoffenbarung neigt oder überflüssige Bemerkungen macht (die letztendlich eine Selbstoffenbarung beinhalten), hat ein unbewußtes Bedürfnis, seine Rolle mit dem Patienten zu tauschen. Der Therapeut, der sich so in den Mittelpunkt des therapeutischen Austausches stellt, hat ernste ungelöste, persönliche Probleme – Probleme, die zur Last des Patienten werden. Das Heimtückische an einem solchen unbewußten Rollentausch ist die Tatsache, daß dadurch Symptome vordergründig erleichtert werden können. Das unbewußte Wissen, daß Sie Ihren Therapeuten zu heilen versuchen, kann Ihre emotionale Störung reduzieren, aber die Art der «Heilung» ist weit vom Ideal entfernt.

Ich habe bereits darauf hingewiesen, daß der Therapeut Ihnen bei der Begrüßung die Hand geben soll. Jeder andere physische Kontakt ist während der gesamten Behandlung als *«gefährlich»* zu betrachten. Mir ist bewußt, daß manche Therapeuten eine freundliche Umarmung oder andere Formen des physischen Kontakts als legitimes Zeichen der Zuneigung, Annahme oder Unterstützung befürworten. Ich möchte auch nicht andeuten, daß ein Therapeut, der Ihnen, wenn Sie die Praxis verlassen, auf die Schulter klopft, Hintergedanken hat. Mein Hauptanliegen in dieser Hinsicht ist das unbewußte Bedürfnis nach klaren Grenzen. Jeder physische Kontakt innerhalb der therapeutischen Umgebung wird unbewußt als Verstoß gegen die individuelle Integrität und Autonomie des Patienten aufgefaßt und wird in der Regel als aggressiv, verwirrend oder boshaft erlebt. Der Therapeut, der bereits während der ersten Sitzung zu physischem Kontakt neigt, sucht auf Kosten des Patienten die Befriedigung eigener unbewußter Bedürfnisse. Dies ist kein guter Ausgangspunkt für eine therapeutische Beziehung. Sobald Sie Platz genommen haben, sollte der Therapeut lediglich fragen, welcher Natur Ihre Probleme sind. Sollte er als erster einen längeren Monolog halten oder sofortige Erklärungen bieten, wird sein Verhalten als *«fragwürdig»* oder sogar *«gefährlich»* bewertet. Ich kann nur wiederholt betonen, daß die Therapie den Problemen und Äußerungen des Patienten und nicht des Therapeuten gilt. Der Therapeut muß lediglich eine einleitende Frage stellen. Danach, und dies gilt für alle Konsultationsstunden, ist es das Vorrecht des Patienten, als erster zu sprechen. Auch während der ersten Sitzung sollte der Patient genügend Gelegenheit erhalten, um zu erzählen und frei zu assoziieren. Nur auf diese Weise vermag der Therapeut Ihre bewußten und unbewußten Mitteilungen wirklich einzuschätzen. Alle Unterbrechungen müssen als fragwürdig gelten. Wir werden in Kapitel 11 auf einzelne Interventionen noch ausführlicher eingehen. An dieser Stelle möchte ich mich jedoch auf bestimmte Eingriffe während der ersten Sitzung beschränken. Ich habe bereits angedeutet, daß die einzigen verbalen Interventionen, die sich im Hinblick auf therapeutische Zwecke als angemessen erweisen, interpretativ sind, d. h. sie dienen der Erklärung gewisser unbewußter Inhalte, die der Patient hervorbringt. Während der ersten Sitzung mag eine solche Intervention ein unbewußtes Problem in bezug auf die Quelle der Zuweisung ansprechen oder die Kontaktaufnahme erhellen (wie im Fall von Herrn Cole, der die Gegenwart der Sekretärin unbewußt als negativ registrierte). Möglicherweise interveniert der Therapeut auch, um bereits auf einen gewissen unbewußten Aspekt der emotionalen Schwierigkeiten des Patienten hinzuweisen. Häufig bezieht sich eine

Intervention auf einen unbewußten Vorbehalt gegenüber der Therapie bzw. auf ein frühes Zeichen von *Widerstand* gegen die Entfaltung der therapeutischen Behandlung.

Zusammenfassend gilt, daß der Therapeut in der idealen ersten Sitzung keine Fragen stellen, keine irrelevanten Bemerkungen machen und keine persönlichen Meinungen oder Selbstoffenbarungen mitteilen wird. Er wird gelegentlich eine interpretierende Bemerkung zum Material des Patienten machen. Sein hauptsächliches Bemühen sollte aber darin bestehen, die therapeutischen Grundbedingungen herzustellen.

In der Praxis gibt es jedoch nur wenige Therapeuten, die sich an diese Prinzipien halten. Aus diesem Grund möchte ich Ihnen vorschlagen, besonders auf die Fragen und Bemerkungen Ihres Therapeuten zu achten. Am wenigsten ist gegen Fragen einzuwenden, die dazu dienen, Ihre Äußerungen besser zu verstehen. Das gleiche gilt für Bemerkungen, die auf eine Strukturierung der Behandlung hinzielen. Je weiter die Äußerungen des Therapeuten von diesen beiden Anliegen abweichen, desto weniger akzeptabel sind sie. Falls der Therapeut versucht, das Thema zu wechseln und Sie zu unterbrechen, wenn er Mitleid oder Ungeduld zum Ausdruck bringt, Rat erteilt oder Anekdoten zu erzählen beginnt, ist sein Verhalten als *«fragwürdig bis gefährlich»* zu bewerten.

Auch in der zweiten Hälfte der Sitzung sollte sich der Therapeut kurz und einfach ausdrücken sowie Verständnis und Takt zeigen. Er muß Begriffe aus der Fachsprache und ausführliche Abhandlungen oder Spekulationen vermeiden. Er sollte lediglich Verständnis für Ihr emotionales Leiden zeigen und Ihnen zu verstehen geben, daß er Ihnen zu helfen vermag. Falls er während der Sitzung bereits einen Aspekt Ihrer unbewußten Problemursachen angesprochen hat, kann dieser kurz wieder aufgegriffen werden. Mehr ist während der ersten Sitzung nicht nötig. Je weiter ein Therapeut von diesem Ideal abweicht, desto negativer muß er beurteilt werden. Das gilt vor allem für Therapeuten, die ausführlich auf die Natur Ihrer emotionalen Probleme eingehen, Ihr Verhalten persönlich kommentieren und Anweisungen, Vorschläge oder Bestätigungen erteilen.

Falls Sie die Therapie nicht fortsetzen wollen, mag der Therapeut versuchen, die unbewußten Gründe für diese Entscheidung aufzudecken und sie möglicherweise auf seine eigenen Interventionen zurückzuführen. Der Therapeut, der in einer solchen Situation wütend oder mit Anschuldigungen reagiert oder versucht, auf Sie einzureden, erhält die Bewertung *«fragwürdig»* oder sogar *«gefährlich»*. Ihr Wunsch, sich der Therapie zu entziehen, sollte respektiert und lediglich im Hinblick auf unbewußte Faktoren interpretiert werden. Sie sollten eine faire und offene Chance erhalten, den Therapeuten einzuschätzen, genauso wie der Therapeut sich bemüht, eine konstruktive Einschätzung des Patienten zu erlangen. Es gibt tatsächlich auch schlechte Therapeuten; Therapeuten, die dem Patienten durch ihr Verhalten aktiv schaden. Bei einem solchen Therapeuten zu bleiben, weist auf eine ernste emotionale Störung hin. Deshalb muß jede Entscheidung, eine Therapie zu beenden, einer individuellen Betrachtung unterzogen werden. (Dieser Gesichtspunkt wird insbesondere in Kapitel 12 ausführlicher behandelt.)

Wenn die Sitzung beendet ist, sollte der Therapeut darauf hinweisen und sich entsprechend von dem Patienten verabschieden. Das bewußt geführte Ende ist bei jeder Trennung schwierig, weil wir unbewußt an den Tod erinnert werden. Viele Therapeuten mit ungelösten Trennungs- und Todesängsten neigen am Ende einer Konsultation zu irrelevanten und unnötigen Äußerungen. Einige werden darauf hinweisen, daß die Zeit zu Ende ist, und dann durch weitere Bemerkungen überziehen. Andere werden eine Konsultation vereinbaren, ohne den Zeitraum festzulegen, oder sie bieten eine Sitzung an, die die übliche Zeit überschreitet. All diese Praktiken sind unangemessene Abweichungen und werden als *«fragwürdig»* oder sogar *«gefährlich»* bewertet: Das Ende der Stunde sollte auch als solches gehandhabt werden, so daß sich die Therapie anhand deutlicher zeitlicher Grenzen definieren läßt.

Überschreitungen dieser Grenzen können eine höchst befriedigende Wirkung auf den Patienten ausüben, aber die dadurch entstandenen unbewußten Vernetzungen sind immer destruktiv.

Während der gesamten ersten Sitzung sitzen sich Patient und Therapeut im Idealfall gegenüber. Der Therapeut sollte die Verwendung der Couch als Teil der Behandlung anbieten, aber diese Methode erst in der zweiten Sitzung einführen. Falls der Therapeut Sie bereits in der ersten Konsultation auf die Couch bittet, ist sein Verhalten *«fragwürdig»* oder sogar *«gefährlich»*.

Folgendes Beispiel demonstriert ein negativ zu bewertendes Verhalten des Therapeuten: Herr Landauer unterzieht sich einer Behandlung bei Dr. Koch. Er erzählt dem Therapeuten, daß er seiner Frau noch nie völlig treu gewesen sei, aber in letzter Zeit so viele Affären begonnen habe, daß er seine eigenen Motive nicht mehr durchschaue. Er spüre einen unwiderstehlichen Drang, sich mit jeder verfügbaren Frau einzulassen. Während der ersten halben Stunde stellt Dr. Koch eine Menge Fragen. Er will wissen, mit wie vielen Frauen Herr Landauer im letzten Monat geschlafen habe, ob seine Frau etwas ahne, ob er immer noch ein aktives Sexualleben innerhalb der Ehe führe. Dem Patienten erscheinen diese Fragen zunächst sinnvoll. Trotzdem vermitteln ihm einige Bemerkungen des Therapeuten das Gefühl, nicht ernst genommen zu werden. Dr. Koch deutet an, daß die meisten Männer ihren Ehefrauen untreu sind. Er stellt die Vermutung an, daß nicht so sehr seine Affären, sondern die Schuldgefühle das eigentliche Problem des Patienten sein könnten. Außerdem bemerkt er, daß viele Männer mittleren Alters das Bedürfnis verspüren, ihr Ego noch einmal sexuell zu bestätigen. Dem Patienten fällt auch auf, daß Dr. Koch die Sitzung um zehn Minuten überzieht.

Dennoch fühlt sich Herr Landauer nach der Konsultation wohler. Einige Bemerkungen des Therapeuten hinsichtlich des Wunsches nach Selbstbestätigung scheinen ihm sinnvoll zu sein und stimmen ihn nachdenklich. Vielleicht gibt es einfach emotionale Bedürfnisse, die seine Frau nicht erfüllen kann. Vielleicht liegt das Problem in seiner Ehe.

Zu Beginn der nächsten Sitzung geht Herr Landauer auf einige dieser Ideen ausführlicher ein. Auf den Vorschlag des Therapeuten versucht er sich daran zu erinnern, wie er seine Frau kennenlernte und ob er bereits damals Widerwillen gegen eheliche oder sexuelle Verpflichtungen gespürt habe. Während seiner Erzählung fühlt er sich an ein Seminar erinnert, das er mit seiner Frau noch vor ihrer Ehe besuchte. Dann erinnnert er sich an Jerry, einen jungen Mann, der am selben Seminar teilnahm und den er aufgrund seines Witzes und seiner Eloquenz außerordentlich schätzte. Während des Semesters arbeiten sie mehrmals zusammen. Gegen Ende treffen sie sich in Jerrys Wohnung, um sich gemeinsam auf die Prüfungen vorzubereiten.

Auf diesem neuen Terrain stellt sich heraus, daß Jerry ununterbrochen das Wort ergreift. Was Herrn Landauer aber noch mehr beunruhigt, ist die Tatsache, daß Jerry sein Interesse mißverstanden hat.

Jerry erweist sich als homosexuell und ist fest davon überzeugt, bei seinem Kommilitonen ebenfalls eine latente homosexuelle Neigung gespürt zu haben. Herr Landauer erinnert sich daran, daß er weder seine Enttäuschung noch seine Verlegenheit verbergen konnte. Jerry habe seine Reaktion jedoch als Ausdruck von Schuldgefühlen, die durch seine konventionelle Erziehung verursacht worden seien, aufgefaßt. Als Herr Landauer den Versuch unternimmt, sich der Situation höflich zu entziehen, bemerkt er, daß Jerry übertrieben wütend wird. Zu dem Zeitpunkt wird ihm bewußt, daß das, was er für Originalität gehalten hat, eher einer emotionalen Instabilität entspricht. Er will nun möglichst schnell die Wohnung verlassen. Als er jedoch die Tür erreicht, findet er sie fest verriegelt. Er spürt eine kalte Panik, als er bemerkt, wie machtlos er der Situation ausgeliefert ist.

Diese Erzählung sagt viel über die unbewußte Wahrnehmung des therapeutischen Verhaltens aus. Auf bewußter Ebene schätzt der Patient die Vorschläge des Therapeuten; er faßt die Verlängerung der ersten Konsultation als «Geschenk» auf und als Zeichen für das Engagement des Therapeuten. Unbewußt wird dessen Fürsorge jedoch als homosexuelle Einengung und Gewalt registriert. Unbewußte Bilder dieser Art sind typische Reaktionen auf nichtinterpretative Bemerkungen seitens des Therapeuten und auf Veränderungen der therapeutischen Grundregeln. Aus diesem Grund muß eine Überziehung der ersten Konsultation als *«fragwürdig»* oder sogar *«gefährlich»* bewertet werden. Die Erzählung des Patienten macht zudem deutlich, daß Dr. Kochs Redseligkeit unbewußt als negativ empfunden wird. Seine Bemerkungen sind lediglich rationalisierte Klischees, die im Grunde genommen die Schuldgefühle des Patienten nur zu beschwichtigen versuchen.

Die erste Sitzung ist gewissermaßen als Prototyp der weiteren therapeutischen Behandlung zu sehen. Jedes Detail, jede Nuance, jeder Aspekt wird vom tiefen Unbewußten registriert und verarbeitet, obwohl nur ein geringer Teil ins Bewußtsein gelangt und dort überarbeitet wird. Es kann nicht häufig genug wiederholt werden, daß alle unbewußten Wahrnehmungen einen Einfluß sowohl auf Ihre Therapie als auch auf Ihr Leben ausüben werden. Es ist gewissermaßen unmöglich, den unfehlbaren Scharfsinn des tiefen Unbewußten genügend zu würdigen. Unabhängig davon, wie genau wir die Methode des Therapeuten bewußt beobachten, und ebenso unabhängig davon, wie viele Implikationen wir darin erkennen, registriert und weiß das tiefe Unbewußte immer mehr. Unsere bewußten Beobachtungen können uns bestenfalls ein vages Bild der Situation vermitteln.

Anhand dieser allgemeinen Beurteilungskriterien und Ihrer eigenen Träume und Erzählungen sind Sie auf dem besten Weg, die Wahl Ihres Therapeuten einer umfassenden und kritischen Bewertung unterziehen zu können. Eine Akkumulation von niedrigen Bewertungen sollte Sie veranlassen, über eine Fortsetzung der Therapie ernsthaft nachzudenken. Dennoch, um die grundlegenden Beurteilungskriterien zu vervollständigen, müssen wir uns den zentralen Merkmalen aller psychotherapeutischen Systeme zuwenden: den Grundregeln der Psychotherapie, ihrer Handhabung seitens des Therapeuten und Ihrer Reaktion darauf als Patient.

Die erste Konsultation

Die erste Konsultation lief folgendermaßen ab – Aussagen, die auf eine zulässige Handhabung der Therapie hinweisen:

- ○ Er/sie machte einen aufmerksamen, interessierten Eindruck und hörte mir zu.
- ○ Er/sie sagte sehr wenig. Es fielen lediglich Bemerkungen, die mir geholfen haben, meine Äußerungen besser zu verstehen.
- ○ Er/sie stellte keine Fragen, außer um bestimmte Äußerungen meinerseits zu klären.
- ○ Er/sie beantwortete keine Fragen, sondern ermutigte mich, weiterzuerzählen.
- ○ Er/sie machte keine persönlichen Bemerkungen.
- ○ Außer daß wir uns zu Beginn und am Ende der Sitzung die Hand gaben, bestand zwischen uns kein physischer Kontakt.
- ○ In der zweiten Hälfte der Sitzung erwähnte er/sie kurz, daß er/sie mir helfen könne, und kam dann auf die grundlegenden therapeutischen Bedingungen zu sprechen.

Aussagen, die auf eine fragwürdige oder unzulässige Handhabung der Therapie hinweisen; überdenken Sie die Wahl Ihres Therapeuten:

- ○ Er/sie wurde wütend.
- ○ Er/sie war indifferent.
- ○ Er/sie war verwirrend.
- ○ Er/sie sprach genausoviel wie ich oder noch mehr.
- ○ Er/sie stellte viele Fragen, so daß ich den Faden verlor.
- ○ Er/sie teilte mir immer wieder seine/ihre persönlichen Ansichten mit und erzählte von seinem/ihrem Privatleben.
- ○ Er/sie erteilte mir spezifische Ratschläge darüber, wie ich mit meinen Problemen umgehen sollte.
- ○ Er/sie bat mich, während der ganzen Stunde auf der Couch zu liegen.
- ○ Er/sie neigte zu nicht-sexuellem physischem Kontakt. Zum Beispiel legte er/sie die Hand auf meine, um mich zu beruhigen.

○ Er/sie sagte nicht, ob er/sie mir helfen könne, und sagte nichts zu den therapeutischen Bedingungen.

Aussagen, die auf eine gefährliche Handhabung der Therapie hinweisen; nehmen Sie sich in acht:

○ Er/sie neigte zu häufigem physischem Kontakt. Zum Beispiel er/sie umarmte mich, berührte meinen Arm oder meine Schulter, während ich sprach, usw.
○ Er/sie neigte zu sexuellen Annäherungsversuchen.
○ Er/sie griff mich verbal/körperlich an.
○ Er/sie war äußerst unprofessionell, vermittelte einen sehr persönlichen Eindruck und erzählte viel von sich.
○ Er/sie sprach mehr als ich, unterbrach mich ständig, um Fragen zu stellen oder seine/ihre Meinungen und Ratschläge anzubieten und von sich zu erzählen.
○ Er/sie war äußerst manipulativ.

9. Die Kosten und der zeitliche Rahmen

Wir haben bereits mehrfach die vorrangige Stellung der Grundregeln bzw. des psychotherapeutischen Rahmens im Hinblick auf die Behandlung bewiesen (siehe insbesondere Kapitel 4). Folglich ist auch die Art, in der der Therapeut die therapeutischen Grundregeln während der ersten Konsultation präsentiert – oder nicht präsentiert –, bestimmend für die weitere Entfaltung der ganzen psychotherapeutischen Erfahrung. In der Regel verrät die Art und Weise, in der der Therapeut die Grundregeln artikuliert, ebenfalls einiges über die künftige Handhabung des Behandlungsrahmens. Diese Fragen sind in der Tat für das tiefe Unbewußte von allergrößter Bedeutung vom ersten Augenblick der Behandlung an bis zu ihrem Abschluß. Dadurch, daß wir uns auf Abweichungen von den Grundregeln während der ersten Sitzung konzentrieren, können wir auf ihre Handhabung während der gesamten Psychotherapie schließen. Der sichere Behandlungsrahmen wird vom tiefen Unbewußten so hoch geschätzt, daß er für die Heilung vieler Patienten beinahe die ausschlaggebende Rolle einnimmt, vorausgesetzt, daß er durch die interpretative Arbeit des Therapeuten ergänzt wird. Andere Patienten reagieren auf einen sicheren Rahmen mit starken Ängsten und versuchen aus den verschiedensten Gründen, eine Änderung desselben vorzuschlagen oder selbst herbeizuführen. Auf unbewußter Ebene stellen solche Veränderungen ein starkes Bedürfnis nach Verständnis – bzw. nach interpretativen Eingriffen – dar. Meistens eignet sich das Material des Patienten für derartige Interpretationen oder verlangt sie sogar. Diese Patienten werden auf zwei Wegen geheilt. Zunächst wollen sie die Sicherheit, die durch die Einhaltung des Rahmens seitens des Therapeuten entsteht, erleben, trotz möglicher innerer Zwänge, davon abzuweichen. Zweitens erfahren sie Heilung aufgrund der Fähigkeit des Therapeuten, das Material des Patienten in bezug auf die Grundregeln zu interpretieren.

Ich möchte Sie nochmals darauf hinweisen, daß ein Großteil von dem, was in diesem Kapitel beschrieben wird, unbewußt erlebt und anhand von verschleierten und verschlüsselten Bildern indirekt vermittelt wird. Auf bewußter Ebene machen sich die meisten Patienten keine Gedanken darüber, wenn sie eine Stunde verschieben möchten. Sie akzeptieren ohne weiteres einen geteilten Warteraum, die Forderung nach Barzahlung oder die Anwesenheit einer Sekretärin. Einige Abweichungen dagegen erscheinen dem Patienten auch bewußt als rücksichtslos oder irritierend; zum Beispiel wenn der Therapeut während der Konsultation Telefongespräche entgegennimmt oder nach Lust und Laune Sitzungen absagt. Die meisten Abweichungen sind jedoch für das Bewußtsein völlig akzeptabel.

Dennoch gibt es einige Aspekte eines sicheren Behandlungsrahmens, die auch bewußt geschätzt werden können. Er verschafft der Therapie die Geborgenheit einer abgrenzenden Struktur und definiert die Rollen beider Parteien innerhalb der Therapie. Er macht deutlich, daß weder körperlicher noch sexueller Kontakt oder unmittelbare Aggression gestattet sind, und er schließt die Befriedigung von Bedürfnissen, die für die psychotherapeutische Erfahrung ungeeignet sind, aus. Statt dessen verspricht der Rahmen Geborgenheit und Verständnis. Unbewußt wird der Therapeut, der einen sicheren Rahmen einführt und aufrechterhält, deshalb als gesund, vernünftig und stark betrachtet, als jemand, der sich ganz der Heilung seiner Patienten widmen kann. Schließlich wird der Patient sich mit diesem unbewußten Bild identifizieren, was zu einer nicht nur oberflächlichen Heilung beiträgt.

Vor diesem Hintergrund werden wir nun den Therapeuten einstufen und im Hinblick auf seine Handhabung der Grundregeln während der ersten Sitzung bzw. während der gesamten Therapie beurteilen.

Wir können uns den Behandlungsrahmen so vorstellen, als beruhe er auf einigen grundlegenden Komponenten, zu denen andere wesentliche, aber «flexiblere» Elemente zugefügt werden. Die konkreten Bedingungen, die die Grundlage der therapeutischen Beziehung bilden, sind: die Lage der Praxis, die Kosten, die zeitliche Festlegung und die Dauer der Sitzung. Die übrigen Faktoren umfassen verschiedenste Aspekte, wie beispielsweise die relative Anonymität des Therapeuten, den Ausschluß Dritter aus der Behandlung, die Sitzordnung beider Parteien, die Voraussetzung der freien Assoziation und die Neutralität der therapeutischen Interventionen. Zusätzlich zu diesen

Grundregeln, die im Optimalfall bereits während der ersten Konsultation entweder explizit oder implizit durch den Therapeuten vermittelt werden, gibt es eine Reihe unausgesprochener Grundbedingungen: kein physischer Kontakt, keine sexuelle Interaktion und die Heilung des Patienten als gemeinsame Zielvorstellung. Möglicherweise werden einige Kritiker so argumentieren, daß der sichere Rahmen starr und unflexibel sei, daß er keine Spontaneität zuließe. Wieder muß ich betonen, daß solche Urteile dem Bewußtsein entstammen. Jeder, der sich einer chirurgischen Operation unterzieht, wird bestimmte Einrichtungen und die Einhaltung gewisser Grundregeln im Operationssaal für selbstverständlich halten, ohne überhaupt daran zu denken, daß sie eine mögliche Flexibilität verhindern könnten. Die Idealvoraussetzungen, die das tiefe Unbewußte für die Psychotherapie fordert, gehören ebenfalls zum menschlichen Heilungsprozeß. Sie schließen Spontaneität nicht aus, sondern verschaffen die nötige Sicherheit und Unterstützung für die in diesem Fall «heilungsbedürftige» Psyche. Die Bemühungen eines Therapeuten oder einer Therapeutin, einen sicheren Rahmen aufrechtzuerhalten, sind keineswegs mit der willkürlichen Festsetzung äußerer Regeln zu verwechseln. Er oder sie ist verpflichtet, den Behandlungsrahmen auf Geheiß der unbewußten Wahrnehmungen und Anweisungen des Patienten zu gestalten. Der Therapeut, der keine andere Wahl hat, als vom Rahmen abzuweichen, muß sich mit den darauf folgenden unbewußten Reaktionen des Patienten auseinandersetzen. Das Ziel besteht immer darin, Abweichungen auf ein Minimum zu reduzieren, ihre unbewußten Auswirkungen zu erforschen und während der Therapie auf die so bewirkten Komplikationen einzugehen.

Dies führt uns zu einigen einleitenden Bemerkungen über die Art und Weise, in der die Grundregeln und Grenzen der therapeutischen Beziehung einzuführen sind. Was muß der Therapeut oder die Therapeutin ausdrücklich sagen? Was wird durch sein oder ihr Verhalten vermittelt? Reicht eine verbale Vereinbarung, oder sollte sie auch schriftlich festgelegt werden?

Im allgemeinen wird der Therapeut am höchsten geschätzt, der die festen Bestandteile des Rahmens ausdrücklich erwähnt und sie nach circa zwanzig bis fünfundzwanzig Minuten einer fünfundvierzig bis fünfzig Minuten langen ersten Konsultation definiert. Die Lage der Praxis spricht für sich, wie im vorangehenden Kapitel beschrieben wurde. Die relative Anonymität des Therapeuten wird selten explizit angesprochen; sie wird durch das, was der Therapeut sagt und tut, vermittelt. Im Optimalfall weiß der Patient nichts über die Familie und das Privat- oder Berufsleben des Therapeuten. Der Therapeut wird sich seinerseits im Hinblick auf das Material des Patienten mit persönlichen Meinungen oder Bemerkungen zurückhalten. Die Privatsphäre bzw. die Zweierbeziehung ist selbstverständlich gegeben, es sei denn der Patient äußert den Wunsch nach einer Partnertherapie oder möchte, daß der Therapeut über seine Krankenkasse abrechnet usw. Unter solchen Umständen wird der Therapeut schließlich dazu gezwungen, auf die eine oder andere Weise Stellung zu nehmen.

Ähnliche Prinzipien gelten bezüglich der Schweigepflicht des Therapeuten. Sie wird zunächst als selbstverständlich vorausgesetzt, es sei denn, daß ausdrücklich danach gefragt wird, ob beispielsweise Informationen einem Dritten weitergegeben oder Gespräche aufgenommen werden können. Sowohl die Plazierung beider Parteien als auch die Notwendigkeit der freien Assoziation sind explizit zu erwähnen. Die Neutralität der Interventionen hängt von der Vorgehensweise des Therapeuten ab.

In der ersten Konsultation sollte der ideale Therapeut die Grundregeln, die geäußert werden müssen, definieren und die anderen durch sein Verhalten demonstrieren. Es gibt in letzter Zeit auch Therapeuten, die für einen schriftlichen, von beiden Parteien unterzeichneten Vertrag plädieren. Häufig werden in einem derartigen Vertrag die Risiken und Gefahren der Therapie aufgeführt, und der Therapeut wird so von der Verantwortung für negative Nebenwirkungen befreit. In manchen Fällen wird vom Patienten verlangt, sich für eine bestimmte Behandlungsdauer zu verpflichten. In anderen Fällen macht sich der Patient strafbar, wenn er bestimmte Aspekte des schriftlichen Vertrags nicht einhält. Derartige Praktiken werden dadurch rationalisiert, daß sie sich an andere medizinische Modelle anlehnen und die Rechte des Patienten respektieren, indem sie ihn mit den Risiken seiner Behandlung im voraus bekannt machen.

Trotz dieser rationalen Begründung ist eine derartige Transaktion für das Unbewußte abstoßend. Rechtliche Bestimmungen dieser Art sind entwickelt und festgelegt worden, ohne oder fast ohne Rücksicht auf die unbewußten Bedürfnisse des Patienten, der sich in einer therapeutischen Behandlung befindet. Deshalb sollten Sie sich auf negative unbewußte Reaktionen gefaßt machen.

Zur Illustration ein Beispiel: Frau Cabot geht zur ersten Konsultationsstunde bei dem Psychologen Dr. Peer. Nach ungefähr einer halben Stunde überreicht ihr Dr. Peer ein zweiseitiges Dokument mit der Bitte, es durchzulesen und zu unterzeichnen. Er möchte, daß sie über die allgemeinen psychotherapeutischen Risiken sowie über seine Haftung in ihrem Fall informiert ist. Im Dokument werden mögliche gravierende Nebenwirkungen wie Tötung und Selbsttötung erwähnt sowie eine mögliche Verstärkung der Symptome, Ehe- oder Beziehungskrisen und irrationale Neigungen, die Arbeit des Therapeuten zu kritisieren. Die Verantwortung des Therapeuten für das Behandlungsergebnis wird eingeschränkt, während die Rolle, die der Patient bei einem eventuell schlechten Ergebnis spielt, besonders hervorgehoben wird.

Frau Cabot unterschreibt das Dokument mit dem bewußten Gefühl, daß derartige Informationen sehr nützlich seien. In der folgenden Woche erzählt sie von einem kurzen Traum: Ihr Vater und ein seltsamer Mann versuchen, ihre Mutter eine Treppe herunterzuschieben. In ihren Assoziationen zum Traum verbindet Frau Cabot den Mann mit dem Rechtsanwalt ihres Vaters. Er habe ihren Vater bei dem bitteren und häßlichen Scheidungsprozeß ihrer Eltern vertreten. Der Rechtsanwalt habe es geschafft, eine Vereinbarung zu erarbeiten, die die Mutter völlig ausbeutete und ihr viele ihrer Rechte entzog. Schließlich habe sie den Vertrag doch unterschrieben, da sie dringend Geld benötigte. Frau Cabot habe diese rechtliche Grausamkeit immer auf die Schwäche ihrer Mutter und deren Rechtsanwalt zurückgeführt.

Wir haben hier eine verschlüsselte Mitteilung, deren Bedeutung sehr offensichtlich ist. Das tiefe Unbewußte betrachtet den Vertrag als eine Art Gewaltanwendung dem Patienten gegenüber. Dadurch wird eine effektive Psychotherapie in einer bestimmten Weise gestört oder beendet, und zwar bevor sie die Möglichkeit erhält, richtig wirksam zu werden. Derartige Praktiken können dazu führen, beim Patienten unbewußte Bedürfnisse nach Bestrafung oder ungerechter Behandlung zu verstärken.

Andererseits kann ein schriftlicher Vertrag die einzige gravierende Abweichung innerhalb einer Psychotherapie sein, die in jeder anderen Hinsicht den sicheren Behandlungsrahmen gewährt. Doch man kann vermuten, daß ein Therapeut, der eine derartige Vereinbarung von seinen Patienten verlangt, insgesamt nicht viel auf die Einhaltung der Grundregeln gibt und für die unbewußten Bedürfnisse seiner Patienten wenig sensibilisiert ist. Die Verletzung einer grundlegenden Regel der Psychotherapie wird meistens von weiteren Verletzungen begleitet. Die Verwendung derartiger Dokumente ist also kein hoffnungsvolles Zeichen, muß jedoch im Zusammenhang mit anderen Beurteilungen des jeweiligen Therapeuten betrachtet werden.

Wenden wir uns nun den spezifischen Grundregeln der Psychotherapie zu; zunächst dem festgelegten Rahmen. Voraussetzung für einen sicheren Behandlungsrahmen ist die Festsetzung eines fairen und angemessenen Honorars, das für die gesamte Behandlungsdauer gilt. Das Honorar garantiert, daß sowohl der Patient als auch der Therapeut sich verpflichten, bei jeder Sitzung anwesend zu sein. Das heißt der Patient übernimmt die Verantwortung, für jede vereinbarte Sitzung zu zahlen, auch wenn er absagen muß; und der Therapeut verzichtet auf die Bezahlung, wenn er die Sitzung wegen Urlaub oder eines plötzlichen Notfalls ausfallen läßt. Ich möchte darauf hinweisen, daß Stunden, die, aus welchen Gründen auch immer, abgesagt werden, immer unbewußte Auswirkungen haben, die allerdings durch eine einsichtsorientierte Analyse und Interpretation verringert werden können.

Während des ersten Treffens sollten Dauer und Häufigkeit der Konsultation (meistens fünfundvierzig bis fünfzig Minuten) besprochen und eine bestimmte Zeit festgelegt werden. Dabei kann der Therapeut Vorschläge machen, die der Patient, vielleicht auch aus Kostengründen, nicht akzeptieren kann. Im Gespräch wird man sich einigen. Auf alle Fälle schließt eine eindeutige Vereinbarung schädigende und unbewußte Nachwirkungen aus.

Nicht nur die Terminvereinbarung, sondern auch der Ort, an dem die erste Konsultation stattfindet, wird während der gesamten therapeutischen Behandlung nicht gewechselt. Manchmal muß der Therapeut aus unvorhersehbaren Gründen umziehen. Auch solche Veränderungen sind für den Patienten grundsätzlich traumatisch. Ein derartiger Umzug allein verdient allerdings noch nicht die Bewertung *«fragwürdig»*. Es bedarf jedoch einer gründlichen Analyse, um die durch den Umzug verursachten schädigenden Auswirkungen zu reduzieren.

Diese Definition von den grundlegenden Elementen des therapeutischen Rahmens – ein festgelegtes Honorar, volle Verantwortung für die Einhaltung der Termine, eine festgelegte Zeit sowie ein festgelegter Ort, eine abgesprochene Dauer und Regelmäßigkeit der Sitzungen – mag sowohl manchem Patienten als auch manchem Therapeuten starr, unpersönlich und unsensibel vorkommen. Manchmal sieht es so aus, als fielen diese Bedingungen, besonders im finanziellen Bereich, zugunsten des Therapeuten aus, oder sie wirken gar wie eine Ausbeutung des Patienten. Vielleicht erwecken sie auch den Anschein, sich zu sehr an psychoanalytische Praktiken anzulehnen oder zu realitätsfremd zu sein.

Ich muß aber noch einmal betonen, daß ein Therapeut, der von den genannten Grundregeln *abweicht*, das unbewußte Bild einer unsensiblen Persönlichkeit hervorruft, die ihre Patienten ausbeutet oder im Stich läßt. Im selben Augenblick, in dem ein Patient seinem Therapeuten dafür dankt, mit der Reduzierung des Honorars Verständnis für seine finanzielle Situation zu zeigen, kann beispielsweise unbewußt das Bild einer Prostituierten hervorgerufen werden, die zu jeder Zeit und jeder Bedingung Kunden annimmt. In dem Augenblick, in dem der Patient dem Therapeuten dafür dankt, daß er eine Terminänderung annimmt, entsteht beispielsweise das Bild eines Arbeitgebers, der seine Angestellten durch exzessive Überstunden ausbeutet. Ein verzweifelter Patient, der dem Therapeuten für eine Überziehung der Sitzung dankt, erinnert sich vielleicht daran, daß er als Kind zur Bestrafung im Schlafzimmer eingeschlossen wurde. Alle Abweichungen von den Bedingungen, die eine einsichtsorientierte Heilung unterstützen, auch wenn sie bewußt sogar gern angenommen werden, werden ohne Ausnahme vom Unbewußten als nachteilig aufgefaßt.

Wenn der Patient von sich aus um eine solche Abweichung bittet, sollte ein Therapeut den Patienten erst einmal auffordern, weiterzuerzählen (frei zu assoziieren), und erst angesichts der *verschlüsselten* oder *unbewußten Mitteilungen* des Patienten auf die Bitte reagieren. Das bedeutet in der Regel, daß der Therapeut den Patienten darauf hinweisen wird, daß die eigenen unbewußten Mitteilungen zur Einhaltung einer bestimmten Grundregel auffordern und nicht zu der vorgeschlagenen Abweichung.

Hierzu ein kurzes Beispiel: Herr Scofield erklärt seinem Therapeuten Dr. Russo, daß er jeden Monat aufgrund von Dienstreisen eine Sitzung absagen müsse. Dr. Russo fordert ihn auf, weiterzuerzählen. Dem Patienten fallen Vertragsverhandlungen mit einem neuen Kunden ein. Er sagt, er sei über diesen Kunden verärgert, weil er eine Abmachung fordere, die ihn von der Zahlung für Waren, die unter bestimmten Bedingungen geliefert werden, befreie. Da es sich um leicht verderbliche Waren handele, erscheint ihm die Bitte des Kunden äußerst ungerecht und ausbeuterisch. «Ein Vertrag ist ein Vertrag», sagt Herr Scofield. «Ungerechtfertigte Ausnahmen machen ihn sinnlos. Der Mann will mich lediglich ausnutzen; mir ist ganz klar, daß ich ihm nicht vertrauen kann.»

Diese Assoziationen sind eine eindeutige, wenn auch verschlüsselte Empfehlung an Dr. Russo, sich ohne Ausnahme an die Vereinbarung zu halten. Dem Therapeuten fällt es nicht schwer, Herrn Scofield darauf hinzuweisen. Er antwortet, der Patient habe ihn selbst gewarnt, daß eine derartige Einwilligung die therapeutische Absprache schädigen könne, und Herrn Scofield erlaube, ihn als Therapeuten auszubeuten. Ich möchte nochmals betonen, daß bei jeder Frage, die mit den Grundregeln zusammenhängt, der Therapeut am besten bewertet wird, der seine Entscheidung von der Analyse des verschlüsselten Materials des Patienten abhängig macht. Der Therapeut, der unüberlegt unmittelbar auf die manifesten Gedanken und Assoziationen des Patienten reagiert und die tiefgründigen Inhalte nicht erforscht, fällt in die Kategorie *«fragwürdig – gefährlich»*. Wenn der Therapeut dazu neigt, von der jeweiligen Grundregel eher abzuweichen als sie einzuhalten, ist er als *«gefährlich»* einzustufen.

Sowohl für Patienten als auch für Therapeuten sind Geldfragen eine äußerst heikle Angelegenheit. Es herrscht allgemein eine Vielzahl irrationaler Ansichten im Hinblick auf die Honorierung von Therapien. Dies führt dazu, daß auf diesem Gebiet die seltsamsten Praktiken nicht nur existieren, sondern regelrecht florieren.

Es gibt einige Abweichungen, die nicht als problematisch betrachtet werden, die aber trotzdem die Bewertung *«unzulässig – gefährlich»* verdienen, etwa die Zahlung mit Kreditkarte. Diese Praktik verleiht der Psychotherapie den Anstrich des reinen Geschäfts, und sie schließt Dritte in die Behandlung ein. Verbreitet ist auch die Praxis der flexiblen Honorierung (free range). In diesem Zusammenhang entstehen Probleme, wenn der Therapeut dem Patienten entweder das geringstmögliche oder das höchstmögliche Honorar nennt. Beides hat nachteilige unbewußte Folgen. Es mag zunächst einen sehr menschlichen Eindruck machen, dem Patienten, der sich in einer finanziellen Notsituation befindet, ein ermäßigtes Honorar zu nennen. Es mag auch gerecht erscheinen, wenn der Therapeut das Honorar erhöht, weil der Patient eine Gehaltserhöhung erhalten hat oder weil er, der Therapeut, sein Gehalt seinen Lebenshaltungskosten angleichen möchte. Auch hier entstehen umfassende, nachteilige Auswirkungen auf das tiefe Unbewußte. Manche Abweichungen grenzen an Unehrlichkeit. Manche sind schlechthin korrupt. Einige Therapeuten gewähren eine Honorarermäßigung gegen Barzahlung, so daß sie im Endeffekt weniger Einkommen zu versteuern haben. Andere Therapeuten lassen es zu, daß ihre Patienten erst einmal nicht zahlen, so daß später, entweder mit oder ohne Zinsen, eine hohe Summe zu begleichen ist. Manche möchten im voraus bezahlt werden, manche am Ende jeder Konsultation. Ideal ist ein festgelegtes Honorar, das am Monatsanfang für den vorhergehenden Monat, also rückwirkend, zu überweisen ist. Eine der verbreitetsten Abweichungen vom Ideal betrifft die Zahlung durch eine Krankenversicherung und somit indirekt die Beteiligung Außenstehender an der Therapie. Tatsache ist, daß manche Patienten eine therapeutische Behandlung nur machen können, wenn eine Versicherung die Kosten übernimmt. Es handelt sich in der Tat um eine soziale Einrichtung zugunsten des Patienten und um die finanziellen Bedürfnisse des Therapeuten, beides Faktoren, die nur zu leicht dazu führen, daß die Art, in der die Beteiligung Außenstehender eine Therapie schädigen kann, übersehen wird.

Frau Hines ist aufgrund wiederkehrender depressiver Phasen und der Unfähigkeit, Intimität mit einem Mann zu ertragen, bei dem Therapeuten Dr. Bartley in Behandlung. Als sie sechs Monate alt war, starb ihre Mutter. Während der ersten Konsultation besteht Frau Hines darauf, daß Dr. Bartley ein Versicherungsformular ausfüllt, das ihr eine achtzigprozentige Kostendeckung gewährleistet. Der Therapeut schlägt vor, sie solle zunächst beliebig assoziieren und aussprechen, was ihr gerade einfalle. Daraufhin erzählt Frau Hines von einer Freundin, deren Mann sie durch einen Privatdetektiv beschatten ließ. Als die Freundin davon erfuhr, sei sie so wütend geworden, daß sie sich fortan geweigert habe, mit ihrem Mann zu sprechen. Dann erwähnt die Patientin den eigenen Vater: «Er ist genauso. Er mischt sich ständig in mein Privatleben ein. Bei meinem letzten Freund war er so aufdringlich, daß er ihn geradezu vertrieben hat. Er selbst kann seine eigenen Beziehungen kaum aufrechterhalten.»

Dr. Bartley greift ein. Er sagt Frau Hines, daß das Unterzeichnen des Versicherungsformulars unbewußt einen Dritten in die therapeutische Beziehung einschleuse, von dem sie sich, unbewußt, bespitzelt fühlte. Dies könne ihrerseits zu der Reaktion führen, daß sie sich weigere, ihm Wichtiges zu erzählen. Frau Hines nickt. Sie erinnert sich an einen Traum. Ein liebenswürdiger Mann will sich ihr nähern, aber sie hat Angst vor ihm oder fürchtet vielmehr, durch ihn eingeengt zu werden. Die letzten Bilder dienen als positive Bestätigung der Intervention des Therapeuten. Sie beinhalten eine positive Figur, verbunden mit der Angst vor Einengung, die durch einen sicheren Rahmen hervorgerufen wird. Dennoch sagt Frau Hines am Ende der Stunde, daß sie ohne die finanzielle Unterstützung der Versicherung das Honorar nicht zahlen könne. Wenn Dr. Bartley das Formular nicht unterschreibe, könne sie die Behandlung nicht fortsetzen. Etwas widerwillig folgt der Therapeut ihrer Bitte. Er fügt hinzu, daß man in der nächsten Konsultation auf die so entstehende Lage näher eingehen müsse.

Zu Beginn der nächsten Sitzung spricht Frau Hines von dem plötzlichen Tod ihrer Mutter. Freunde haben auf sie eingeredet, bei stürmischem Wetter im Meer zu schwimmen. Drei Monate später beendet Frau Hines die Therapie. Sie hat während der Behandlung wenig Bedeutsames gesagt, sondern überwiegend geschwiegen. Die Patientin spürte, daß sie Dr. Bartley nicht wirklich vertrauen konnte und daß es ihr Unbehagen bereitete, ihm etwas zu erzählen.

Für das tiefe Unbewußte ist die Unterschrift des Therapeuten auf dem Formular in gewisser Weise ein Todesurteil. Dr. Bartley nimmt die Stellung der Mutter ein, die die Patientin seit ihrer Kindheit vermißt. Er ist allerdings auch der Freund, der sie ungeachtet der Gefahr ermutigt, sich zum eigenen Verderben in stürmische Gewässer hineinzuwagen. Sie kann ihm nicht vertrauen. Außerdem ist er wie der Mann, der seine Frau durch einen Privatdetektiv beschatten läßt. Er hat zu ihr ebenfalls kein Vertrauen. Was nützt es, sich mit ihm zu unterhalten? Dieser Fall verdeutlicht, daß die Beteiligung

Dritter, auch wenn finanzielle Zwänge vorliegen, immer ernste Folgen mit sich bringt.

Eine Zahlung, die durch einen Dritten erfolgt, ist bestenfalls mit *«fragwürdig»* und schlimmstenfalls mit *«gefährlich»* zu bewerten. Unter solchen Voraussetzungen kann eine einsichtsorientierte und bedeutungsvolle Therapie nur dadurch erzielt werden, daß der Therapeut ständig die diesbezüglichen unbewußten Wahrnehmungen des Patienten analysiert.

Ich bin mir darüber im klaren, daß die Urteile des tiefen Unbewußten auf diesem Gebiet oft nur schwer zu akzeptieren sind. Sie beachten nicht die finanzielle Lage des Patienten, und die unbewußten Bilder, die in diesem Zusammenhang erzeugt werden, sind destruktiv und unangenehm. Dennoch stellt die Festlegung des Honorars vermutlich die wichtigste Komponente des Behandlungsrahmens dar. Bereits während der ersten Konsultation, während deren die Zahlungsweise vereinbart wird, mag das Ergebnis der therapeutischen Erfahrung wesentlich beeinflußt werden.

Es hilft nichts, die Folgen einer Honoraränderung einfach zu leugnen oder zu ignorieren. Das tiefe Unbewußte ist nicht von Motiven wie Habsucht geleitet. Was es durch verschlüsselte Mitteilungen wiedergibt, beruht auf Integrität und Ehrlichkeit. Der ideale Therapeut wird sich an ein angemessenes Honorar halten. Der Patient genießt die Befriedigung durch interpretierende Interventionen, die außerdem den sicheren Behandlungsrahmen stabilisieren und letztlich den Prozeß einer emotionalen Heilung unterstützen.

Ungeachtet wirtschaftlicher Zwänge steht fest, daß Patienten in Gegenwart außenstehender «Beobachter» ihre emotionalen Schwierigkeiten und ihre tiefsten und schmerzlichsten Geheimnisse nicht enthüllen werden. Unter solchen Umständen kann emotionale Erleichterung, wenn überhaupt, nur auf andere Weise bewirkt werden. Die Zahlung durch Dritte ist eine weit verbreitete Praxis, die allerdings kaum einer kritischen Betrachtung unterzogen worden ist. Psychotherapeuten achten nicht auf die unbewußten Vernetzungen, die diese Praxis auslöst. Die Patienten verlassen sich notwendigerweise zunächst auf ihre bewußten Rationalisierungen, ohne zu wissen, wie sie das eigene verschlüsselte Material erforschen können. Letztlich kommt diese Praxis den Bedürfnissen beider Parteien entgegen, eine Situation zu schaffen, in der unbewußte Wahrheiten zum großen Teil heruntergespielt werden oder überhaupt nicht auftreten können.

Im großen und ganzen muß die Zahlung durch einen Dritten die Bewertung *«fragwürdig – gefährlich»* erhalten. Es ist wichtig zu verstehen, daß die Zahlung durch die Krankenkasse Teil einer umfassenderen Überschreitung des Behandlungsrahmens wird, innerhalb deren Klischees und Intellektualisierungen vorherrschen werden. Echte Einsicht in die unbewußten Inhalte, die den Problemen des Patienten zugrundeliegen, ist unter solchen Umständen vollständig auszuschließen. Patienten, die auf eine Krankenversicherung angewiesen sind, sind gut beraten, einen Therapeuten zu finden, der die dadurch bewirkten unbewußten Implikationen erforscht und in Verbindung mit dem gesamten Material des Patienten interpretiert. Wenn der Therapeut auf derartige Mitteilungen nicht eingeht, sollte der Patient versuchen, eigenes Material selbst zu entschlüsseln. Merken Sie sich Ihre Träume und das, was Sie während der Konsultation erzählen, und überlegen Sie, welche Bedeutung die Zahlung über die Krankenkasse für Ihre Therapie hat.

Manche Psychoanalytiker verlangen ein relativ hohes Honorar für eine Behandlung, die ein- oder zweimal wöchentlich stattfindet, und ein wesentlich geringeres für eine Psychoanalyse, die vier- oder fünfmal wöchentlich erfolgt. Dies ist darauf zurückzuführen, daß Analytiker im allgemeinen letztere Behandlungsart vorziehen. Manche Therapeuten nehmen ein bestimmtes Honorar für die erste Konsultation und ein anderes für die zweite. Es gibt außerdem Therapeuten, die gegen andere Dienstleistungen oder Waren abrechnen würden. Auch derartige Praktiken können steuerliche Hintergründe haben. Vereinbarungen dieser Art grenzen an einen Austausch von Geschenken, eine ebenfalls weit verbreitete Praxis, die tiefgreifende, nachteilige Folgen mit sich bringt.

Der Austausch von Geschenken zwischen Patienten und Therapeuten wird unbewußt als pathologisch, ausbeuterisch und verführerisch aufgefaßt. Er verwischt die Grenzen zwischen beiden Parteien und entzieht dem Patienten im Grunde genommen das, was er von dem Therapeuten braucht. In dem Augenblick, in dem der Therapeut dem Patienten ein Geschenk überreicht, erlebt das tiefe Unbewußte ein gewaltiges Gefühl der Entbehrung, des Verlusts und der Verletzung.

Ich weiß, daß es nicht ungewöhnlich für Patienten ist, ihrem Therapeuten ein Geschenk zu machen, besonders um die Weihnachtszeit, ebenso wie es Therapeuten gibt, die ihre Patienten beschenken. Vor kurzem las ich einen Zeitungsartikel von einer Psychiaterin, die für solche Fälle ein Buch, das sie selbst für hilfreich hielt, empfahl. Dennoch muß ich von derartigen Praktiken streng abraten, und zwar deshalb, weil viele Patienten auf derartige Praktiken eine starke unbewußte Reaktion zeigen. Ein typisches Beispiel ist der folgende Fall: Nach einer gegenseitigen Bescherung mit ihrem Therapeuten erinnert sich Frau Shannon an ein anderes Behandlungserlebnis. Der Therapeut ließ sie im Wartezimmer sitzen, während er selbst die ganze Stunde verschlief. Daraufhin spricht sie von einem Einbruch in ihre Wohnung. Der Eindringling hatte als «Andenken» ein kleines Geschenk hinterlassen. Für das tiefe Unbewußte zeigt das Schenken nicht nur mangelndes Engagement, sondern stellt auch eine Art von Unredlichkeit dar, in diesem Fall ganz deutlich einen Diebstahl, der sich hinter einem Geschenk verbirgt.

Für das tiefe Unbewußte ist es unwesentlich, ob Sie ein Geschenk machen oder empfangen. Die Situation des Schenkens bedeutet immer, daß etwas *weggenommen* wird. In einem anderen Fall nimmt die Therapeutin von einem Patienten einen Schal als Weihnachtsgeschenk entgegen. Obwohl der Patient sich bewußt über ihre Reaktion freut, erzählt er anschließend von einem Kunden, der versuchte, ihn zu bestechen, damit er bestimmte Dokumente fälschte. Die Erinnerung an den Vorfall macht ihn immer noch wütend. Damals reagierte er auf das Angebot des Kunden mit dem Abbruch des Kontakts. Das Verhalten der Therapeutin (die Annahme des Geschenks) wird nicht nur unbewußt als unredlich aufgefaßt. Das tiefe Unbewußte bietet außerdem ein *korrigierendes Modell* an. Mit anderen Worten: Es appelliert an die Therapeutin, die Grundregeln richtig zu handhaben und einen sicheren Behandlungsrahmen aufrechtzuerhalten. Im Optimalfall macht der Therapeut seinen Patienten keine Geschenke. Falls der Patient ein Geschenk mitbringt, sollte der Therapeut es höflich ablehnen. Er sollte vorschlagen, daß dieser das Geschenk zunächst behalte und daß man auf den Vorfall im Gespräch genauer eingehe. Fast ohne Ausnahme werden die darauffolgenden Assoziationen des Patienten unbewußte und unangebrachte Motive sowie bestimmte Wahrnehmungen bezüglich des Therapeuten zum Vorschein bringen, die sich hinter der bewußt wohlmeinenden Geste verbergen.

Das Material wird außerdem die Entscheidung des Therapeuten, das Geschenk nicht entgegenzunehmen, als korrigierende Maßnahme bestätigen. Derartige Situationen verdeutlichen die Spaltung zwischen den Einstellungen und den Bedürfnissen der unbewußten und bewußten Systeme der Psyche.

In einem weiteren Fall erzählt die Patientin, als die Therapeutin ein Geschenk ablehnt und ihre Patientin zu freier Assoziation auffordert, daß ihre Eltern versuchten, die Kinder durch Geschenke zu manipulieren. «Wären sie ehrlich gewesen», sagt die Patientin, «hätten sie uns Liebe und nicht Dinge gegeben.» Mit anderen Worten: Wir können uns immer auf die verschlüsselten Mitteilungen des tiefen Unbewußten verlassen, vorausgesetzt, daß wir seine Äußerungen zulassen.

Wenden wir uns nun einem weiteren Beispiel zu. In diesem Fall handelt es sich um die Beendung einer Therapie und die verbreitete Sitte, dem Therapeuten zum Abschluß ein Geschenk zu machen: Frau Weber befindet sich seit einem Jahr aufgrund von Depressionen in einer Behandlung bei einem Sozialarbeiter, Herrn Banks. Im Verlauf der Behandlung haben sich die Symptome verringert. Nach einem Jahr sagt ihr Herr Banks, daß er in eine andere Stadt ziehen werde. Die Patientin ist verärgert und berichtet in den folgenden Wochen, daß sie sich häufig mit ihrem Mann streite. Herr Banks sagt wenig dazu.

In der letzten Stunde bringt Frau Weber als Abschiedsgeschenk eine Fotografie mit, auf der ihre Mutter mit einem kleinen Kind abgebildet ist. Herr Banks nimmt das Geschenk an, schlägt aber vor, die Patientin solle dessen Bedeutung erforschen. Frau Weber ist leicht irritiert und erwidert, es sei nur ein Zeichen des Danks. Sie erinnert sich dann jedoch an einen Vorgesetzten, der ihr aufgrund ihrer gemeinsamen Affäre besondere Privilegien gewährte. Im Zusammenhang damit fällt ihr ein Ehepaar ein, das zu der Zeit mir ihr zusammenarbeitete. Beide vermittelten den Eindruck, nicht ohne einander auskommen zu können, sagt sie. Sie konnten sich nicht einmal für eine Sekunde aus den Augen lassen. Die verschlüsselten Mitteilungen bringen die unangemessenen sexuellen und verbindenden Aspekte zum Vorschein, die mit der Annahme ihres Geschenks durch den Therapeuten verknüpft sind. Geschenke werden in Therapien besonders dann gemacht, wenn Trennungs- und Todesängste ungelöst sind. Der Patient versucht dann, einen Teil seiner Person beim Therapeuten zu hinterlassen. Auf diese Weise wird eine unendliche Verbindung gewährleistet, die unbewußt dazu dient, das Gefühl des Verlusts und der Endgültigkeit beim Patienten – und auch beim Therapeuten – zu leugnen. Auch wenn sie zunächst befriedigend wirken, kommen derartige Abwehrmechanismen den Patienten auf Dauer sehr teuer zu stehen.

Im großen und ganzen ist die Tendenz klar: Das tiefe Unbewußte braucht die Festlegung eines angemessenen Honorars, das durch den Patienten persönlich, auf private Rechnung, bezahlt wird. Wenn sich eine Abweichung nicht vermeiden läßt, können die Auswirkungen zwar prinzipiell verringert werden. Allerdings werden sie weder durch eine geeignete Interpretation noch durch eine Reduktion der notwendigen Veränderung auf ein tragbares Minimum völlig aufgehoben. Obwohl es sich hier um komplizierte Sachverhalte handelt, sind die grundlegenden Richtlinien eindeutig: Eine ideale Handhabung der Honorarvereinbarung erhält die bestmögliche Bewertung, während Vereinbarungen, die unredlich wirken und unbewußt korrupte Aspekte der Persönlichkeit und der emotionalen Störung des Patienten verstärken, am negativsten einzustufen sind. Dazwischen liegen Abweichungen, die unterschiedlich bewertet werden müssen. Handelt es sich um eine redliche, aber unnötige Abweichung, sollte der Therapeut für seine Arbeit die Bewertung *«fragwürdig – unzulässig»* erhalten. Wenn er nicht imstande ist, die Vernetzungen, die das Unbewußte des Patienten erzeugt, zu erforschen und zu interpretieren, fällt die Beurteilung wesentlich schlechter aus als bei einem Therapeuten, der auf diese Inhalte eingeht.

Zur Illustrierung betrachten wir folgenden Fall: Tammy, eine Frau von siebenundzwanzig Jahren, kann sich von ihrer manipulativen und äußerst destruktiven Mutter nicht lösen. Die Mutter schafft es, die Tochter durch Geldgeschenke an sich zu binden. Tammy hofft, sich durch eine Therapie aus dieser verwickelten Lage befreien zu können. Am Ende der ersten Konsultation fragt der Therapeut Dr. Kirk, was sie für die Behandlung zahlen könne. (Schon diese Frage ist völlig unangemessen; der Therapeut muß ohne Hilfe des Patienten eine faire Summe festsetzen.) Tammy fragt, verständlicherweise, nach dem Standardhonorar und erfährt, daß Dr. Kirk für eine Sitzung von 45 Minuten 80 Dollar verlangt. Tammy sagt, fast unter Tränen, daß sie dieses Honorar nicht zahlen könne. Sogar mit Hilfe der Mutter könne sie für die Therapie nicht mehr als 100 Dollar im Monat ausgeben. Dr. Kirk bietet sofort eine Ermäßigung von 25 Dollar pro Sitzung an. Tammy ist zugleich erleichtert und dankbar.

Bald danach spricht sie erneut von der Mutter, die durch Geld zu manipulieren und zu kontrollieren versucht. Es sei allerdings nicht nur ihre Mutter. Auch ihre Tante mische sich ständig in ihr Leben ein und gebe ebenfalls Geld und Geschenke, die sie auch immer wieder annehme. Tammy weiß, daß sie dieses Spiel nicht weiter mitmachen sollte, weil sie ihre eigene Identität auf diese Weise niemals finden wird. Trotzdem lasse sie sich immer wieder darauf ein.

Diese Erzählungen sind natürlich verschobene und verschlüsselte Wahrnehmungen, die sich auf den Vorschlag der Honorarermäßigung seitens des Therapeuten beziehen. Trotz der bewußten Erleichterung und des Einverständnisses der Patientin faßt sie diese Ermäßigung unbewußt als Verführung, Manipulation und als eine Form der Bindung an den Therapeuten auf. Man könnte dagegen halten, daß sich Tammy schon vorher über ihre Mutter beschwert hat; wie kann man sicher sein, daß diese Bilder wirklich ihre Wahrnehmung bezüglich des Therapeuten spiegeln? Klinische Erfahrungen sind in dieser Hinsicht äußerst eindeutig: Hätte Dr. Kirk die Honorarvereinbarung nach idealen Maßstäben gehandhabt (durch die Nennung einer angemessenen Summe) oder keine Ermäßigung vorgeschlagen und somit einen sicheren Behandlungsrahmen gewährt, wären die darauffolgenden Assoziationen der Patienten anderer Art. Nachdem Dr. Kirk die Gebühr geändert hat, beschwert sich Tammy nicht nur über ihre Mutter. Sie bezieht sich auf eine zweite Person, die sich ähnlich verhält, und gibt so eine eindeutige, verschlüsselte Beschreibung von Dr. Kirk ab. Ohne die Abweichung von einem sicheren Behandlungsrahmen hätte die Patientin jemand anderen erwähnt – möglicherweise einen Freund, der sich weigert, ihre Abhängigkeit zu unterstützen.

In Tammys Therapie führt die Honorarvereinbarung, wie es häufig der Fall ist, zur Wiederholung der pathologischen Beziehung, die bereits die Behandlungsursache bildet. Wiederholungen dieser Art sind sehr weit verbreitet. Ich habe bereits darauf hingewiesen, daß sich durch die Wahl eines Therapeuten, dessen destruktives oder sogar krankes Verhalten unbewußt das Verhalten des Patienten rechtfertigt, sehr leicht eine vordergründige Verringerung der emotionalen Störung erreichen läßt. Es ist allerdings auch möglich, daß sich der

Patient einer derartigen Therapie unterzieht mit der eventuell unbewußten Absicht, durch sie zu lernen, wie man mit Situationen dieser Art konstruktiver umgeht. Die Begegnung mit den emotionalen Problemen des Therapeuten kann in manchen Fällen dazu führen, daß die Stärken des Patienten zum Vorschein kommen. Er wird dann zu einem gesunden Vorbild und entwickelt die Fähigkeit, mit ungesunden Beziehungen zurechtzukommen. Für ein derartiges Ergebnis gibt es jedoch keine Garantie. Außerdem wird das tiefe Unbewußte in solchen Fällen immer mit sehr negativen Wahrnehmungen auf den entsprechenden Therapeuten reagieren.

Der Therapeut von Herrn Kittner zum Beispiel legt eine auffällig niedrige Honorarsumme fest. Daraufhin erinnert Herr Kittner sich an zwei Träume: Im ersten Traum wird er von einem Hund gebissen; im zweiten versucht ein Mann, ihn sexuell zu verführen. In diesem Fall wird die ermäßigte Gebühr unbewußt sowohl als Angriff als auch als Verführung registriert. Bilder dieser Art sprechen deutlich dafür, daß der Therapeut als «*gefährlich*» eingestuft werden muß. Immer wieder zeigt sich, daß Überschreitungen des Behandlungsrahmens, die bewußt als befriedigend erlebt werden, im tiefen Unbewußten auf mehrfache Art als destruktiv registriert werden.

Ein weiteres Beispiel: Die Psychologin Dr. Hawkins versichert ihrem Patienten, Herrn Shane, daß er sich ohne weiteres bei ihr verschulden könne, vorausgesetzt, daß er die Rechnung irgendwann begleiche. Gleich darauf spricht der Patient von seiner Mutter, die ihn so verwöhnt habe, daß er selber kaum noch eine Aufgabe zu erfüllen habe. Dann erwähnt er einen Kollegen, der sich ständig an Frauen heranmache. Herr Shane ist beiden gegenüber sehr kritisch. Mit anderen Worten: Die Berichte geben seine Einstellung zur Therapeutin wieder. Im Optimalfall hätte Dr. Hawkins die Behandlung unterbrechen sollen, bis der Patient seine Schulden zahlen kann.

In diesem Fall vergehen einige Monate, in denen Herr Shane beginnt, sich über seine wachsenden Schulden Sorgen zu machen. Er sagt Dr. Hawkins, daß er sich sowohl gefesselt als auch schuldig fühle. Dr. Hawkins weiß um den ausgezeichneten Ruf, den ihr Patient als Werbetexter genießt. Sie schlägt einen «Tauschhandel» vor und erklärt, sie nehme gerade an einer Fortbildung teil und müsse eine Abhandlung verfassen. Wenn Herr Shane diese für sie schreibe, könne er damit seine Außenstände begleichen. Herr Shane stimmt zu und ist später von der offiziellen Reaktion auf seinen Entwurf begeistert. Weder er noch die Therapeutin merken, daß sich seine Assoziationen seit diesem Zeitpunkt häufig auf Schummeleien in Prüfungssituationen beziehen. Herr Shane lehnt derartige Praktiken vollkommen ab, nicht nur wegen ihrer Unehrlichkeit, sondern auch, weil durch sie wahres Lernen und die menschliche Entwicklung der Studenten behindert werden.

Die Wahrnehmungen des Patienten bezüglich des «Tauschhandels» sind geteilt und besetzen im Bewußtsein bzw. im Unbewußten zwei gegensätzliche Pole des Empfindens. Die Möglichkeit, seine Schulden auszugleichen, führt zu einer bewußten Erleichterung. Seine unbewußte Einschätzung der Therapeutin entspricht jedoch der Einstufung «*unzulässig – gefährlich*». Zu dieser Zeit träumt Herr Shane von einer Hand, die aus dem Boden herauswächst, und versucht, ihn herunterzuziehen. Diese Bilder spiegeln die fesselnden und erstickenden Eigenschaften des «Tauschhandels» wider. Obwohl Herr Shane in der Situation eine aktive und kreative Rolle einnimmt, hat er das unbewußte Gefühl, völlig vereinnahmt zu werden.

Vergleichen Sie die Bilder mit den Assoziationen von Frau Weiß, Vertreterin einer EDV-Firma, die ebenfalls mit der Zahlung ihrer Therapie Schwierigkeiten hat. Sie schlägt vor, dem Therapeuten für eine einjährige Behandlung einen Computer mit unterschiedlicher Software zu beschaffen. Dr. Kelsey fordert sie daraufhin auf, frei zu assoziieren. Die Patientin spricht zunächst von ihrer Arbeit. Dann erinnert sie sich an einen verheirateten Mann, den sie geschäftlich kennengelernt habe und mit dem sie ein Verhältnis begann. Zu der Zeit habe sie Raubkopien verschiedener Programme für ihn besorgt. Im nachhinein habe sie festgestellt, daß sie damals die eigenen Wertmaßstäbe verloren hatte, denn sie halte eigentlich nichts davon, sich mit verheirateten Männern zu treffen, und sie bereue die Tatsache, für ihn «gestohlen» zu haben.

Dr. Kelsey interpretiert das Material. Es verweist auf die unbewußte Einstellung der Patientin zu ihrem eigenen Vorschlag, auf ihr unbewußtes Gefühl, daß durch diesen eine illegale, unehrliche Beziehung zustande komme. Die Patientin reagiert nicht unmittelbar auf die Interpretation. Ihre weiteren Assoziationen beziehen sich jedoch auf einen anderen Mann, den sie früher kannte. Sie habe sich längere Zeit mit ihm getroffen, und er habe bei ihr immer einen völlig integren

Eindruck hinterlassen. Sie bewundere ihn sehr und würde ihn gern wiedersehen.

In diesem Fall antizipieren die negativen Wahrnehmungen der Patientin eine Annahme des Angebots durch den Therapeuten – eine Entscheidung, die die Bewertung *«unzulässig – gefährlich»* erhalten müßte. Nachdem der Therapeut sich an den Behandlungsrahmen hält und die unbewußten Anweisungen der Patientin interpretiert, erscheint ein äußerst positives und konstruktives Bild bzw. eine verschobene, unbewußte Wahrnehmung, die seine Handhabung der Situation als ideal bestätigt.

Ich muß über die Konsequenz des tiefen Unbewußten immer wieder staunen. Es gibt unzählige Honorarvereinbarungen, die von allen Beteiligten bewußt akzeptiert werden. Sie werden vom tiefen Unbewußten (sowohl des Patienten als auch des Therapeuten) dennoch eindeutig als destruktiv aufgefaßt, und dieses rät sogar von ihnen ab. Auch das Einschalten einer Krankenkasse führt, trotz der möglicherweise vorhandenen Notwendigkeit und Legalität, ebenfalls zu ähnlich negativen Wahrnehmungen.

Ich möchte die Diskussion der Honorarfestlegung mit einem letzten Beispiel abschließen. Es macht sehr deutlich, daß die Verantwortung, für jede Konsultation zahlen zu müssen, auch wenn sie bewußt als belastend gilt, vom tiefen Unbewußten hochgeschätzt wird und sich auf das Leben des Patienten sehr positiv auswirken kann.

Herr Criswell ist verheiratet, Anfang Vierzig und bei dem Psychologen Dr. Koyama in Behandlung. Er interessiert sich schon länger für Pornographie und zeigt eine Vorliebe für «one-night stands». Als er sich vor einem Jahr vor dem jungen Mädchen, das gelegentlich auf seine Kinder aufpaßte, entblößte, bemerkte er, daß er langsam seine Selbstkontrolle verlor.

Zu Beginn der Behandlung muß er wegen einer Geschäftsbesprechung eine Konsultation absagen. Trotz der Vereinbarung, für abgesagte Stunden zu zahlen, ist er der Ansicht, daß eine geschäftliche Angelegenheit als Ausnahme gelten müsse. Er sage schließlich nicht aus eigenem Vergnügen ab, sondern weil seine Arbeit ihn dazu zwinge. Auf diese Rationalisierungen folgen Bilder, die einen unbewußten Appell, doch zu zahlen, darstellen. Er spricht zum Beispiel über geschäftliche Zahlungsrückstände und über die Tatsache, daß man andere nicht um ihr Geld betrügen solle. Obwohl der Therapeut die unbewußten Anweisungen interpretiert, weigert sich Herr Criswell, für die ausgefallene Stunde aufzukommen. Einige Monate später versäumt Herr Criswell eine zweite Konsultation. In der folgenden Woche erklärt er, daß er einen Unfall hatte und zu sehr unter dem Schock gelitten habe, um seinen Termin einhalten zu können. Dann spricht er über Umstrukturierungen in seiner Firma. Seit kurzem sei er für die Betriebskasse verantwortlich und führe darüber Buch. Sein Vorgesetzter habe ihm zu verstehen gegeben, er brauche nur die tatsächlich eingehenden Beträge zu notieren. Ihm sei allerdings klar, daß der Vorgesetzte kleinere Beträge unterschlage und nicht ertappt werden wolle. Jedenfalls habe er ihm mitgeteilt, er werde entweder seine Arbeit ordnungsgemäß verrichten oder seine Kündigung einreichen. Er wolle diese Unehrlichkeit nicht unterstützen.

Dann erwähnt Herr Criswell wieder den Unfall. Was ihn am meisten ärgert ist die Tatsache, daß er trotzdem für die Konsultation zahlen müsse. Gleich danach schildert er einen Traum, in dem er eine Frau in eine Falle gelockt hat und sie zwingt, auf seine sexuellen Wünsche einzugehen. Die Frau erinnere ihn an das Mädchen, das im vorigen Jahr auf seine Kinder aufgepaßt habe. Herr Criswell kommt ins Stocken. Vielleicht sei alles auf seine Mutter und die eigene Erziehung zurückzuführen. Dann sagt er: «Eigentlich habe ich nichts dagegen, für die letzte Stunde zu zahlen. Seltsamerweise gibt mir das sogar ein gutes Gefühl – als würde ich ausnahmsweise etwas Verantwortung übernehmen.» Er spricht dann von seiner Ehe. Er habe sich mit seiner Frau häufig gestritten, aber in letzter Zeit verständen sie sich gut. Gestern zum Beispiel habe sie sich über die Kinder beschwert. Anstatt sich zu streiten, habe er versucht, sie zu verstehen. Er habe vorgeschlagen, selbst auf die Kinder aufzupassen, anstatt wie gewöhnlich wegzugehen. «Es tat mir richtig gut», sagt Herr Criswell. «Ich hatte das Gefühl, für meine Frau da zu sein. Manchmal vergißt man, wie es ist, Nähe zur eigenen Frau zu spüren oder sie richtig zu behandeln. Na ja, ich weiß, daß Sie von mir erwarten, daß ich für die letzte Sitzung zahle. Machen Sie sich keine Sorgen darüber. Die Zahlung kommt.» Der zentrale Auslöser für diese Sitzung ist die Erwartung des Therapeuten, daß Herr Criswell Verantwortung für die ausgefallene Stunde übernehmen wird. Die Erzählung über die Betriebskasse stellt die unbewußte Einstellung des Patienten bezüglich der Einhaltung dieser Grundregel eindeutig dar. Unbewußt erkennt Herr Criswell, daß er sich entweder für seine Therapie verantwortlich zeigen oder gehen muß.

Auf die Erzählung folgt sogar ein Versuch seitens des Patienten, den Behandlungsrahmen zu sichern: Er sagt, daß er sich durch die Zahlung nicht gestört fühle. Im Gegenteil, er habe ein gutes Gefühl dabei. Die Traumbilder, die er beschreibt – er treibt eine Frau in die Enge und mißbraucht sie sexuell –, stellen typisches Material dar, nach einem derartigen Versuch den Behandlungsrahmen zu festigen. Dadurch erlebt Herr Criswell ein bewußtes Gefühl der Befriedigung, aber gleichzeitig unbewußte Ängste vor Einengung bzw. vor Fesselung und Gefahr. Ängste dieser Art fördern allerdings die psychische Gesundheit. Sie ermöglichen dem Patienten den Zugang zu vergessenen oder verdrängten Erfahrungen, die zur Entstehung des emotionalen Problems, in diesem Fall der Neigung zum Exhibitionismus, beigetragen haben.

Beachten Sie, daß Herr Criswell gleich nach dieser Schilderung auf den sicheren Rahmen innerhalb seiner Ehe Bezug nimmt. Seine Entscheidung, den therapeutischen Behandlungsrahmen zu respektieren, spiegelt sich wider in der positiven Wende in seiner Ehe. Die ursprüngliche Weigerung des Patienten, Verantwortung für die Therapie zu übernehmen, wies ebenfalls Parallelen zu dieser Ehe auf. Es gibt in der Tat einen direkten Zusammenhang zwischen den Grenzen innerhalb und außerhalb der Therapie. Die Bereitschaft des Herrn Criswell, den Behandlungsrahmen zu sichern, hat eine unmittelbare und als positiv zu begrüßende Wirkung sowohl auf seine Ehe als auch auf seine Arbeit. Dort setzt er sich ebenfalls dafür ein, Grenzen einzuhalten und sich auf ehrliche Weise seinen Aufgaben zu widmen.

Entscheidungen, die den therapeutischen Behandlungsrahmen betreffen, haben unbewußte Auswirkungen auf das Verhalten in außertherapeutischen Situationen. Mit anderen Worten: Die Interventionen eines als positiv einzustufenden Psychotherapeuten, besonders im Hinblick auf die Grundregeln der Behandlung, haben sehr reale Folgen auf das Leben des Patienten. Trotz der damit verknüpften Ängste führt der sichere Rahmen zu konstruktiven therapeutischen Erlebnissen, die ebenso konstruktive Erlebnisse im Alltag des Patienten bewirken. Umgekehrt führen Veränderungen der Grundregeln fast immer zu destruktiven Erfahrungen, deren Ursache weder vom Patienten noch vom Therapeuten erkannt wird.

Wenden wir uns nun der Frage der *zeitlichen Festlegung* zu. Es gibt mehrere berufliche und auch persönliche Zwänge, die den Patienten oder Therapeuten dazu veranlassen können, eine vorübergehende oder permanente Veränderung der Zeit oder Häufigkeit der Behandlung vorzuschlagen. Manche Patienten, die nur gelegentlich Medikamente brauchen oder sich einer sogenannten «unterstützenden» Therapie unterziehen, erhalten keine festen Termine. Eine Konsultation wird dann vereinbart, wenn es erforderlich ist. Obwohl sie sinnvoll sind, werden derartige Vereinbarungen nach den Kriterien des tiefen Unbewußten negativ eingestuft. Sie werden als Zeichen der Instabilität, Unsicherheit und der manipulativen Neigungen des Therapeuten registriert. Im Idealfall werden, wie bereits erwähnt, sowohl die Zeit als auch die Häufigkeit der Sitzungen für den gesamten Behandlungsverlauf festgelegt. Manchmal, zum Beispiel wegen permanenter beruflicher Veränderungen des Patienten oder des Therapeuten, lassen sich zeitliche Verschiebungen nicht vermeiden. In derartigen Situationen sollte jedoch die Abweichung endgültig sein und die dadurch erzeugten unbewußten Auswirkungen erforscht werden. Unabhängig von den äußeren Umständen, die zu einer Terminveränderung führen, erlebt der Patient im Unbewußten immer das Gefühl einer übermäßigen Befriedigung seiner Wünsche sowie mangelnde Sicherheit und eine zu enge Bindung an den Therapeuten. Gleiches gilt für Änderungen, was die Häufigkeit, insbesondere wenn in scheinbar oder auch wirklich dringenden Situationen eine «Notsitzung» gewährt wird, betrifft. Im Falle einer akuten psychischen oder emotionalen Störung, beispielsweise bei Selbstmord- oder Mordgedanken, stellen Sitzungen dieser Art tatsächlich eine Notwendigkeit dar. Trotzdem wird die unbewußte Psyche den Therapeuten immer destruktiv wahrnehmen. Das gleiche gilt für eine Erhöhung oder Verringerung in der Häufigkeit der Sitzungen. Letzteres stellt sich häufig als Vorbote einer Beendung der Therapie heraus.

Am positivsten wird der Therapeut bewertet, der sich während der gesamten Behandlung konsequent an eine festgelegte Zeit und abgesprochene Intervalle hält, ohne beispielsweise die Häufigkeit zu reduzieren, wenn sich die Behandlung dem Ende nähert. Das tiefe Unbewußte reagiert auf derartige Fragen mit äußerster Sensibilität. Die geringste Veränderung wird von entsprechend nachteiligen Folgen begleitet, unabhängig davon, wie sich die Situation dem Bewußtsein darstellt. Dennoch muß das unmittelbare, bewußte Bedürfnis berücksichtigt, wenn nicht sogar befriedigt werden, wenn psychotherapeutische Notfälle auftreten. Die unbewußten Vernetzungen müssen dann erforscht, interpretiert und soweit wie möglich korrigiert werden.

Frau Brandon, eine chronisch depressive Frau von Anfang Dreißig, ruft den Therapeuten Dr. Mihalik an, da sie eine zusätzliche Konsultation vereinbaren möchte. Während der Stunde hat sie große Schwierigkeiten zu sprechen. Sie erwähnt, daß sie ihre Uhr nicht richtig eingestellt habe und deshalb zur falschen Zeit zu einer bestimmten Verabredung erschienen sei. Ihre Mutter könne Termine nie einhalten, sondern bringe sie immer durcheinander. «Wie die Mutter, so die Tochter», sagt sie anschließend. «Meine Mutter kommt nie zurecht, und ich auch nicht.»

Die negative Art dieser Bilder weist darauf hin, daß die Patientin das Angebot einer zusätzlichen Stunde unbewußt als Fehler des Therapeuten auffaßt: Er hätte sich an die richtige Zeit halten sollen. Sie treffen sich zur falschen Zeit. Er bringt alles durcheinander und ist in dieser Hinsicht nicht fähiger als sie selbst. Der Sinn, den das Material der Patientin enthält, wird allerdings durch den Therapeuten weder erkannt noch interpretiert. Daraufhin wird Frau Brandon noch depressiver. Sie beschwert sich darüber, daß ihre Mutter sie nie versteht. Auch hier kommt ihre Wahrnehmung bezüglich des Therapeuten zum Vorschein. Er ist ihr nicht zugänglich und versteht nicht, was sie sagen will. Danach folgt ein langes Schweigen. Später versäumt Frau Brandon die nächste Sitzung, als wolle sie die Situation auf eigene Weise berichtigen.

Ähnliche Themen erscheinen in den verschobenen und verschleierten Bildern von Frau Barglow, einer anderen Patientin. Fast am Schluß einer Sitzung fragt sie die Therapeutin, ob sie die nächste Stunde verschieben könne, da ihre Tochter in der jährlichen Schultheateraufführung mitspiele. Eine andere Zeit wird vereinbart, aber die Patientin sagt aus gesundheitlichen Gründen kurz vorher ab. (Physische Symptome sind eine weit verbreitete Reaktion auf eine Veränderung des Behandlungsrahmens und auf die geschwächte unbewußte Stütze, die sich in derartigen unnötigen Abweichungen zeigt.) Wenn ich mich in diesem Zusammenhang auf «unnötige» Abweichungen beziehe, gebe ich lediglich die Betrachtungsweise des tiefen Unbewußten wieder. Es ist mir klar, daß man volles Verständnis für eine Mutter aufbringen kann, die sich für die schauspielerischen Künste der eigenen Tochter interessiert. Für das Unbewußte allerdings entstehen auch hier Folgen, die einer gründlichen Untersuchung während der Therapie bedürfen.

Zur Bestätigung betrachten wir die nächste Sitzung der Frau Barglow. Zu Beginn der Stunde sagt sie, daß die Zeit des letzten Termins sie verwirrt habe. Dann erwähnt sie wieder, daß sie krank gewesen sei. Daraufhin erinnert sie sich, daß ihr Onkel sie vor Jahren angegriffen und sexuell mißbraucht habe. Dann denkt sie an ein Problem, das dadurch entstand, daß weder sie noch ihr Ex-Ehemann sich an eine bestimmte Klausel ihres Scheidungsurteils erinnern konnten. Sie habe ihm gegenüber eine irrationale Wut empfunden, als habe er allein für die gemeinsame Vereinbarung die Verantwortung. Dies erinnert Frau Barglow an eine Situation, in der sie selbst die Verantwortung trug. Sie erzählt, vor einigen Tagen habe ihre Tochter um ein Entschuldigungsschreiben gebeten, um an einem bestimmten Tag etwas früher nach Hause gehen zu dürfen. Frau Barglow habe den Brief nicht geschrieben, weil ihre Tochter lernen soll, sich an die Regeln zu halten, anstatt sich Sonderrechte herauszunehmen. Schließlich habe sie auch noch erfahren, daß die Tochter auf diese Weise einer schwierigen Prüfung ausweichen wollte.

Das letzte Bild im Material der Patientin – früher gehen wollen, um eine schwierige Prüfung zu vermeiden – gibt uns einen wichtigen Hinweis. Die Bemerkung bezieht sich auf die unbewußte Erkenntnis der Patientin, daß die eigene Bitte zu einem Zeitpunkt der Behandlung erfolgt, an dem eine Reihe schwieriger Fragen zu bewältigen ist. Die vorübergehende Veränderung des Behandlungsrahmens führt in der Tat dazu, daß diese Fragen in den darauffolgenden Sitzungen erst einmal ausgespart und der damit verbundene Druck zunächst reduziert wurde. Diese Art, sich Erleichterung zu verschaffen, ist allerdings unangemessen, wenn nicht pathologisch.

Die restlichen, verschlüsselten Bilder der Frau Barglow verdeutlichen, daß sich die Patientin immer noch mit dem abweichenden Verhalten der Therapeutin beschäftigt. Die Abweichung wird unbewußt als Vertragsbruch registriert, als Grund zum Mißtrauen und als Rechtfertigung, um sich einer schwierigen, wenn auch notwendigen Auseinandersetzung zu entziehen. Außerdem entwirft die Patientin ein korrigierendes Modell. Sie selbst hat ihrer Tochter nicht erlaubt, vom Stundenplan abzuweichen. Die Wahrnehmungen des tiefen Unbewußten als Reaktion auf ähnlich geartete Veränderungen sind von Patient zu Patient erstaunlich gleich. Angesichts der Tatsache, daß Patienten und Therapeuten lange Zeit für derartige verschlüsselte Mitteilungen völlig taub waren und die sich darin spiegelnden Urteile ignorierten, kann die Bedeutung dieser Befunde nicht oft genug betont werden. Wir haben diese Mitteilungen so sehr vernachlässigt, daß sie uns teilweise barsch und radikal vorkommen. Ich kann jedoch nur darauf hinweisen, daß Sie, wenn Sie lernen, innerhalb des Kontextes einer Psychotherapie das eigene Material zu deuten, auch auf die gleichen Themen und auf ähnliche Urteile stoßen werden. Außerdem werden Sie bemerken, daß derartige Urteile sich auf Schwierigkeiten beziehen, die sehr reale Wirkungen haben.

Im Fall der Frau Barglow wird die menschlich durchaus begründbare Terminveränderung durch die Therapeutin unbewußt als sexueller Angriff aufgefaßt. Denken Sie einen Augenblick darüber nach. Wenn Sie sich auf eine feste Struktur verlassen, ist ihre Veränderung, aus welchen Gründen auch immer, in der Tat eine Form des Angriffs und des Eindringens. Derartige Veränderungen beinhalten außerdem einen verführerischen Aspekt in dem Sinne, daß Macht und Kontrolle benutzt werden, um andere zu manipulieren. Im Fall dieser Patientin, in dem es sich, oberflächlich (bewußt) betrachtet, um eine harmlose Intervention seitens der Therapeutin handelt, führen die eben genannten Aspekte im unbewußten Erinnerungssystem zur Vergegenwärtigung eines furchtbaren früheren Traumas bzw. der Vergewaltigung durch den Onkel. Es ist kein Wunder, daß Frau Barglow bereits einige Monate nach dem Vorfall in der Therapie sexuelle Schwierigkeiten in ihrer derzeitigen Beziehung hat. Die Verbindung zwischen dem neu eingetretenen Problem und der Terminveränderung wurde in der Therapie allerdings nicht erkannt, und für die Patientin blieb das Problem ungeklärt.

Die unbewußte Bewertung eines Psychotherapeuten, der die Sitzung verkürzt oder verlängert, ist ebenfalls negativ. Wird eine Sitzung absichtlich oder versehentlich verkürzt, neigen Patienten dazu, den Vorfall zu rationalisieren und ihren Therapeuten zu entschuldigen, während gleichzeitig verschobene und verschleierte Erzählungen von unsensiblen und destruktiven Personen, die andere benachteiligen oder angreifen, hervorgerufen werden. Dagegen wird der Therapeut, der die Zeit überzieht, unbewußt als manipulativ, einengend und als unfähig, sinnvolle Grenzen in seinen Beziehungen einzuhalten, gesehen.

Im folgenden Fall überzieht der Therapeut Dr. Wallace die Sitzung mit der jungen Patientin Frau Spauer versehentlich um fünfzehn Minuten. Die Patientin ist sich ihrerseits der Zeit kaum bewußt, macht sich allerdings leichte Gedanken darüber. Sie überlegt, ob er sich für das Material so interessiert habe, daß er einfach die Zeit vergessen habe?

Während der nächsten Sitzung muß Frau Spauer plötzlich an eine Szene in ihrer Jugendzeit denken, in der ihr Bruder sie im Keller einsperrte und versuchte, sexuelle Experimente mit ihr durchzuführen. Obwohl sich die Patientin dessen nicht bewußt ist, führt die Veränderung in der zeitlichen Begrenzung der Therapiestunde dazu, daß im unbewußten Erinnerungssystem das früher erlebte Trauma erneut wachgerufen wird. In diesem Fall entspricht die Bewertung des Unbewußten der Kategorie *«gefährlich/nehmen Sie sich in acht»*.

Eine ähnliche Einstufung erfährt Dr. Scanell, der die Patientin, Frau Clark, bittet, ihre Zeit mit einem anderen Patienten zu tauschen. Glücklich darüber, dem Therapeuten einen Gefallen tun zu können, stimmt Frau Clark zu. Gleich danach spricht sie jedoch sehr ausführlich darüber, daß ihre Mutter ihre Schwester immer bevorzuge. Der Therapeut interpretiert das Material als Spiegelung der ungelösten Rivalität der Geschwister. Daraufhin wird Frau Clark wütend und erklärt, es gehe überhaupt nicht um Rivalitätsgefühle. Die Mutter sei eine Rabenmutter, die immer die eine Tochter auf Kosten der anderen vorziehe. Dieses Bild ist eine eindeutige Bewertung des Therapeuten angesichts seiner ausbeuterischen Abweichung und seiner Unfähigkeit, den Auslöser der Reaktion zu erkennen.

Als Abschluß dieser Diskussion betrachten wir einen Fall, in der eine scheinbar geringfügige Abweichung einen erheblichen Einfluß auf die Patientin ausübt. Obwohl die reguläre Stunde der Frau Benjamin auf einen Feiertag fällt, sagt die Therapeutin Dr. Raglin, sie könne den Termin trotzdem einhalten. Die Patientin ist Ende Zwanzig und Rechtsanwältin. Ihr Problem besteht darin, daß sie sich immer nur von sadistischen Männern angezogen fühlt. Sie erklärt der Therapeutin, sie habe vor kurzem eine zweijährige Beziehung mit einem besonders grausamen, aber faszinierenden Mann beendet. Sie sei zu diesem Entschluß gekommen, nachdem die Therapeutin ihren Wunsch nach einer Partnertherapie mit dem Mann abgelehnt habe. Bei dieser Intervention ließ sich Dr. Raglin vom unbewußten Material der Patientin leiten.

Nachdem der Behandlungsrahmen auf die genannte Weise gesichert wurde, beginnt Frau Benjamin sich zum erstenmal eingehend mit Kindheitserinnerungen zu befassen. Die Erinnerungen sind vage, deuten allerdings auf traumatische Gewalttätigkeiten hin. Das Material ist von einer solchen Intensität, daß es sogar auf die Therapeutin beunruhigend wirkt. Sie verspätet sich bei einer der darauffolgenden Sitzungen. Danach verschwinden plötzlich die Erinnerungen der Patientin. Ein Großteil des Materials spiegelt nun die unbewußte Verarbeitung der Unfähigkeit der Therapeutin wider, den zeitlichen Rahmen zu respektieren.

Als Dr. Raglin vorschlägt, die Sitzung trotz des Feiertags abzuhalten, lehnt die Patientin das Angebot ab. Zu Beginn der nächsten Stunde sagt sie, sie müsse aufgrund beruflicher Verpflichtungen die nächste Konsultation absagen. Dann erzählt sie, wie sie den Feiertag verbrachte. Sie sei aus unbestimmten Gründen depressiv gewesen. Ihre Mutter habe sie mehrmals angerufen, was sie ihrerseits als Aufdringlichkeit aufgefaßt habe. Sie habe an den Tod ihres Großvaters und das Gefühl des Verlusts, das sie damals spürte, denken müssen. Das alles habe sie große Verlassenheit und Einsamkeit empfinden lassen. Sie könne sowieso nicht gut allein sein, aber an diesem Tag sei es besonders extrem gewesen. Schließlich habe sie den ehemaligen Freund angerufen. Sie habe sich nur «auf einen Drink» mit ihm treffen wollen, sei aber wieder mit ihm im Bett gelandet. Am nächsten Morgen habe sie sich selbst gehaßt. Frau Benjamin erklärt: «Ich weiß nicht, warum ich ihn anrief. Das schwarze Gefühl, allein zu sein, wurde einfach unerträglich. Ich weiß, daß ich ihn nicht mehr sehen sollte. Hoffentlich halte ich es durch.»

Der Auslöser für das Verhalten der Patientin ist eindeutig das Angebot der Therapeutin, sie trotz des Feiertags zu sehen. In diesem Fall lehnt die Patientin bewußt ab. Trotzdem übt das Angebot einen starken Einfluß auf das Unbewußte aus. Auf unbewußter Ebene sieht Frau Benjamin die Therapeutin als eine depressive Frau, die es nicht ertragen kann, allein zu sein. Sie kann noch nicht einmal eine Woche ohne die Patientin auskommen. Das Bild der Mutter und das Verhalten der Patientin verdeutlichen, daß das Angebot unbewußt als Verfolgung und Verführung, durch die die Therapeutin der eigenen Einsamkeit entgehen will, wahrgenommen wird.

Wir erkennen, daß das Angebot, das eindeutig von den Rahmenbedingungen der Therapie abweicht, nicht nur zu scharfsinnigen unbewußten Wahrnehmungen führt, sondern auch zu dem genannten selbstzerstörerischen Verhalten der Patientin. Die Depression und die Einsamkeit der Therapeutin sowie ihre Art, mit diesen Gefühlen in der engen Bindung an einen anderen oder durch den Versuch, diesen an sich zu binden, umzugehen, werden von der Patientin auf psychischer Ebene aufgenommen. In diesem Fall ist die Reaktion nicht nur ein Traum oder eine Erzählung. Die Wahrnehmungen der Patientin werden durch konkrete Verhaltensweisen dargestellt. Es läßt sich vermuten, daß beide Frauen unter vergleichbaren Ängsten gelitten haben und auf ähnliche Art mit ihnen umgegangen sind. Beide neigen zu selbstzerstörerischen Verhaltensweisen, um mit einem beliebigen anderen zusammen sein zu können. Was auch immer der Grund sein mag, die Wahrnehmungen der Patientin bezüglich des Angebots sind von solcher Intensität, daß sie die darin wohnenden Kräfte nicht bändigen kann. In diesem Fall hat die Abweichung nicht nur kommunikative Folgen. Sie hat sehr reale Konsequenzen für das Leben der Patientin.

Wir haben in Kapitel 7 gezeigt, daß *Ort und Einrichtungen der Praxis* ebenfalls zu den Bestimmungskriterien eines idealen, sicheren Behandlungsrahmens gehören. Manchmal wird der Patient oder der Therapeut eine Ortsveränderung vorschlagen, einen Wechsel in ein anderes Büro oder auch in das Privathaus des einen oder anderen. Ich kenne einen Fall, in dem der Patient, immer wenn er das Haus verläßt, Panik empfindet und sich weigert, in die Praxis zu gehen. Der Therapeut schlägt vor, die Konsultationen bei dem Patienten abzuhalten, ein Vorschlag, den dieser dankbar annimmt. In der ersten Sitzung erzählt er jedoch folgenden Traum: Eine Giftspinne befindet sich in seinem Schlafzimmer und versucht, ihn anzugreifen.

Auch dieses Beispiel betrifft eine wohlgemeinte Veränderung des Behandlungsrahmens, die das Unbewußte allerdings als gefährlich, aggressiv und entmündigend betrachtet. Für das Bewußtsein ist die Intervention wohlwollend und rücksichtsvoll. Das tiefe Unbewußte beurteilt die Situation jedoch als «*gefährlich*». Das Verhalten ist aufdringlich, vergiftend und destruktiv. Die Tatsache, daß die Phobie des Patienten noch lange andauert und er viele andere durch seine Krankheit manipuliert, zeugt von den Konsequenzen, die Abweichungen dieser Art bewirken.

Ein Umzug des Therapeuten erzeugt beim Patienten häufig unbewußte Wahrnehmungen des Verlassenseins und des Todes. Wenn der Therapeut aus einem beruflichen in ein privates Umfeld umzieht, beziehen sich die Bilder vor allem auf Themen wie Entblößung, Spionage, das Weitergeben von Informationen und die Angst des Therapeuten, mit dem Patienten allein zu sein. Wenn der Umzug allerdings aus dem häuslichen in ein berufliches Umfeld erfolgt, beziehen sich die Bilder auf entsprechend entgegengesetzte Themen. Anstelle von Unsicherheit und Entblößung sprechen die Bilder von Stärke, Vertrauen und Geborgenheit. In einem Fall reagiert ein Teenager auf einen derartigen Umzug mit der Bemerkung, seine Eltern haben ihm endlich ein eigenes Schlafzimmer gegeben, und er müsse nun nicht mehr ein Zimmer mit der älteren Schwester teilen. Es handelt sich hier um ein starkes Gefühl der Sicherheit und das Bewußtsein einer eigenen Privatsphäre, die die Entwicklung des Patienten und dessen Stärken unterstützt.

Therapeuten, die einen sicheren Behandlungsrahmen einhalten, werden vom tiefen Unbewußten konsequent positiv eingestuft. Therapeuten, die von ihm abweichen, erhalten stets eine kritische Beurteilung. Dies gilt insbesondere im Hinblick auf die grundlegenden Rahmenbedingungen der Honorar- und Zeitvereinbarungen. Werden sie entsprechend respektiert, bilden sie die grundlegende Sicherheit bzw. die Stütze einer wirklich konstruktiven therapeutischen Beziehung und Behandlung.

Das Honorar

Mein Therapeut/meine Therapeutin vereinbarte das Honorar folgendermaßen – Aussagen, die auf eine zulässige Handhabung der Therapie hinweisen:

- ○ Er/sie nannte ein faires, festgelegtes Honorar.
- ○ Er/sie versuchte nicht, mit mir zu handeln.
- ○ Er/sie macht ausschließlich mich für die Zahlung des Honorars verantwortlich. Die Zahlung durch Dritte wird nicht akzeptiert.
- ○ Er/sie läßt nicht zu, daß ich mich verschulde.
- ○ Er/sie nimmt weder Geschenke noch andere Arten der Zahlung an.
- ○ Er/sie hat während der Behandlung das Honorar nicht geändert.
- ○ Er/sie macht mich für die Zahlung für alle vereinbarten Termine verantwortlich.

Aussagen, die auf eine fragwürdige oder unzulässige Handhabung der Therapie hinweisen; überdenken Sie die Wahl Ihres Therapeuten:

- ○ Er/sie ließ mich entscheiden, wieviel ich zahlen wollte.
- ○ Er/sie orientierte sich an einer vagen Honorarskala.
- ○ Er/sie teilte mir mit, er/sie nehme von mir mehr (oder weniger) als das Standardhonorar.
- ○ Er/sie verlangt von mir kein Geld, wenn ich im Urlaub bin, auf Geschäftsreise fahre, krank werde, zu einer Hochzeit oder einer Beerdigung gehe, usw.
- ○ Er/sie hat das Honorar während der Behandlung erhöht (reduziert).
- ○ Er/sie akzeptiert Zahlung durch einen Dritten (z. B. durch Eltern, eine Krankenversicherung, eine Behörde usw.).
- ○ Er/sie macht oder akzeptiert gelegentlich kleine Geschenke.
- ○ Er/sie läßt mich vorübergehend Schulden machen, wenn ich in finanzielle Engpässe gerate.
- ○ Er/sie akzeptiert Barzahlung (wahrscheinlich an der Steuer vorbei).

- ○ Er/sie möchte im voraus bezahlt werden.

Aussagen, die auf eine gefährliche Handhabung der Therapie hinweisen; nehmen Sie sich in acht:

- ○ Er/sie hat einen «Tauschhandel» mit mir vereinbart, der nicht steuerpflichtig ist.
- ○ Er/sie macht mir teure Geschenke und nimmt sie von mir ebenfalls entgegen.
- ○ Er/sie nimmt finanzielle Ratschläge, beispielsweise Börsentips,von mir entgegen.
- ○ Er/sie vereinbarte mit mir ein niedriges Honorar gegen Barzahlung.

Die Terminvereinbarung

Mein Therapeut/meine Therapeutin hat die Terminvereinbarung folgendermaßen gehandhabt – Aussagen, die auf eine zulässige Handhabung der Therapie hinweisen:

- ○ Er/sie vereinbarte mit mir einen festen Zeitplan für die Behandlung – d. h. Wochentag, Zeit, Häufigkeit und Länge der Konsultation. Dieser ist während der Behandlung nicht verändert worden.
- ○ Der Zeitplan mußte umgestellt werden aufgrund einer wichtigen beruflichen- bzw. privaten Veränderung meinerseits/bzw. seitens des Therapeuten/der Therapeutin.

Aussagen, die auf eine fragwürdige oder unzulässige Handhabung der Therapie hinweisen; überdenken Sie Ihre Wahl des Therapeuten:

- ○ Es entstehen gelegentlich kleinere Veränderungen in Zeit oder Länge der Konsultation. Eine «Notsitzung» kommt gelegentlich zustande.
- ○ Es gibt eigentlich keinen festgelegten Zeitplan.
- ○ Wenn ich den Termin nicht einhalte, muß ich nicht zahlen. Es werden Ersatzstunden vereinbart.

- ○ Wenn sich die Behandlung dem Ende nähert, wird die Häufigkeit der Konsultationen reduziert. Der Therapeut/die Therapeutin läßt die Behandlung langsam ausklingen.
- ○ Er/sie neigt zu gelegentlichen Abweichungen. Er/sie verlängert oder verkürzt Sitzungen oder erscheint nicht zu einem vereinbarten Termin.

Aussagen, die auf eine gefährliche Handhabung der Therapie hinweisen; nehmen Sie sich in acht:

- ○ Er/sie neigt dazu, die Zeit und/oder den Wochentag der Sitzungen zu ändern.
- ○ Er/sie verspätet sich häufig, weil er/sie die vorigen Sitzungen häufig überzieht.
- ○ Er/sie überzieht häufig meine Stunde, besonders wenn keine anderen Patienten warten.
- ○ Er/sie hat mich gebeten, meine Stunde mit einem anderen Patienten zu tauschen.
- ○ Er/sie hat Stunden abgesagt, weil er/sie einen Umzug arrangieren mußte/zum Tierarzt gehen mußte usw.
- ○ Er/sie schlägt ständig vor, daß ich mehr Stunden nehmen sollte als ich möchte.
- ○ Er/sie begleitet mich häufig zur Tür und neigt dazu, mich in einen Small talk zu verwickeln, bis der nächste Patient kommt.

10. Diskretion, der Ausschluß Dritter aus der Therapie und die relative Anonymität des Therapeuten

Im vorangegangenen Kapitel sind wir auf die zeitlichen Aspekte eines sicheren Behandlungsrahmens eingegangen bzw. auf die festzulegenden Grenzen einer Konsultation. Der sichere Rahmen umfaßt zudem die Grenzen der Kommunikation. Das heißt er beruht zusätzlich noch auf den Grundbedingungen der Diskretion, der Neutralität und Anonymität des Therapeuten und auf der Garantie, daß die therapeutische Privatsphäre nicht durch die Teilnahme Dritter verletzt wird.

Ein Patient, der versucht, seine emotionalen Probleme zu klären, wird zwangsläufig über Inhalte sprechen, die persönlich, intim, beunruhigend, manchmal sogar erschreckend sind. Wir gehen im allgemeinen davon aus, daß der Psychotherapeut ein entsprechend privates, vertrauliches Umfeld gewährleistet. Weniger offensichtlich ist die Tatsache, daß eine solche Privatsphäre mit einer Zweierbeziehung gleichzusetzen ist. Das heißt, daß die Privatsphäre nicht lediglich durch die Anwesenheit eines Dritten im Konsultationsraum gestört wird, sondern beispielsweise auch durch die Abgabe eines Behandlungsberichts an einen Außenstehenden. Jede Form der Beteiligung eines Dritten an der Therapie führt beim Patienten zu unbewußten Gefühlen der Entblößung, der Verletzbarkeit und des Mißtrauens.

Noch weniger achtet das Bewußtsein auf die Verbindung, die zwischen einer derartigen Privatsphäre und der Anonymität des Therapeuten besteht. Mit dem Begriff «Anonymität» soll ausgedrückt werden, daß der Patient möglichst wenig über das Privatleben, die Ansichten oder die Reaktionen des Therapeuten wissen sollte. Es läßt sich natürlich nicht vermeiden, daß einige Informationen über den Therapeuten zwangsläufig vorhanden sind; zum Beispiel muß der Patient die Lage und Einrichtung der Praxis wahrnehmen sowie die Art, in der sich der Therapeut kleidet; die Weise, in der er spricht oder sich bewegt und verhält. Diese Eigenschaften sind Teil der Selbst*darstellung* des Therapeuten. Die Selbst*offenbarung* dagegen stellt eine andere Kommunikationsart dar. Im Gegensatz zu anderen sozialen Beziehungen darf sich der Therapeut in der therapeutischen Beziehung nicht selbst offenbaren. Die relative Anonymität des Therapeuten wird durch seine Neutralität gewährleistet, das heißt durch solide Interpretationen, angemessenes Schweigen und durch Interventionen, die zur Festigung des sicheren Behandlungsrahmens beitragen (siehe Kapitel 11). Indem sich der Therapeut auf neutrale Interventionen beschränkt, wird für den Patienten ein sicheres Umfeld hergestellt. Weiß dieser, daß der Therapeut weder dazu neigt, bestimmte Information aus ihm herauszulocken, noch dazu, vor bestimmten Inhalten zurückzuschrecken oder das Material zu verurteilen, werden die Voraussetzungen dafür geschaffen, sogar die für den Patienten abscheulichsten, niedrigsten Geheimnisse und Phantasien preiszugeben. Es ist das Fehlen von persönlichen oder selbstsüchtigen Reaktionen, verbunden mit dem geeigneten Maß an Wärme und Mitgefühl, das den Bedürfnissen des Patienten innerhalb der Therapie entspricht, das Vertrauen fördern und die Äußerung des «Unaussprechlichen» ermöglichen. Der Patient kann in Gegenwart des Therapeuten beichten, seine Phantasien äußern, den Therapeuten verbal angreifen oder versuchen, ihn zu verführen (mit anderen Worten: die verborgensten und schrecklichsten Aspekte der eigenen Persönlichkeit offenbaren), und weiß dennoch, daß eine ausschließlich therapeutische Reaktion erfolgen wird.

Anonymität und Neutralität des Therapeuten sind ebenso miteinander verknüpft wie der Ausschluß Dritter und Diskretion. Letzteres impliziert, daß der Therapeut weder Notizen noch Aufnahmen von der Behandlung machen wird. Im Optimalfall ist eine Sitzung ein vergänglicher und vorübergehender Austausch, der ausschließlich zwischen zwei Menschen stattfindet. Dem Patienten wird dadurch versichert, daß er sich äußern kann, ohne zu befürchten, daß andere davon erfahren bzw. die bewußten oder unbewußten Wahrheiten der Äußerung ausnutzen, und er weiß, daß der Therapeut die schmerzlichen Offenbarungen nicht mißbrauchen wird.

Im großen und ganzen tragen Privatsphäre und Diskretion ebenso wie die Anonymität und Neutralität des Therapeuten zu einer therapeutischen Atmosphäre bei, die dem Patienten Halt gibt und die die Einsicht und den inneren Wandel fördert. Der Therapeut, der sich an diese Grundregeln hält, vermittelt Wärme und menschliches Interesse innerhalb von Grenzen, die sich für eine therapeutische Beziehung eignen.

Die Frage der Privatsphäre bzw. des Ausschlusses anderer Personen wurden in diesem Buch bereits in anderen Zusammenhängen erwähnt, zum Beispiel im Hinblick auf eine Partner- oder Familientherapie, die Zahlungsweise, die Gegenwart von Hilfspersonal oder anderen Patienten sowie im Hinblick auf den sozialen oder beruflichen Kontakt zu anderen Patienten des Therapeuten usw. Dieser Aspekt ist jedoch von solcher Bedeutung, daß ich ihn noch einmal besonders hervorheben möchte. Modifikationen der Privatsphäre sind heute so verbreitet, daß sie durch die meisten Patienten und Therapeuten als Norm akzeptiert werden. Ich kenne Patienten, die sich überaus geschmeichelt fühlen, wenn ihr Therapeut über ihren Fall ausführliche Berichte schreibt. Viele Patienten sind von der Diagnose, die für ihre Krankenkasse benötigt wird, fasziniert. Manche neigen sogar dazu, die genannten Symptome nachzuschlagen, als kämen sie auf diese Weise zu tiefgehenden Informationen über die eigene Psyche. Andere sind begeistert, wenn der Therapeut um Erlaubnis bittet, ihr Material in einer medizinischen Zeitschrift zu veröffentlichen. Mit anderen Worten: Die Beteiligung Dritter ist eher die Regel als die Ausnahme. Deshalb möchte ich ausdrücklich betonen, daß der optimale therapeutische Austausch nur zwei Personen betrifft – und er beschränkt sich nur auf das Hier und Jetzt. Manchmal wird der Therapeut die Äußerungen, Gefühle oder Verhaltensweisen des Patienten kommentieren – darüber hinaus aber sollten sie der Vergangenheit angehören oder in Vergessenheit geraten.

Wenden wir uns nun in diesem Zusammenhang den verschlüsselten Mitteilungen ehemaliger Patienten zu. Sie sprechen sich konsequent gegen die Beteiligung anderer aus, die immer auf die eine oder andere Weise als eine Form des Eindringens registriert wird.

Beginnen wir mit einem extremen Fall: Frau Perkins, eine Witwe, die an Depressionen leidet, ist in Behandlung bei dem Psychologen Dr. Rath, an dessen Ausbildung ich als Supervisor beteiligt bin.

Die letzte Sitzung hat Dr. Rath sehr verwirrt. Frau Perkins ist in einem verängstigten, fast paranoiden Zustand erschienen. Sie teilt ihm mit, sie habe das Gefühl, daß andere, vor allem Männer, sie anstarren. Plötzlich fühle sie sich allen gegenüber sehr mißtrauisch. Sie erzählt, daß sie am Abend zuvor, als sie ein Bad nahm, Geräusche gehört habe. Sie sei fest davon überzeugt gewesen, daß sich ein Einbrecher in ihrer Wohnung befinde und sie in Gefahr sei. Daraufhin sei sie zu einem Nachbarn gegangen, der die Wohung durchsuchte, dort aber niemanden fand. Trotzdem sei sie von der Gegenwart eines Eindringlings fest überzeugt gewesen.

Häufig wird ein Therapeut das Material des Patienten untersuchen, ohne zu wissen, daß die Bilder auf die eigenen Interventionen – meistens auf solche, die mit den Grundregeln oder mit dem Rahmen der Behandlung zusammenhängen – zurückzuführen sind. Die beste Vorgehensweise besteht immer darin, die unbewußten Bilder grundsätzlich als Hinweis auf mögliche Auslöser zu betrachten. In diesem Fall fragte ich Herrn Rath, ob Außenstehende an der Therapie beteiligt seien. Eventuell eine Krankenkasse oder Familienmitglieder der Patientin? Die Frage wurde ausdrücklich verneint. Dennoch waren die Bilder von solcher Intensität und für derartige Fälle so typisch, daß ich darauf beharrte, die Privatsphäre zwischen der Patientin und dem Therapeuten sei auf die eine oder andere Weise beeinträchtigt. Dr. Rath konnte sich nicht vorstellen, worauf sich die Bilder der Patientin beziehen könnten. Er meinte, daß das Mißtrauen Teil ihres gesamten Problems sei. Dann zögerte er. Es sei nicht möglich, daß die Patientin davon wisse, aber er habe ihre letzten Sitzungen aufgenommen. Er habe Schwierigkeiten gehabt, das Material der Patientin zu verstehen und habe deshalb einen Kassettenrekorder im Konsultationsraum versteckt. Die Patientin könne aber unmöglich davon gewußt haben. Das ist richtig. Auf bewußter Ebene kann Frau Perkins das Aufnahmegerät nicht wahrgenommen haben. Dennoch ist es offensichtlich, daß die tief unbewußte Psyche das Verhalten des Therapeuten und dessen Implikationen sehr richtig wahrgenommen und verstanden hat. Während das Bewußtsein nichts registriert, bewertet das tiefe Unbewußte das verstohlene Verhalten des Therapeuten als *«gefährlich/ nehmen Sie sich in acht»*. (Auch die offene Mitteilung des Therapeuten, daß er die Sitzungen aufnehme, ändert die Bewertung derartiger Praktiken nicht.) Die unbewußten Wahrnehmungen der Patientin weisen deutlich auf die Auslöser und damit auch auf die Ursache der neu aufgetretenen Symptome hin. Sie sind für die Folgen der Überschreitung des therapeutischen Rahmens kennzeichnend. Psychische Störungen dieser Art treten unter ähnlichen Umständen sehr häufig auf. Einerseits geben sie tatsächlich psychische Tendenzen der Patienten wieder. Unerkannt bleibt jedoch meistens, daß das Verhalten des Therapeuten im entscheidenden Maße zu derartigen Ausprägungen beiträgt.

Eine ähnliche Reaktion wird bewirkt, wenn der Therapeut während der Sitzung Notizen macht. Im Grunde genommen haben derartige Aufzeichnungen wenig oder keinen Wert, es sei denn, es handelt sich um eine Ausbildungssituation. Auch «Hospitationen» sind, selbst wenn sie für die Ausbildung zum Psychotherapeuten notwendig sind, ein Verstoß gegen die Privatsphäre beider Parteien und bleiben nicht ohne Folgen. In allen anderen Situationen sollte die analytische Arbeit des Therapeuten und seine Bemühungen, das Material zu verstehen, ausschließlich in Gegenwart des Patienten stattfinden, während jener dem Patienten zuhört.

Die Einstufung *«unzulässig/überdenken Sie Ihre Wahl»* gebührt ebenfalls der Therapeutin Dr. Troy. Herr Silver, der aufgrund seiner Hemmungen Frauen gegenüber in Behandlung war, nahm auch diese Wertung vor. Dr. Troy ist eine eifrige Protokollantin. Meistens äußert sich Herr Silver nicht dazu. Während einer Sitzung jedoch weist er halb im Scherz darauf hin, daß die Therapeutin einen Schreibkrampf bekommen könne, weil sie immer alles so fleißig notiere. Bald danach, während derselben Sitzung, denkt er plötzlich an einen Traum: Er ist Kriegsgefangener in einem Lager und wird verhört. Das Urteil des Verfahrens soll veröffentlicht werden, was für die Gefangenen Bestrafung und Quälerei bedeuten wird.

Die Störungen, die der Patient spürt, entstammen der unbewußten Beurteilung der Therapeutin im Hinblick auf ihre Neigung, das Material in jedem Detail schriftlich festzuhalten. Auch wenn der Therapeut seine Notizen auf ein Minimum beschränkt, werden im tiefen Unbewußten trotzdem Gefühle erzeugt, die mit Einengung, Veröffentlichung und Bestrafung verbunden sind. Manchmal fassen Patienten auf bewußter Ebene das Notieren ihres Materials als Zeichen der Besorgnis und des Interesses des Therapeuten auf. Das tiefe Unbewußte jedoch stuft derartige Praktiken als *«fragwürdig – gefährlich»* ein. Im allgemeinen wird dadurch die unbewußte Kommunikation des Patienten eingeschränkt. Auch hier wird die Möglichkeit, wahre Einsicht zu erlangen, durch eine eher defensive Form der Erleichterung ersetzt. In der Regel werden nur die Patienten, die sich bei der Blockierung der eigenen unbewußten Darstellungen wohler fühlen, ein gewisses Maß an Erleichterung erleben, wenn die Therapie auf die eine oder andere Weise veröffentlicht wird.

Die Zahlung durch eine Krankenkasse, die Gegenwart einer Sekretärin, eines Familienmitglieds oder anderer Außenstehende bei einer Therapie erhalten ähnlich negative Bewertungen und erzeugen ähnlich geartete Bilder von Eindringlingen, Intimitätsängsten und Kriminalität. Der Therapeut, der einen Verwandten des Patienten einbezieht, wird im tiefen Unbewußten als für den Patienten verloren betrachtet – im Grunde genommen als tot. Das bewußte System teilt derartige Gefühle nicht. Im tiefen Unbewußten ist das Gefühl des Verlusts jedoch sehr stark. Oft leidet der Patient sehr unter diesen Umständen, ist sich aber der Ursache des psychischen Schmerzes nicht bewußt. Betrachten wir Frau Ferry, eine junge Frau Mitte Zwanzig, die aufgrund der konfliktbeladenen Beziehung zur eigenen Mutter eine Therapie bei Dr. Dennison beginnt. Der Therapeut und die Patientin sind sich einig, daß es der Einschätzung der Situation dient, wenn er die Mutter zu einer Konsultation bittet. Eventuell könne er dadurch eingreifen, um auf die eine oder andere Weise die Schwierigkeiten der Patientin zu verringern. Diese Überlegungen sind typische Rationalisierungen im Hinblick auf Interviews dieser Art. Im Grunde genommen wird auf diese Weise lediglich der Verstoß gegen die therapeutische Privatsphäre des Patienten rational begründet – ein Verstoß, der durch pathologische Bedürfnisse des Therapeuten und des Patienten stark motiviert ist. Nach der Konsultation mit der Mutter bedankt sich Frau Ferry bei dem Therapeuten. Sie spricht von einer großen Erleichterung. Nun könne ihre eigene Einstellung zur Mutter durch einen objektiven Beobachter entweder bestätigt oder in Frage gestellt werden. Während der folgenden Sitzung muß die Patientin an eine Beerdigung denken, an der sie vor wenigen Tagen teilgenommen hat. Der Vater einer Freundin war gestorben. Während sie bei der Beerdigung war, sei die Mutter in ihre Wohnung eingedrungen. Sie habe die Wohnung durchsucht und sogar einige Lebensmittel mitgenommen. Noch schlimmer, sie habe bestimmte vertrauliche Informationen an den Vermieter von Frau Ferry weitergegeben. Die Patientin habe die Mutter sofort angerufen und ihr mitgeteilt, sie wolle sie in der Wohnung nicht mehr sehen. Sie habe das Gefühl, ihre Privatsphäre sei verletzt und sie selbst verraten worden. Sie wünsche sich, es gebe Schulen, in denen man zur guten Mutter erzogen würde.

Die unbewußte Betrachtungsweise bezüglich der Rahmenüberschreitung seitens des Therapeuten – die Konsultation, die er mit der Mutter abhält – wird hier durch verschobene und verschleierte Bilder eindeutig dargestellt. Im Unbewußten erlebt die Patientin das Gefühl eines Verlusts durch den Tod, der auf gewisse Weise sowohl im Hinblick auf den Therapeuten als auch auf die Mutter Gültigkeit erhält. Die Konsultation mit der Mutter ist ein Verstoß gegen Frau Ferrys therapeutische Privatsphäre und führt dazu, daß private Informationen, die die Patientin nicht preisgeben will, veröffentlicht werden. Die letzte Äußerung der Patientin ist ein unbewußter Hinweis an den Therapeuten; er habe es nötig, seine beruflichen Fähigkeiten zu verbessern, bzw. er soll lernen, wie man zum kompetenten Therapeuten wird.

Ein weiteres Beispiel: Nachdem ein Therapeut den Vater eines Heranwachsenden getroffen hat, erzählt der Junge von einer seltsamen Beziehung zwischen einem Freund und dessen Vater. Letzterer leihe sich Präservative vom eigenen Sohn. Der Patient spricht von den mangelnden Grenzen dieser Beziehung und von der Tatsache, daß der Vater, ohne zu klopfen, häufig in das Zimmer des Freundes hineinstürze. Der Patient selber habe gerade die Geburt eines kleinen Bruders erlebt. Er müsse nun das eigene Zimmer mit dem Säugling teilen und habe das Gefühl, daß die eigenen Bedürfnisse nach einer abgeschlossenen Privatsphäre keine Geltung mehr hätten.

In einem anderen Fall wird ebenfalls ein Junge von einem Therapeuten behandelt. Nach einem Jahr beginnt die Mutter eine Therapie mit demselben Therapeuten. Auf bewußter Ebene ist sie mit der Wahl sehr zufrieden, da ihr Sohn bei dem Therapeuten gute Fortschritte gemacht hat. Zu Beginn der Behandlung spricht sie allerdings von dem Tod ihres Vaters, von ihren Ängsten, allein zu sein, von unprofessionellen Verhaltensweisen und von dem ständigen Verzicht, den sie als Kind unter vielen Geschwistern leisten mußte. Sie erinnert sich außerdem an einen Traum, in dem sie eine heimliche Affäre mit einem verheirateten Mann hat, die von dessen Kindern entdeckt wird. In den Assoziationen zum Traum äußert sie ihren Wunsch nach einer gesunden, wirklich intimen Zweierbeziehung – nach etwas, das sie in ihrem Leben noch nie erlebt hat. Das Material der Patientin, insbesondere der Traum und die dadurch ausgelösten Assoziationen, beziehen sich ganz offensichtlich auf die mangelnde Privatsphäre innerhalb der Therapie. Im tiefen Unbewußten ist der Sohn bei jeder Sitzung anwesend.

Das tiefe Unbewußte äußert sich im Hinblick auf diese therapeutische Komponente eindeutig. Entsprechend wird auch die Zahlung durch Dritte, selbst bei finanzieller Not, immer negativ eingestuft. Das heißt nicht, daß eine Form der psychischen Erleichterung bei Zahlung durch eine Krankenversicherung nicht eintreten kann. Aber die Natur läßt sich nicht betrügen. Kein Patient wird seine tiefsten unbewußten Geheimnisse in der Öffentlichkeit preisgeben. Im allgemeinen läßt sich sagen: Je unredlicher derartige Absprachen sind, und je mehr Information an die Versicherung weitergegeben wird, desto eher stuft das tiefe Unbewußte derartige Überschreitungen der Privatsphäre und der Diskretion als *«gefährlich/nehmen Sie sich in acht»* ein. Unter solchen Umständen läßt sich eine effektive Therapie bestenfalls dadurch praktizieren, daß die unbewußten Wahrnehmungen und gedanklichen Vernetzungen des Patienten hinsichtlich dieser Zahlungsweise immer wieder erforscht, analysiert und interpretiert werden. Nur so lassen sich die psychischen Folgen, die die Gegenwart eines Außenstehenden nach sich zieht, erhellen.

Ein typisches Beispiel ist der Fall eines Steuerberaters, des Herrn Anderson, der wegen Depressionen und psychosomatischer Symptome bei der Therapeutin Dr. Bassey in Behandlung ist. Nach zwei Monaten bittet er sie um eine Rechnung, die er bei seiner Versicherung einreichen möchte. Darin sollen die Termine, die therapeutische Diagnose und die Gebühr aufgeführt sein. Dr. Bassey stimmt zu. Sie überreicht ihm die Rechnung zu Beginn der folgenden Sitzung.

Herr Anderson bedankt sich. Die Therapie sei eine hohe finanzielle Belastung, und die Kostendeckung durch die Versicherung sei eine willkommene Hilfe. Dann greift er einige Bemerkungen der Therapeutin aus der letzten Sitzung auf. Er verstehe nicht, was sie gemeint habe. Er fühle sich auch von der Therapie und deren Zielsetzung im allgemeinen verwirrt. Andererseits, sagt er, habe er eine gute Woche erlebt: Er habe das Angebot eines Kunden, «schwarz» für ihn zu arbeiten, angenommen. Er habe damit gegen die Bedingungen seines Arbeitsvertrags verstoßen und ein ziemliches Risiko auf sich genommen, aber die Bezahlung sei sehr hoch gewesen. Außerdem spüre er ein großes Maß an Genugtuung darüber, daß er nicht entdeckt worden sei. Allerdings sei diese Freude mit dem Gefühl verbunden, er habe die Firma ausgebeutet und unehrlich gehandelt. Er werde ein derartiges Risiko nicht ein zweites Mal eingehen. Er mache sich doch zu viele Gedanken darüber. Zum Beispiel habe in der Firma vor kurzem ein Bombenarlarm stattgefunden, man habe nun einen Wächter eingestellt. Einerseits sei er erleichtert, daß jemand das Gebäude überwache. Andererseits hatte er auch die verrückte Idee, der Mann sei eigentlich zum Nachspionieren eingestellt worden und werde von seiner, Andersons, «Schwarzarbeit» erfahren.

Auch dieses Material zeugt von der Weisheit des tiefen Unbewußten. Der Patient bringt eine Reihe verschleierter Bilder hervor, die die unbewußt wahrgenommene Unredlichkeit der Therapeutin ausdrükken. Mit anderen Worten: Sie akzeptiert Dritte in der therapeutischen Sphäre und gibt Informationen über den Patienten weiter. Auf bewußter Ebene entsteht nicht die Spur eines Eindrucks von Kriminalität. Im tiefen Unbewußten jedoch kommt der Verlust der Privatsphäre und der Diskretion einem kriminellen Akt gleich. Herr Anderson spürt ein Gefühl der Befriedigung, weil die Gegenwart Außenstehender ihn daran hindert, beunruhigendes Material zu äußern – Material, das er unter anderen Umständen eventuell zum Vorschein gebracht hätte. Diesem Vorteil steht allerdings die Wahrnehmung des Nachspionierens durch einen Dritten gegenüber. Dadurch wird Mißtrauen hervorgerufen sowie das Bedürfnis nach Verheimlichung. In dieser Sitzung und in den folgenden macht Herr Anderson tatsächlich lange Pausen. Er selbst kann sich den Grund für seine Zurückgezogenheit nicht erklären. Wir dagegen sind in der Lage, ihre Ursache in der Rahmenüberschreitung, die er selbst verlangt hat, zu erkennen.

Modifikationen der Privatsphäre entwickeln sich leicht zu Vertrauensbrüchen. Obwohl das tiefe Unbewußte äußerste Verschwiegenheit verlangt, stellt die Weitergabe von Informationen für das Bewußtsein fast eine Selbstverständlichkeit dar. Kindertherapeuten besprechen das Material ihrer Patienten mit deren Eltern. Ehetherapeuten erforschen die Schwierigkeiten beider Ehepartner. Die meisten Therapeuten werden Informationen an eine Krankenkasse, an Rechtsanwälte, Bewährungshelfer, Behörden usw. weitergeben.

Es ist keine Überraschung, daß das tiefe Unbewußte diese Weitergabe als eine Form der Entblößung (die meistens als sexuell oder gewalttätig erlebt wird), als Vertrauensbruch oder Verrat betrachtet und als Ausdruck einer stärkeren Bindung des Therapeuten an Außenstehende, wodurch die Loyalität gegenüber dem Patienten geschwächt wird. Die Weitergabe von Informationen erzeugt in der Regel im tiefen Unbewußten des Patienten ein grundlegendes Mißtrauen dem Therapeuten gegenüber. Somit wird das Bedürfnis, ihm Geheimnisse vorzuenthalten und auf mehrfache Weise Widerstand gegen den Fortschritt der Therapie aufzubauen, unbewußt gerechtfertigt.

Es gibt eine Fülle von Beispielen, die die vom Unbewußten stammende negative Bewertung von Verletzungen der Privatsphäre und der Diskretion bestätigen. Dazu gehört auch der Fall von Frau Kaufmann, die eine sogenannte «unterstützende Therapie» durch einen Psychoanalytiker erhält. Dieser schlägt vor, man solle auf Partnertherapie umsteigen und den Ehemann in die Sitzungen einbeziehen. Zuerst nimmt die Patientin den Vorschlag mit Begeisterung entgegen. Dann denkt sie an das Verhältnis des Ehemannes mit ihrer besten Freundin. Sie wird plötzlich depressiv und fühlt sich verraten. Merkwürdigerweise, sagt sie, habe sie von ihrem Mann immer erwartet, er werde aufgrund seiner stark ausgeprägten homosexuellen Neigung ein Verhältnis mit einem Mann eingehen. Es helfe ihr aber nicht weiter, sich jetzt den Kopf darüber zu zerbrechen. Ihr Mann habe sie schon längst im Stich gelassen und sei nie für sie da, wenn sie ihn brauche.

In einem anderen Fall nimmt der Therapeut Dr. Adler die beiden engsten Freunde eines Patienten, Herrn Lamm, in die Therapie auf. Bald danach wird der Patient von unfreiwilligen Phantasien über homosexuelle Orgien mit zwei oder drei anderen Männern heimgesucht. Er fühlt sich von diesen Bildern sehr beunruhigt. Dann träumt er, er habe einen zweiten Penis und entwickelt gleichzeitig Kastrationsängste.

Eine andere Therapeutin erklärt sich bereit, die derzeitige Geliebte eines Patienten zu treffen. Der Patient bedankt sich. Gleich danach erwähnt er einen Fehler und spricht von promiskuitiven Frauen.

Eine negative Bewertung gebührt dem Therapeuten, der die relative Anonymität der Psychotherapie modifiziert. In diesen Fällen kommen im Material des Patienten ebenfalls negative Bilder zum Vorschein. Diese beziehen sich auf das Bedürfnis des Therapeuten nach Selbstentblößung bzw. -offenbarung. Sie verweisen auf seinen Versuch, eigene pathologische Bedürfnisse durch den Mißbrauch des Patienten zu überarbeiten, sowie auf den Verlust interpersonaler Grenzen, und sie verdeutlichen das Gefühl des Patienten, verführt oder verletzt worden zu sein. Auch auf diesem Gebiet nimmt das Bewußtsein Abweichungen als selbstverständlich hin. Die Grundbedingung der Anonymität mag sowohl innerhalb als auch außerhalb der Therapie verletzt werden; die Informationen, die weitergegeben werden, mögen entweder persönlicher oder fachlicher Natur sein. Viele Patienten bestehen sogar darauf, überflüssige fachliche Informationen über den Therapeuten einzuholen. Sie rationalisieren bzw. rechtfertigen diesen Wunsch, indem sie sich auf ihr Recht berufen, sich als Kunde zu informieren. Wie ich bereits erwähnt habe, sind diese Informationen für einen potentiellen Patienten völlig belanglos – abgesehen von der Tatsache, daß man erkennt, ob ein Therapeut bzw. eine Therapeutin diese Art der Selbstoffenbarung seiner- bzw. ihrerseits zuläßt. Der einzig für die therapeutische Erfahrung relevante Faktor ist die Art und Weise, in der die Therapie durchgeführt wird. Das heißt, wie ein Therapeut interveniert, sich verhält, ob er sich an die Rahmenbedingungen hält usw.

Es kann sein, daß der Patient außerhalb der Therapie von gemeinsamen Freunden oder Kollegen einiges über den Therapeuten erfährt, sei es im Hinblick auf seine fachliche Kompetenz oder sein Privatleben. Im Rahmen der Therapie mag der Therapeut entweder freiwillig oder auf Wunsch des Patienten vergleichbare Auskünfte bzw. Offenbarungen seiner selbst geben und zulassen. Unter «Selbstoffenbarungen» verstehe ich auch die Preisgabe persönlicher Ansichten oder eigener Assoziationen und das Erteilen von Anweisungen. Derartige Mitteilungen tragen insgesamt zur Verletzung der relativen Anonymität des Therapeuten bei. Auch wenn sie, oberflächlich betrachtet, auf den Patienten beruhigend wirken mögen oder ihm ein gewisses Gefühl der Sicherheit geben, werden sie vom System des tiefen Unbewußten konsequent als äußerst destruktiv wahrgenommen. Die unterschwelligen, langfristigen Auswirkungen, die diese Abweichungen zur Folge haben, können von beträchtlichem Ausmaß sein. Sie funktionieren wie ein unsichtbares, gefährliches Virus, das nicht nur den Verlauf der Therapie, sondern auch das gegenwärtige und künftige Leben des Patienten beeinflußt.

Wenden wir uns nun einigen Beispielen aus dem klinischen Bereich zu. Zuerst kommen wir zu einem Fall, der die Kehrseite der Medaille verdeutlicht, eine Situation, in der der Therapeut sich gegen den Druck des Patienten, sich zu offenbaren, standhaft erweist. Es handelt sich um die erste Konsultation der Patientin Frau Allen bei dem Therapeuten Dr. Whitney. Frau Allen ist Mitte Zwanzig und leidet unter Angstzuständen. Die Zuweisung beruht auf einer professionellen Empfehlung, so daß negative Einflüsse auf diesem Gebiet auszuschließen sind. Mitten in der ersten Sitzung bittet Frau Allen den Therapeuten plötzlich, von seiner Ausbildung, seiner fachlichen Spezialisierung und seiner beruflichen Erfahrung zu berichten. Dr. Whitney fordert sie daraufhin zur freien Assoziation auf.

Frau Allen ist zuerst etwas verärgert. Dann spricht sie von einem Kollegen, einem verheirateten Mann, der auf sie sehr attraktiv wirke. Sie habe versucht, ein persönliches Verhältnis zu ihm zu entwickeln und eine Affäre zu initiieren. Er allerdings sei vernünftig genug gewesen, die Distanz zu ihr zu wahren. Sie erwähnt, daß er darüber hinaus sehr nett gewesen sei, aber auch sehr konsequent. Zuerst habe sie diese Reaktion sehr verärgert. Auf die Dauer respektiere sie ihn jedoch dafür. Eigentlich wisse sie nicht so recht, was sie zu ihren Annäherungsversuchen veranlaßt habe. In dieser Zeit habe ihr damaliger Freund sie verlassen. Sie müsse sehr depressiv gewesen sein. Auf jeden Fall sei sie zunächst sehr wütend über den Kollegen gewesen, aber inzwischen sei er ihr bester Freund.

Wir sehen hier, daß das Verhalten des Therapeuten, die Bewahrung der relativen Anonymität, eine äußerst positive unbewußte Wahrnehmung bei der Patientin erzeugt. Laut unserer Skala wird die Intervention durch das tiefe Unbewußte als *«zulässig»* eingestuft. Das Beispiel macht die Mischung aus anfänglichem Ärger und späterer Hochschätzung sehr deutlich. Diese Gefühle werden in der therapeutischen Situation wiederholt. Die Patientin überwindet ihre Neugierde bezüglich des Therapeuten sowie den Groll darüber, daß ihr Wunsch nicht befriedigt wird, und entwickelt eine therapeutische Beziehung zu Dr. Whitney, die sich als äußerst hilfreich erweist.

Ich möchte Sie hier auf einen wesentlichen Faktor bei der Herstellung eines sicheren Behandlungsrahmens aufmerksam machen, auf die dafür notwendige Bereitschaft des Patienten, in diesem Fall der Patientin, Frau Allen. Andere Patienten, bei denen unbewußte Bedürfnisse nach einer abweichenden Beziehung zum Therapeuten noch stärker ausgeprägt sind, hätten auf einer fachlichen, sogar auf einer persönlichen Selbstoffenbarung seinerseits noch heftiger bestanden. Wenn derartige Bedürfnisse sehr stark sind, neigen Patienten in ähnlichen Situationen dazu, einen anderen Therapeuten aufzusuchen, eine Person, die Abweichungen vom sicheren Rahmen zuläßt. Derartige Reaktionen finden statt, ohne daß die Patienten erkennen, daß im System des tiefen Unbewußten der abgelehnte Therapeut am positivsten bewertet wird.

Bei den folgenden Beispielen handelt es sich um negativ zu bewertende Abweichungen bezüglich der Anonymität des Therapeuten. Im folgenden Fall ist der Patient selbst im klinischen Bereich tätig. Er beginnt eine Therapie bei einer Psychologin, die er beruflich und persönlich gut kennt. Er ist sogar ihrem Mann mehrere Male begegnet. Auf bewußter Ebene ist der Patient mit der Wahl der Therapeutin sehr zufrieden. Sein verschlüsseltes Material enthält jedoch eine Geschichte über einen Kollegen, der ihn zu ersticken versucht, sowie die Erinnerung daran, mit der eigenen Schwester ein Bett geteilt und ihr nachspioniert zu haben, so daß er ihre geheimen sexuellen Erfahrungen erfuhr und sie erpressen konnte. Hinzu kommt ein Traum, in dem er mit der eigenen Mutter im Bett liegt.

In einem anderen Fall erhält die Patientin von ihrem Therapeuten ein Exemplar seiner Autobiographie. Sie ist von den darin enthaltenen Offenbarungen fasziniert, unter anderen von den detaillierten Beschreibungen seiner sexuellen Schwierigkeiten. In derselben Nacht träumt sie, daß der Therapeut ihre Geschlechtsorgane mit einer verrosteten, nicht desinfizierten Zange untersucht.

Ein anderer Patient, ein junger Ehemann, ist in Behandlung bei einem Therapeuten mit einer Privatpraxis im eigenen Haus. Vor jeder Konsultation wird der Patient von der Ehepartnerin des Therapeuten hereingelassen. Er überhört meistens die Stimmen der Kinder aus anderen Zimmern. Der Therapeut teilt ihm oft persönliche Informationen mit. Er versucht ihm auf diese Weise zu zeigen, daß auch andere Menschen ähnliche Probleme haben. Obwohl die therapeutische Situation keine bewußte Reaktion beim Patienten auslöst, entwickelt er bald die Wahnvorstellung, daß ein Freund von ihm, ein Zahnarzt, ihn sexuell zu verführen beabsichtige. Nach einer gewissen Zeit beginnt er eine verhängnisvolle Affäre mit der Sekretärin des Therapeuten. Der Fall verdeutlicht, daß negativ zu bewertende therapeutische

Praktiken häufig selbstzerstörerische Verhaltensweisen erzeugen, die für den Patienten, und nicht nur für ihn, sehr reale Folgen haben.

In einem anderen Fall erzählt eine Patientin ihrem Therapeuten von den Schwierigkeiten in ihrer Ehe. Daraufhin berichtet der Therapeut von den eigenen Eheproblemen. Die Assoziationen der Patientin handeln von einem Freund, der vor kurzer Zeit einen Nervenzusammenbruch erlitten hat und der nun verzweifelt seine Sorgen beinahe jedem mitteilt, der ihm zuhört.

Ein anderer Patient, Herr Shea, ist bei dem Psychologen Dr. Mead in Behandlung. Während einer der ersten Sitzungen erzählt er von seinem Wunsch als Stadtbewohner, in einem Haus auf dem Land wohnen zu können. Daraufhin teilt ihm der Therapeut mit, er selbst besitze so ein Haus, das er dann ausführlich zu beschreiben beginnt. Herr Shea erinnert sich plötzlich an einen Traum: Er befindet sich in einer kleinen, schmutzigen Herrentoilette. Ein Betrunkener steht vor ihm und uriniert und fällt dann ohnmächtig zu Boden. Auch hier sehen wir, daß Verhaltensweisen des Therapeuten, die dem Bewußtsein als harmlos erscheinen, oft auf das Unbewußte abstoßend wirken. Sogar der geringfügigste Bruch der Anonymität erhält vom Unbewußten eine negative Bewertung. Die Offenbarung der Wohnverhältnisse des Therapeuten ist keine Ausnahme.

Ein letztes Beispiel soll verdeutlichen, daß in manchen Fällen die Aufhebung der Anonymität verheerende Folgen mit sich bringen kann. Frau Fischer beginnt aufgrund schwerer Depressionen eine Therapie bei der Psychiaterin Dr. Page. Frau Fischer ist verheiratet, ohne Kinder und kämpft fast ununterbrochen mit ihrem Mann. Sie wählt die Therapeutin, weil beide Frauen sich von der Kirche her kennen und häufiger im Kirchenrat zusammengearbeitet haben. Während des Gottesdienstes kommt es gelegentlich vor, daß sich die Frauen beim «Kiss of Peace» umarmen.

Bereits in einem frühen Stadium der Therapie tauchen bei der Patientin Bilder auf, die sowohl die Patientin als auch die Therapeutin im Laufe der letztlich nur kurz andauernden Behandlung plagen werden. Die Bilder beinhalten unmittelbare Phantasien über eine intime Beziehung zur Therapeutin: die Frauen gehen gemeinsam ins Theater, sie gehen eine sexuelle Intimität ein, spielen im Leben der anderen eine wichtige Rolle. Ein Teil des grundlegenden Problems der Patientin ist in ihrer Kindheit verwurzelt. Beide Eltern neigten zu extrem manipulativem Verhalten. Es ist jedoch das Fehlen von interpersonalen Grenzen innerhalb der Therapie, das die offensichtlich homosexuellen Phantasien der Patientin auslöst. Die beträchtliche Modifikation im Hinblick auf die Anonymität der Psychiaterin provoziert eine Reaktion, die sich auch durch die Interventionen der Therapeutin nicht korrigieren läßt. Es muß jedoch hinzugefügt werden, daß die Therapeutin bei ihren Bemühungen versäumt, auf die ausschlaggebende Verletzung der Anonymität einzugehen.

Auf bewußter Ebene bringt Frau Fischer die beunruhigenden Phantasien nicht mit ihrem außertherapeutischen Kontakt zu der Therapeutin in Verbindung. Dr. Page ihrerseits betrachtet derartige Phantasien als «eine erotisierte Übertragung», das heißt als eine Reihe von Gefühlen und Bildern, die auf den Therapeuten übertragen werden, die aber gänzlich der Vergangenheit und den inneren Konflikten des Patienten entstammen. Aus diesem Grund führt sie die Phantasien der Frau Fischer auf die übermäßigen sexuellen Reize, denen sie als Kind ausgesetzt war, zurück. Diese Intervention erscheint der Patientin sinnvoll, hat auf sie aber kaum eine emotionale Wirkung noch einen Einfluß auf die Intensität oder Häufigkeit der Bilder.

Im tiefen Unbewußten der Patientin werden die Phantasien jedoch als unbewußte Wahrnehmungen des eigenen verführerischen Verhaltens und des entsprechenden Verhaltens der Therapeutin aufgefaßt. Die unbewußte Einschätzung der Situation wird durch eine lebhafte Kindheitserinnerung noch zusätzlich unterstrichen: Die Mutter hatte darauf bestanden, daß die kleine Tochter mit ihr gemeinsam bade. Als das Kind dann ihre Brust berührte, wurde sie wütend und griff es schonungslos an. Nur auf der Ebene des tiefen Unbewußten kann Frau Fischer erkennen, daß die sogenannten Interventionen der Therapeutin letztlich dazu dienen, die Verantwortung für eine Situation, die sie selbst provoziert, auf die Patientin zu schieben. Es entsteht in gewisser Weise ein Lawineneffekt: Ein Bruch in der Anonymität wird durch bestimmte Interventionen bekräftigt, die weitere Brüche der Anonymität zulassen, und so weiter. Wären nicht die unbewußten Schuldgefühle der Patientin und ihr unbewußtes Bedürfnis nach Bestrafung, wäre die Behandlungssituation unerträglich gewesen.

Es gibt eine ganze Reihe von Grundregeln, die nicht explizit geäußert werden und die selten als Teile des idealen Behandlungsrahmens erkannt werden. Dennoch gehören sie implizit zu einer positiv zu bewertenden Therapie. Ich möchte diese Abhandlung über die Handhabung des Behandlungsrahmens mit der Erwähnung zweier solcher Aspekte abschließen: die Verwendung von Medikamenten und der körperliche Kontakt zwischen dem Patienten und dem Therapeuten.

Im Hinblick auf Medikamente müssen wir zwischen ihrem Nutzen und ihrem Einfluß auf eine Psychotherapie unterscheiden. Es wird übermäßiger Gebrauch von psychotropen Medikamenten gemacht, von Drogen, die dem konstruktiven und autonomen Funktionieren des Patienten eher entgegenwirken. Obwohl manche Therapeuten der Meinung sind, daß Medikation psychotherapeutische Arbeit fördert, trifft dies nur in sehr extremen Fällen zu; in Fällen, bei denen die emotionale Störung ein solches Ausmaß annimmt, daß sie die sinnvolle Teilnahme des Patienten ausschließt. Häufig erweisen sich Medikamente für die Befreiung emotionaler Störungen als wirkungslos. Zudem werden sie sowohl von physischen als auch von psychischen Nebenwirkungen begleitet. Überdies steht die Befreiung durch Medikamente im Gegensatz zu der Befreiung durch Einsicht. Es ist kaum zu fassen, daß ein Therapeut Drogenabhängigkeit mit anderen Chemikalien behandelt. Genauso widersprüchlich ist die Verwendung und somit die herbeigeführte Abhängikeit von Medikamenten, wenn es darum geht, daß der Patient gesund und unabhängig funktionieren soll. In Anbetracht dieser Argumente wird der Therapeut, der psychotrope Drogen verschreibt, die Bewertung *«zulässig»* nur dann erhalten, wenn eindeutige Anzeichen für die Notwendigkeit einer pharmazeutischen Behandlung vorhanden sind, und auch nur, wenn sich der Einsatz derartiger Drogen auf den notwendigen Zeitraum beschränkt. Jede andere Verwendung von Medikamenten erhält die Bewertung *«fraglich»* bis *«gefährlich»* vom System des tiefen Unbewußten, unabhängig von der bewußten Einstellung.

Sehen wir uns nun ein Beispiel an. Es handelt sich um die erste Konsultation zwischen Frau Blair, einer Frau von Anfang Vierzig, die an Depressionen leidet, und dem Psychiater Dr. Clinton. Der Therapeut ist der Patientin durch eine Klinik empfohlen worden. Obwohl Frau Blair häufig depressive Anfälle hat, ist sie in der Lage, freiberuflich als Schriftstellerin zu arbeiten, und zeigt weder physische noch psychische Anzeichen eines extrem depressiven Syndroms. Dennoch weist Dr. Clinton, nachdem er ihr zwanzig Minuten zugehört hat, darauf hin, daß sich ihre Probleme durch antidepressive Medikamente am besten behandeln lassen. Er schreibt sofort ein Rezept aus.

Die Patientin reagiert darauf mit der Bemerkung, daß ihr Problem ihre Ungeschicklichkeit sei. Indem sie weiter frei assoziiert, erwähnt sie, daß sie wegen eines Fehlers ihre Wohnung verloren habe. Dann spricht sie kurz von ihrem Vater, der nun pensioniert sei. Sie erzählt weiter, daß sie früher viel Kokain genommen habe, obwohl sie wußte, welche destruktiven und gefährlichen Wirkungen es auf sie ausübe. Einmal habe sie eine unbekannte Droge genommen und sei mit Magenkrämpfen zusammengebrochen. Dies sei zu einer Zeit geschehen, in der sie mit einem bestimmten Mann zusammen gewesen sei. Ihre sexuellen Beziehungen, fügt sie hinzu, gehen immer schief. Der Mann sei Alkoholiker gewesen und habe Probleme gehabt, sein Leben richtig in den Griff zu bekommen. Er seit mit Streß überhaupt nicht zurechtgekommen. Sie habe beim ersten Rendezvous geahnt, daß die Beziehung keine Zukunft habe, aber dennoch habe sie zwei Jahre gebraucht, um sich von dem Mann zu trennen. «Wenn ich damals kein Kokain genommen hätte, wäre ich vielleicht mit der ganzen Beziehung völlig anders umgegangen», sagt Frau Blair. Auf jeden Fall, meint sie, werde sie von dem Therapeuten viel Hilfe benötigen. So, wie sie sich jetzt verhalte, habe sie überhaupt kein Selbstwertgefühl mehr.

Es ist ein typisches Merkmal, daß die negative Bewertung des Therapeuten durch das tiefe Unbewußte durch Bilder vermittelt wird, die sich auf den Patienten selbst beziehen. In vielen Fällen gelten die heftigen Selbstvorwürfe der Patienten eigentlich unbewußt dem Therapeuten. Hinter derartigen Anspielungen auf das eigene Ich verbergen sich häufig Wahrnehmungen bezüglich der behandelnden Person.

In diesem Fall wird das Verschreiben von Medikamenten als *«unzulässig/überdenken Sie Ihre Wahl»* eingestuft. Diese Bewertung spiegelt sich im unbewußten Gefühl der Patientin, sowohl den eigenen therapeutischen Freiraum (ihre Wohnung) als auch die Möglichkeit, richtig zu funktionieren, verloren zu haben. Auf unbewußter Ebene setzt sie die Medikation mit einer illegalen Droge, mit Kokain, gleich. Sie betrachtet das Medikament als Gift mit schwerwiegenden Nebenwirkungen. Im tiefen Unbewußten erkennt Frau Blair sofort, daß die Therapie nicht funktionieren kann, aber auch, daß sie lange bei dem Therapeuten bleiben wird, bevor sie sich selbst diese Tatsache eingesteht. Wäre sie in der Lage gewesen, die eigenen verschobenen und verschleierten Mitteilungen zu dechiffrieren, hätte sie wesentlich schneller und wirkungsvoller agieren können.

Die unbewußte Bewertung der Patientin weist darauf hin, daß die unnötige Medikation entweder als *«unzulässig»* oder sogar als *«gefährlich/nehmen Sie sich in acht»* zu bewerten ist. Es sprechen alle Anzeichen dafür, daß dieser Therapeut nicht in der Lage ist, die Probleme der Patientin sinnvoll zu behandeln, und daß es besser wäre, einen anderen Therapeuten aufzusuchen. Unabhängig von der Erleichterung, die Medikamente herbeiführen mögen – und im Fall von Frau Blair war diese Erleichterung sehr gering –, zahlt der Patient immer einen zu hohen Preis. In manchen Fällen ist die Verwendung von Medikamenten innerhalb einer Psychotherapie angebracht und durchaus zu rechtfertigen. Ist dies der Fall, erteilt das Unbewußte keine negative Bewertung. Überwiegend jedoch fordert die Medikation einen unnötig hohen Preis.

Der *sexuelle Kontakt* zwischen dem Patienten und dem Therapeuten wird von den meisten Menschen sogar bewußt als *«gefährlich/nehmen Sie sich in acht»* zu bewertende Intervention erkannt. Auf physischen Kontakt, der auch lediglich als liebevoll aufgefaßt werden kann, reagieren die Patienten sehr unterschiedlich. Manche stufen ihn als harmlos, sogar als angenehm ein, andere dagegen lehnen ihn ab. Im tiefen Unbewußten beinahe aller Patienten wird jedoch jede Form des physischen Kontaktes äußerst negativ eingestuft.

Verständlicherweise betrachten die meisten Patienten sexuelle Annäherungsversuche seitens ihres Therapeuten als abstoßend. Dennoch ist es ein eindeutiges Zeichen von der Macht unbewußter pathologischer Bedürfnisse, daß eine nicht geringe Zahl von Patienten derartiges Verhalten akzeptiert. Im allgemeinen wird der sexuelle Kontakt zum Therapeuten durch die Vorstellung rationalisiert, daß der Therapeut auf diese Weise dem Patienten zur Lösung sexueller Konflikte verhilft. Manchmal glauben beide Parteien, sie haben sich ineinander verliebt. Trotz der Zweifel und Selbstvorwürfe der meisten Patienten werden derartige Beziehungen in der Regel lange aufrechterhalten, und die Folgen sind beträchtlich. Manche Patienten leiden an schweren «psychischen» Störungen. Andere quälen heftige Schuldgefühle, und sie gebrauchen den Therapeuten als psychologischen Henker.

In einem Fall geht eine Patientin eine Beziehung mit ihrem Therapeuten ein, weil sie aufgrund des Selbstmordversuches der eigenen Tochter an Schuldgefühlen leidet. Ihre Reaktion auf den ersten sexuellen Kontakt ist symptomatisch. Sie wird von der Phantasie heimgesucht, daß ein Einbrecher und Vergewaltiger in ihr Schlafzimmer eingedrungen sei. Eine andere Patientin läßt sich von ihrem Therapeuten sexuell verführen, da er ihr zu verstehen gibt, er könne ihr auf diese Weise zur sexuellen Reife verhelfen. Die Reaktion dieser Frau ist ebenfalls im eingeschränkten Sinne psychotisch. Sie löst den inneren Konflikt, den die Beziehung bei ihr hervorruft, durch die Wahnvorstellung, daß Christus in sie eingedrungen sei und ihre Seele geläutert habe.

Es ist eindeutig, daß in beiden Beispielen der jeweilige Therapeut die Probleme der Patientin ausnutzt und sogar verschlimmert. Etwa seit einer Generation ist die Gesellschaft dafür sensibilisiert worden, daß die sexuelle Ausbeutung eines Patienten als Machtmißbrauch und Vertrauensbruch zu gelten habe. Weniger offensichtlich jedoch ist der Mißbrauch, der bei nicht-sexuellem physischem Kontakt zwischen Patienten und Therapeuten herrscht. Ich führte ein Gespräch mit einem Mann, dessen Therapeut ihn vor den Augen einer Selbsthilfegruppe zum Ringkampf aufforderte. Der ehemalige Patient meinte, der Therapeut habe beabsichtigt, dadurch seine Aggressivität und Feindseligkeit zum Vorschein zu bringen. Tatsache ist, daß der Patient die Selbstbeherrschung völlig verlor und den Therapeuten beinahe umbrachte. Der Therapeut fühlte sich dadurch sogar bestätigt und erklärte die Übung zu einem großen Erfolg! Bald nach diesem Vorfall wird der Patient von der Wahnvorstellung befallen, jeder in der Gruppe glaube nun, er sei homosexuell. Es ist bemerkenswert, daß die eingeschränkt psychotische Reaktion des Patienten Ähnlichkeiten mit den Reaktionen der Frauen, die eine Liebesbeziehung mit ihren Therapeuten eingingen, aufweist. Der Patient brauchte mehrere Monate, um sich von seinem Irrglauben und seinen Ängsten, man betrachte ihn als homosexuell, zu befreien.

Als letztes Beispiel möchte ich den Fall von Frau Grana anführen. Sie geht eine sexuelle Beziehung mit ihrem Therapeuten Dr. Cleese ein, nachdem er ihr monatelang eingeredet hat, er sei in sie verliebt und wolle die eigene Frau verlassen, um sie zu heiraten. (In Wirklichkeit verließ er seine Frau nicht.) Frau Grana, ein Opfer inzestuöser Erlebnisse, fühlt sich geschmeichelt. Die langsame, geduldige Verführung seitens des Therapeuten verleiht ihr ein Gefühl der Sicherheit. Sie ist der Meinung, daß ihr schwaches Selbstbild durch seine Aufmerksamkeit aufgebaut wird. Im Endeffekt stellt sich heraus, daß Dr. Cleese während der meisten Rendezvous impotent ist, ein nicht untypisches Vorkommnis bei Beziehungen dieser Art. Dennoch erfährt die Patientin auf bewußter Ebene eine Selbstbestätigung aufgrund der Fähigkeit, das sexuelle Interesse des Therapeuten zu wecken.

In diesem Fall zeigt sich die Reaktion des tiefen Unbewußten beinahe unverschleiert. Kurz nach Beginn der Beziehung hat die Patientin einen Traum: Der Therapeut sitzt nackt neben ihr auf der Couch in seinem Konsultationsraum. Sie bemerkt, daß sein Penis außerordentlich klein und unterentwickelt ist. Als er sich ihr nähert, wirkt er auf sie abstoßend. Sie weist ihn ab mit der Bemerkung, sein Verhalten sei unangebracht.

In einem anderen Traum liegt die Patientin mit einem Mann, der sich als Teufel erweist, auf einem Bett. Er beißt sie in den Nacken, bis sie blutet und eine entsetzlich schmerzhafte Wunde entsteht. Sie schreit nach Hilfe, aber niemand hört sie. In einem weiteren Traum wird sie von einem Mann mit einem Messer verfolgt, der versucht, sie umzubringen. Ein anderer Traum handelt von Folterungen. Sie sagt ihrem Folterer, daß er verrückt sei, aber er hört nicht auf, sie zu quälen.

Die unbewußten Wahrnehmungen der Patientin bezüglich des Therapeuten brauchen wenig Erläuterungen. Jeder Therapeut, der zu physischem Kontakt oder verführerischem Verhalten seinen Patienten gegenüber neigt, ruft beim Patienten Bilder dieser Art hervor. Sogar der Therapeut, der lediglich den Patienten nach einer Sitzung freundlich auf die Wange küßt oder seine Hand nimmt, wenn dieser eine Krise durchmacht, erhält vom tiefen Unbewußten äußerst negative Beurteilungen. Eine Patientin, deren Therapeut gelegentlich ihre Hand zu halten pflegte, träumte von einem Mann, der ihren Kopf unter Wasser hielt und versuchte, sie zu ertränken. Physischer Kontakt jeder Art muß als *«gefährlich/nehmen Sie sich in acht»* bewertet werden. Wiederholter, offensichtlich sexueller oder aggressiver Kontakt gilt als besonders gefährlich.

Im Erinnerungssystem des tiefen Unbewußten ist der Wunsch nach Abweichungen so ausgeprägt, daß es zwangsläufig weitere Rahmenveränderungen gibt, auf die wir in diesem Kapitel nicht näher eingehen können. Ich habe versucht, die meisten heutzutage allgemein verbreiteten Verstöße gegen den sicheren Behandlungsrahmen zu nennen und auf die am ehesten angemessenen Bewertungen derartiger Situationen hinzuweisen.

Auf diesem entscheidenden Gebiet der therapeutischen Handhabung muß eine umfassende Bewertung, die alle Teilaspekte mitberücksichtigt, in letzter Konsequenz Ihnen selbst überlassen bleiben. Die allgemeine Bewertung sollte herausgearbeitet werden mit Verständnis dafür, daß in der heutigen Zeit abweichende therapeutische Praktiken die Norm bilden, während ein sicherer Behandlungsrahmen eher die große Ausnahme darstellt. Bis sich dieser Zustand geändert hat, kann man lediglich darauf hoffen, einen Therapeuten zu finden, dessen Abweichungen vom idealen Rahmen relativ geringfügig und nicht sonderlich gravierend sind. Zu viele Abweichungen auf mehreren Gebieten, die den Rahmen konstituieren – zum Beispiel in bezug auf die Honorar- oder Zeitvereinbarung, auf Diskretion oder die Teilnahme Dritter –, führen zu einem chaotischen therapeutischen Erlebnis, das nur selten auf bewußter Ebene als solches wahrgenommen wird, innerhalb des System des tiefen Unbewußten jedoch immer.

Die Entscheidung, bei einem bestimmten Psychotherapeuten zu bleiben, ist eine individuelle. Die dafür notwendige Sensibilität wird gefördert, wenn Sie sich nach der ersten Sitzung mit dem Therapeuten die Zeit nehmen, die eigenen Träume, Gedanken, Phantasien und Vorstellungen zu entschlüsseln. Wenn Sie versuchen, sowohl auf die in diesem Buch beschriebenen Bewertungen anderer als auch auf die eigenen unbewußten Bewertungen zu achten, werden Sie die bestmögliche Entscheidung für sich treffen. Wenn die Bewertung *«unzulässig / überdenken Sie Ihre Wahl»* überwiegt, sollten Sie sehr wachsam sein, wenn nicht sogar einen anderen Psychotherapeuten aufsuchen. Jede Bewertung *«gefährlich / nehmen Sie sich in acht»* ist ernst zu nehmen. Wenn der Patient sich entscheidet, trotzdem bei dem Therapeuten zu bleiben, sollte zumindest der Versuch unternommen werden, den bewußten und unbewußten Sinn, der hinter den Abweichungen von den Rahmenbedingungen steckt, zu erforschen. Dies sollte sowohl mit dem Therapeuten zusammen als auch von dem Patienten allein vorgenommen werden. Gleichzeitig kann eine Selbsteinschätzung im Hinblick auf die eigenen Bedürfnisse nach einer vom Rahmen abweichenden Therapie sehr aufschlußreich sein.

Die Bewertung eines Psychotherapeuten ist eine komplexe Angelegenheit. Dieser Vorgang kann nur bis zu einem gewissen Grad vereinfacht werden. Darüber hinaus müssen Sie sich auf mehrere Zweifel und Unklarheiten gefaßt machen. Dennoch besteht die Möglichkeit, trotz des Widerstands des Bewußtseins eindeutig negative Bewertungen als solche zu erkennen und sich mit ihnen auseinanderzusetzen, das heißt, daß Sie entweder einen anderen Therapeuten aufsuchen oder die vorhandenen Abweichungen erforschen und lösen müssen. Der Therapeut, der auf Ihre Fragen bezüglich abweichender Interventionen eingeht, sollte eine akzeptable Bewertung erhalten. Dagegen sollte der Therapeut, der auf Ihre Fragen defensiv reagiert und hartnäckig zu seinem abweichenden Verhalten steht, weiterhin als *«unzulässig»*, wenn nicht sogar *«gefährlich»* eingestuft werden, insbesondere dann, wenn er sich dagegen wehrt, die Angelegenheit zu erforschen oder zu interpretieren, oder wenn er Ihre Kritik gänzlich von sich weist. Es ist an der Zeit, daß sowohl der individuelle Patient als auch die gesamte wissenschaftliche Psychotherapie die umfangreichen Auswirkungen und Folgen, die mit der Herstellung und Aufrechterhaltung der psychotherapeutischen Grundregeln zusammenhängen, in ihrer Bedeutung erkennen und einschätzen. Derartige Einsichten können die geistige Gesundheit nur fördern – nicht nur beim Patienten, sondern auch beim Therapeuten.

Diskretion, der Ausschluß Dritter aus der Therapie und die relative Anonymität des Therapeuten

Mein Therapeut/meine Therapeutin hat die Fragen der Diskretion, der Anonymität und des Ausschlusses Dritter folgendermaßen gehandhabt – Aussagen, die auf eine zulässige Handhabung der Therapie hinweisen:

- ○ Er/sie neigt nicht absichtlich zu Selbstoffenbarungen.
- ○ Der Ausschluß Dritter und absolute Diskretion sind während der gesamten Behandlung gewährleistet worden.
- ○ Wenn ich meinem Therapeuten/meiner Therapeutin Fragen zur Person stelle, reagiert er/sie immer darauf, indem er/sie mir zuhört und die Angelegenheit erforscht.
- ○ Er/sie hat niemals Medikamente verschrieben.
- ○ Er/sie macht weder Notizen noch Aufnahmen von den Sitzungen.

Aussagen, die auf eine fragwürdige oder unzulässige Handhabung der Therapie hinweisen; überdenken Sie die Wahl Ihres Therapeuten:

- ○ Gelegentlich hat er/sie mir eine persönliche Ansicht mitgeteilt oder Anspielungen auf seinen/ihren professionellen Status gemacht.
- ○ Er/sie ist verpflichtet, spezifische Auskünfte an meinen Arbeitgeber weiterzuleiten.
- ○ Er/sie muß allgemeine Auskünfte an die Institution, die meine Therapie finanziert, weitergeben.
- ○ Wenn ich sehr darauf beharre, gibt er/sie gelegentlich seine/ihre Meinung oder Information über die eigene Person preis.
- ○ Er/sie verschrieb mir Medikamente, als ich eine extreme emotionale Funktionsstörung hatte.
- ○ Er/sie neigt in der Regel nicht zu physischem Kontakt. Es gibt vereinzelte Situationen, zum Beispiel, als ich einen traumatischen Verlust erlebte, in denen Körperkontakt zwischen uns vorgekommen ist.
- ○ Er/sie macht manchmal Notizen, während ich spreche.

Aussagen, die auf eine gefährliche Handhabung der Therapie hinweisen; nehmen Sie sich vor diesem Therapeuten in acht.

- ○ Er/sie verhält sich eher wie ein Freund/eine Freundin als wie ein(e) Therapeut/in. Er/sie erzählt über das eigene Leben, hat mich dem Ehepartner vorgestellt und bietet mir die Benutzung seiner/ihrer Bücher, seines/ihres Autos, Hauses usw.
- ○ Er/sie erwähnt mein Material in seinen/ihren Büchern, Vorlesungen usw.
- ○ Er/sie nimmt unsere Sitzungen auf Video auf und benutzt die Aufzeichnungen von anderen Patienten.
- ○ Er/sie spricht so viel von sich selbst, daß ich darum kämpfen muß, auch mal dranzukommen.
- ○ Ich brauche lediglich zu erwähnen, daß ich depressiv war, und er/sie verschreibt mir Medikamente.

11. Der behandelnde Psychotherapeut

Wir sind auf die Handhabung der Grundregeln und des Behandlungsrahmens durch den Therapeuten bereits ausführlich eingegangen. Nachdem wir diese Fragen im Kontext der ersten Konsultationsstunde erläutert haben, möchte ich allerdings betonen, daß der Umgang mit den Grundregeln die gesamte therapeutische Erfahrung betrifft. Diese Fragen tauchen während der Behandlung immer wieder auf und sind auch nach Beendigung der Therapie noch von großer Bedeutung. In diesem Kapitel wollen wir uns nun mit weiteren Gesichtspunkten der psychotherapeutischen Behandlung befassen.

Um diesen Bereich auf eine einfache Formel zu bringen, kommt es darauf an, ob der Therapeut mit dem Patienten spricht oder eine eher schweigsame Haltung einnimmt. Möglicherweise fragt sich der Leser, ob man das Schweigen eines Therapeuten wirklich bewerten kann. Es ist für die meisten Patienten schon schwierig genug, die Bemerkungen, Interpretationen und den Rat ihres Therapeuten zu beurteilen. Zudem kann argumentiert werden, daß der Patient, der den Äußerungen des Therapeuten gegenüber eine kritische Beobachterstellung einnimmt, die Spontaneität verliert und den Wert der Beziehung schmälert. Kann man davon ausgehen, daß die weitgefächerten und umfassenden Bemerkungen eines Therapeuten im Verlauf einer Behandlung sich überhaupt sinnvoll kategorisieren lassen?

Wie der Leser inzwischen vermuten mag, entstammen Fragen dieser Art dem System des Bewußtseins. Sie beruhen auf einem bewußten Bewertungsprozeß, der anhand einer Reihe angelernter Kriterien durchgeführt wird. Tatsache ist jedoch, daß das System des tiefen Unbewußten die Art, in der ein Therapeut interveniert, ständig bewertet, unabhängig davon, ob Sie sich dieser unbewußten Wahrnehmungen und Eindrücke bewußt werden oder nicht. Das tiefe Unbewußte unterscheidet das Schweigen, das der jeweiligen Situation angemessen ist, von dem Schweigen, das lediglich dazu dient, verschlüsselte Mitteilungen zu ignorieren. Auch hier geht es darum, die eigenen versteckten Bilder, die durch das unmittelbare Verhalten des Therapeuten hervorgerufen werden, zu entschlüsseln. Die Beschäftigung mit derartigen Bildern ist ein realisierbarer Bestandteil der therapeutischen Erfahrung und muß sich keineswegs hemmend auf den spontanen Fluß von Assoziationen während einer Sitzung auswirken.

Vor diesem Hintergrund wollen wir nun sehen, auf welche Weise das tiefe Unbewußte, das Schweigen sowie die verbalen Interventionen eines Psychotherapeuten bewertet. Dazu gehören die Verhaltensweisen und Bemerkungen des Therapeuten, sein Auftreten und seine Haltung sowie seine allgemeine Handhabung und Einstellung zur Therapie. Da es sich um ein sehr weites Gebiet handelt, werden wir uns auf die zentralen Fragen konzentrieren und eine Reihe von Bewertungskriterien entwickeln, die als allgemeine Richtlinien dienen können. Auch hier lassen sich diese Kriterien durch die Analyse der eigenen Träume und Erzählungen ergänzen. Gehen Sie von den Interventionen Ihres Therapeuten aus, und betrachten Sie diese als Schlüssel bei Ihrer Analyse und Deutung.

Die angemessene Haltung eines Psychotherapeuten wurde von Sigmund Freud als eine der *Neutralität* gekennzeichnet, ein Begriff, der seit der Entwicklung der Psychoanalyse mehrfach definiert worden ist. Wir werden für unsere Zwecke diesem Begriff eine sehr spezifische Bedeutung geben: Die Neutralität ist demnach Bestandteil einer Intervention, die: (1) die idealen Bedingungen und Grundregeln der Behandlung sichert oder aufrechterhält, entsprechend den verschlüsselten Mitteilungen des Patienten; (2) Schweigen einhält, wenn das Material des Patienten dies verlangt; (3) die Assoziationen des Patienten während einer Sitzung interpretiert, um die unbewußte Ursache emotionaler Symptome sowohl richtig zu identifizieren als auch dem Patienten verständlich zu machen.

Klinische Studien über mehrere Jahre haben gezeigt, daß eine richtige Intervention zur richtigen Zeit eine unmittelbare verschlüsselte Reaktion beim Patienten hervorruft. Diese Reaktion enthält in der Regel Bilder, die sich auf stabile Individuen, die im Leben richtig funktionieren, beziehen. Wenn die Bilder entschlüsselt werden, weisen sie auf die unbewußte Wahrnehmung des Patienten im Hinblick auf die Effektivität der Intervention hin. Zusätzlich folgt auf eine richtige Intervention häufig eine neue Reihe verschlüsselter Mitteilungen, die zur Erhellung der unbewußten Ursachen der emotionalen Probleme des Patienten dienen.

Bevor wir uns mit dem weiten Gebiet der aktiven Interventionen befassen, wenden wir uns dem Einsatz des Schweigens – das heißt des schweigenden Zuhörens – zu.

Jeder ist mit der Karikatur des schweigenden Analytikers vertraut, der seinem Patienten wochen- oder sogar monatelang wortlos gegenüber sitzt. Wie ist solches Verhalten bzw. das über einen längeren Zeitraum eingehaltene Schweigen einzuschätzen? Im Grunde genommen kann es ein Schweigen zweifacher Art sein: Der Therapeut bzw. die Therapeutin schweigt, weil er oder sie richtig erkennt, daß keine Intervention nötig ist. Oder das Schweigen beruht auf einem Irrtum – das heißt, der Therapeut bzw. die Therapeutin verfehlt die Gelegenheit, sinnvoll einzugreifen. Um an dieser Stelle keinen Lehrgang über Psychotherapie zu bieten – bei dem gerade diese Frage äußerste Sensibilität verlangen würde –, kann ich lediglich folgenden Hinweis geben: Angemessenes Schweigen führt zu verschlüsselten Bildern positiver Färbung, während unangemessenes Schweigen negative Bilder hervorruft.

Obwohl ich beide Formen des Schweigens hier erläutern werde, hängt die individuelle Bewertung durch den Patienten zum großen Teil von seiner eigenen Reaktion und der darin enthaltenen Beurteilung ab. Um das Schweigen eines Psychotherapeuten einzuschätzen, kann auch die dadurch ausgelöste Wirkung auf den Patienten herangezogen werden: Wenn der Patient in einer derartigen Situation stark leidet, verängstigt oder beunruhigt wirkt, oder wenn sich seine Symptome verschlimmern, ist stark davon auszugehen, daß das Verhalten des Therapeuten negativ eingestuft werden muß. Häufig werden Patienten, die eine emotionale Krise durchmachen, dem Therapeuten sinnvolles Material mitteilen, das auf jeden Fall eine entsprechende Interpretation bzw. eine Intervention verlangt. Umgekehrt, wenn der Patient sich geborgen fühlt oder seine psychische Lage sich stabilisiert hat, besteht die hohe Wahrscheinlichkeit, daß das Schweigen des Therapeuten durchaus angemessen ist. Es kann sein, daß sich das tiefe Unbewußte vorübergehend zurückzieht, um der Therapie eine Phase der Ruhe einzuräumen.

Achten Sie auch darauf, wie Sie auf das Schweigen Ihres Therapeuten bewußt reagieren. Fühlen Sie sich gestört, verärgert oder sogar wütend, kann es gut sein, daß der Therapeut es verfehlt hat, auf bestimmte Assoziationen, die eine Intervention verlangen, einzugehen.

Es kann auch sein, daß ein Wutausbruch seitens des Patienten auf die eigene defensive Haltung zurückzuführen ist. Deshalb sollte die unmittelbare Reaktion auf ein derartiges Schweigen vor dem Hintergrund der Deutung verschlüsselter Bilder, dem Ausmaß der emotionalen Schwierigkeiten und der allgemeinen bewußten Einstellung dem Therapeuten gegenüber betrachtet werden. Andererseits könnte Sie das Schweigen des Therapeuten irritieren, obwohl andere Beurteilungskriterien nicht auf eine fehlende Intervention hinweisen. Im großen und ganzen sind bewußte Bewertungen häufig etwas ungenau; es kann sein, daß Ihre Unzufriedenheit mit dem Schweigen des Therapeuten eine verschobene Reaktion auf eine andere Rahmenverletzung seinerseits darstellt. Mit anderen Worten: Sie fühlen sich auf unbewußter Ebene durch einen Verstoß gegen den Behandlungsrahmen irritiert, und das Bewußtsein fühlt sich gezwungen, sich zu beschweren. Die wirkliche Beschwerde ist jedoch gewissermaßen verhüllt. Sie bezieht sich nicht auf die eigentliche Rahmenverletzung, sondern statt dessen auf das Schweigen des Therapeuten.

Es würde den Rahmen dieses Buches sprengen, die verschiedenen Arten des Schweigens und der Interventionen, die durch das tiefe Unbewußte Bestätigung finden, umfassend zu beschreiben. Wir können uns allerdings an eine allgemeine Faustregel halten. Achten Sie auf Ihre Reaktion während einer längeren Phase des Schweigens, das heißt während des Großteils oder einer ganzen Sitzung oder sogar während mehrerer Sitzungen. Werden Bilder von stillen, sicheren Orten, von ruhigen, aufmerksamen Menschen, von Schutz und Fürsorge oder andere positiv gefärbte Träume und Erzählungen hervorgerufen, ist es höchst wahrscheinlich, daß das Schweigen die richtige Intervention zum richtigen Zeitpunkt darstellt, bzw. daß dem Therapeuten eine positive Bewertung gebührt. Innerhalb einer Psychotherapie müssen Ruhepausen eingeräumt werden. Der Patient braucht Zeit, um bereits Erfahrenes in Ruhe zu überarbeiten, bevor neue Fragen und Ängste angepackt werden können. Er braucht eine Pause, bevor die unbewußten Ursachen seiner Probleme erneut wachgerufen werden. Es ist unbestritten, daß viele Therapeuten Schwierigkeiten haben, sich während derartiger Unterbrechungen zurückzuhalten. Tatsache ist, daß der Erholungswert solcher Phasen häufig nicht erkannt wird. Dennoch faßt das Unbewußte sogar die wohlmeinendsten Bemerkungen, die während dieser Phase fallen, als aufdringlich und als

Zeichen der Unruhe des Therapeuten auf. Im allgemeinen wird die heilende Wirkung des angemessenen Schweigens sowohl von Patienten als auch von Therapeuten sehr unterschätzt.

Andererseits erzeugt unangemessenes Schweigen (d. h. Schweigen, obwohl interveniert werden sollte) völlig andere Bilder; Szenen, in denen der Patient nicht beachtet wird, Bilder von blinden oder unsensiblen Menschen, von Menschen, die auf Hilferufe nicht reagieren, und vergleichbare Bilder der Vernachlässigung, des nicht Beachtens und der Vermeidung. Gemessen an bewußten Maßstäben, ist es bemerkenswert, mit welcher Genauigkeit und Konsequenz das tiefe Unbewußte die Implikationen derartigen Schweigens registriert. Wem dieses Wissen zugänglich ist, kann man immer den Augenblick genau erkennen, in dem der Therapeut vom Schweigen zur Intervention übergehen sollte. Sobald dieser Zeitpunkt eintritt, erzeugt der Patient das Bild von einer Person, die den Bedürfnissen eines anderen nicht gerecht geworden ist.

Ein dramatisches Beispiel für die Bewertung des Unbewußten bezüglich des Schweigens eines Therapeuten ist die Therapie der Patientin Frau Felice. Der Therapeut Dr. Oakes ist relativ aktiv und direkt und zeigt sich im allgemeinen wenig sensibel für die Mitteilungen des Unbewußten. Vor kurzer Zeit hat Dr. Oakes erkannt, daß er sich in den Sitzungen mit Frau Felice mehr zurückhalten und auf die Wahl seiner Bemerkungen mehr achten sollte. Sein Verhalten führt dazu, daß die Assoziationen der Patientin vorübergehend keinen Anlaß zur Interpretation bieten. In der nächsten Sitzung verhält sich Dr. Oakes auf eine für ihn untypische Weise. Er schweigt überwiegend und nimmt eine zuhörende Haltung ein. Frau Felice verbringt die Stunde damit, weiter frei zu assoziieren. Gegen Ende der Sitzung spricht sie von ihrem Arbeitgeber. Er sei in letzter Zeit sehr entgegenkommend gewesen, eine bemerkenswerte Veränderung im Gegensatz zu seinen üblichen schlechten Launen und seinem Gemecker. Dann spricht sie von ihrer Beziehung zu ihrem jetzigen Freund. Sie erwähnt, daß sie sich normalerweise ungern in seiner Wohnung aufhalte. Er neige dazu, sie völlig zu vereinnahmen sowie ununterbrochen zu reden. Am letzten Wochenende, sagt Frau Felice, habe er sich allerdings ganz anders verhalten. Sie habe den ganzen Tag in der Stadt verbracht und sei völlig erschöpft nach Hause gekommen. Aus irgendeinem Grund habe er sich in sein Arbeitszimmer zurückgezogen und sich dort beschäftigt. Sie habe die Möglichkeit, sich zurückzulehnen und zu entspannen, sehr genossen. Es komme ihr vor, als werde ihr Freund ihr endlich etwas mehr Freiraum gewähren.

Es ist eindeutig, daß die Patientin die Wandlung von den provokativen und unnötigen Interventionen des Therapeuten zu seinem angemessenen Schweigen unbewußt wahrgenommen hat. In der übernächsten Sitzung, als das Material der Frau Felice wieder eine Interpretation verlangt, interveniert Dr. Oakes erneut. Daraufhin spricht die Patientin von einem Kollegen, der bei Betriebsversammlungen eher zum Schweigen neige, allerdings genau wisse, was und wann er etwas zu sagen habe. Das kann wirklich als Beweis gelten, daß das System des tiefen Unbewußten nie schläft. Es durchdringt im hohen Maßen sowohl unsere Träume als auch unseren Wachzustand.

Als Gegensatz dazu wollen wir die Bilder betrachten, die in der Behandlung von Frau Wayne bei der Therapeutin Dr. Satinover erzeugt werden. Die Therapeutin neigt dazu, gelegentlich zu intervenieren. Ihre Bemerkungen beziehen sich häufig auf die unbewußten Mitteilungen der Patienten, aber sie wird auch dann leicht ungeduldig, wenn Interventionen ihrerseits nicht nötig sind. In solchen Situationen neigt sie zu unterstützenden Bemerkungen. Die Therapie hat ein Stadium erreicht, in dem die Therapeutin wenig einzugreifen hat. Während zweier aufeinanderfolgender Sitzungen macht sie eine Reihe unterstützender Bemerkungen. Frau Wayne reagiert darauf, indem sie von ihrem Arbeitszimmer spricht. Sie genieße es, sich dorthin zurückzuziehen, die Tür zu schließen, das Licht auszumachen und die Stille zu spüren. Dann erwähnt sie, daß ihr Mann in letzter Zeit häufig, ohne anzuklopfen, einfach hineingestürzt sei. Was noch schlimmer sei, er höre dann nicht auf zu reden, obwohl sie selbst eigentlich ein starkes Bedürfnis nach Ruhe habe. Sie wolle sich ihm gegenüber nicht beschweren, da er einen so hilfsbedürftigen Eindruck auf sie mache. Aber trotzdem wünsche sie sich, daß sich sein Verhalten bald ändere.

Es ist bemerkenswert, wie sehr dieses Bild dem Material des letzten Beispiels gleicht. In diesem Fall vermitteln die Bilder die unbewußte Wahrnehmung im Hinblick auf die unnötigen Interventionen einer Therapeutin, die ansonsten zu angemessenem Schweigen fähig ist.

Ein weiteres Beispiel für die unbewußte Bewertung des Schweigens innerhalb der Therapie ist folgender Fall eines jungen Homosexuellen: Es handelt sich um die erste Sitzung nach dem Urlaub des

Therapeuten. Der junge Mann beschreibt im Detail die sexuellen Erlebnisse, die er während der Abwesenheit des Therapeuten gehabt hat. Vor dem Urlaub war ihm eine zusätzliche Sitzung angeboten worden. Das Material des Patienten enthält mehrere Bilder, die darauf hinweisen, daß er immer noch unbewußt auf dieses Angebot reagiert. Angesichts der heftigen emotionalen Störungen des Patienten und des im höchsten Maße bedeutungsschweren Materials reagiert der Therapeut, der sich völlig überwältigt fühlt, damit, daß er die ganze Stunde schweigend zuhört.

Gegen Ende der Sitzung spricht der Patient von seinem Vater. Er neige dazu, den Sohn zu vernachlässigen. Er sei nie da, wenn er ihn brauche, und mache große Versprechungen, die er kaum einhalte. Vor kurzem habe er seinem Sohn versprochen, ihm Geld für die Ausstattung seiner neuen Wohnung zu leihen. Als er das Geld abholen wollte, hatte der Vater sein Versprechen völlig vergessen und weigerte sich, auf die Bitte des Sohnes einzugehen.

Die von uns bereits dargestellten Prinzipien lassen sich auf dieses Beispiel übertragen. Eine Erzählung über Enttäuschung oder Desillusionierung gegen Ende einer Sitzung, in der der Therapeut schweigt, deutet auf eine Bewertung des tiefen Unbewußten, die laut unserer Skala zwischen *«fragwürdig»* und *«gefährlich»* liegt. Diese gilt insbesondere, wenn der Patient eine schwere emotionale Krise durchmacht, die sich in diesem Fall durch die ungewohnte Promiskuität des jungen Manns äußert. In Zeiten besonderer emotionaler Not neigen Patienten fast immer dazu, Material zu äußern, das eine eindeutige Intervention verlangt.

Wenden wir uns nun den aktiven bzw. verbalen Interventionen des Therapeuten zu. Im allgemeinen lassen sich derartige Interventionen folgendermaßen klassifizieren:

1. Fragen.
2. Klarstellungen – der Versuch, das Material zu klären.
3. Konfrontationen – die Aufmerksamkeit des Patienten wird erneut auf eine eigene Äußerung oder Handlung gelenkt.
4. Interpretationen – im weitesten Sinn lautet die Definition, daß dem Patienten ein zuvor unbewußtes Gefühl bzw. ein Inhalt oder eine Implikation bewußt gemacht wird.
5. Rekonstruktionen – der Versuch, ein Geschehen, meistens ein ver-

gessenes Erlebnis aus der frühen Kindheit des Patienten, zu definieren.

6. Nichtinterpretative Interventionen – unmittelbare Unterstützung, persönliche Ansichten, Anweisungen, persönliche Reaktionen, Selbstoffenbarungen und andere gravierende Abweichungen von dem Bemühen, den Patienten zu verstehen.

Unter diesen Kategorien ist die Interpretation diejenige, die am ungenauesten definiert werden kann. Beinahe alles, was einem Patienten nicht bewußt ist und ihm durch einen Therapeuten mitgeteilt wird, wird häufig als Interpretation aufgefaßt. In vielen Fällen kann der Patient nicht beurteilen, ob die Bemerkung des Therapeuten wirklich stimmt. Die Gültigkeit seiner Erkenntnis wird in der Regel als selbstverständlich hingenommen.

Zum Beispiel: Ein Patient beschreibt zwei Rendezvous mit zwei verschiedenen Frauen; beide Rendezvous erweisen sich als Katastrophe. Der Therapeut schlägt vor, daß der Patient eine unbewußte Wut Frauen gegenüber empfinde. Diese Bemerkung ist strenggenommen keine Interpretation; sie beruht vielmehr auf einer Annahme seitens des Therapeuten. Der Patient hat von Wut nichts erwähnt. Tatsache ist, daß er diese Emotion auch nicht empfunden hat. Auf intellektueller Ebene denkt er jedoch, daß der Therapeut recht haben könne. Vielleicht unterdrücke er, der Patient, lediglich seinen Ärger. Interpretationen dieser Art sind sinnlos, aber leider sehr verbreitet.

Wenn es darum geht, die aktiven Interventionen eines Psychotherapeuten zu bewerten, hält sich das tiefe Unbewußte an wenige, aber klare und genaue Prinzipien, die durchaus als allgemeine Regeln betrachtet werden können. Dafür müssen wir erst einige zusätzliche Gesichtspunkte heranziehen, die uns auf diesem Gebiet als Richtlinien dienen können.

Es gibt eindeutig problematische Interventionen, die als *«fragwürdig – gefährlich»* sowohl vom System des tiefen Unbewußten als auch vom bewußten System eingestuft werden. Im allgemeinen widersprechen derartige Interventionen der Vorstellung eines ruhigen, besorgten Therapeuten, der sich bemüht, dem Patienten die unbewußten Ursachen für seine Verhaltensweisen oder Mitteilungen nahezubringen. Man hat guten Grund, an dem Therapeuten zu zweifeln, der auf die Mitteilungen seines Patienten mit Wut, Frustration, Irritation oder Begeisterung reagiert. Zudem fühlen sich Patienten in der Regel nicht wohl, wenn sich ein Therapeut übermäßig höflich, unterwürfig, streng, eigensinnig, aufdringlich, dogmatisch oder rechthaberisch verhält.

Gute Interventionen beruhen gänzlich auf den Mitteilungen, die ein Patient während der jeweiligen Sitzung äußert. Dies ist ein wichtiger Punkt. Wenn ein Therapeut verschlüsselte Mitteilungen interpretiert, braucht er nicht auf das Material aus vorigen Sitzungen zurückzugreifen. Der ideale Therapeut erkennt das Bedürfnis des Patienten nach einer Intervention, er formuliert sie in bezug auf das aktuelle Material und äußert sich in einer wohlüberlegten, taktvollen, zeitlich angemessenen und mitfühlenden Weise. Interventionen dieser Art gelten als interpretativ, das heißt sie sind erklärend.

Auf bewußter Ebene, aufgrund einer defensiven Haltung oder aus Angst vor der Aufdeckung unbewußter Inhalte neigen Patienten dazu, eine Reihe von Interventionen, die von der idealen Interpretation abweichen, zu akzeptieren. Wie wir inzwischen vermuten können, entspricht dies keineswegs dem System des tiefen Unbewußten. Auf dieser Ebene werden nur solche Interventionen akzeptiert, die auf Einsicht beruhen und deshalb wirklich als interpretativ gelten können und die dazu beitragen, den Behandlungsrahmen zu sichern. Interventionen dieser Art werden vom tiefen Unbewußten bestätigt und als Basis für einen konstruktiven inneren Wandel benutzt. Sie erinnern sich an den Fall des Herrn Fredrick, der seine Therapeutin Dr. Clark um eine Terminveränderung bat und sich dann über die neuen Arbeitszeitveränderungen beschwerte, die sein Vorgesetzter einzuführen versuchte. Der Patient war offensichtlich davon überzeugt, daß sein Vorgesetzter einen Fehler begangen hatte. Er selbst war der Meinung, daß der alte Zeitplan besser gewesen sei und daß jeder die Sicherheit fester Arbeitszeiten brauche. An dieser Stelle der Sitzung intervenierte die Therapeutin. Sie schlug die Interpretation vor, daß sich diese Mitteilungen auf die eigene Bitte des Patienten bezögen. Die Bilder, auch wenn sie verschleiert waren, wiesen eindeutig darauf hin, daß sich der Patient eigentlich Stabilität und konsequentes Verhalten wünsche. Mit anderen Worten: Die Bilder dienten als unbewußter Hinweis an die Therapeutin, sich an einen festen, sicheren Zeitplan zu halten.

Vielleicht erinnern Sie sich daran, daß der Patient nach dieser Intervention von einem Freund sprach, mit dem er früher zusammengelebt habe. Der Patient habe sich auf diesen Mann immer verlassen können und habe sich in dessen Gegenwart immer sicher gefühlt.

Der Patient bittet also auf bewußter Ebene um eine Veränderung der Grundregeln, während er auf unbewußter Ebene, durch verschlüsselte Bilder, ein starkes Bedürfnis nach einem sicheren Behandlungsrahmen zeigt. Die Reaktion der Therapeutin ist interpretativ und trägt dazu bei, den sicheren Behandlungsrahmen zu festigen. Zudem basiert die Intervention ausschließlich auf den verschlüsselten Mitteilungen des Patienten. Der Patient bestätigt die Gültigkeit der Interpretation mit seiner darauffolgenden Bemerkung. Er bringt ein im höchsten Maße positives Bild zum Ausdruck, das seine unbewußte Wahrnehmung bezüglich des Verhaltens der Therapeutin spiegelt. Eine Intervention dieser Art, und nur dieser Art, gilt nach der Auffassung des tiefen Unbewußten aller Patienten als wirklich neutral.

Beinahe jede Form der Psychotherapie, die heute praktiziert wird, weicht von diesem Ideal ab. Es gibt Interventionen, die im wesentlichen wohlmeinend sind, die eine nur geringfügig schädigende Wirkung haben. Diese Interventionen lassen eine Besserung der Symptome, die allerdings ohne Einsicht stattfindet, zu, obwohl der Mangel an echter Einsicht immer den einen oder anderen Preis fordert. Indem sich jedoch die Interventionen immer mehr vom Ideal der Neutralität entfernen, indem sie immer verletzender werden, den Patienten angreifen und der defensiven Haltung des Therapeuten Vorschub leisten, bleibt für die Linderung von Symptomen nur noch die Hoffnung einer paradoxen Heilung. Ich habe dieses Phänomen bereits erwähnt. Eine Heilung, die als paradox gilt, beruht entweder auf der Entwicklung neuer Abwehrmechanismen oder auf dem Ersatz eines gravierenden Symptoms durch ein anderes Symptom, das sich eher leugnen läßt oder zumindest weniger störend wirkt.

Handelt es sich um extreme Abweichungen vom Ideal, zum Beispiel um Interventionen, die aggressiv, manipulativ oder auf die eine oder andere Weise eklatant verletzend sind, vermindert sich sogar die Wahrscheinlichkeit einer paradoxen Heilung. Statt dessen fühlt sich der Patient in der Regel schlechter als zuvor, und seine emotionalen Funktionsstörungen nehmen zu. Bestenfalls tritt keine Veränderung seines Zustandes ein. Wenn Sie als Patient über eine Zeitspanne von einem bis zwei Monaten keine Besserung hinsichtlich der Symptome spüren, überprüfen Sie noch einmal die Art, in der Ihr Therapeut bzw. Ihre Therapeutin interveniert, insbesondere im Hinblick auf seine bzw. ihre Art des Interpretierens. Das soll nicht bedeuten, daß ein Therapeut notgedrungen als unzulänglich zu betrachten ist, wenn eine Verbesserung der Symptome nicht eintritt. Es bedeutet vielmehr, daß Sie die Einzelheiten Ihrer psychotherapeutischen Erfahrung sowie abweichende Interventionen, die als *«fragwürdig»* bis *«gefährlich»* eingestuft worden sind, kritisch betrachten sollten.

Wie in Kapitel 12 bereits erläutert wurde, sollte die Entscheidung, bei einem bestimmten Therapeuten zu bleiben, auf einer möglichst umfassenden Grundlage beruhen beziehungsweise auf allen möglichen Bewertungen, die die jeweilige Situation zuläßt. Zu den nichtinterpretativen Interventionen gehört eine kleine Gruppe von Verhaltensweisen, die als nur leichte Abweichungen gelten und deren traumatischer Effekt sich in Grenzen hält. Es handelt sich um einfache Fragen, Klärungsversuche, mäßige Konfrontationen und andere Pseudobemühungen, die den Anschein einer Interpretation oder der Einsichtsvermittlung haben.

Bemerkungen dieser Art konzentrieren sich in der Regel völlig auf den Patienten. Sie übertragen die Verantwortung für jede Störung während der Behandlung oder im emotionalen Leben des Patienten gänzlich auf den Patienten selbst. Es kommt selten vor, daß die Reaktionen des Patienten oder gewisse Schwierigkeiten, die er gerade erlebt, auf das Verhalten bzw. auf eine Provokation des Therapeuten zurückgeführt werden. Gewisse Patienten neigen dazu, jahrelang bei einem nichtinterpretativen Therapeuten zu bleiben. Depressive Patienten zum Beispiel erleben durch eine Therapie dieser Art eine paradoxe Erleichterung, weil sie sich aufgrund unbewußter Schuldgefühle einer verbalen Bestrafung aussetzen. Paranoide Patienten erleben eine Erleichterung, weil die angreifende, beleidigende Art der therapeutischen Konfrontation ihre unbewußten Ängste bestätigt.

Heftige Konfrontationen, Anweisungen, Manipulationen, Rat, eigene Ansichten, anzügliche Bemerkungen und jede persönliche Reaktion seitens des Therapeuten haben eine viel destruktivere Wirkung als die neutraleren Interventionen, die eben erwähnt wurden. Bemerkungen bzw. Verhaltensweisen dieser Art werden entsprechend unserer Skala zwischen den Werten *«fragwürdig»* und *«gefährlich»* eingestuft. Wenn sich derartige Interventionen häufig wiederholen, oder wenn dem Therapeuten Boshaftigkeit unterstellt werden kann, muß die Bewertung besonders streng ausfallen.

Die unbewußten Wahrnehmungen von Patienten im Hinblick auf irrtümliche Interventionen erweisen sich als konsequent und sind von auffallend kraftvoller Natur. Durch Interventionen, die den wesentlichen Kern einer Mitteilung des Patienten verfehlen, fühlt sich der Patient in der Regel gespalten: Angesichts fundierter und besonnener therapeutischer Arbeit wird sich der Patient auf bewußter Ebene auf die Bemühungen des Therapeuten verlassen, während zugleich im Unbewußten Kritik und ein Gefühl des Verletztseins erzeugt werden. Nach jeder falschen Intervention weist das Material des Patienten eine Vielfalt von Bildern auf, die von mangelndem Verständnis, Verletzung und Angriffen, Irrtum und Ignoranz handeln. Gute Interventionen dagegen rufen die Darstellung von Bildern hervor, die von weisen Menschen, Hilfe, Verständnis und ähnlich konstruktiven Themen handeln.

In jeder Form der Psychotherapie richtet sich die zentrale Aufmerksamkeit des tiefen Unbewußten auf die unmittelbare Interaktion mit dem Therapeuten bzw. mit der Therapeutin; mit anderen Worten, auf das therapeutische Umfeld, die Grundregeln, Interventionen usw. Diese Interaktion stellt während der gesamten Behandlung den zentralen Stimulus sowie das organisierende Prinzip für die Mitteilungen des Patienten dar, insbesondere für die unbewußten Inhalte, die so zum Vorschein kommen. Die unbewußte Struktur der emotionalen Funktionsstörung beim Patienten sowie die interpersonalen Schwierigkeiten, die er im Alltag erleben mag, bilden sich ebenfalls um die therapeutische Erfahrung herum. Sobald sich ein Patient einer Therapie unterzieht, ist seine Aufmerksamkeit für die Mitteilungen des Therapeuten von solcher Intensität, daß eine emotionale Störung häufig die verschobene und verschleierte Reaktion auf eine Angelegenheit darstellt, die primär mit dem therapeutischen Austausch zusammenhängt.

Es besteht weiterhin eine sekundäre unbewußte Struktur im Hinblick auf das außertherapeutische Geschehen. Dennoch sind die Interventionen des Therapeuten sowie seine Handhabung der therapeutischen Grundregeln für den Sinn, der sich hinter den Mitteilungen des Patienten verbirgt, von zentraler Bedeutung. Diese Behauptung, die sich von der bewußten Erfahrung des Patienten so sehr unterscheidet, mag vielen Lesern seltsam vorkommen. Auf bewußter Ebene scheint dem Leser das alltägliche Leben von zentraler Bedeutung zu sein; die Therapie mag als wichtig betrachtet werden oder auch nicht. Die Gewichtung ist im System des tiefen Unbewußten jedoch anders. Die Symptome, aufgrund deren ein Patient eine Therapie beginnt, sind Reaktionen auf Traumen oder Rahmenverletzungen im alltäglichen Leben; mit anderen Worten, es sind Inhalte, die dann rasch auf die angefangene Therapie übertragen werden.

Im System des tiefen Unbewußten werden ständig Mitteilungen erzeugt, die eine verschlüsselte Reaktion auf die Interventionen des Therapeuten darstellen. Deshalb werden nur solche Interpretationen, die diese Tatsache auch berücksichtigen, durch das tiefe Unbewußte bestätigt bzw. bekräftigt. Das heißt, es gibt nur ganz spezifische Interpretationen, die das tiefe Unbewußte akzeptiert und auf die es positiv reagiert. Mit anderen Worten, es handelt sich hier um Interventionen, die den Stimulus für die verschleierten und verschlüsselten (unbewußten) Mitteilungen des Patienten in einer ganz bestimmten, kürzlich stattgefundenen Intervention des Therapeuten erkennen. Nachdem der Therapeut diesen Auslöser erkannt hat, interpretiert er die verschlüsselten oder unbewußten Wahrnehmungen im Hinblick auf die Bedeutung, die die Intervention für den Patienten hat. Schließlich zeigt der Therapeut dem Patienten, auf welche Weise dessen Symptome oder dessen interpersonale Schwierigkeiten auf dieser unbewußten Struktur basieren. Nur diese Art der Intervention, eventuell in Verbindung mit rahmensichernden Bemühungen, die auf die Kindheit des Patienten zurückgreifen, erhält im System des tiefen Unbewußten eine wirklich positive Bewertung. Dagegen gilt: Je mehr eine Intervention auf das Leben oder die persönlichen Ansichten des Therapeuten eingeht, desto mehr wird der Patient manipuliert und um so negativer fällt die Bewertung aus.

Vor dem Hintergrund dieser prinzipiellen Gesichtspunkte wenden wir uns nun einigen typischen Interventionen sowie ihrer Bewertung durch das System des tiefen Unbewußten zu. Sie wissen bereits, daß die meisten verschlüsselten Mitteilungen des Patienten auf der Handhabung des Behandlungsrahmens durch den Therapeuten beruhen. Es ist deshalb aufschlußreich, mit einer fehlerhaften therapeutischen Beziehung zu beginnen, in der die Mitteilungen des Patienten eindeutig auf die Intervention des Therapeuten zurückgehen. Frau Baxter, eine junge Frau, beginnt eine Therapie aufgrund ihrer Schwierigkeiten in Beziehungen zu Männern. Sie entscheidet sich für den Therapeuten Dr. McCarron, den sie in einem Fitness-Club kennengelernt hat. Wir wissen bereits, daß das tiefe Unbewußte auf eine soziale Beziehung zum eigenen Therapeuten bzw. zur eigenen Therapeutin sehr negativ reagiert. In diesem Fall ist sich Dr. McCarron dieser Tatsache durchaus bewußt. Trotzdem nimmt er Frau Baxter als Patientin auf. Während der ersten sechs Monate der Therapie besprechen sie auf bewußter Ebene, ob eine Behandlung, trotz der Tatsache, daß sich beide bereits kennen und sich auch weiterhin beim Sport begegnen, erfolgreich sein kann. Auf dieser oberflächlichen Ebene wird keine eindeutige Antwort gefunden.

Nachdem sich beide wiederholt im Fitness-Club sehen, fühlt sich Dr. McCarron plötzlich über den außertherapeutischen Kontakt zu seiner Patientin beunruhigt. In der nächsten Sitzung spricht er ausführlich von diesen Gefühlen. Frau Baxter erwidert, daß sie sich sowohl verwirrt als auch unter Druck gesetzt fühle. Mit anderen Worten: Sie bringt unbewußt ihre Wahrnehmung bezüglich der Intervention unmittelbar zum Ausdruck.

Zu Beginn der nächsten Stunde schweigt die Patientin. Sie habe, so meint sie, wenig zu sagen. Sie habe ihr Büro früher als sonst verlassen können, erzählt sie. Ihr Vorgesetzter habe ihre Arbeit für sie erledigt, so daß es für sie nichts mehr zu tun gegeben habe. Sie habe die Stelle erst vor kurzem angenommen und befürchte, sie bald wieder zu verlieren. Dann fragt sie den Therapeuten, warum er so still sei. Warum er ihr keine Fragen stelle. In der letzten Sitzung habe er sie wirklich hart behandelt. Sie habe ihn letzte Woche beim Sport gesehen. Dort habe er sich mit anderen unterhalten und einen sehr freundlichen Eindruck gemacht. Dagegen habe er sich ihr gegenüber ganz schrecklich verhalten.

Dr. McCarron reagiert mit folgender Interpretation: Frau Baxter habe die letzte Sitzung erwähnt. Sie deute an, daß er übermäßig aggressiv gewesen sei und selbst begonnen habe, ihre Aufgaben zu übernehmen. Mit anderen Worten: Er habe die Stunde für sich in Anspruch genommen und von sich aus die eigentlichen Zweifel und die Verwirrung der Patientin zum Ausdruck gebracht. Aus diesem Grund wolle die Patientin nun nicht mit ihm sprechen. Sie beginne vielmehr daran zu zweifeln, ob die Therapie tatsächlich wirken könne. Außerdem hingen diese Zweifel mit beider Begegnungen beim Sport zusammen.

Frau Baxter schweigt zunächst nachdenklich. Dann sagt sie, daß sie über den Fitness-Club nichts weiter hören möchte, es sei denn, Dr. McCarron wolle damit andeuten, daß man aufgrund ihrer Begegnungen dort mit der Therapie aufhören solle. Sie beschreibt dann eine Phantasie, die sie bis dahin weder dem Therapeuten noch jemand anderem gegenüber erwähnt hat. Sie stellt sich vor, sie sei eine Striptease-Tänzerin und ziehe sich in allen möglichen Ländern der Welt aus, während sich zugleich Männer vor ihr entblößen. Sie habe schon immer den Wunsch gehabt, sich vor Männern zu profilieren und sie zu reizen. Wenn sie aber daran denke, wie scharf Männer sein können, fühle sie sich, so merkwürdig es klingen möge, von ihren Gewissensbissen erleichtert. Andererseits, sagt sie, habe sie beim Sport einen Mann bemerkt, der einen anderen Eindruck auf sie mache. Er sehe sehr gepflegt aus, könnte eventuell Geschäftsmann sein. Außerdem scheine er den Gefühlen anderer gegenüber sehr sensibel zu sein.

Es handelt sich hier in der Tat um einen komplizierten Fall. Er sagt allerdings eine Menge über die Bewertung von Interventionen aus. Wie bereits erwähnt, ist eine soziale Begegnung zwischen dem Patienten und dem Therapeuten eine gefährliche Grundlage für die Entwicklung einer therapeutischen Beziehung. Die verschlüsselten Bilder der Frau Baxter bestätigen die negative Beurteilung. Das heißt der außertherapeutische Kontakt zu Dr. McCarron wird als eine Form der gemeinsamen sexuellen Entblößung aufgefaßt. Aufgrund der ungünstigen, im psychischen Sinne kontaminierenden Ausgangslage wird das Bild eines «scharfen» Therapeuten hervorgerufen, ein Bild, das der Patientin paradoxerweise ein Gefühl der Sicherheit gibt. Diese Tatsache verdeutlicht erneut die seltsame und letztlich destruktive Weise, durch die schlecht bewertete Interventionen zu einer sogenannten Erleichterung führen können. Dr. McCarron ist jedoch in der Lage, die unbewußten Aspekte der außertherapeutischen Beziehung zu interpretieren. Wäre er nicht imstande gewesen, die unbewußten Mitteilungen der Patientin zu entschlüsseln, wären die Probleme, die Frau Baxter zu lösen versucht, weiterhin innerhalb der Therapie neu inszeniert worden. Die Patientin hätte dann eine paradoxe Erleichterung erfahren aufgrund einer therapeutischen Beziehung, die auf gegenseitiger Entblößung und dem Mangel an angemessenen Grenzen basiert.

In diesem Beispiel ist die erste Intervention des Therapeuten zwar erklärender Natur. Allerdings beruht sie weder auf dem Material, das während dieser Sitzung zum Vorschein gekommen ist, noch auf den Assoziationen der Patientin. Beides gilt als wesentliche Voraussetzung für eine positiv zu bewertende Intervention. Alle Bemerkungen des Therapeuten, die von diesem Ideal abweichen, werden zwischen «*fragwürdig*» und «*gefährlich*» eingestuft. Je weniger sich der Therapeut auf das Material des Patienten bezieht und je mehr er sich auf die eigenen Assoziationen und Reaktionen stützt, desto negativer sind die Beurteilungen des tiefen Unbewußten. In dieser Illustration spiegelt sich die negative Bewertung in der Vermutung der Patientin, daß sie in der neuen Stelle (das heißt im verschlüsselten Sinne in der Therapie) keine Zukunft für sich sieht. Wie Dr. McCarron selbst bemerkt, hat die Patientin unbewußt die unnötige Intervention seinerseits als Versuch aufgefaßt, die eigentliche Arbeit der Patientin zu übernehmen. Mit anderen Worten: Er habe selbst frei assoziiert, anstatt, wie angemessen, der Patientin zuzuhören.

Die zweite Intervention des Therapeuten hat die grundlegende Struktur einer korrekten Interpretation. Dr. McCarron bezieht sich auf zwei frühere Interventionen, auf seine unangemessene Bemerkung während der vorigen Sitzung und auf den außertherapeutischen Kontakt zur Patientin. Dann identifiziert er die darauffolgende Reaktion der Frau Baxter bzw. ihre unbewußten Wahrnehmungen. Anhand dessen macht er der Patientin die unbewußte Grundlage ihres Schweigens sowie ihrer Zweifel bezüglich der Therapie verständlich.

Die Patientin reagiert mit einer Reihe von Bildern, die diese Interpretation bestätigen. Die Bilder handeln zunächst von Individuen, die im Leben positiv funktionieren (der aufgeschlossene, sensible Geschäftsmann). Die folgenden Bilder bieten neue verschlüsselte Informationen, die die Interpretation des Therapeuten zusätzlich bekräftigen und ihr eine weitere Dimension verleihen (das neue Bild des gegenseitigen Exhibitionismus und der sexuellen Lust). Durch letztere Bilder kommt zum erstenmal zum Vorschein, daß die Patientin unbewußt ihren Therapeuten wählte, weil sie sich ihm gegenüber bereits entblößt und er umgekehrt das gleiche getan hatte. Für die Therapie ist es von wesentlicher Bedeutung gewesen, daß sowohl dieser unbewußte sexuelle Inhalt als auch die Tatsache, daß er beruhigend bzw. erleichternd auf die Patientin wirkte, erkannt wurden. Beide, der Therapeut und die Patientin, kamen zu einem neuen Verständnis im Hinblick auf die Wahl des Therapeuten und ihre grundlegenden emotionalen Probleme. Letztere beruhen auf Kindheitsproblemen der Patientin, der Vater neigte zum Exhibitionismus, die Mutter zu Wutanfällen. Hinzu kamen die Probleme, die sie als erwachsene Frau mit Männern hatte. Frau Baxter blieb noch einige Monate bei Dr. McCarron in Behandlung. Während dieser Zeit wurden diese Fragen von Frau Baxter überarbeitet, bis sie letztlich die Therapie mit Erfolg abschließen konnte.

Ich möchte nun ein etwas zusammengefaßtes Beispiel einer guten Interpretation beifügen: Frau Teller ist bei dem Psychiater Dr. Perez in Behandlung. Sie leidet an schweren manischen und depressiven Phasen. Obwohl sie geschieden ist, schreibt ihr Ex-Ehemann den Scheck aus, mit dem sie ihre Therapie bezahlt. Zunächst akzeptiert Dr. Perez den Scheck ohne jeglichen Kommentar.

Während einer Sitzung, nachdem Frau Teller einen Scheck ihres Mannes überreicht hat, erzählt sie sehr ausführlich von einem Vorfall der vorigen Woche. Sie habe Waren aus einem Kaufhaus gestohlen, indem sie den Namen ihres Mannes auf einem alten Scheck, den sie zufällig gefunden habe, fälschte. Es sei unehrlich gewesen, sagt sie, und sie wisse eigentlich nicht, was sie dazu getrieben habe. Ihr sei jedoch klar, daß sie derartige Verhaltensweisen einstellen müsse.

Dr. Perez greift ein. Er weist die Patientin darauf hin, daß er eben einen Scheck von ihrem Ex-Mann entgegengenommen habe. Daraufhin folgen Bilder, die deutlich machen, daß Frau Teller diese Zahlungsmethode unbewußt als eine Art des Stehlens betrachtet. Sie meint, sie fühle sich wie eine Mittäterin bei einer kriminellen Handlung, die ihr wie eine Fälschung vorkomme. Die eigene Ermahnung, derartige Verhaltensweisen zu beenden, ist ein eindeutiges Zeichen dafür, daß sie unbewußt an Dr. Perez appelliert, weitere Schecks nicht anzunehmen. Die weitere Billigung dieser Zahlungsmethode bedeutete eine implizierte Unterstützung der Unehrlichkeit, die die Patientin zur Zeit praktiziert und die ihr zugleich großes Leid bereitet.

Die Patientin schweigt. Dann erzählt sie zum erstenmal, sie habe sich vorgenommen, eine Stelle zu suchen. Sie erinnert sich an eine

Fernsehsendung, in der ein Krimineller mit der Unterstützung eines engagierten Sozialarbeiters ein neues, ehrliches Leben beginnt. Dann denkt sie an einen Mann, mit dem sie sich gelegentlich treffe. Kein Mensch könne ehrlicher sein als er.

Innerhalb eines Monats hat Frau Teller ihre eigene Einkommensquelle und beginnt, für die Therapie selbst zu zahlen. Sie stiehlt nicht mehr und leistet eine Rückerstattung für die Waren, die sie durch Fälschung des Schecks erworben hatte.

Auch hier sehen wir die Wirkung und die Bekräftigung einer idealen Interpretation. Die Intervention geht zunächst auf einen Auslöser ein, der mit der Handhabung des Behandlungsrahmens bzw. mit einem abweichenden Stimulus innerhalb der Therapie verbunden ist. Dann werden die unbewußten Wahrnehmungen der Patientin im Hinblick auf die Bedeutung hinter dem abweichenden Verhalten des Therapeuten entschlüsselt. Der verschlüsselte Hinweis, die Situation geradezubiegen, mit anderen Worten: das angebotene korrigierende Modell, wird akzeptiert. Schließlich läßt sich anhand der so erworbenen Erkenntnis zeigen, wie die Abweichung des Therapeuten unbewußt die Symptome der Patientin unterstützt. Das Ergebnis ist eine Interpretation, die bekräftigt wird und auf die eine Reaktion erfolgt, die eine dramatische klinische Verbesserung darstellt. Diese Art der therapeutischen Arbeit wird durch das System des tiefen Unbewußten am positivsten bewertet.

Wir wollen uns nun einer Reihe von Interventionen zuwenden, die wesentlich negativer eingestuft werden. Sie sind alle in der heutigen Psychotherapie weit verbreitet. Indem Sie als Patient die Beurteilungen des tiefen Unbewußten auf diesem Gebiet entschlüsseln, erhalten Sie die einzigartige Gelegenheit, beide Bewertungssysteme, das heißt das bewußte und das unbewußte, miteinander zu vergleichen. Mit dieser neuen Information sind Sie in der Lage, Ihre Position einzuschätzen und entsprechend zu handeln. (Im letzten Kapitel wird näher erläutert, wie man als Patient auf einen relativ negativ eingestuften Therapeuten am besten reagiert.)

Als erstes wollen wir auf die *Fragen*, die ein Therapeut stellt, näher eingehen. Für die meisten Patienten sind diese Fragen, zumindest auf bewußter Ebene, harmlos genug, vorausgesetzt daß sie dazu benutzt werden, einen therapeutischen Inhalt zu klären, und daß sie weder einen aggressiven Unterton haben noch Vorurteile oder Probleme des Therapeuten widerspiegeln. Es kann mit großer Wahrscheinlichkeit behauptet werden, daß beinahe jeder heute praktizierende Therapeut von der Methode des Fragens Gebrauch macht. Dennoch wird diese Methode durch das System des tiefen Unbewußten als *«fragwürdig»* bis *«gefährlich»* bewertet.

Der Grund dafür ist folgender: Fragen richten sich an die oberflächliche Ebene der Assoziationen eines Patienten. Sie spiegeln die Beschäftigung des Therapeuten mit manifesten Inhalten wider und deuten eine mangelnde Sensibilität seinerseits für verschlüsselte oder unbewußte Inhalte an. Das tiefe Unbewußte erkennt, daß der Therapeut, der Fragen stellt, auf implizite Weise den Patienten dazu anleitet, verschlüsselte Bilder zu bremsen und statt dessen Assoziationen zu produzieren, die im wesentlichen auf einer Intellektualisierung beruhen. Indem der Ausdruck unbewußter Inhalte vermieden wird, mag ein gewisses Maß an Erleichterung beim Patienten eintreten. Andererseits wird dadurch der Zugang zur unbewußten Dimension verloren, das heißt sowohl zu deren Ausdruck (der an sich bereits sehr hilfreich sein kann) als auch zu deren Interpretation.

Auch wenn die Wirkung solcher Fragen weder durch den Patienten noch durch den Therapeuten erkannt wird, provozieren sie in der Regel Bilder von Menschen, die andere ablenken oder stören und die sich vor bestimmten Inhalten oder Wahrheiten fürchten. Ein gutes Beispiel für diese Beobachtung ist der Fall von Frau Yancy und der Therapeutin Dr. Holme. Die Patientin leidet an Depressionen und einer Neigung zu bestimmten Männern, die sie dann ausnutzen und «kleinmachen». Während einer Sitzung, in der die Therapeutin bereits eine Vielzahl von Fragen gestellt hat, erwähnt die Patientin, sie wolle einige Tage freinehmen, um mit ihrem Freund wegzufahren. Sie fügt dann hinzu, daß sich ihr Büro in einem gefährlichen Stadtviertel befinde. Der Freund setze sie deshalb unter einen ziemlichen Druck, eine neue Arbeitsstelle zu finden. Sie selbst empfinde sein Verhalten allerdings als sehr unangenehm.

Dr. Holme fragt die Patientin, warum sie sich nicht um eine neue Stelle bemüht habe. Frau Yancy reagiert mit einer Reihe oberflächlicher Ausreden und Rationalisierungen. Es folgen weitere Fragen und weitere klischeehafte, rationalisierte Begründungen. Dann erwähnt Frau Yancy, sie fürchte sich davor, mit der U-Bahn zu fahren. Sie mache sich immer Sorgen, daß sie ihre Station versäume oder daß man sie, während sie auf einen Zug warte, auf die Schienen stoßen könne. Sie erinnert sich dann an einen Überfall in ihrer Firma. Danach erwähnt sie, daß sie sich vor Horrorfilmen fürchte und hinterher immer Alpträume habe.

Die Therapeutin fordert sie auf, über diese Alpträume zu sprechen. Die Patientin kann sich jedoch nur an einen Traum erinnern, in dem sie nach Hause fährt und ehemalige Liebhaber trifft, die alle von ihrer Mutter abgelehnt werden. Die Therapeutin fragt sie, warum ihre Mutter sich so verhalte. Daraufhin stürzt sich Frau Yancy in die Beschreibung einer Reihe minuziöser und bedeutungsloser Einzelheiten in verschiedenen Beziehungen zu Männern, die ihre Mutter nicht gemocht habe. Als sich die Sitzung dem Ende nähert, beschwert sich die Patientin über ihren jetzigen Freund, über den Druck, den er ununterbrochen auf sie ausübe, und sein ununterbrochenes Geschwatze. Er versuche lediglich, sie zu irritieren. Sie selbst gehe auf seine Wünsche ein und verberge ihren Ärger. Die Sitzung endet mit der Frage der Therapeutin, warum sich die Patientin immer wieder auf derartige Beziehungen einlasse. Frau Yancy antwortet lediglich mit der Bemerkung, daß sie immer dasselbe tue, sich den Grund aber nicht erklären könne. Sie denkt dann über diese Frage nach, bis die Stunde zu Ende ist.

Wir sehen anhand dieses Beispiels erneut, daß auch ein Therapeut, der viele Fragen stellt, leicht eine sadomasochistische Beziehung zum Patienten herstellen kann. Es besteht kein Zweifel darüber, daß diese Therapeutin unbewußt als ausbeuterisch und anspruchsvoll wahrgenommen wird. In diesem Fall, der keineswegs eine Ausnahme darstellt, verwickelt die Therapeutin die Patientin unwissentlich in eine ausbeuterische Beziehung, die in vielerlei Hinsicht den Beziehungen gleicht, aufgrund deren die Patientin eine Therapie begonnen hat. Das Erinnerungssystem des tiefen Unbewußten, in dem die pathologischen Vergangenheitserlebnisse und die damit verknüpften Bedürfnisse Platz haben, verleitet die meisten Patienten dazu, unbewußt einen Therapeuten aufzusuchen, der die Vergangenheit eher wiederholt als von ihr korrigierend abweicht. Frau Yancy, zum Beispiel, hatte einen sehr sadistischen Vater. In der Therapie erlebt sie eine Art unglücklicher Sicherheit, die sie, wie viele Patienten auch, an einen

Therapeuten bindet, trotz der großen Wahrscheinlichkeit, daß ihre Probleme weiterhin bestehen bleiben. Dies war bei Frau Yancy eindeutig der Fall. Sie fühlte sich auch weiterhin sehr stark von ausbeuterischen Männern angezogen.

Schauen wir uns die Mitteilungen der Frau Yancy noch einmal an, insbesondere im Hinblick auf deren unbewußten Inhalt. Zuerst beschwert sich die Patientin über den Druck, den ihr aggressiver Freund auf sie ausübe. Dr. Holme reagiert darauf mit einer oberflächlichen Frage zur Lage der Arbeitsstelle der Patientin. Daraufhin folgt eine verschlüsselte Wahrnehmung, die auf die Gewalttätigkeit dieser Intervention Bezug nimmt: die Patientin erwähnt ihre Angst, auf die Bahngleise gestoßen zu werden, während sie auf den Zug wartet. Unbewußt bezieht sie sich auf die Angst der Therapeutin vor verschlüsselten Inhalten: die Angst vor dem Fahren mit der U-Bahn und die Sorge, die richtige Station zu verpassen. Dieselbe Angst spiegelt sich in der Furcht vor Horrorfilmen. Die Therapeutin reagiert auf diese Mitteilungen mit einer neuen Frage. Es ist eine Frage, die anscheinend dazu dienen soll, unbewußte Inhalte aufzudecken, die jedoch derartige Inhalte eigentlich blockiert.

Es ist keine Überraschung, daß die Sitzung mit einer Beschwerde der Patientin über den ununterbrochenen Druck, den ihr Freund ausübt, bzw. mit einer verschlüsselten Wahrnehmung und Beschwerde über die Therapeutin selbst endet. Die Patientin erklärt durch die verschobenen und verschleierten Bilder, die sie hervorbringt, daß sie sich ihrerseits lediglich anpasse und ihren Ärger unterdrücke. Das Bild deutet auf ein unbewußtes Bedürfnis, Beziehungen zu verletzenden, sadistischen Personen aufrechtzuerhalten. Fragen sind häufig die Instrumente einer unbewußt verletzenden Psychotherapie.

Das gleiche gilt mehr oder weniger für *Klarstellungen*. Auch hier liegt das Hauptgewicht auf dem oberflächlichen oder manifesten Inhalt des Materials, und das tiefe Unbewußte erkennt ebenfalls den Wunsch, verschlüsselte Inhalte zu vermeiden.

Frau Green ist wegen Depressionen bei der Psychologin Dr. Bujold in Behandlung. Als die Patientin noch sehr jung war, ist ihre Mutter an einer schweren chirurgischen Operation gestorben. Während einer Phase der Behandlung wird die Patientin von extremen Angstanfällen heimgesucht und ruft die Therapeutin zu Hause an. Obwohl das Telefonat auf die Patientin beruhigend wirkt und es sich offenbar nicht um einen wirklichen Notfall handelt, schlägt Dr. Bujold eine zusätzliche Sitzung vor. Die Patientin bedankt sich für das Angebot, erwidert allerdings, daß eine derartige Sitzung nicht notwendig sei.

In der darauffolgenden Konsultation erzählt Frau Green ausführlich von einer zahnärztlichen Behandlung, für die eine Narkose notwendig gewesen sei. Sie erwähnt etwas vage ihre Ängste vor Einengung und Manipulation. Die Therapeutin fordert sie auf, ihre Gefühle genauer zu beschreiben. Sie fragt, welche Art von Phantasien die Patientin zur Zeit erlebe und ob es weitere Hinweise gebe, die ihre Ängste bei einer Narkose erhellen könnten. Frau Green gibt eine ausführliche Antwort. Sie geht auf Einzelheiten der zahnärztlichen Behandlung ein, sagt aber nichts, was wirklich Licht auf die Situation werfen könnte. Die Stunde, die etwas richtungslos verlaufen ist, ist zu Ende. Die Patientin sagt, sie glaube, der Zahnarzt traue sich nicht zu, auf ihre Wünsche einzugehen. Vielleicht solle sie einen anderen Arzt aufsuchen.

Therapeuten neigen häufig dazu, gerade in dem Augenblick Fragen zu stellen, in dem das Material des Patienten einer wahren Interpretation bedarf. Das heißt, wenn das Material verschlüsselte Mitteilungen bezüglich der Grundregeln der Therapie und der eigenen unbewußten Reaktion darauf enthält, wird durch Fragen zu eher oberflächlichen Inhalten der unbewußte Sinn der Mitteilung übergangen. Das obengenannte Beispiel ist dafür eine gute Illustration.

Die Bemerkungen der Frau Green über den Zahnarzttermin sind eine verschlüsselte Reaktion auf das Angebot einer zusätzlichen Sitzung. Auf bewußter Ebene wird diese Intervention keineswegs angezweifelt; die Patientin betrachtet das Angebot der Therapeutin vielmehr als Zeichen von Liebenswürdigkeit und Fürsorge. Im tiefen Unbewußten wird die Therapeutin jedoch als gefährlich und einengend aufgefaßt. Diese Eigenschaften spiegeln sich in den Bildern der zahnärztlichen Behandlung und der Benutzung der Narkose. Die Therapeutin bringt das Material mit dessen offensichtlichem Stimulus nicht in Verbindung und kann die unbewußten Wahrnehmungen der Patientin deshalb nicht interpretieren. Statt dessen versucht sie, die oberflächlichen bzw. manifesten Bilder zu klären.

Daraufhin folgt eine lange, jedoch leere Beschreibung seitens der Patientin. Die Stunde endet mit einer bezeichnenden Wahrnehmung durch das unbewußte System. Die Therapie wird unbewußt angesichts der «klarstellenden» Intervention der Therapeutin bewertet. Mit anderen Worten: Dr. Bujold erweckt einen unsicheren Eindruck. Die Patientin glaubt, eventuell sei eine Fortsetzung der Therapie unklug. Die Bewertung ist gerechtfertigterweise negativ, und die Wahrnehmung des tiefen Unbewußten stellt sich als sehr akkurat heraus. Die Behandlung bei einem Therapeuten, der sich vor unbewußten Inhalten genausosehr fürchtet wie der Patient, wenn nicht sogar mehr, fordert letzten Endes einen hohen Preis, trotz der möglichen Erleichterung, die dieses Verhalten bewirken mag.

Konfrontationen und Pseudointerpretationen gehen meistens Hand in Hand. Eine Pseudointerpretation ist der oberflächliche Versuch, das Material des Patienten zu deuten, mit anderen Worten, eine Interpretation, die auf die therapeutische Interaktion keinen Bezug nimmt. Beide Interventionsarten werden durch das System des tiefen Unbewußten niedrig eingestuft. Der Therapeut, der den Patienten konfrontiert, spricht wissentlich nur die Oberfläche der Assoziationen des Patienten an. Derartiges Verhalten erzeugt in der Regel Bilder von Menschen, die angreifend, zerstörerisch oder einsichtslos sind und die gerne Druck ausüben. Diese Reaktion ist verständlich; eine Konfrontation ist sowohl sadistisch als auch ein Versuch, aktive unbewußte Inhalte zu vermeiden. Durch Pseudointerpretationen werden in der Regel Bilder hervorgerufen von Menschen, die gerne als klug angesehen werden, die aber in Wirklichkeit eine ziemliche Ignoranz an den Tag legen; Bilder von wohlmeinenden, aber falschen Erklärungen sowie von besonders einsichtslosen und defensiven Menschen. Bilder letzterer Kategorie sind auf die Tatsache zurückzuführen, daß eine Pseudointerpretation fast immer den Patienten für eine Art des Widerstands oder ein emotionales Problem verantwortlich macht und den Therapeuten von jeglicher Verantwortung befreit. All solche Interventionen werden zwischen *«fragwürdig»* und *«gefährlich»* eingestuft, je nachdem, wie aggressiv oder defensiv sie sein mögen.

Es gibt unzählige Beispiele für die unbewußte Reaktion auf Konfrontationen. Ein junger Patient bekommt einen Wutanfall, nachdem sein Therapeut eine Sitzung mit seiner Mutter vereinbart. Der Therapeut ignoriert die eigene Rolle bei dem Vorfall und hält dem jungen

Mann immer wieder das eigene Verhalten vor Augen. Der Patient wird tatsächlich ruhig und denkt über sein Verhalten nach. Schließlich führt er es auf den Einfluß destruktiver Freunde und auf seine mangelnde Selbstkontrolle zurück. In der darauffolgenden Sitzung erzählt der Patient ausführlich von einer wütenden Konfrontation mit dem eigenen Vater. Als dieser den Sohn aufforderte, ruhig zu werden, sei ihm, dem Sohn, überhaupt nicht bewußt gewesen, daß er selbst in einem Zustand der Rage war.

In diesem verschlüsselten Bild kommt die Einseitigkeit der Konfrontation des Therapeuten deutlich zum Ausdruck. Der Patient wirft ihm vor, er sei auf bewußter Ebene aufgefordert worden, die eigene Wut zu erkennen und sich zu beruhigen; auf unbewußter Ebene sei er jedoch selbst verärgert gewesen und habe die eigene Selbstkontrolle verloren. Das tiefe Unbewußte erkennt den Widerspruch und den Irrsinn derartiger Interventionen und bewertet sie als heuchlerisch und gefährlich. Auch hier können wir die paradoxe Erleichterung des Patienten erkennen, wenn er spürt, daß der Therapeut genauso aufgebracht ist wie er selbst. Der Preis, der in derartigen Fällen gefordert wird, ist die Fortsetzung weiterer Wutausbrüche beim Patienten, da das Verhalten nun aufgrund der unbewußten Wahrnehmungen bezüglich des Therapeuten als gerechtfertigt erscheint. In manchen Fällen ändern sich jedoch die Verhaltensmuster des Patienten. Er kommt zum unbewußten Entschluß, daß sich zumindest einer von beiden beherrschen muß. Dann übernimmt der Patient bzw. die Patientin die Vorbildfunktion gegenüber dem Therapeuten und erlebt auf diese Weise eine plötzliche Heilung (zumindest auf einer Ebene).

Eine weitere weitverbreitete Konfrontation innerhalb der Psychotherapie betrifft den sogenannten Widerstand des Patienten. Häufige Abwesenheit, Verspätungen, Schweigen sowie der Wunsch, die Therapie zu beenden, das alles wird als Widerstand gegen die Therapie aufgefaßt. Im allgemeinen ist ein derartiger Widerstand jedoch, wie auch die Mitteilungen des Patienten, lediglich eine verschlüsselte Reaktion auf die Interventionen des Therapeuten.

In der Regel wird eine Konfrontation von einer darauffolgenden Pseudointerpretation begleitet. Folgendes Beispiel handelt von einer jungen Frau, die sich aufgrund mehrfacher obsessiver Ängste einer Therapie unterzieht. Nachdem sie sich bei einer Sitzung sehr verspätet, verbringt sie einen großen Teil der Stunde mit Schweigen. Der

Therapeut konfrontiert sie mit diesen Verhaltensweisen. Er schlägt vor, mit anderen Worten: er bietet die Pseudointerpretation, daß sie wütend über ihn sei. Die Patientin stimmt ihm etwas barsch zu. Dann sagt sie, wenn sie mit ihren Eltern zusammen sei, komme es ihr immer so vor, als habe sie eine gespaltene Persönlichkeit. Die Eltern, erklärt sie, neigten dazu, sie ständig zu kritisieren. Sie selbst fühle sich immer zu schwach, um dagegen anzugehen, und nehme die Kritik einfach entgegen. Innerlich wisse sie jedoch, daß die Eltern sie wahnsinnig machen und sie sie manchmal am liebsten umbringen möchte. Zumindest, fährt sie fort, möchte sie ihnen zeigen, wie sehr sie sich auf die Feststellung der Fehler ihrer Kinder versteiften, ohne nur im geringsten die eigenen Irrtümer einzugestehen. Sie dächten, sie wüßten so viel, aber eigentlich wüßten sie sehr wenig.

In diesem Fall wurden die unbewußte Wut und der Widerstand der Patientin durch ein Telefongespräch zwischen dem Therapeuten und ihrem Vater hervorgerufen. Der Auslöser für die Widerstände wurde durch den Therapeuten nicht erkannt. Er zieht es statt dessen vor, die Patientin etwas barsch zu konfrontieren. Die unbewußte Reaktion der Patientin zeigt sich dann eindeutig in den verschobenen und verschlüsselten Anspielungen auf die eigenen Eltern.

Die Bemerkung, daß die Eltern im Gegensatz zur eigenen Überzeugung so wenig wüßten, ist eine typische verschleierte Reaktion auf eine Pseudointerpretation. Wenn ich von einer Pseudointerpretation spreche, soll es nicht heißen, daß der Bezug des Therapeuten auf die Wut der Patientin unangebracht oder falsch war. Ihre Verspätung und ihr Schweigen spiegeln durchaus den Groll, den sie dem Therapeuten gegenüber spürt. Die verschlüsselten Bilder der Patientin sagen dies sogar aus; das heißt, sie selbst bringt zum Ausdruck, daß sie zwar der Entscheidung des Therapeuten, mit dem Vater zu sprechen, zustimmt, darüber allerdings innerlich sehr verärgert ist und den Therapeuten zerstören möchte. Der Punkt ist der, daß der Therapeut den eigenen Beitrag zum Verhalten der Patientin völlig übersieht. Statt dessen macht er die Patientin gänzlich für eine Situation verantwortlich, die eigentlich durch beide herbeigeführt wird.

Bemerkungen dieser Art dienen als eine Art von psychoanalytischem Klischee. Sie erscheinen bedeutungsvoll, obwohl es ihnen eigentlich an wahrer Bedeutung fehlt. Sie entsprechen außerdem dem Versuch, die Wahrheit durch eine Pseudowahrheit zu decken. In diesem Fall stellt sich die Frage, wie der Patientin mit dieser «Interpretation» überhaupt geholfen werden kann. Sie liefert bestenfalls der Patientin den Anstoß, ihr scheinbares Bedürfnis, die Therapie zu untergraben, zu «erforschen». Auf diese Weise wird die unbewußte Struktur ihrer emotionalen Probleme völlig umgangen. Das tiefe Unbewußte dagegen läßt sich nicht täuschen, wenn aus einem Wahrheitskern die falschen Schlüsse gezogen werden.

Im nächsten Beispiel ist die Patientin, Frau Appleby, aufgrund ihrer Frigidität und ihrer Eheprobleme bei dem Therapeuten Dr. Gates in Behandlung. Nachdem ihr Mann arbeitslos wird, bittet sie den Therapeuten um eine ermäßigte Gebühr, die er ihr zugesteht. In der darauffolgenden Sitzung spricht sie von einer Bekannten, einer ledigen Frau, die zu vielen Affären neige und vor kurzem schwanger geworden sei. Der Therapeut bietet die Pseudointerpretation, daß die Patientin den unbewußten Wunsch habe, von ihm ein Kind zu bekommen. Eine Interpretation dieser Art wird in der Psychoanalyse als *Interpretation einer Übertragung* bezeichnet. Es wird versucht, dem Patienten zu zeigen, daß er oder sie einen unbewußten Wunsch dem Therapeuten gegenüber hat, einen Wunsch, der sich für eine therapeutische Beziehung nicht eignet. In der Regel werden Wünsche dieser Art auf die Kindheit des Patienten zurückgeführt. In diesem Fall schlägt der Therapeut vor, den Wunsch, von ihm ein Kind zu haben, spiegele einem ähnlichen Kindheitswunsch der Patientin dem eigenen Vater gegenüber wider.

Frau Appleby antwortet, ein solcher Gedanke sei ihr noch nie bewußt geworden. Der Therapeut betrachtet diese Reaktion als Widerstand, da er von der Richtigkeit der Interpretation überzeugt ist. Dann erzählt die Patientin von den Annäherungsversuchen eines Freundes, eines verheirateten Mannes. Als sich ihr eigener Mann in finanziellen Schwierigkeiten befand, habe ihm dieser Freund Geld geliehen. Sie sei ihm gegenüber dankbar und habe das Gefühl, in seiner Schuld zu stehen. Er aber fasse nun die Situation so auf, als könne er sich bei ihr jede sexuelle Freiheit erlauben. Seine Einstellung mache sie äußerst wütend.

Der Therapeut betrachtet die Äußerung der Patientin, da das Thema der unangemessenen Verführung darin erweitert wird, als Bestätigung seiner Interpretation. Wenn wir jedoch das Material angesichts der früheren Intervention des Therapeuten entschlüsseln, ergibt sich ein ganz anderes Bild. Anhand dieser unbewußten Bilder vermittelt die Patientin dem Therapeuten vielmehr, daß die Honorarermäßigung – bzw. die Tatsache, daß er im Grunde genommen ihr und ihrem Mann Geld leiht – eine manipulative Handlung darstellt, die unbewußt als Wunsch seinerseits, die Patientin zu verführen, sogar zu schwängern, aufgefaßt wird.

Wenn wir das Material als unbewußte Reaktion auf eine vom Behandlungsrahmen abweichende Intervention entschlüsseln, ergibt sich ein der Darstellung des Therapeuten völlig entgegengesetztes Bild. Während der Therapeut einen unbewußten Wunsch bei der Patientin sieht, erkennen wir eine unbewußte Wahrnehmung im Hinblick auf den Therapeuten selbst. Die Intervention des Therapeuten beschuldigt die Patientin und macht sie für die Bilder gänzlich verantwortlich. Wir dagegen gehen von der Verantwortung des Therapeuten aus. Dann versuchen wir, der Patientin verständlich zu machen, wie die sehr akkurate Wahrnehmung der sexuellen Implikationen bezüglich der abweichenden Intervention mit den eigenen unbewußten Inhalten zusammenhängt. Eine Intervention dieser Art geht auf die Wahrheit in der Wahrnehmung der Patientin ein – auf unbewußter Ebene erhalten alle Abweichungen eine sexuelle Komponente. Zudem hilft sie der Patientin, den Einfluß dieser sexuellen Komponente bei der eigenen, innerlich erzeugten und selektiven Wahrnehmung der Situation zu erkennen.

Auch wenn Pseudointerpretationen sowohl von Patienten als auch von Therapeuten allgemein akzeptiert werden, werden sie von dem System des tiefen Unbewußten durchgehend negativ bewertet. Jeder Patient, der die eigenen Bilder im Hinblick auf derartige Erklärungsversuche seitens des eigenen Therapeuten oder Analytikers entschlüsselt, wird schnell zu einer Bestätigung dieser Behauptung kommen. Obwohl Pseudointerpretationen in der Regel wohlmeinend sind – und auch dieser Aspekt wird durch das tiefe Unbewußte erkannt –, werden die falschen Aspekte derartiger Interpretationen unbewußt registriert und wirken sich sowohl auf den Patienten als auch auf die Therapie aus. In vieler Hinsicht stellen Pseudointerpretationen die harmlosesten fehlerhaften Interventionen dar. Sie fordern jedoch auch einen Preis, und dieser sollte, wann immer möglich, erkannt und durch richtige Behandlung modifiziert werden.

Wir kommen nun zu der letzten Kategorie von Interventionen, mit der wir uns beschäftigen werden, zu den *nichtinterpretativen Interventionen*. Diese sind ebenfalls in der Psychotherapie weit verbreitet und werden im allgemeinen von den Patienten auf bewußter Ebene ohne weiteres akzeptiert. Häufig wird ein Patient den Therapeuten um Rat bitten. Er zeigt sich für die unmittelbare Unterstützung dankbar, nimmt Manipulation und Anweisungen gern entgegen und begrüßt sogar Selbstoffenbarungen seitens des Therapeuten. Währenddessen reagiert das System des tiefen Unbewußten mit heftigen negativen Bewertungen. Es erzeugt eine Reihe kraftvoller verschlüsselter Bilder, die von destruktiven, manipulativen, ausbeuterischen Individuen handeln sowie von Personen, die zur Selbstüberschätzung neigen und dazu, sich psychisch sowie physisch zu entblößen.

In einem Fall wird einer jungen Patientin durch die Therapeutin versichert, daß ihr bevorstehender Besuch bei den Eltern nun blendend verlaufen werde, da sie inzwischen von der Therapie zu profitieren beginne. Die Patientin erwidert, sie fahre äußerst ungern nach Hause, da ihre Mutter kein Vertrauen zu ihr habe und ihr ständig befehle, was sie tun solle. Im System des tiefen Unbewußten wird die oberflächliche Unterstützung durch einen Therapeuten also als mangelndes Vertrauen zum Patienten erlebt. In einem anderen Fall sagt die Therapeutin einer Patientin, sie solle versuchen, bis zur nächsten Sitzung einen Mann kennenzulernen. Die Patientin erscheint zur nächsten Konsultation mit der Mitteilung, sie habe eine Frau, die zwar sehr rechthaberisch sei, aber irgendwie auf sie attraktiv wirke, näher kennengelernt.

Eine andere Patientin, deren Therapeut ihr die eigenen Eheprobleme mitteilt, erzählt in der nächsten Sitzung einen Traum, in dem ein Zwerg ihr seine Geschlechtsorgane zeigt. Ein Patient, dessen Therapeut ihm rät, wie er sich in schwierigen Situationen zu verhalten habe, erwähnt daraufhin sexuelle Phantasien, in denen er sich mächtigen Männern hingibt.

Die negativen Bewertungen derartiger Interventionen sind so weit verbreitet, daß man sich fragen könnte, warum man sie jahrelang vernachlässigt hat. Wir haben die Antwort darauf bereits gegeben: Es gibt nur eine sehr kleine Zahl von Therapeuten, die von der Entschlüsselung des Materials ihrer Patienten im Hinblick auf die eigenen Interventionen Gebrauch machen. Es gibt natürlich auch Patienten, die sich auf bewußter Ebene von Interventionen und Manipulationen dieser Art beleidigt fühlen. Sie bilden jedoch die Ausnahme. Außerdem muß man sich vor Augen halten, daß selbst durch negative Interventionen eine paradoxe Besserung des emotionalen Leidens herbeigeführt werden kann und daß es insofern oft unmöglich gewesen ist, deren nachteilige Aspekte zu erkennen und entsprechend auf sie zu reagieren.

Herr Kagan, ein junger Mann, ist aufgrund seiner Scheu Frauen gegenüber einmal in der Woche bei dem Therapeuten Dr. Zorn in Behandlung. Gleichzeitig wird dieser einmal im Monat von der Mutter des Patienten konsultiert. Nach mehreren Monaten therapeutischer Behandlung erzählt Herr Kagan von einer Reihe homosexueller Phantasien. Er erwähnt auch, daß er häufig im selben Bett mit seiner Mutter schlafe. Der Vater verlasse dann das Schlafzimmer und nächtige im Bett des Sohnes. Diese Informationen kommen unmittelbar nach einer Sitzung der Mutter bei dem Therapeuten zum Vorschein. Dennoch reagiert Dr. Zorn mit der direkten Empfehlung, Herr Kagan solle versuchen, dieses Verhalten einzustellen. Der Patient befürchtet, er könne damit seine Mutter verletzen. Sie habe bereits gesagt, daß es ihr gefalle, wenn er bei ihr schlafe, und daß sie ihn weiterhin neben sich im Bett haben wolle. Dagegen anzugehen könne Probleme mit sich bringen. Andererseits habe er das Gefühl, sie versuche ihn zu sehr von sich abhängig zu machen. Vielleicht müsse er sich auf die eine oder andere Weise ihr gegenüber durchsetzen. Der Therapeut wiederholt lediglich den ursprünglichen Rat.

In der nächsten Sitzung erwähnt Herr Kagan, er habe wieder mit der Mutter im gleichen Bett geschlafen. Er habe geträumt, daß der Vater ihm den Weg ins Schlafzimmer versperren will, dann plötzlich zusammenbricht und stirbt. Er verbindet den Traum mit der Tatsache, daß der Vater ihm gerne Anweisungen gibt. Seine Ratschläge, meint der Patient, beruhten allerdings weniger auf einer konstruktiven Absicht als gelegentlich auf den Schwächen des Vaters.

In sehr vielen Fällen, in denen ein Therapeut nichtinterpretative Interventionen einsetzt, wird er im tiefen Unbewußten als unansprechbar oder sogar als tot betrachtet. Dieser Fall ist ein markantes Beispiel dafür, daß im Unbewußten des Patienten ein Bild der Abwesenheit und des Verlusts erzeugt wird, obwohl der Therapeut sehr aktiv eingreift.

Darüber hinaus zeigt sich, daß Herr Kagan die Entscheidung des

Therapeuten, auch die Mutter zu behandeln, unbewußt als eine sexuelle Verwicklung auffaßt. Auch hier wird das Problem für das Unbewußte des Patienten durch den Therapeuten wiederholt. Demnach wird sein Rat unbewußt als heuchlerisch registriert; in anderen Worten: Der Therapeut selbst teilt das Bett mit der Mutter, während er dem Patienten davon abrät. Zudem betrachtet der Patient den Rat unbewußt als manipulativ, als homosexuell gefärbt und als Versuch, seine Abhängigkeit von dem Therapeuten zu forcieren. Für das Unbewußte versucht der Therapeut, die Verbindung des Patienten zu seiner Mutter zu blockieren; der Versuch ist gescheitert, und nun ist der Therapeut tot bzw. ohne Wirkung oder unansprechbar.

In einem anderen Fall fühlt sich eine junge Patientin beunruhigt, als sie erfährt, daß ihre Therapeutin die Klinik in einem Monat verlassen wird. Die Therapeutin geht unmittelbar auf die Patientin ein. Sie teilt ihr mit, sie brauche sich keine Sorgen zu machen. Sie werde mit dem nächsten Therapeuten sehr gut zurechtkommen. Daraufhin spricht die Patientin von ihrer Verachtung für Menschen, denen man zureden müsse und die sich anderen anpassen, um ihnen zu gefallen. Dann erwähnt sie ihren Freund. Immer wenn sie ihre Meinung sage, zeige er sich im höchsten Maße überempfindlich. Er könne überhaupt keine Kritik vertragen.

Auch diese Situation verdeutlicht, daß die Bemühungen eines Therapeuten, dem Patienten gut zuzureden, im System des tiefen Unbewußten negativ bewertet werden. Derartige Versuche werden auf bewußter Ebene in der Regel akzeptiert. Das Unbewußte erkennt dagegen in einem derartigen Verhalten die Bedürfnisse eines Therapeuten bzw. einer Therapeutin, seine bzw. ihre Patienten zu manipulieren, und wehrt sich dagegen. In dem eben geschilderten Fall wird das Verhalten der Therapeutin unbewußt als Versuch aufgefaßt, den Ärger der Patientin bzw. eine andere störende Reaktion zu vermeiden.

Als letztes Beispiel für eine durchaus wohlmeinende Intervention, die auch als Unterstützung gedacht war, möchte ich folgenden Fall anführen. Frau Vaughn ist bei dem Therapeuten Dr. Polster in Behandlung. Sie leidet an Depressionen und hat Schwierigkeiten, eine dauerhafte Beziehung zu einem Mann aufzubauen. Das Material, mit dem wir uns beschäftigen werden, kommt zum Vorschein, nachdem der Therapeut aufgrund eigener Bedürfnisse die Termine mit der Patientin geändert hat. Frau Vaughn reagiert darauf mit der Bemerkung, sie fühle sich von ihren Freunden im Stich gelassen, sie müsse immer alles selbst übernehmen, und nie sei ein anderer für sie da.

Dr. Polster reagiert auf diese Assoziationen, indem er der Patientin versichert, sie könne viel mehr erreichen, als sie sich zutraue. Die Therapie solle ihr helfen, die Fähigkeiten zu einem effektiveren Leben zu entwickeln. Die Patientin fährt mit der Klage fort, daß sich anscheinend nie etwas ändere. Sie fühle sich wie in einer Sackgasse. Auch jetzt habe sie eine Affäre mit einem verheirateten Mann. Seit einigen Monaten habe er sie nicht angerufen. Immer wenn es ihm passe, lasse er sie allein, um mit seiner Familie die Zeit zu verbringen. Wenn sie ihn brauche, sei er nicht da. Es sei nutzlos, mit ihm darüber zu sprechen. Er höre ihr einfach nicht zu. Ständig versichere er ihr, daß sich alles zum Guten entwickeln werde. Sie wisse aber, daß das nicht stimme. Manchmal wäre es ihr sogar lieber, er sei ehrlich und gebe zu, daß er sie nicht wirklich liebe. Dann könnte man wenigstens sehen, wie man mit der Situation zurechtkomme.

Inzwischen ist der Leser mit derartigen Vorkommnissen gut vertraut – die veränderte Stunde, eine Abweichung vom Behandlungsrahmen, verhüllte, unbewußte Darstellungen, die das Gefühl des Verlassenseins und depressive Stimmungen beinhalten. Anstatt die Bilder zu interpretieren und die Ursache der Mitteilungen mit der Terminveränderung in Verbindung zu bringen, versucht der Therapeut die Patientin unmittelbar zu beruhigen. Als Antwort weist Frau Vaughn darauf hin, daß sich beide in einer Sackgasse befinden; es habe sich nichts geändert. Sogar der Versuch des Therapeuten, sie zu unterstützen, wird unbewußt so registriert, als lasse er sie im Stich. Indem die Patientin von der Situation mit dem verheirateten Liebhaber erzählt, weist sie unbewußt auf die Nutzlosigkeit einer falschen Ermutigung hin und auf den Wunsch nach einer direkten, ehrlichen therapeutischen Beziehung. Zudem erwähnt sie ihre Angst, die eigene Meinung klar auszusprechen. Sie spürt, daß der Therapeut aller Wahrscheinlichkeit nach auf eine derartige Bemerkung mit Ärger oder Groll reagieren und sich lediglich noch weiter von ihr entfernen wird.

Außer zu den hier beschriebenen Interventionen neigen manche Therapeuten, wie bereits erwähnt, zu offensichtlich aggressiven oder manipulativen Äußerungen. Auch wenn das System des tiefen Unbewußten auf derartiges Verhalten äußerst heftig reagiert, wird es auf bewußter Ebene von vielen Patienten überraschend leicht hingenommen. Diese Tatsachen sollen Sie noch einmal daran erinnern, wie unzuverlässig das Bewußtsein bei der Einschätzung eines Psychotherapeuten reagiert. Daß das tiefe Unbewußte über ein derartiges Beurteilungsvermögen verfügt, ist in der Tat eine Gabe. Ich hoffe, mit diesem Buch bereits gezeigt zu haben, daß sich viel verändern wird, wenn wir für die Bewertung der eigenen Therapie und des eigenen Psychotherapeuten von diesen Urteilen Gebrauch machen.

Der behandelnde Therapeut

Die Interventionen meines Therapeuten bzw. meiner Therapeutin zeichnen sich durch folgendes aus – Aussagen, die auf eine zulässige Handhabung der Therapie hinweisen:

- ○ Er/sie schweigt überwiegend; die meiste Zeit spreche ich.
- ○ Wenn er/sie interveniert, ist es fast ausschließlich, um mir die unbewußte Grundlage eines Problems im Hinblick auf die unbewußte Wahrnehmung seines/ihres Verhaltens zu erklären.

Aussagen, die auf eine fragwürdige oder unzulässige Handhabung der Therapie hinweisen; überdenken Sie die Wahl Ihres Therapeuten:

- ○ Er/sie schweigt manchmal sehr lange, obwohl meine Träume darauf hindeuten, daß das Schweigen nicht angemessen ist (Träume von Menschen, die nicht verstehen, unsensibel sind, andere vernachlässigen usw.).
- ○ Er/sie stellt Fragen, wiederholt Äußerungen, um sie klarzustellen, und konfrontiert mich manchmal damit, daß ich mir selbst widerspreche.
- ○ In der Regel erklärt er/sie mir den unbewußten Sinn meiner Mitteilungen, sagt aber, daß meine Weltanschauung teilweise mit meinen Kindheitserlebnissen zusammenhängt und ich mir dieser Sichtweisen bewußt werden und mich mit ihnen auseinandersetzen muß.
- ○ Gelegentlich greift er/sie etwas auf und bittet mich, mehr darüber zu sagen.
- ○ Gelegentlich reagiert er/sie mit sehr betonten Äußerungen, zum Beispiel daß ein Ereignis wohl sehr verletzend auf mich gewirkt haben muß, daß ich wohl sehr verärgert war usw.
- ○ Gelegentlich weicht er/sie von der Grundregel der Neutralität ab; manchmal wird er/sie wütend auf mich; er/sie erlaubt sich mit mir einen gelegentlichen Flirt; er/sie scheint gelangweilt oder schläft ein.

Aussagen, die auf eine gefährliche Handhabung der Therapie hinweisen; nehmen Sie sich in acht:

- ○ Häufig verbringt er/sie mehrere aufeinanderfolgende Sitzungen mit Schweigen, obwohl ich ihm/ihr gesagt habe, daß ich mich dabei sehr unwohl fühle. In vielen derartigen Sitzungen komme ich immer wieder auf Menschen zu sprechen, denen ich gleichgültig bin oder die sich vor einer echten Beziehung fürchten.
- ○ Er/sie fordert mich ständig auf, über bestimmte Themen zu sprechen, zum Beispiel über meine Mutter, über meine Beziehung. Oder er/sie macht mich auf meine Verhaltensweisen bei meinen Erzählungen aufmerksam und fordert mich auf, darüber nachzudenken.
- ○ Er/sie sagt mir ständig, wie ich mein Leben führen soll; zum Beispiel er/sie fragt mich, wovor ich mich fürchte; wenn er/sie ich wäre, würde er/sie sich ganz anders verhalten.
- ○ Als ich ihm/ihr sagte, ich habe etwas dagegen, wenn er/sie während unserer Konsultation telefoniert, mich warten läßt, Notizen macht usw., erwiderte er/sie, daß andere Patienten sich davon nicht stören ließen und ich in der Hinsicht ein Problem habe.
- ○ Er/sie erweckt den Eindruck, mir gegenüber regelrecht feindselig eingestellt zu sein; mal ist er/sie sarkastisch, mal gleichgültig.
- ○ Er/sie verhält sich mir gegenüber, als wolle er/sie mich verführen, und scheint verletzt zu sein, wenn ich nicht darauf eingehe.

12. Die Beendung der Therapie – und die Phase danach

Das Wort Beendung hat meistens einen etwas beunruhigenden Unterton. Während der Beendung einer Therapie ist das bereits bekannte Bedürfnis, Abweichungen zu tolerieren und dadurch eine unmittelbare Besserung der Symptome zu erfahren, noch stärker ausgeprägt als zuvor, weil die grundlegenden, universellen Ängste vor dem Tod und einer Trennung in dieser Phase der Behandlung besonders aktiviert werden. Sowohl der Patient als auch der Therapeut sind dem Druck derartiger Ängste ausgesetzt. Beide erleben ein Ende und einen bedeutenden Verlust. Deshalb werden starke Wünsche, den Tod zu leugnen, erweckt. Regeln sollen verletzt und Augenblicke der Vereinigung hergestellt werden.

Abweichungen vom Behandlungsrahmen treten in der Endphase einer Therapie häufig auf. Sie lassen sich auch leicht rationalisieren: Beide Parteien sollen sich zum Beispiel als Gleichgestellte gegenüberstehen. Der Patient soll den Therapeuten besser kennenlernen. Die Spannung des Abschlusses soll reduziert werden usw. Das Hauptziel derartiger Abweichungen besteht jedoch darin, das Erleben eines schweren Verlusts und dessen Verbindung zum Tod auszuschließen. Man schützt sich vor einer übermäßige Flut von Bildern, die auf den Tod verweisen. Bis zu einem gewissen Grad mag ein derartiger Schutz erfolgreich sein. Er schließt allerdings beinahe jede Möglichkeit aus, die damit sowohl für den Patienten als auch für den Therapeuten verknüpften Probleme zu analysieren, aufzuklären und deren Tragweite zu reduzieren. Dabei handelt es sich um Probleme, die nicht nur bei einer emotionalen Funktionsstörung, sondern im Alltagsleben selbst eine zentrale Rolle einnehmen.

Wenn Todes- bzw. Trennungsängste nicht aufgearbeitet werden, werden sie auch in der Zukunft einen starken Einfluß auf das Verhalten des Patienten ausüben. Der Patient ist dann besonders anfällig für Verhaltensweisen, Entscheidungen und Beziehungen, die primär, wenn auch unbewußt, dazu dienen, eine extreme Form der Todesleugnung und der mit dieser verbundenen Vernetzungen aufrechtzuerhalten. Ein gewisses Maß dieser Art von Verdrängung ist gewiß gesund und für das Anpassungsvermögen notwendig. Der Patient, der kein entsprechendes Trennungserlebnis bei der Beendung seiner Therapie erfährt, wird jedoch Verleugnungsmechanismen brauchen, die einen konstruktiven Nutzen weit überschreiten.

In einem Fall beendet der Patient seine Therapie, indem er sich mit dem Therapeuten befreundet. Noch mehrere Jahre später hat er das Bedürfnis, gleichzeitig zu mindestens zwei Frauen eine intime Beziehung zu haben. Eine solche Neigung wird unbewußt entwickelt, um einen möglichen Verlust zu vermeiden. Im unbewußten Teil der Psyche bietet die Zahl Zwei eine gewisse Sicherheit. Wenn einer verlorengeht, bleibt immer noch einer übrig. Sowohl während als auch nach einer Therapie haben die «Lösungen», die ein Therapeut dem Patienten bietet, eine beträchtliche unbewußte Kraft. Die unbewußte «Lösung» im Hinblick auf die Beendung der Behandlung ist in der Tat eine der bedeutendsten Determinanten für das künftige Leben des Patienten.

Wir beginnen unsere Bewertung mit der Überlegung, wer – der Patient oder der Therapeut – die Beendung der Behandlung initiiert. Es ist eine komplizierte Angelegenheit, wobei das vom tiefen Unbewußten bevorzugte Ideal sich in wenige Worte fassen läßt: Es ist in der Regel zu befürworten, daß der Therapeut es dem Patienten überläßt, die Beendung der Therapie einzuleiten. Im Optimalfall geschieht dieser Vorgang unbewußt und kündigt sich durch verschlüsselte Mitteilungen an, die dem Patienten interpretiert werden. Botschaften dieser Art kommen im allgemeinen zum Vorschein, wenn die Probleme, die einen Patienten zur Therapie geführt haben, sowie andere bedeutende emotionale Störungen so weit reduziert worden sind, daß sich der Patient wohl fühlt und effektiv funktionieren kann. Mit anderen Worten: Die Beendung tritt im Idealfall dann ein, wenn der Patient auf der Grundlage eines sicheren Behandlungsrahmens sowie einer sicheren therapeutischen Beziehung und anhand von fundierten Einsichten zur Lösung seiner emotionalen Schwierigkeiten gelangt ist.

Weil die Fragenkomplexe, die in diesem Stadium zum Vorschein kommen, so intensiv sind, und weil sich Patienten unbewußt gegen die Beendung einer Beziehung zu einem wirklich effektiven Therapeuten wehren, treten, wie bereits erwähnt, die ersten Hinweise auf eine zeitgemäße Beendung der Therapie in verschleierter oder abgeleiteter – unbewußter – Form auf. Der Patient ist sich der Tatsache nicht bewußt, Material zum Ausdruck zu bringen, in dem Themen wie Abschluß, Verlust und Todeserfahrungen stark vertreten sind. Dazu gehören entscheidende Verlusterlebnisse aus der frühen Kindheit. Der Stimulus für derartige Bilder ist das innere Gespür dafür, daß die Aufgaben der Therapie mehr oder weniger abgeschlossen sind und daß der Therapeut – im Optimalfall – nun bereit ist, die Therapie zu beenden. Anhand einer Reihe angemessener Interpretationen verhilft der Therapeut dem Patienten, sich der Empfehlung seines tiefen Unbewußten bewußt zu werden. Im Grunde genommen wird der Vorgang durch das eigene innere Gespür des Patienten bestimmt. Es gibt natürlich auch viele Therapien, in denen die verschlüsselten Botschaften des Patienten weder verstanden noch entschlüsselt werden. In derartigen Situationen kann der erste Schritt nach Beendung der Therapie sowohl vom Therapeuten als auch vom Patienten ausgehen. Dies sollte nur dann geschehen, wenn von einer Lösung der emotionalen Störung des Patienten auszugehen ist und eine tiefere Einsicht in deren Ursache erlangt wurde. In einer derartigen Situation ist es zu begrüßen, wenn der Patient von sich aus spontan die eigene Verbesserung erkennt und den Wunsch nach einer Beendung ausspricht. Ansonsten sollte der Therapeut bzw. die Therapeutin die Verringerung der Symptome einschätzen, besonders im Hinblick darauf, ob diese Verringerung von einer sicheren Grundlage ausgeht. Wenn ja, sollte er bzw. sie dem Patienten vorschlagen, auf eine Beendung der Therapie hinzuarbeiten.

Im Optimalfall sollte der Patient, sobald er sich einer bevorstehenden Beendung der Therapie bewußt ist, die Möglichkeit erhalten, den Zeitpunkt für die letzte Konsultation selbst zu bestimmen. In dieser Hinsicht kann sich der Patient auf das eigene bewußte Gespür verlassen, das dann von starken unbewußten Einflüssen geleitet wird. Das heißt der Patient sollte selbst entscheiden, ob er für die Beendungsphase eine Woche, einen Monat oder mehrere Monate benötigt. (Wir gehen natürlich von einer echten Lösung der emotionalen Probleme aus.) Manche Patienten spüren das Bedürfnis nach einem etwas ausgedehnteren Beendungserlebnis. Sie erkennen in unbestimmter

Weise die eigene Verletzlichkeit auf diesem Gebiet – eine Verletzlichkeit, die häufig durch schwierige Todes- bzw. Trennungserfahrungen in der Kindheit verursacht wurde. Dennoch wird eine Beendungsphase, die drei bis sechs Monate überschreitet, die Bewertung *«fragwürdig»* erhalten müssen. Die angekündigte Endphase der Behandlung sollte innerhalb eines kürzeren Zeitraums abgeschlossen werden.

Viel hängt von der Definition einer «echten Lösung» der emotionalen Probleme ab. Wie kann man den «Augenblick der wahren Heilung» erkennen? Im Grunde genommen kann diese Art der Erleichterung sowohl nach einer kurzen als auch längeren therapeutischen Behandlung eintreten. In der Regel erfolgt sie nach einer oder mehreren Phasen, die wahre neue Einsicht bewirken. Bestenfalls erfolgt sie durch Interpretationen, wie sie in Kapitel 11 besprochen wurden. Eine «Heilung» sollte zumindest erst dann erfolgen, wenn eine wahre Klärung des emotionalen Zustands des Patienten auf entscheidend neue Weise stattgefunden hat und man über entsprechende Erkenntnisse verfügt. Auch die Stütze eines sicheren, soliden Behandlungsrahmens trägt in der Regel zu dieser Art des fundierten Aufarbeitens von Symptomen bei. Zudem wird eine derartige Heilung durch das verschlüsselte Material des Patienten unterstützt. Es werden Traumbilder und Erzählungen erzeugt, die von einem angemessenen Abschluß, erfüllten Aufgaben und von konstruktiven Anspielungen auf neue Lebensstadien handeln.

Überlegungen, eine Therapie zu beenden, die nicht auf bereits wirklich erlangten Einsichten beruhen, sondern in einer Phase des Widerstands gegen die Behandlung entstehen oder ohne die Dauer der Besserung der Symptome zu betrachten, sollten Sie nachdenklich stimmen. Zudem sollten Sie innehalten und derartige Überlegungen noch einmal überdenken, wenn die verschobenen und verschlüsselten Bilder, die erzeugt werden, von übereilter Flucht, dem Bedürfnis, sich zu verstecken, oder unbeendeten Aufgaben handeln. Themen dieser Art deuten auf Abwehrmechanismen angesichts nicht abgeschlossener therapeutischer Arbeit hin.

Im großen und ganzen ist es empfehlenswert, die Entscheidung, die Therapie zu beenden, auf oberflächlicher Ebene folgendermaßen zu überprüfen: (1) Fühlen Sie sich wohler? Sind Sie sich sicher, daß Sie nicht in anderer Art und Weise, auf die Sie noch nicht geachtet haben, leiden? (2) Gab es innerhalb der Behandlung in klaren, intensiven Momenten das Gefühl, eine neue Einsicht erlangt zu haben? Wenn Sie diese Fragen bejahen können, sollten Sie Ihren Träumen und Erzählungen besondere Beachtung schenken. Enthalten sie Themen, die auf fundierte Lösungen hinweisen, und sprechen sie gegen unbeendete Arbeit und Flucht? Die richtige Entscheidung, eine Psychotherapie zu beenden, wird durch Einschätzungen des bewußten wie des unbewußten Systems des Patienten stark unterstützt.

Sobald der Patient einen sinnvollen Abschlußtermin bestimmt hat, sollte der Therapeut den Termin akzeptieren und durch eine einfache bestätigende Bemerkung anerkennen. Wenn der Termin feststeht, konzentriert sich die therapeutische Arbeit auf die unbewußte Bedeutung einer derartigen Erfahrung für den Patienten. Es handelt sich um Fragen, die in jedem Fall dazu beitragen werden, die unbewußte Grundlage, auf dem die emotionalen Probleme des Patienten beruhen, weiter zu erhellen. Der Termin sollte auf keinen Fall geändert werden. Obwohl nicht auszuschließen ist, daß noch einmal eine Krise oder ein Notfall eintreten kann, wird der Therapeut, der eine Terminveränderung vorschlägt oder auf einen derartigen Wunsch des Patienten eingeht, zwischen *«fragwürdig»* und *«gefährlich»* eingestuft. Es geht hier nicht um mangelnde Flexibilität. Das Einhalten eines festgelegten Beendungstermins setzt ein Zeichen dafür, daß die emotionalen Schwierigkeiten des Patienten wirklich auf angemessene Weise gelöst worden sind. Veränderungen des Endtermins werfen einen Schatten der Unsicherheit auf die gesamte Therapie und auf den emotionalen Zustand des Patienten.

Im Optimalfall wird die vereinbarte Häufigkeit der Konsultationen bis zum Schluß beibehalten. Das System des tiefen Unbewußten wehrt sich äußerst heftig sowohl gegen eine erhöhte Frequenz der Sitzungen als auch gegen die allgemein verbreitete Praxis, die Therapie durch eine allmähliche Reduzierung ausklingen zu lassen.

Zudem entsteht im tiefen Unbewußten eine klare, eindeutige Vorstellung davon, wie die Zeit nach Abschluß der Therapie zu handhaben ist. Es sollte zwischen dem Patienten und dem Therapeuten keinen weiteren Kontakt geben. Die Bewertung *«fragwürdig»* bis *«gefährlich»* gebührt vor allem Therapeuten, die nach Beendung der Behandlung ihre Patienten weiterhin besuchen, um zu überprüfen, ob alles in Ordnung ist, oder die beruflichen oder sozialen Kontakte zu ihren Patienten (letzteres ist besonders gefährlich) pflegen. Doch wenn einige Monate oder Jahre später beim Patienten erneut emotionale Störungen auftreten, sollte sich der Therapeut für eine neue Behandlung, soweit erwünscht, zur Verfügung stellen.

Es gibt natürlich unzählige negativ zu bewertende Abweichungen von diesem Ideal. Wie bereits gesagt, ziehen es viele Therapeuten vor, die Beendungsphase selbst zu initiieren. Eventuell wird ein Endtermin festgelegt, oder er bleibt offen. Es gibt auch Therapeuten, die keinen Grund zur Beendung erkennen, auch wenn die emotionalen Funktionsstörungen des Patienten im großen und ganzen geklärt worden sind. Andere Therapeuten wiederum schlagen trotz anhaltender emotionaler Schwierigkeiten des Patienten eine Beendung vor.

Durch berufliche oder persönliche Veränderungen seitens des Therapeuten kann auch die sogenannte *erzwungene Beendung* zustande kommen. Dies gilt insbesondere für Kliniken, in denen das Personal oft wechselt. Sie betrifft aber auch eine private Praxis, beispielsweise wenn der Therapeut umzieht, sich in den Ruhestand zurückzieht oder sich für sonstige Veränderungen entscheidet. Letzteres ist sowohl für den Patienten als auch für den Therapeuten besonders traumatisch. In vielen Fällen werden derartige Beendungen auf eine Art gehandhabt, der die Bewertung *«fragwürdig»* bis *«gefährlich»* gebührt. Die Neigung, die Grundregeln zu modifizieren und auf nichtinterpretative Weise zu intervenieren, ist unter derartigen Umständen häufig am größten.

Eine weitere traumatische Beendung der Therapie ergibt sich, wenn der Patient zu dem Urteil kommt, daß der Therapeut ineffektiv ist und/oder sogar destruktiv und ihn verführen will bzw. daß er sich auf eine Weise verhält, die den therapeutischen Interessen des Patienten entgegenwirkt. Eine Beendung dieser Art wird als *verfrühte Beendung* bezeichnet. Sie tritt ein, bevor die emotionalen Probleme des Patienten gelöst worden sind.

Es gibt zwei Formen der verfrühten Beendung. Die eine beruht auf ungerechtfertigten Ängsten seitens des Patienten, die andere auf seinen gültigen bewußten und unbewußten Wahrnehmungen bezüglich der Schwierigkeiten, die durch den Therapeuten selbst begründet sind. Beide lassen sich leicht voneinander unterscheiden, wenn der

Patient eine besonnene Bewertung des Therapeuten durchführt. Im zweiten Fall hat der Therapeut positive Bewertungen erhalten dadurch, daß er eine Reihe idealer therapeutischer Grundbedingungen gesichert oder zumindest Bedingungen, die dem Ideal sehr weit entsprechen, hergestellt hat. Zudem hat der Therapeut auf das Material des Patienten mit interpretativen Interventionen, wie sie im vorangegangenen Kapitel beschrieben wurden, reagiert. Mit anderen Worten: Seine Bemerkungen berücksichtigen die Auslöser, die auf eigenes Eingreifen zurückzuführen sind, sowie die unbewußte Reaktion des Patienten auf diese Auslöser. Im ersten Fall hat der Therapeut durchgehend negative Bewertungen oder in wichtigen Bereichen ein oder mehrere Male das Prädikat *«gefährlich»* erhalten. Das heißt der Wunsch nach einer verfrühten Beendung der Therapie gründet sich darauf, daß sich der Therapeut im Hinblick auf die Grundregeln und den Behandlungsrahmen bestenfalls nachlässig, schlimmstenfalls destruktiv verhält. Zudem neigt der Therapeut dann in der Regel zu nichtinterpretativen Interventionen, zur Erteilung von Ratschlägen, Manipulation und Selbstoffenbarungen.

Dennoch, sogar bei einem negativ zu bewertenden Therapeuten mag eine Form der Heilung allmählich einsetzen. Erst wenn der Preis für eine derartige Heilung zu hoch wird, oder wenn keine Spur einer Heilung zu erkennen ist, sind die meisten Patienten allmählich beunruhigt. Man ist gut beraten, eine frühe Beendung zu erwägen, wenn ein Therapeut immer wieder negative Bewertungen erhält. Auch wenn nach ein, zwei oder mehreren Jahren keine bedeutende Besserung der Symptome eingetreten ist, ist es ratsam, an ein Ende der Therapie zu denken. Normalerweise kann der Patient bereits in den ersten Wochen einer Therapie mit einer gewissen Verbesserung seines Zustandes rechnen. (Die neugewonnene Kraft hängt im wesentlichen damit zusammen, daß der Patient einen Therapeuten erlebt, der stabile Grundregeln sichern kann.) Zusätzliche Erleichterung sollte innerhalb der nächsten sechs Monate eintreten (hauptsächlich, weil weiterhin ein sicherer Behandlungsrahmen vorhanden ist und bereits einiges an interpretativer Arbeit durchgeführt wurde). Weitere Fortschritte sollten innerhalb der nächsten ein bis zwei Jahre eintreten.

Dauert eine Psychotherapie länger als zwei bis drei Jahre, muß sie einer ernsthaften Überprüfung unterzogen werden. Aller Wahrscheinlichkeit nach wird sich herausstellen, daß der Psychotherapeut relativ niedrig einzustufen ist. Aber auch wenn die Bewertungen recht positiv sind, kann man davon ausgehen, daß etwas nicht stimmt. Der Patient sollte unbedingt die Situation erneut überprüfen. Er sollte neue Bewertungen durchführen und nach eventuell unbemerkten Faktoren, die dem Heilungsprozeß entgegenwirken, Ausschau halten. Obwohl schwierige bis traumatische Lebensumstände des Patienten eine Rolle spielen können, sind die grundlegenden Ursachen für die eingetretene Stagnation meistens innerhalb der Therapie und der Behandlungsmethode zu finden. Im Normalfall sollten die Wirkungen einer Psychotherapie innerhalb von ein oder zwei Jahren gut zu erkennen sein. Patienten, die an heftigen Störungen leiden, die häufig in der Kindheit besonders schwere Traumen erlebten, sollten bereits innerhalb von fünf Jahren von der Therapie profitieren. Trotz dieser allgemeinen Richtlinien sind die individuelle Einschätzung und Bewertung jedem Patienten selbst überlassen. Es können durchaus auch unangemessene, durch das Unbewußte bestimmte Widerstände existieren – und diese können in dem Wunsch Gestalt annehmen, die Therapie vorzeitig, bevor sie wirklich durch Einsicht abgeschlossen ist, zu beenden. Meistens beruhen solche neurotischen Wünsche auf der Furcht vor einem sicheren Behandlungsrahmen und vor dem gültigen Sinn unbewußter Inhalte – zum Beispiel von Ängsten, die sich während der Therapie identifizieren ließen. Meist aber entsteht der Wunsch nach einer verfrühten Beendung der Therapie aufgrund von Unzulänglichkeiten seitens des Psychotherapeuten und seiner Arbeit.

Es ist immer ratsam, die Entscheidung, die Therapie verfrüht zu beenden, mit dem Psychotherapeuten zu besprechen und die Gründe zu erforschen. Leider kann man jedoch von einem fehlgeleiteten Therapeuten kaum erwarten, daß er seine Einstellung und Methode so verändern kann, daß dem Verlauf der Therapie eine neue Richtung gegeben wird. Natürlich ist es ein eindeutiges Zeichen dafür, daß eine richtige Entscheidung getroffen wurde, wenn der Therapeut auf den Vorschlag des Patienten verärgert oder aggressiv reagiert.

Das Problem wird etwas komplizierter, wenn der Therapeut auf den Wunsch des Patienten mit einer besonnenen, analytischen Haltung reagiert und mit dem Versuch, die unbewußten Hintergründe der Entscheidung zu erforschen. In solchen Situationen ist eine sorgfältige Bewertung des Psychotherapeuten besonders wichtig. Wenn der Wunsch auf Ängste vor der einengenden Sicherheit des Behandlungsrahmens und vor unbewußten Inhalten zurückzuführen ist, bestehen gute Gründe, die Therapie fortzusetzen. Auch die so gewonnenen Einsichten sollten die weitere Behandlung unterstützen. Wenn dagegen der Wunsch des Patienten auf die Veränderung der Grundregeln und auf die mangelnde Fähigkeit des Therapeuten hinsichtlich der Interpretation unbewußter Inhalte zurückzuführen ist, kann eine Fortsetzung der Therapie nur dann sinnvoll sein, wenn die problematischen Bereiche richtig erforscht und interpretiert werden.

Wenn sich eine Abweichung von dem sicheren Behandlungsrahmen nicht korrigieren läßt, gibt es noch die Möglichkeit, auf eine angemessene, einsichtsorientierte Beendigung der Therapie hinzuarbeiten, so daß Sie unter weniger belastenden Umständen eine neue Therapie beginnen können. Dies betrifft allerdings nur einen Therapeuten, der imstande ist, unbewußte Mitteilungen zu verstehen. Bei einem Therapeuten, der nur zu Pseudointerpretationen und nichtinterpretativen Interventionen fähig ist, wird der Versuch, zur unbewußten Grundlage Ihres Beendungswunsches vorzudringen, nicht viel bringen. Ein derartiger Therapeut ist aller Wahrscheinlichkeit nach wenig sensibel für die damit verknüpften unbewußten Inhalte.

Vor diesem Hintergrund betrachten wir kurz die Frage, ob man zu einem neuen Therapeuten Kontakt aufnehmen sollte, solange man noch in Behandlung bei einem anderen ist. Es gibt Therapeuten, die während einer länger anhaltenden Stagnation des Heilungserfolgs verbunden mit dem Widerstand des Patienten diesem einen anderen Therapeuten vorschlagen. Dieser Rat wird durch das tiefe Unbewußte nicht gern angenommen, sondern erhält die Bewertung *«fragwürdig»* bis *«gefährlich»*. Der Therapeut, der bei der Behandlung eines bestimmten Patienten auf Schwierigkeiten stößt, sollte eigenständig fachlichen Rat einholen, ohne daß der Patient davon erfährt. Ein solcher Schritt ist auf eine konstruktive Lösung der Behandlungsschwierigkeiten ausgerichtet, auch wenn er zunächst einen subtilen und störenden Einfluß auf die Therapie ausüben wird. Wenn dieses Verfahren erfolgreich ist, erweist es sich sowohl für den Patienten als auch für den Therapeuten als hilfreich.

Im allgemeinen ist es also empfehlenswert, daß der Patient eine Therapie beendet, bevor er die nächste beginnt. Sich gleichzeitig mit zwei Therapeuten zu treffen, hat ernste Folgen und schafft Probleme. Vor allem kann die Erfahrung einer Beendung der Therapie mit dem ersten Therapeuten nicht entsprechend ausgelebt werden. Zweittherapeuten, die unter solchen Umständen kontaktiert werden, sollten positiv bewertet werden, wenn sie dem Patienten vorschlagen, er solle die Fragenkomplexe, die mit seinem Wunsch nach Beendung zusammenhängen, mit dem ersten Therapeuten erforschen und die Therapie zuerst abschließen, bevor ein Termin vereinbart wird. Therapeuten, die unter diesen Umständen bereit sind, den Patienten aufzunehmen, werden als *«fragwürdig»* eingestuft. Die endgültige Entscheidung, eine Therapie bei einem anderen Therapeuten zu beginnen, sollte allerdings auf der individuellen Bewertung ebendieses Therapeuten beruhen im Hinblick auf die erste Kontaktaufnahme, das Umfeld und die Handhabung der ersten Stunde.

Es gibt unzählige Varianten und Fragenkomplexe, die mit der Beendung einer Therapie verbunden sind. Deshalb beschränken wir uns nur auf die wichtigsten Gesichtspunkte, auf die uns das tiefe Unbewußte hinweist.

Zur Illustrierung folgendes Beispiel: Herr Tyler, ein verheirateter Mann Mitte Dreißig, ist bei dem Therapeuten Dr. Zachary in Behandlung. Herr Tyler leidet an depressiven Phasen, hat Zweifel bezüglich seiner Ehe und neigt zu Affären mit anderen Frauen, obwohl er sich eigentlich wünscht, seiner Frau treu zu sein. Die Überweisung ist fachlich fundiert, das therapeutische Umfeld stabil und die Arbeit des Therapeuten am Ziel einer Intervention durch Interpretationen orientiert. Innerhalb der ersten sechs Monate der Behandlung beruhigt sich die Arbeitssituation von Herrn Tyler, die zuvor verwirrend und auf ihn emotional störend gewirkt hatte. Die Beziehung zu der Ehefrau und zu den Kindern hat sich sehr verbessert, und die Anzahl der Affären hat abgenommen, wenn auch Herr Tyler immer mal wieder mit anderen Frauen etwas anfängt.

Nach sieben Monaten erzählt Herr Tyler zu Beginn einer Sitzung, er habe nach der letzten Stunde die nächste Patientin im Wartezimmer als die eigene Cousine erkannt. Herr Tyler ist davon überzeugt, daß der Therapeut von dieser familiären Verbindung wußte und ihn absichtlich mit einem Familienmitglied konfrontiert (entblößt) habe. Die Erinnerung an eine Szene aus seiner Kindheit scheint zu bekräftigen, daß auch auf unbewußter Ebene dieselbe Einstellung zur Situation herrscht: Als Kind habe ein Arzt zugelassen, daß seine Schwester ihn nackt im Sprechzimmer gesehen habe. Er erinnert sich an das

Schamgefühl, das er bei dieser Entblößung empfand. Die Erinnerung enthält allerdings einen relativierenden Gesichtspunkt. Der Vorfall sei nicht auf das Verhalten des Arztes zurückzuführen, sondern die Schwester habe den Untersuchungsraum aus Versehen betreten. Dennoch ist Herr Tyler davon überzeugt, der Therapeut habe ihn verraten. Eigentlich hat Dr. Zachary nichts dergleichen beabsichtigt. Die Cousine gehört dem mütterlichen Zweig der Familie an, und da die Patienten keinen gemeinsamen Namen tragen, konnte der Therapeut unmöglich von der Verbindung wissen. Trotzdem wirkt sich der Vorfall auf den Patienten aus. Es entstehen wieder verstärkt Spannungen zwischen ihm und seiner Frau, und er trifft sich wieder häufiger mit anderen Frauen. Innerhalb der Therapie erfolgt eine längere Phase, in der diese Fragen und die unbewußte Wut des Patienten dem Therapeuten gegenüber immer wieder angesichts des einen bestimmten Stimulus analysiert werden. Der Therapeut hält sich lediglich an die Mitteilungen des Patienten. Er vermeidet es, Herrn Tyler mit der eigentlichen Sachlage zu konfrontieren. Statt dessen analysiert er mit viel Geduld und Beständigkeit die Assoziationen des Patienten und weist ihn aufgrund des Materials auf die eigene unbewußte Einstellung zur Situation hin.

Die therapeutische Arbeit geht in dieser Form acht Monate weiter. In dieser Zeit findet Herr Tyler zu einem stabileren Lebensstil. Er geht eine klare, eindeutige Verpflichtung seiner Familie gegenüber ein und trifft andere Frauen fast überhaupt nicht mehr. Er fühlt sich nicht mehr depressiv. Im Berufsleben erlebt er eine neue Kreativität, die zur Beförderung und zu einer beträchtlichen Gehaltserhöhung führt. In den letzten Monaten dieser Phase enthält das Material des Patienten weder bewußte noch unbewußte Anspielungen auf das Eindringen in die Therapie durch die Cousine. Statt dessen kommen weniger schwerwiegende Inhalte zum Vorschein, und diese bilden die Grundlage für die gelegentlichen Interpretationen des Therapeuten. (Ein sicherer Behandlungsrahmen bleibt weiterhin vorhanden. Obwohl der Patient die Cousine während dieser Phase gelegentlich trifft, ist ihr Termin geändert worden, um den Kontakt zwischen beiden zu erschweren.)

Dann erwähnt Herr Tyler während einer Sitzung beiläufig die Cousine. Er berichtet von einem Traum, in dem eine Einbrecherin mit einem Messer trotz der Gegenwart eines Wächters in sein Schlafzimmer eindringt. Schließlich kann der Therapeut dieses Material durch das Wissen um die Begegnung mit der Cousine im Wartezimmer analysieren. Anhand einer Menge zusätzlichen Materials und weiterer therapeutischer Arbeit kommt Herr Tyler allmählich zu der Erkenntnis, daß der Therapeut von der Beziehung aller Wahrscheinlichkeit nichts gewußt hat. Während dieser Zeit erinnert er sich an eine bis dahin völlig vergessene Szene aus seiner Kindheit: die Geburt eines Bruders, der im Alter von einem Jahr starb. Es wird eine Verbindung zwischen der Geburt, die eine Art von Eindringen darstellt, dem Tod des Bruders und vom Vorfall mit der Cousine hergestellt und auf ihre unbewußte Bedeutung hin interpretiert.

Letztlich ist die Kindheitserfahrung mit Todesängsten verknüpft. Diese wiederum führen dazu, daß sich der Patient vor der Verpflichtung einem einzelnen Menschen gegenüber, in diesem Fall seiner Frau, fürchtet und das Bedürfnis verspürt, Kontakte zu mehreren Frauen zu unterhalten. Als diese Gesichtspunkte im Rahmen der Therapie erforscht und überarbeitet werden, bricht Herr Tyler die Beziehungen zu allen anderen Frauen ab. Er widmet sich ganz dem Familienleben, das sich als immer harmonischer erweist.

Zu diesem Zeitpunkt kommen allmählich Träume zum Vorschein, die von beruflicher Veränderung, von dem vor fünf Jahren eingetretenen Tod seines Vaters und von anderen Trennungserlebnissen handeln. Die Assoziationen des Patienten bringen die Träume mit der Therapie in Verbindung, so daß Dr. Zachary dazu veranlaßt wird, die Träume als unbewußte Impulse, die Therapie zu beenden, zu interpretieren. Herr Tyler erkennt seinerseits, daß er tatsächlich über eine Beendung der Therapie nachgedacht habe. Er teilt dem Therapeuten mit, sein Leben scheine inzwischen in Ordnung zu sein, und er erfahre lediglich die normalen Ängste und Sorgen des Alltags. Völlig spontan beschließt er, die Behandlung am Ende des folgenden Monats – etwa sechs Wochen später – zu beenden. Der Therapeut stimmt der Entscheidung einfach zu, und beide setzen die therapeutische Arbeit gemäß der Definition eines sicheren Behandlungsrahmens bis zu diesem Endtermin fort.

Das Material der letzten Sitzungen ist überwiegend ohne Aussage, und der Therapeut schweigt viel. Während einer Stunde jedoch wird der Tod des kleinen Bruders und des Vaters mit der neu aufgetauchten Erinnerung an eine Fehlgeburt, die die Mutter zu Hause erlebte, in

Verbindung gebracht. Dieser Materialkomplex steht im Zusammenhang mit der Erfahrung der Beendung der Therapie und den damit verknüpften Todes- bzw. Trennungsängsten, die Herr Tyler während der Endphase erlebt.

In der letzten Sitzung werden einige Punkte noch einmal kurz angesprochen, und es erfolgt eine einzige Interpretation seitens des Therapeuten. Dann geben sich beide die Hand und verabschieden sich voneinander. In den folgenden zehn Jahren hört Dr. Zachary nichts mehr von ihm. Mit gutem Grund kann diese Tatsache als Zeichen eines erfolgreichen Abschlusses betrachtet werden. Der Patient hat offensichtlich große Achtung vor den Fähigkeiten des Therapeuten und hätte ihn höchstwahrscheinlich kontaktiert, falls sein Leben eine negative Wende genommen hätte.

Somit haben wir die optimalen Schritte bis zu einer Beendung der Therapie umrissen. Sie erfolgt nach einer allmählichen Besserung der emotionalen Funktionsstörung, die ihrerseits auf einem sicheren Behandlungsrahmen und auf wirklich einsichtsorientierten Interpretationen basiert. In dem oben geschilderten Fall wird eine unbeabsichtigte Rahmenabweichung zum zentralen Stimulus für die unbewußten Mitteilungen des Patienten und für die Überarbeitung der unbewußten Grundlage des emotionalen Problems – insbesondere für das Bedürfnis Herrn Tylers nach mehreren intimen Beziehungen. Beachten Sie bitte auch, daß das Thema der Beendung zuerst in verschlüsselter Form auftritt. Der Endtermin wird dann durch den Patienten bestimmt und durch den Therapeuten ohne großen Aufwand akzeptiert. Die Therapie zeichnet sich bis zum Schluß durch die Qualität der Interpretationen und sichere Rahmenbedingungen aus. Die Behandlung wird mit einer einfachen Abschiednahme abgeschlossen. Der Therapeut wünscht dem Patienten viel Glück, und beide geben sich die Hand – weiter nichts. Danach lebt jeder sein eigenes Leben, ohne in irgendeiner Form den Kontakt zu halten. Auch wenn es hart erscheinen mag, so ist dies die Grundlage eines gesunden Lebens.

Sehen wir uns nun einige niedrig zu bewertende Interventionen während der Beendungsphase an.

Frau Bell, eine Frau von Ende Zwanzig, wechselt oft ihren Job und hat Schwierigkeiten, eine intime Beziehung zu einem Mann einzugehen. Sie beginnt eine Therapie in einer Klinik bei dem Therapeuten

Dr. Wesley. In der ersten Sitzung beharrt die Patientin darauf, ihr Privatleben gänzlich aus der Therapie auszuschließen. Sie möchte, daß man sich lediglich auf die Schwierigkeiten in ihrem Berufsleben konzentriert. Einer ähnlichen Forderung sind wir bereits in einem anderen Fall begegnet. Während der dreimonatigen Behandlung werden lediglich Aspekte ihrer Arbeitssituation aufgegriffen. Unter anderem werden Szenen durchgespielt, in denen der Therapeut die Rolle eines provokativen Vorgesetzten übernimmt und so Frau Bell ermöglicht, ihre Wut und ihre Frustration zum Ausdruck zu bringen. Die Interventionen des Therapeuten sind immer wieder darauf gerichtet, die Patientin zu beruhigen und sie von ihrer eigenen Normalität zu überzeugen. Immer wieder stellt er sich selbst als Vorbild für die Patientin dar und teilt ihr mit, auch er habe bis vor kurzem ähnliche berufliche Schwierigkeiten erlebt. Er neigt vielfach zu Selbstoffenbarungen und berichtet unter anderem sehr ausführlich von der Beziehung zu seiner Frau.

Der Therapeut setzt mit dem intellektuell begründeten Vorschlag an, die Schwierigkeiten der Frau Bell mit dem Vorgesetzten entstammen ihrer Wut dem eigenen Vater gegenüber, der sich während ihrer Kindheit äußerst tyrannisch aufgeführt habe. Während dieser Therapiephase enthält das Material der Patientin eine Fülle von Bildern über Menschen, die viel reden, aber im Grunde nichts sagen. Trotz dieser unbewußten Einschätzung des Therapeuten bemerkt Frau Bell, daß sie mit ihrer Arbeit besser zurechtkommt. Andererseits hat sie immer noch erhebliche Schwierigkeiten in ihren Beziehungen zu Männern. Alles, was sie in diesem Zusammenhang in der Therapie von sich gibt, ist die ständig wiederholte Bemerkung, sie könne sich niemals vorstellen, mit dem Therapeuten befreundet zu sein. Darauf antwortet Dr. Wesley lediglich, es könne ja keine persönliche Beziehung zwischen ihnen geben, da die Patientin ihn kaum kenne. Obwohl er gern mit ihr befreundet wäre, komme eine derartige Verbindung auch kaum in Frage. Über mehrere Monate scheint jede Sitzung nach demselben Muster abzulaufen: eine Inszenierung des Vorgesetzten-Angestellten-Verhältnisses, einige intellektualisierte Bemerkungen seitens des Therapeuten und die wiederholte Behauptung seinerseits, die Probleme der Patientin seien in der Kindheitsbeziehung zu ihrem Vater begründet. Mit der Zeit hat Frau Bell das Gefühl, die Sitzungen seien monoton und langweilig geworden. Dennoch verbirgt sie diese Gefühle vor dem Therapeuten. Sie kündigt lediglich eines Tages an, die jetzige Sitzung sei ihre letzte. Sie hat für den Therapeuten ein Geschenk mitgebracht. Während der Behandlung hat Dr. Wesley mehrmals von seinen eigenen Interessen gesprochen, und das Geschenk ist entsprechend ausgesucht worden. Als Dr. Wesley darauf mit Gleichgültigkeit reagiert, ist die Patientin beleidigt und fühlt sich dadurch erleichtert, daß die Behandlung nun beendet ist. In den nächsten Tagen erkennt sie, daß sie dem Therapeuten gegenüber sexuelle Gefühle empfunden hatte, sich aber nicht traute, diese auch auszusprechen. Ihr kommt der Gedanke, es sei ein schrecklicher Fehler gewesen, den sexuellen Bereich innerhalb der Therapie so radikal zu vermeiden. Die Schwierigkeiten mit dem Vater seien während der Adoleszenz eingetreten, denn als sie anfing, sich mit jungen Männern zu verabreden, fand der Vater immer den einen oder anderen Grund, sie «fertigzumachen».

Auch in bezug auf die Handhabung des Behandlungsrahmens und die Art der Interventionen erhält Dr. Wesley eine Reihe negativer Bewertungen. Schon die grundlegende Vereinbarung, die zu Beginn der Behandlung abgeschlossen wurde und privates und sexuelles Material ausschließt, muß als *«gefährlich»* eingestuft werden. Bereits dieser Faktor hätte der Patientin signalisieren können, daß sie nicht auf ein wirklich effektives Resultat hoffen konnte.

In diesem Fall wird die Beendung der Therapie abrupt und auf unmittelbarem Wege durch die Patientin initiiert. Auch wenn die Beendung als durchaus gerechtfertigt zu sehen ist, hat Frau Bell die Vorteile der Beendungsphase selbst blockiert, indem sie die Entscheidung so plötzlich fällte und mehrere damit verbundene Faktoren vor dem Therapeuten verbarg. Dennoch müssen wir die Handlung der Patientin im therapeutischen Kontext betrachten. Dr. Wesley hat sowohl einen instabilen Rahmen als auch eine insgesamt unsichere Beziehung zu der Patientin hergestellt, insbesondere im Hinblick auf die Mitteilung sexueller Gefühle und sexuellen Materials.

Beachten Sie bitte auch, daß der Therapeut die Entscheidung der Patientin schlicht akzeptiert, ohne den Versuch zu unternehmen, die unbewußten Faktoren zu erforschen, die dieser zugrundeliegen. Schon allein eine derartige Reaktion muß negativ bewertet werden. Andererseits ist in diesem Fall eine echte Analyse der unbewußten

Ursachen beinahe unmöglich, denn sogar bewußte Faktoren wurden vor dem Therapeuten verborgen. Dr. Wesley hätte natürlich auch mit einer Reihe anderer negativ zu bewertender Interventionen reagieren können. Er hätte Frau Bell mit ihrem Widerstand gegen die Therapie konfrontieren oder darauf beharren können, die Therapie fortzusetzen. Er hätte die Entscheidung der Patientin sogar durch Hinweise auf ihre großen Fortschritte bestätigen können!

Tatsache ist, daß einem Therapeuten angesichts der Entscheidung des Patienten, die Therapie verfrüht zu beenden, wenig Alternativen zur Verfügung stehen. Er kann lediglich auf die weiteren Assoziationen des Patienten hören und versuchen, die Auslöser für dessen Verhalten zu erkennen. Das heißt er kann sich damit auseinandersetzen, welche Abweichungen vom Behandlungsrahmen, Pseudointerpretationen und nichtinterpretativen Interventionen seinerseits dieses Bedürfnis beim Patienten ausgelöst haben. Im allgemeinen ist es, wie bereits erwähnt, unwahrscheinlich, daß ein Therapeut, der zu verfehlten Interventionen neigt, in der Lage ist, die verschlüsselten Hinweise darauf zu verstehen. Ebenfalls ist kaum zu erwarten, daß er seine Methode plötzlich ändert oder auf eine Art und Weise reagiert, der eine neue, relativ positive Bewertung zukommt.

Eine weitere Variante auf diesem Gebiet läßt sich anhand der im folgenden geschilderten Behandlung der Patientin Frau Gabe durch den Psychologen Dr. Felzer verdeutlichen. Frau Gabe ist Anfang Dreißig und aufgrund von Depressionen und der Neigung zu aggressiven Auseinandersetzungen mit ihrem Bruder in Behandlung. Die Überweisung ist fachlich fundiert, aber der Behandlungsrahmen ist instabil: Der Therapeut teilt mit anderen Ärzten ein Wartezimmer, er neigt zu Selbstoffenbarungen und nichtinterpretativen Interventionen und versucht, die Patientin auf direkte Weise zu unterstützen. Als Frau Gabe in finanzielle Schwierigkeiten gerät, wird das Honorar reduziert.

Bald danach entschließt sich Frau Gabe, die Therapie zu beenden. Ihr Bruder sei vorübergehend aus der Gegend verzogen, und obwohl sie sich immer noch drepressiv und verwirrt fühle, möchte sie die Therapie nicht weiter fortsetzen. Ein Traum, in dem sie sich auf einem riesigen Bankett wiederfindet und sich übersättigt fühlt, scheint die Entscheidung mit der Honorarermäßigung in Verbindung zu bringen. Mit anderen Worten: Die Gefälligkeit des Therapeuten wird mit einer

Form der Übersättigung in Verbindung gebracht. Dieses Bild wird von dem Therapeuten nicht interpretiert. Statt dessen weist er darauf hin, daß die Entscheidung verfrüht sei und daß er dennoch wenig unternehmen könne, um sie davon abzuhalten.

Im allgemeinen gebührt jeder bewertenden Bemerkung des Therapeuten über die Beendung der Therapie, unabhängig davon, wie gut sie gemeint ist, die Einstufung *«fragwürdig»*. Der Therapeut hat lediglich die Verantwortung, das Material des Patienten diesbezüglich zu interpretieren, ohne die eigene Meinung hinzuzufügen. Gewiß gibt es extreme Fälle, die besondere Maßnahmen erfordern, zum Beispiel wenn die Gefahr eines Selbstmordversuches, einer Tötungstendenz oder eine Psychose nicht auszuschließen ist. Situationen dieser Art sind allerdings selten. Bemühungen des Therapeuten, die zwar notwendig, aber dennoch vom Ideal abweichend sind, werden auch hier durch das tiefe Unbewußte als *«fragwürdig»* bis *«gefährlich»* bewertet. Im allgemeinen erfordert eine eindeutig unangemessene Entscheidung dieser Art, daß sich der Therapeut um klinische Betreuung für den Patienten bemüht bzw. um die Betreuung durch ein nahes Familienmitglied. Zudem ist es in einer solchen Situation erforderlich, den Patienten von der Notwendigkeit einer weiteren Behandlung zu überzeugen – entweder mit dem derzeitigen oder mit einem anderen Therapeuten. Wenn derartige Störungen im Verlauf einer Behandlung eintreten, ist in der Regel davon auszugehen, daß die therapeutische Arbeit des Arztes niedrig einzustufen ist. Deshalb ist es unter solchen Umständen meistens empfehlenswert, einen anderen Therapeuten zu finden.

Kehren wir zu Frau Gabe zurück. Eine Woche nach Beendung der Therapie ruft Dr. Felzer bei ihr an. Er erkundigt sich, wie es ihr geht, und schlägt vor, daß sie die Behandlung wiederaufnimmt. Der Druck des Therapeuten enthält für Frau Gabe einen gewissen Reiz. Dennoch steht sie zu ihrer Entscheidung. Sie denkt, der Therapeut fühle sich eventuell von ihr angezogen, und fühlt sich geschmeichelt. Allerdings hat sie immer wieder Träume, in denen sie verfolgt oder in ihrem Haus von Einbrechern oder anderen Eindringlingen überwältigt wird.

Die Anrufe des Therapeuten wiederholen sich mehrere Wochen lang, bis Dr. Felzer schließlich aufgibt. Kurz danach lernt Frau Gabe einen verheirateten Mann kennen. Sie geht mit ihm eine aufregende sexuelle Beziehung ein, obwohl sie weiß, daß die Beziehung nirgends hinführen kann. Mit der Zeit pendelt sich ein bestimmtes Muster ein. Sie streitet mit dem Mann, beide trennen sich, dann ruft er sie an, und sie treffen sich erneut. Es erfordert keine tiefgehende Deutung, um darin eine unbewußte, eindeutige Wiederholung – bzw. eine neue Variante – der therapeutischen Beziehung zwischen Frau Gabe und Dr. Felzer zu erkennen. Der Fehler des Therapeuten, die Entscheidung der Patientin zu akzeptieren, sein Bedürfnis, sie nach der Therapie zu verfolgen und sich durch seine Anrufe in ihr Privatleben einzumischen, führt unbewußt zu einer persönlichen Verbindung, die für die Patientin äußerst störende und destruktive Folgen hat.

Auch dieses Beispiel verdeutlicht, welch hohen Preis Patienten für die negativ zu bewertenden Interventionen, Unzulänglichkeiten oder Fehler unwissentlich zahlen müssen.

Die Beendung der Therapie

Die Frage der Beendung wird durch meinen Therapeuten folgendermaßen gehandhabt – Aussagen, die auf eine zulässige Handhabung der Therapie hinweisen.

- ○ Ich selbst habe eine mögliche Beendung der Therapie unmittelbar angesprochen.
- ○ Der Therapeut/die Therapeutin hat unbewußte Anspielungen auf eine Beendung interpretiert.
- ○ Nachdem ich eine neue Einsicht und tieferes Verständnis spürte und sich meine Symptome überwiegend reduziert haben, scheint es der richtige Zeitpunkt für eine Beendung zu sein.
- ○ Ich bestimmte den Endtermin, der unverändert bestehen blieb.
- ○ Alle Grundregeln – zum Beispiel Häufigkeit der Termine, Zeit usw. – wurden bis zur letzten Sitzung eingehalten.
- ○ Nach der Therapie besteht kein Kontakt zu dem Therapeuten/zu der Therapeutin.
- ○ Der Therapeut/die Therapeutin bewahrte bis zum Schluß eine analytische Haltung.

Aussagen, die auf eine fragwürdige oder unzulässige Handhabung der Therapie hinweisen; überdenken Sie die Wahl Ihres Therapeuten:

- ○ Der Therapeut/die Therapeutin hat eine mögliche Beendung der Therapie angesprochen, weil meine Symptome allem Anschein nach abgeklungen sind.
- ○ Der Therapeut/die Therapeutin kündigte die Beendung an, weil er/sie wegzieht, seinen/ihren Beruf aufgibt, eine neue Stelle annimmt.
- ○ Der Therapeut/die Therapeutin schlug vor, die Therapie zu beenden, obwohl meine Symptome nicht gänzlich abgeklungen sind.
- ○ Ich bin der Meinung, die Therapie kann bald beendet werden. Trotz der Tatsache, daß ich mich viel wohler fühle, meint der

Therapeut/die Therapeutin, wir sollten die Behandlung fortsetzen.

- ○ Als der Endtermin näher kam, meinte der Therapeut/die Therapeutin, wir bräuchten uns nicht mehr so häufig zu treffen.
- ○ Gegen Ende der Therapie begann der Therapeut/die Therapeutin mehr von sich zu erzählen und mich wie einen Kollegen zu behandeln.
- ○ Ich setzte einen Endtermin fest, aber er wurde vorgezogen bzw. verschoben.
- ○ Der Therapeut/die Therapeutin möchte mich nach der Beendung weiterhin sehen, um sicherzustellen, daß alles in Ordnung ist.

Aussagen, die auf eine gefährliche Handhabung der Therapie hinweisen; nehmen Sie sich in acht:

- ○ Wir entschieden uns, die Therapie zu beenden, obwohl sich meine Symptome nicht wesentlich verändert haben.
- ○ Der Therapeut/die Therapeutin setzte die Behandlung fort, obwohl meine Symptome längst verschwunden waren.
- ○ Der Therapeut/die Therapeutin teilte mir sehr abrupt mit, wir müßten die Therapie beenden, erklärte aber nie warum.
- ○ Ich entschied mich sehr impulsiv, die Therapie abzubrechen. Der Therapeut/die Therapeutin nahm die Entscheidung einfach entgegen, ohne die Gründe dafür zu erforschen.
- ○ Ich entschied mich, die Therapie zu beenden. Der Therapeut/die Therapeutin beharrte darauf, daß ich weiterhin Hilfe brauche/er/sie schrieb meinem Aufseher, daß ich die Behandlung fortsetze/sagte mir, ich würde die Entscheidung bereuen.
- ○ Der Therapeut/die Therapeutin beendete die Therapie, damit wir uns privat treffen könnten.
- ○ Als wir wußten, daß die Behandlung zu Ende ging, wurden die Sitzungen sehr informell. Wir trafen uns zum Frühstück, gingen im Park spazieren, tauschten Bücher aus usw.
- ○ Während der Endphase der Behandlung stellte der Therapeut/die Therapeutin die Interpretationen ein und begann, mir Rat-

schläge darüber zu erteilen, wie ich nach der Therapie mein Leben führen sollte.

- ○ Nach Beendung der Therapie sahen wir uns weiter als Freunde.
- ○ Wir trafen die Absprache, nach Beendung der Therapie weiterhin beruflichen Kontakt zu halten.

Nachwort

Wir sind nun am Ende dieses Buches angelangt. Ich werde meinen eigenen Rat befolgen und mich kurz fassen.

Es ist empfehlenswert, Ihren Therapeuten bzw. Ihre Therapeutin vom ersten bis zum letzten Augenblick einzuschätzen. Es gibt dafür kein Patentrezept, sondern persönliche Urteile werden stets eine gewisse Rolle spielen. Behalten Sie die Übersicht über die Bewertungen. Positive Urteile sind eine Bestätigung der therapeutischen Bemühungen, aber sie müssen im gesamten Kontext der Therapie und vor dem Hintergrund der Behandlungserfolge betrachtet werden. Negative Bewertungen bieten Grund zur Sorge; aber auch hier muß ein klarer Standpunkt bewahrt werden. Häufig wird eine Art paradoxer Erleichterung eintreten. Ist dies der Fall, bedenken Sie den Preis, den Sie dafür eventuell zahlen. Berücksichtigen Sie Ihre gesamte Lebenssituation. Bringen Sie alles mit der vorgenommenen Bewertung Ihres Therapeuten in Verbindung, und benutzen Sie alle verfügbaren Informationen für Ihre Einschätzung.

In Anbetracht der heute akzeptierten psychotherapeutischen Praktiken ist die Wahrscheinlichkeit groß, daß Sie bei einem Therapeuten in Behandlung sind, der nach den Maßstäben des tiefen Unbewußten eine Reihe negativer Bewertungen erhält. Wenn Sie Ihren Psychotherapeuten nicht sorgfältig einschätzen, können Sie sich Ihrerseits von einem Therapeuten angezogen fühlen, der Ihnen Schaden zufügt, obwohl Sie seine Bemühungen auf bewußter Ebene rationalisieren und akzeptieren können. Trotzdem müssen negative Bewertungen und selbstzerstörerische Bedürfnisse kein Grund zur Verzweiflung sein. Zum einen können Sie immer die Therapie beenden, mit der Aussicht, einen Therapeuten zu finden, den Sie positiv bewerten können. Zum anderen können die Erkenntnisse, die durch negative Bewertungen zustande kommen, zu einer neuen, konstruktiven Lösung führen. Außerdem werden Sie in dem Maße, in dem Sie auf die eigenen Schwächen sowie auf die Seh- und Funktionsweisen des eigenen tiefen Unbewußten aufmerksam werden, in die Lage versetzt, bis zu einem gewissen Grad selbstanalytische Arbeit durchführen zu können. Auf diese Weise können Sie selbst etwas für die Ausgewogenheit Ihrer Psychotherapie und für ein positives Ergebnis tun – oder einen anderen Psychotherapeuten finden, der positive Qualitäten besitzt. Wenn Sie sich von den Kenntnissen, die den Bewertungen des tiefen Unbewußten entstammen, mit Besonnenheit leiten lassen, wird Ihre Entscheidung für Sie richtig sein. Die Vorteile, die Sie daraus gewinnen, werden die Mühe, den eigenen Psychotherapeuten einzuschätzen, mehr als ausgleichen.

Stichwortregister